北京外国语大学一流学科建设科研项目成果

中国文化“走出去”研究报告

北京外国语大学中国文化走出去协同创新中心
北京外国语大学比较文明与人文交流高等研究院 主办
北京中外文化交流研究基地 协办

张西平 张朝意 / 总主编
郭景红 薛维华 管永前 / 副总主编

中国文化艺术国际影响力年度报告

（2018）

ANNUAL REPORT ON
INTERNATIONAL INFLUENCE OF
CHINESE CULTURE AND ART (2018)

主 编 / 叶 飞
副主编 / 徐蕴峰

社会科学文献出版社
SOCIAL SCIENCES ACADEMIC PRESS (CHINA)

中国文化“走出去”研究报告
编　委　会

总序言

中国，一个有着悠久历史文化的东方大国，一个历经苦难、不断奋斗而快速崛起的大国，一个已经走进世界舞台中心的大国。她需要向世界展示自己灿烂悠久的文明，她需要让世界了解东方的智慧，她希望与世界分享一个发展中国家走向成功的经验。

中国的崛起是一个文明型大国的崛起，世界文化的版图也将因此而改写。中国文化在走向世界的过程中，向世界学习，在讲述自己的故事的时候，聆听着世界各国文化的交响。文化是一个国家、一个民族的灵魂。文明因交流而多彩，文明因互鉴而丰富。中华文化向世界展示的过程就是一个以文明交流超越文明隔阂，以文明互鉴超越文明冲突，以文明共存超越文明优越的伟大历史过程。

党的十八大以来，我国的文化影响力日益扩大，国际舆论格局“西强我弱”的差距正在缩小。我国提出的构建人类命运共同体、共建“一带一路”等得到国际社会的广泛认同，我国的国际影响力、感召力、塑造力日益提升。另一方面，世界正处于百年未有之大变局之中，增强国际话语权、提升国家文化软实力任务之艰巨前所未有。

文明的中国、发展的中国是一个完整的中国。中华优秀传统文化是中华民族的文化根脉，其蕴含的思想观念、人文精神、道德规范，不仅是我们中国人思想和精神的内核，对解决人类问题也有重要价值。当代中国以其前所未有的蓬勃力量，创造了人类历史上前所未有的发展速度，中国道路正在展现其无穷的魅力。我们有着厚重的历史，我们有着精彩的今天，中国人民正在探索如何向世界展示自己的文明，如何向世界讲述自己精彩的故事。

中国文化在世界的展开已经成为崛起的中国伟大交响曲中的一支，我们应该不断总结自己走向世界的历程，不断完善展示自己文化的方法，不断提高中国文化国际传播力。

中国文化“走出去”研究报告丛书将书写中华文化与世界各国文明交流互鉴、交融发展的历史，将积累在这个崭新伟大的事业中的点点滴滴的进步，将记载因向外部世界传播，中华文化的精神不断变革发展的历程，将见证中国文化产业在世界的发展与壮大，将总结中华文化国际影响力不断提高的历史过程。传播力决定影响力，话语权决定主动权。通过不断提高中华文化国际影响力，让中华文化更好地走向世界，让世界更好地了解中国，为实现“两个一百年”奋斗目标和中华民族伟大复兴的中国梦营造良好的国际舆论环境。本丛书正是为此而作。

张西平

2018 年 8 月 16 日

目　录

第一编　总报告

第二编　专题报告

第三编　案例研究

第一编

总报告

第一章　中国文化艺术国际影响力总论*

第一节　近年来中国文化“走出去”总体态势

在全球化时代，不同国家、地域、民族之间的文化交流合作日益重要，中国推动文化“走出去”，既是讲述中国故事、传递中国声音的需要，也是国际社会深入了解中国、领略东方文明的共同愿望，是促进全球各领域交流合作的重要路径。

近年来，我国文化“走出去”在理论体系创新、体制机制完善、活动实践提质增效等各方面取得了显著成果。“一带一路”文化交流合作方兴未艾，“欢乐春节”等大型对外文化活动在世界范围内频繁举办，文化交流、文化传播、文化贸易融合发展，海外中国文化中心建设稳步推进，为我国在政府间文化合作机制和国际组织以及多边活动中争取了主导权、话语权，为“一带一路”建设行稳致远奠定了广泛深厚的社会基础。越来越多的文化艺术精品走出国门，以各自的方式讲述中国故事、传播中国声音、阐发中国精神、展现中国风貌，让外国民众通过欣赏艺术作品、参与文化活动深化对中国的认识、增进对中国的了解，在审美过程中加深了对中华文化的认识和理解。

正如原文化部对外文化联络局局长谢金英所说：“对外文化工作通过

---

* 叶飞，中国文化传媒集团中国文化报社编委、采访中心主任。

观念创新、思路创新、体制机制创新和方式方法创新，坚持不懈抓顶层设计，按照政府统筹、社会参与、官民并举、市场运作的思路，逐步激发各类社会主体参与热情，为推动中华文化‘走出去’、全面服务中国特色大国外交和‘一带一路’建设、提高文化开放水平、提高国家文化软实力做出贡献。”①

一　理论创新提供思想遵循和行动指南

以习近平同志为核心的党中央关于对外文化工作的一系列创新理论的论述，充分说明了文化“走出去”事业在建设中国特色社会主义事业中的地位日益凸显。一系列理论、理念的提出和完善，一系列重要文件的制定、出台，为新时代文化交流与合作的创新发展明确了核心使命、基本途径、主要手段。

（一）中国特色大国外交理论体系

党的十八大以来，以习近平同志为核心的党中央把握国际形势新变化，着眼中国发展新要求，形成了中国特色大国外交理论体系的基本架构，明确了中国特色大国外交的追求目标、基本途径、核心原则、主要手段和价值取向。

2014年11月召开的中央外事工作会议上，习近平总书记强调，中国外交必须坚持中国共产党领导和中国特色社会主义、坚持独立自主的和平外交方针、坚持国际关系民主化、坚持合作共赢、坚持正确义利观。这“六个坚持”，是中国特色对外工作理念的重要组成部分，成为开展中国特色大国外交的重要遵循。

中央外事工作会议后，由中央政治局常委会审议通过的《关于进一步加强对外和对港澳台文化工作的意见》印发，为对外文化工作的创新开展描绘了蓝图，成为文化领域贯彻中央外事工作会议精神的重要指引。

习近平关于中国特色大国外交的重要讲话包含许多与对外文化工作密切

---

① 谢金英：《推动“走出去”提升软实力——中国对外文化工作在创新中发展》，《人民日报》2017年10月12日。

相关的内容。习近平强调，要坚持我国的发展道路、社会制度、文化传统、价值观念。党的十八大以来的对外文化交流更加注重中国文化传统和价值观念的国际传播，持续深化中外思想交流与对话，讲好中国故事、传播好中国声音，增强当代中国价值观的国际认同，充分展现平等相待、和而不同、立己达人等中华优秀传统文化价值观，给国际关系带来新风范、注入正能量。习近平就拓展和深化外交战略布局提出了“深化同周边国家的互利合作和互联互通”“做好对外援助工作”“真正做到弘义融利”等要求，对外文化工作积极践行对周边“亲诚惠容”、对非“真实亲诚”等理念和方针，密切同各国的文化交流与合作，不断加大文化援助力度，做好“人心工程”，夯实了中国与各国长期友好的民意基础。习近平提出坚持互利共赢的开放战略，要求把合作共赢理念体现到政治、经济、安全、文化等对外合作的方方面面，要求对外文化工作致力于全方位推进文化交流与合作，不断增强中华文化与世界文化的深度交融和共同发展。

（二）构建人类命运共同体理念

中国旗帜鲜明地提出了构建人类命运共同体的倡议，呼吁世界各国一起做世界和平的建设者、全球发展的贡献者和国际秩序的维护者。构建人类命运共同体不仅是“一带一路”的理想愿景和建设目标，也是中国对世界前途和中国道路的一种战略判断和战略选择。

在党的十八大报告中，“命运共同体”被作为一种合作共赢的观念而明确提出。习近平主席在国际国内重要场合先后 100 多次谈及“命运共同体”，不断与国际社会就人类命运共同体理念与实践加强沟通，推动双边、地区、全球等多层次命运共同体的构建。2015 年 9 月，习近平主席在联合国发表《携手构建合作共赢新伙伴　同心打造人类命运共同体》的演讲，这是习近平第一次在联合国讲坛系统阐述人类命运共同体的内涵及实现途径，对人类命运共同体做出了系统和详尽的阐述。2017 年 1 月 18 日，习近平主席在联合国日内瓦总部发表《共同构建人类命运共同体》演讲，将文明交流互鉴思想放置在历史与时代的背景中进行论述，对人类命运共同体理念做出进一步完善。2 月 10 日，人类命运共同体理念首次被写入联合国决议。3 月 17 日，首次被写入联合国安理会决议。3 月 23 日，首次被载入人权理事会决议。在党的十九大报告中，“坚持推动构建人类命运共同体”成为新时代坚持和发展中国特色社会主义的一条基本方略。

人类命运共同体理念作为一份思考人类未来的“中国方略”，已在国际和国内获得广泛认同。在构建人类命运共同体的过程中，文化交流与合作是必不可少的一环。文化的交流与交融能够推动人类命运共同体意识的形成，为人类命运共同体的最终形成铺理解之路、架人心之桥。

（三）“一带一路”重大倡议

全面推进“一带一路”建设是党中央做出的重大决策。2013 年 9 月 7 日，习近平在哈萨克斯坦纳扎尔巴耶夫大学发表演讲并提出共建“丝绸之路经济带”；2013 年 10 月 3 日，习近平在印度尼西亚国会发表演讲时提出共建“21 世纪海上丝绸之路”。习近平指出：“中国提出建设丝绸之路经济带和 21 世纪海上丝绸之路倡议，是在新形势下扩大全方位开放的重要举措，也是要致力于使更多国家共享发展机遇和成果。我们希望同‘一带一路’沿线国家加强合作，实现道路联通、贸易畅通、资金融通、政策沟通、民心相通，共同打造开放合作平台，为地区可持续发展提供新动力。”① 习近平在中央政治局第三十一次集体学习中进一步强调，要真正建成“一带一路”，必须在沿线国家民众中形成一个相互欣赏、相互理解、相互尊重的人文格局。

在“一带一路”倡议中，文化交流与合作担负着重要使命。“一带一路”所倡导的“五通”之一的“民心相通”，离不开文化工作。民心相通是“一带一路”建设的社会基础，文化系统精耕细作，尊重各国历史文化、风俗习惯，加强同沿线国家人民的友好往来，为“一带一路”建设打下了广泛而深厚的社会基础。正如习近平所说，“一带一路”建设不是中国一家的独奏，而是沿线国家的合唱。开展对外文化交流，有利于增进各国对于中国的理解和信任，能为中外各国间的互信互利和深度合作筑牢民意。“一带一

① 《习近平在巴基斯坦议会的演讲》（全文），新华网，http：//www.xinhuanet.com/world/2015－04/21/c_ 1115044392.htm。

路”沿线国家为中外文化交流与合作的持续发展提供了广阔空间，成为文化“走出去”的重点区域。

（四）文明交流互鉴思想

2014年3月27日，习近平在联合国教科文组织总部发表的演讲，被国际舆论称为“新文明观”和“文明宣言”。演讲系统地提出了文明交流互鉴思想。同年，习近平在纪念孔子诞辰2565周年国际学术研讨会上，发表关于正确对待不同国家和民族的文明、正确对待传统文化和现实文化的演讲，进一步阐释了文明交流互鉴思想的历史意义和现实价值。

习近平在多个重要外交场合强调：“要以文明交流超越文明隔阂、文明互鉴超越文明冲突、文明共存超越文明优越，推动各国相互理解、相互尊重、相互信任。”① 文明交流互鉴思想既彰显出中国开放包容博大的文化胸怀，又宣示了中国的文化自信和文化理想。中国需要以文化自立的姿态承担起推动社会主义先进文化发展的使命，以文化自觉的行动承担起传承中华民族优秀文化的重任，以文化自信的态度承担起借鉴、汲取国外优秀文化和世界文明成果的重任，搭建起文明对话和文明交融的桥梁。

文明交流互鉴思想内涵不断丰富，影响与日俱增，极大地推动了世界更深入研究中国、更客观看待中国、更全面认识中国，有力推动了世界各国人民的相互了解，也成为文化“走出去”的重要思想遵循。对外文化交流与合作在尊重彼此文化差异的前提下，坚持不同文明的兼容并蓄、交流互鉴，积极促进不同文明、不同发展模式之间的交流对话，在竞争比较中取长补短，在交流互鉴中共同发展，形成“各美其美，美人之美，美美与共，天下大同”的局面，在推动中华文化走向世界的同时，使世界优秀文化成果为我所用，助力国内文化建设的繁荣发展。

（五）提高文化开放水平

党的十八届三中全会将“提高文化开放水平”作为全面深化改革的重

① 《习近平出席“一带一路”国际合作高峰论坛开幕式并发表主旨演讲》，人民网时政频道，http：//politics. people. com. cn/n1/2017/0514/c1001 -29274190. html。

要任务，国家“十三五”规划纲要也将“提高文化开放水平”单独列为一章。《中共中央关于全面深化改革若干重大问题的决定》将“提高文化开放水平”列为重要的深化改革举措，并提出要积极吸收借鉴国外一切优秀文化成果，引进有利于我国文化发展的人才、技术、经营管理经验。

文化开放水平对于对外文化工作、文化强国建设乃至中国特色社会主义事业全局有着重要意义。扩大文化领域对外开放，是推动中华文化“走出去”、提升国家文化软实力的迫切需要，也是吸收各国优秀文明成果、促进文化繁荣发展的必然选择。

文化开放水平的稳步持续提升离不开有利于激发各类主体积极性、主动性和创造性的体制机制的形成。基于这种认识，文化系统特别是文化和旅游部在体制机制改革创新上下功夫，积极探索在对外文化工作领域切实转变政府职能，力争形成服务与管理相辅相成、相互促进的良好局面。一方面，不断提升服务水平，通过政策引导，激发社会各界参与对外文化交流与合作的热情和潜能，形成政府、企业、社会组织、个人共同推动文化“走出去”的生动局面。另一方面，通过梳理权责清单等手段不断提升管理水平，在继续简政放权的同时，加强事中事后监管，提升对外文化工作资源的使用效力，确保对外文化交流有序进行、汇成合力。

（六）坚定文化自信

2016 年 7 月 1 日，习近平同志在庆祝中国共产党成立 95 周年大会上的重要讲话中强调，“全党要坚定道路自信、理论自信、制度自信、文化自信”，“文化自信，是更基础、更广泛、更深厚的自信”①。这些重要论述把文化自信提到了极为重要的地位，彰显了当前坚定文化自信的重大意义。

坚定文化自信是讲好中国故事、推动中华文化“走出去”的基础。在中国日益走向世界舞台中心的过程中，要积极讲好中国故事、传播好中国声音，要把中华优秀传统文化的价值彰显出来，把当代中国发展进步的主流凸显出来，把中国人民蓬勃向上的风貌展示出来。以传承和弘扬中华民族优秀

① 《习近平在庆祝中国共产党成立 95 周年大会上的讲话》，《人民日报》2016 年 7 月 2 日。

文化的历史责任感与担当精神，坚定文化自信，坚守中华文化立场，传承中华文化基因，展现中华审美风范，创新中华文化元素、文化形象、文化符号的表达方式，推动我国尽快从文化资源大国向文化强国转变，不断增强中国文化在国际上的亲和力、感召力和影响力。

二　顶层设计进一步完善

近年来，一系列文化“走出去”相关政策文件先后印发，统筹对外文化交流、文化传播和文化贸易，文化“走出去”顶层设计得到进一步完善，推进文化“走出去”的力度空前加大。

《国务院关于加快发展对外文化贸易的意见》[①] 指出，近年来，随着改革开放的推进，我国对外文化贸易的规模不断扩大、结构逐步优化，但核心文化产品和服务贸易逆差仍然存在，对外文化贸易占对外贸易总额的比重还较低，有待进一步提高。加快发展对外文化贸易，对于拓展我国文化发展空间、提高对外贸易发展质量，对于继续扩大改革开放、转变经济发展方式，对于稳增长促就业惠民生、提升国家软实力、全面建成小康社会具有重要意义。

《关于实施中华优秀传统文化传承发展工程的意见》[②] 指出，坚持交流互鉴、开放包容。以我为主、为我所用，取长补短、择善而从，既不简单拿来，也不盲目排外，吸收借鉴国外优秀文明成果，积极参与世界文化的对话交流，不断丰富和发展中华文化。该意见将“推动中外文化交流互鉴”列为重点之一。

《关于加强和改进中外人文交流工作的若干意见》[③] 强调，加强和改进中外人文交流工作要坚持以人为本、平等互鉴、开放包容、机制示范、

---

① 《国务院关于加快发展对外文化贸易的意见》，中国政府网，http：//www. gov. cn/zhengce/content/2014 -03/17/content_ 8717. htm。

② 《中共中央办公厅　国务院办公厅印发〈关于实施中华优秀传统文化传承发展工程的意见〉》，中国政府网，http：//www. gov. cn/zhengce/2017 -01/25/content_ 5163472. htm。

③ 《中共中央办公厅国务院办公厅印发〈关于加强和改进中外人文交流工作的若干意见〉》，中国政府网，http：//www. gov. cn/xinwen/2017 -12/21/content_ 5249241. htm。

多方参与、以我为主、改革创新等原则，着力推动人文交流理念更加深入人心，各地区各部门以及全社会开展人文交流与合作的能力进一步增强，各负其责、协同联动的工作机制基本形成；着力推动中外人文交流渠道更加畅通，平台更加多元，形式内容更加丰富，形成一批具有中国特色、国际影响的人文交流品牌；着力推动我国吸收借鉴国外先进文明成果取得更大进展。

除此之外，还有《关于进一步加强和改进中华文化"走出去"工作的指导意见》[①]、《关于加强"一带一路"软力量建设的指导意见》[②]、《文化部"一带一路"文化发展行动计划（2016—2020年）》[③]、《海外中国文化中心发展规划（2012—2020年）》[④]、《开拓海外文化市场行动计划（2016—2020年）》[⑤] 等多份文件。文件都强调坚定中国特色社会主义道路自信、理论自信、制度自信、文化自信，加强顶层设计和统筹协调，创新内容形式和体制机制，拓展渠道平台，创新方法手段，增强中华文化亲和力、感染力、吸引力、竞争力，向世界阐释推介更多具有中国特色、体现中国精神、蕴藏中国智慧的优秀文化，提高国家文化软实力。

上述文件的出台，为更好地发挥党中央一系列涉外文化工作创新理论的引领和约束作用，确保各项目标任务有效落实提供了有力遵循。为确保政策落地、取得实效，各地区、各有关部门按照要求，加强对外文化工作的组织领导，明确任务落实责任，也制定了相应的具体实施方案，完善和细化了相关政策措施。如根据《国务院关于加快发展对外文化贸易的意见》，江苏省

---

① 《深改组审议通过〈关于进一步加强和改进中华文化走出去工作的指导意见〉》，湖南省文化厅网站，http：//wht. hunan. gov. cn/xxgk/zcfg/gjjfg/201611/t20161107_ 3845383. html。

② 《中央深改组会议：年度工作总结要4个搞"清楚"》，凤凰网，http：//news. ifeng. com/a/20161206/50371535_ 0. shtml。

③ 《文化部"一带一路"文化发展行动计划（2016—2020年）》，《中国文化报》2017年1月6日。

④ 史育龙、袁祥：《在文化交流互鉴中促进民心相通——"一带一路"建设背景下海外中国文化中心发展调研报告》，《光明日报》2016年10月15日。

⑤ 杜燕飞：《商务部：文化贸易成为助力"一带一路"建设的重要方式》，人民网，http：//ydyl. people. com. cn/n1/2017/0727/c411837 - 29433037. html。

制定了《省政府关于加快发展对外文化贸易的实施意见》①。根据以上文件和商务部、中央宣传部、文化部、新闻出版广电总局《开拓海外文化市场行动计划（2016—2020年）》，江苏省商务厅、省委宣传部、省文化厅、省新闻出版广电局又共同制定了《江苏省开拓海外文化市场行动方案（2016—2020年）》②。

三　创新实践成果显著

（一）中国特色文化外交成为中国特色大国外交的有机组成部分

近年来，文化外交服务整体外交的意识和能力显著增强。作为国家外交大局的支柱之一，对外文化工作不断以润物无声的方式加深各国民众对于中国历史文化、价值理念、发展现状、发展道路的了解和理解，夯实我国与各国保持长期友好关系的民意基础，为我国总体对外战略的实施营造了良好外部环境。

近年来，几乎每次重大国事活动都有文化内容。2013年3月，习近平主席和俄罗斯总统普京共同出席中俄旅游年开幕式并观看开幕式演出《美丽中国》。2014年11月，习近平主席与澳大利亚总理共同出席悉尼中国文化中心揭牌仪式。2015年12月，习近平主席出席中国南非文化年闭幕式文艺演出。2016年1月，习近平主席和埃及总统塞西共同出席中埃文化年开幕式。2016年6月，习近平主席和塞尔维亚总统、总理及全体内阁成员共同为贝尔格莱德中国文化中心奠基。2016年底，习近平主席和秘鲁总统共同出席中国拉美国家文化年闭幕式并发表重要讲话。

亚太经合组织第22次领导人非正式会议文艺演出、亚信峰会文艺晚会、庆祝抗战胜利70周年非正式晚宴和招待会午宴文艺演出、中国—中东欧国家领导人会晤文艺演出等高水准的大型对外文化交流活动成为利用重要国际场合展示中华文化精粹的成功范例。同时，中埃文化年开幕式、

---

① 《江苏：资金补助支持企业参加对外文化贸易展会》，中国经济网，http：//www.ce.cn/culture/gd/201508/06/t20150806_ 6149775.shtml。

② 赵琳：《全省文化产业发展推进会在宁举行》，《新华日报》2016年11月12日。

中英创意产业交流活动、南非中国年闭幕式演出、中拉人文交流研讨会以及一系列中国文化年（节）活动等成为国家元首外交和首脑外交的有机组成部分。

为推动文化外交的机制化、常态化发展，文化和旅游部大力发展与世界各国的政府间文化合作关系。截至 2018 年 1 月，我国已与 157 个国家签署了文化合作协定，累计签署的文化交流执行计划近 800 个，并深度参与我国与俄、美、英、法、印尼、欧盟的中外高级别人文交流机制，初步形成了覆盖世界主要国家和地区的政府间文化交流与合作网络。

文化和旅游部积极践行中央外事工作会议和中央周边外交工作会议精神，将“亲、诚、惠、容”的周边外交理念融入对外文化工作中，发挥文化外交的独特魅力，使我国对周边国家文化交流与合作的水平不断提升，举办了“东亚文化之都”、亚洲艺术节等重要活动，并通过援助缅甸举办东南亚运动会开、闭幕式，开启了大型对外文化援助先河，为营造和平稳定的周边环境做出了积极贡献。

同时，不断深化多边国际文化交流与合作。通过有效利用联合国教科文组织等国际平台，深度参与《保护非物质文化遗产公约》和《保护和促进文化表现形式多样性公约》的修订和实施，提升了国际文化话语权。截至 2017 年底，我国列入联合国教科文组织《世界遗产名录》的世界遗产总数达到 52 项，居世界第二位。列入联合国教科文组织人类非物质文化遗产代表作名录的项目总数达到 39 项，居各缔约国之首。① 同时，我国还积极参与创立濒危文化遗产国际保护基金。联合国教科文组织在我国设立了亚太地区世界遗产培训与研究中心和非物质文化遗产国际培训中心。

（二）“一带一路”文化交流与合作促进民心相通

鉴于文化在“一带一路”建设中独特而重要的作用，为扎实推进“一带一路”文化交流与合作，2016 年 3 月成立了文化部“一带一路”工

① 数据来自 2017 年 12 月 23 日文化部部长雒树刚向全国人大常委会做的《关于文化遗产工作情况的报告》。

作领导小组，并围绕贯彻落实《推动共建丝绸之路经济带和21世纪海上丝绸之路的愿景与行动》，编制了《文化部“一带一路”文化发展行动计划（2016—2020年）》，以此全面统筹“十三五”时期全国的“一带一路”文化交流与合作。

近年来，“丝绸之路国际艺术节”“海上丝绸之路国际艺术节”“丝绸之路（敦煌）国家文化博览会”三大平台，以及深圳文博会、上海国际艺术节等综合平台设置的“一带一路”文化专题板块，大力宣介了“共商、共建、共享”理念。“丝绸之路文化之旅”“丝绸之路文化使者”等品牌活动的举办提升了中华文化在沿线国家的影响力。文化部支持泉州建设“海上丝绸之路艺术公园”，为海丝沿线各国辟出专门区域建立国家馆。支持银川建设的《中阿合作论坛行动计划》框架下的重点项目“中阿友谊雕塑园”备受瞩目。

通过多种渠道加强与“一带一路”沿线国家在历史文化遗产等领域开展合作。中国、哈萨克斯坦、吉尔吉斯斯坦三国联合申报的“丝绸之路：长安—天山廊道的路网”申遗圆满成功。与沙特、摩洛哥等国进行协商，围绕“海上丝绸之路”组织召开海丝保护和申遗工作会议。分别与乌兹别克斯坦、塔吉克斯坦、印度、孟加拉国等国就古代丝绸之路遗址的考古发掘开展合作。积极推进柬埔寨吴哥古迹茶胶寺、乌兹别克斯坦花剌子模州西瓦古城以及蒙古国科伦巴尔古塔等援外文物修复项目。为老挝、新加坡、巴基斯坦等国的中国文化中心安装“文物带你看中国”触屏设备。

（三）文化开放水平稳步提高，服务国内发展大局能力显著增强

按照十八届三中全会关于提高文化开放水平的要求，在推动中华文化“走出去”的同时，不断加大“请进来”的力度，积极吸收借鉴国外优秀文化成果和文化治理领域的成功经验，使对外文化工作服务国内文化建设的功效得到进一步发挥。

文化部与智库机构全面深入了解世界文化发展最新动态与发展趋势，以及文化治理的理念和经验，形成了一系列高质量的调研报告，为科学制定符合我国文化体制改革和文化建设的政策措施提供了参考和借鉴。一系列调研报告为推动治理体系和治理能力现代化、做好城镇化与文化保护、弘扬中华优秀传统文化等方面工作提供了借鉴。

在国内举办了中国上海国际艺术节、北京国际音乐节、“相约北京”联欢活动、中国成都国际非物质文化遗产节、中国新疆国际民族舞蹈节、中国国际合唱节、南宁国际民歌节、张家界国际乡村音乐周、鄂尔多斯国际那达慕大会、中国吴桥国际杂技艺术节、中国武汉国际杂技艺术节、中国国际马戏节、丝绸之路国际艺术节、海上丝绸之路国际艺术节、中国国际声乐比赛（宁波）、中国国际钢琴比赛（厦门）、中国国际小提琴比赛（青岛）等一系列具有广泛国际影响的文化活动和专业比赛。这些活动和比赛在不断提升国际影响的同时，注重文化惠民，有效服务于国内文化建设，成为当地民众参与共享的文化盛会。

（四）对外文化交流、贸易、传播多维度创新，全面提升国家文化软实力

近年来，对外文化工作不断开创新领域，搭建深层次思想对话平台，着力促进中外智库和学界交流。“汉学与当代中国”座谈会、青年汉学家研修计划以及文学影视译介研修班等活动反响热烈，中国文化和价值理念的国际影响力日益增强。2013～2017 年，共举办了 5 届“汉学与当代中国”座谈会和 10 期青年汉学家研修计划，分别邀请了来自 49 个国家的 125 位具有国际影响力的汉学家和智库学者，以及来自 95 个国家的 360 位青年学者来华。①

通过不断创新发展，“欢乐春节”沿着“品牌化、本土化、市场化”方向不断发展，活动规模和质量稳步提升，影响力不断增强。据统计，2015 年“欢乐春节”活动超过 800 个，覆盖海外 118 个国家和地区的 320 余个城市。② 2016 年，“欢乐春节”在全球 140 个国家和地区的 400 余座城市举办了包括专场演出、广场巡游、庙会、展览、影视播放、美

① 宋佳烜：《党的十八大以来对外和对港澳台文化工作创新发展成就综述》，中国政府网，http：//www. gov. cn/xinwen/2017 - 10/20/content_ 5233383. htm。

② 叶飞：《2015“一带一路”文化交流关键词》，《中国文化报》2016 年 1 月 14 日。

食互动等10多个门类的2100多项文化活动，不但吸引多国政要现场助阵，更激发了各国民众极大的参与热情，海外受众超过2.5亿人次。[①] 2017年“欢乐春节”活动在全球140个国家和地区的500多座城市举办2000多场活动，海外受众突破2.8亿人次，得到近20个语种的上千家国际主流媒体的密集报道，影响遍及全球，成为向世界各国展示中华文化魅力的重要平台。[②]

加速推进海外文化阵地建设。通过创新建设思路，引入地方政府和社会力量多模式推进海外中国文化中心建设。截至2017年底，已投入运营的海外中国文化中心总数达35个。这些文化中心开展各类文化活动达4000余起，各类培训班注册学员数达到3万余人次，直接受众约300万人次，成为全方位展示中华文化精粹和国家形象的重要平台。

在加强传统渠道进行对外文化传播的同时，对外文化工作还加大力度提升网络和新媒体的传播力。全面升级改版“中国文化网”，着力将其打造成中外文化交流的权威网站，2015年该网站点击量逾7亿次。在Facebook、You Tube、Instagram、Twitter海外四大主流社交媒体平台开设“中国文化”账号，加强与海外受众群体的互动交流，拓展中国文化在网络和新媒体空间的影响力。

近年来，我国对外文化贸易和投资增长迅速，市场主体更加多元，民营资本开始成为推动我国文化产品和服务出口的重要力量。国家对外文化贸易基地在上海、北京、深圳相继建立，成为在文化贸易领域先行先试、探索发展新模式的重要抓手。稳步搭建演艺产品、数字内容、学术研究等公共服务平台，助力文化企业拓展出口渠道。此外，还积极参与中美、中欧投资协定，区域全面经济伙伴关系协定，中韩自贸协定等涉及文化领域的多、双边国际贸易规则制定工作。2016年全年文化产品

---

① 叶飞、陈璐：《2016，绘就中外文化交流合作的壮美画卷》，《中国文化报》2016年12月29日。

② 宋佳烜：《党的十八大以来对外和对港澳台文化工作创新发展成就综述》，中国政府网，http：//www.gov.cn/xinwen/2017－10/20/content_5233383.htm。

进出口总额为885.2亿美元，其中出口786.6亿美元，实现顺差688亿美元；文化服务出口中的文化娱乐和广告服务出口额为54.3亿美元，同比增长31.8%；文化体育和娱乐业对外直接投资39.2亿美元，同比增长188.3%。[①] 2017年，我国文化贸易总体规模约为1265亿美元，同比增长10%；我国与“一带一路”沿线国家文化产品进出口额达到176亿美元，同比增长18.5%，占文化产品贸易总额的18%。[②]

第二节 文化部、31个省（区、市）推动文化“走出去”概况

一 文化部推动文化“走出去”概况[③]

2015年，文化部为服务国家“一带一路”倡议，举办第十四届亚洲艺术节暨第二届海上丝绸之路国际艺术节、“东亚文化之都”、中国—中东欧国家文化合作论坛等活动。举办中加文化交流年、中英文化交流年、中美文化论坛、中俄文化大集、南非中国文化年、赫尔辛基艺术节中国主宾国等重点文化外交活动。积极参与高级别人文交流机制以及政府间对话活动，有力配合国家外交大局。

推动地方政府与企业参与海外中国文化中心建设，2015年有5家海外中国文化中心投入运营，海外中国文化中心总数达到25个。据统计，2015年全年25个海外中国文化中心共举办培训班221次，培训16035人次；举办讲座197次，参加人数16147人次；组织各类文化活动92次，参加人数280.14万人次。“欢乐春节”活动以“品牌化、本土化、市场化”为宗旨，在全球119个国家和地区开展900多项文化活动。北京、上海、深圳的国家对外文化贸易基地的影响力和辐射带动作用进一步显现。

① 数据来自2017年3月9日商务部新闻发言人孙继文在新闻发布会上通报的情况。
② 数据来自2018年2月8日商务部新闻发言人高峰在新闻发布会上通报的情况。
③ 本节数据来自《中华人民共和国文化部文化发展统计公报》。

2015 年，经文化系统审批的对外文化交流项目有 1667 项，40781 人次参加；对港澳文化交流项目有 230 项，5593 人次参加；对台文化交流项目有 500 项，12593 人次参加。

2016 年，文化部为服务国家“一带一路”倡议，出台《文化部“一带一路”文化发展行动计划（2016—2020 年）》。23 个国家的文化部长或代表受邀出席丝绸之路文博会文化部长圆桌会议并通过了《敦煌宣言》。我国与沿线国家开展交流的机制化水平不断提升。

海外文化阵地和品牌建设不断加强，中共六大会址常设展览馆、瑞典斯德哥尔摩文化中心、希腊雅典文化中心、白俄罗斯明斯克文化中心、柬埔寨金边文化中心等启用或揭牌，全球中国文化中心总数达到 30 个。推进海外中国文化中心多模式发展，部省共建文化中心的机制不断得到完善。2016 年“欢乐春节”在全球 140 个国家 470 座城市举办 2100 多项活动，品牌化、本土化、市场化水平不断提升。在 20 个国家举办“中华文化讲堂”，开展 40 余场形式各异的中华文化宣介展示活动，以文化方式讲好中国故事，受到各国民众热烈欢迎。举办中拉文化交流年，覆盖约 30 个拉美和加勒比国家，直接受众近千万人。举办中埃文化年、中加文化交流年、中卡文化年（卡塔尔）、俄罗斯中国文化节、非洲文化聚焦等活动，完成 G20 杭州峰会文艺演出任务。“东亚文化之都”、“相约北京”联欢活动等品牌活动的影响持续扩大。

2017 年，积极推动文化外交活动机制化，深度参与中俄、中美、中欧等八大高级别人文交流机制。截至 2017 年底，我国已与 157 个国家签署了文化合作协定，累计签署文化交流执行计划近 800 个，初步形成了覆盖世界主要国家和地区的政府间文化交流与合作网络。

主办“中美文化论坛”、第十五届亚洲艺术节、“东亚文化之都”、“欧洲文化之都”合作论坛、首届金砖国家文化节、第三届中国—中东欧国家文化合作部长论坛、“意会中国”和“中非文化聚焦”等文化交流活动，进一步扩大中华文化国际影响力。

建立“一带一路”文化交流机制，夯实互联互通基础，建立健全丝绸之路国际剧院、博物馆、艺术节、图书馆、美术馆联盟。举办第四届“丝绸之路国际艺术节”、第三届“海上丝绸之路国际艺术节”和第二届丝绸之路（敦煌）国际文化博览会，参展参演国家和地区总数、演出场次、参展艺术品数量、成交额等再创新高。

开展“一带一路”文化贸易与投资重点项目征集活动，培育一批重点文化企业和文化项目，进一步推进与“一带一路”沿线国家文化贸易发展。

以讲好中国故事为主线，2017 年“欢乐春节”在全球 140 多个国家和地区的 500 余座城市举办了 2000 多项文化活动，“欢乐春节”品牌效应逐步形成。海外中国文化中心建设顺利推进，2017 年希腊雅典文化中心、越南河内文化中心、保加利亚索非亚文化中心、以色列特拉维夫文化中心、缅甸仰光文化中心 5 个海外中国文化中心揭牌或启用，海外中国文化中心总数达 35 个。

2017 年经文化系统审批的对外文化交流项目有 3054 项，63961 人次参加；对港澳文化交流项目有 496 项，12567 人次参加；对台文化交流项目有 342 项，6428 人次参加。

二　31个省（区、市）推动文化“走出去”概况①

1. 北京市

近年来，北京立足“四个中心”功能定位，大力实施文化“走出去”工程，以对外文化交流为主，发展对外文化贸易逐渐成为重要抓手。2015 年，北京市政府制订了《推进文化创意和设计服务与相关产业融合发展行动计划（2015—2020 年）》。

北京在文化“走出去”过程中涌现出完美世界（北京）网络技术有限公司、狮凰文化（北京）有限公司、北京四达时代软件技术股份有限公司等一批优秀文化企业。北京四达时代已在 23 个国家注册成立子公司，在 12 个国家开展运营，业务遍布全球 100 多个城市，用户超过 400 万人，成为泛非地区发展最快的数字电视运营商。

北京市文化贸易以核心文化领域为主，整体保持快速、平稳的增长态

① 数据来自各省（区、市）文化厅公布的年度工作报告、工作总结。

势，在全国文化贸易总量中占比较高。据统计，2015 年北京地区文化和娱乐服务出口额达 2.72 亿美元，占全国文化和娱乐出口总额的 37.1%。北京地区共有 70 家企业、38 个项目被列为 2015 ~ 2016 年度国家文化出口重点企业（项目），在全国占比分别为 19.8% 和 27.1%。北京的动漫游戏出口、图书版权输出和电影出口等优势门类出口贸易额居全国前列，一批具有国际影响力的外向型文化企业应运而生。

2016 年，北京市文化局共受理出访国外及港澳台地区文化交流项目 206 批次 3956 人次，引进国外及港澳台地区文化交流项目共 45 批次 1364 人次。2017 年，共受理出访国外及港澳台地区文化交流项目 145 批次 2761 人次，引进国外及港澳台地区文化交流项目共 48 批次 1050 人次。服务保障在京举办的重大外交活动，筹备组织“一带一路”国际合作高峰论坛人民大会堂欢迎晚宴伴宴演出、领导人配偶故宫御花园文化展演活动及国家大剧院文艺演出，完成美国总统特朗普来华访问文化服务保障工作，完成亚信非政府论坛第二次会议文艺演出任务。

2. 天津市

近年来，天津文化交流服务国家发展大局的作用进一步增强。天津武术表演团参加中印尼两国副总理级人文交流机制专场联合演出。受文化部委派，组派艺术团赴巴巴多斯举办中巴建交 40 周年专场文艺演出，并参加“第 17 届哈瓦那中国文化节”。承办第二届金砖国家文化部长会议。落实“一带一路”倡议，让“丝路津韵”系列活动走进摩尔多瓦、斯里兰卡、尼泊尔。“美丽天津”艺术团圆满完成赴俄罗斯、泰国、蒙古国执行“欢乐春节”交流任务。华夏未来少儿艺术团赴“一带一路”沿线国家访演，行程 6 万公里，共出访 10 个国家和地区。开展国际友城文化交流，成功举办“天津—费城姐妹城的影像故事”主题摄影展。天津歌舞剧院民族乐团应邀赴五个友城举办 10 场巡回演出。为庆祝中日建交 45 周年，天津京剧院受邀赴日本进行为期 17 天的巡演。加强与毛里求斯、尼泊尔中国文化中心合作，组派“美丽天津”艺术团、“国风雅韵”民乐团参加毛里求斯唐人街美食文化节和国际音乐艺术节，举办“京剧之美——中毛建交 45 周年”文化大讲堂、二胡演奏培训班、声乐培训班和《隔洋相望——中毛水彩画艺术家联展》活动；“记忆·天津”非物质文化遗产展览应邀赴尼泊尔参加“中国文化周”活动，天津交响乐团赴尼泊尔首都加德满都举办新年音乐会。这些活动促进了中毛、中尼文化交流。天津歌舞剧院应邀参加中国与乌克兰建交25周年交响音乐会等演出活动，芭蕾舞剧《天鹅湖》在毛里求斯的演出是中国艺术团首次在非洲国家自主运作的商业演出，是探索演艺项目走进非洲市场的一次成功尝试。批准举办“法语电影荟萃活动”“法国经典喜剧电影展”等，城市电影市场开放度进一步扩大。天津交响乐团与意大利斯卡拉歌剧院合作，开创了文化交流从单次展示演出到艺术机构之间长期合作共赢的新模式。成功举办第五期非洲武术学员培训班。

3. 上海市

2015年，为配合国家重要外交举措，上海交响乐团于8月28日晚在纽约联合国总部举办纪念联合国成立暨世界反法西斯战争胜利70周年音乐会。举办2015年米兰世博会中国国家馆日及上海周系列文艺演出。上海市文广影视局承办该届世博会中国国家馆日及上海周系列演出活动工作，全国的艺术家与优秀演员荟萃一堂，紧扣“一带一路”倡议，展示中国文化特色与海派文化风情。与文化部共建的“布鲁塞尔中国文化中心”于2015年9月揭牌。文贸结合，进一步提升“欢乐春节”品牌影响力。发挥民营院团和社会主体积极性，10个文艺团组和机构共350人赴10个国家和地区的22个城市举办演展活动。参加洛杉矶艺术展，共销售100多件展品，成交金额逾百万元。参加第五十八届美国演艺出品人年会（APAP），达成18项交易成果，居全国之首。

2016年，上海启动构建“一带一路”国家艺术节、电影节、美术馆、博物馆和音乐创演五大合作机制。中国上海国际艺术节委约作品舞剧《青衣》受邀献演沿线国家。上海国际电影节与爱沙尼亚、开罗电影节等签署战略合作协议，首设“一带一路”影展单元和市场专区。中华艺术宫与蒙古国家美术馆等11个沿线国家的美术馆确认合作意向。上海博物馆与埃及国立博物馆等签署合作备忘录。上海大宁剧院成为“丝绸之路国际剧院联盟”首家国内成员单位。

2016年春节期间，上海市共组派17批400人次赴全球10个国家举办“欢乐春节”系列活动。积极推动部市合作建设布鲁塞尔中国文化中心，举办“自贸区与文化贸易发展”媒体早餐会、“魅力上海”等上海城市推广活动。承办“中英纪念汤显祖、莎士比亚逝世400周年研讨会”“2016中外影视译制研修班”等。

上海市连年组织国内文创产品赴美参加“华人工商大展”、美国演艺出品人年会（APAP）等，参展机构首次联合入驻美国电商平台。国家对外文化贸易基地（上海）成为推动中国文化产品和服务“走出去”、探索对外文化贸易发展的“试验田”。2015年，国家对外文化贸易基地（上海）组织或参加了国内外17个专业文化展会和交流活动。2016年，重大项目增加到20个。截至2017年底，上海自贸区内的国家对外文化基地入驻企业达到500多家，由自贸区进入上海口岸的艺术品占到全市的40%左右，自贸区每年的文化贸易总额超过300亿元人民币。

4. 重庆市

近年来，重庆共组织100余个团组，共1200人次，分赴世界30多个国家和地区，共举办演出、文物图片展览和文化讲座200余场次，对外文化交流成效明显。

重庆市重点打造了“重庆文化周”“重庆之窗”等文化活动品牌。“重庆文化周”活动足迹遍布美国、英国、德国、西班牙等10多个国家和地区，直接受众100余万人。2017年春节期间，受文化部、国家文物局等部门委派，重庆市共有赴英国、新加坡、日本、德国4个文艺团组91人次出访交流或展演。其中，重庆杂技表演成为2017年日本“长崎灯会”的重头戏。

由重庆演艺集团、重庆演出公司等APAP会员单位代表组成的重庆演艺代表团出席了在纽约举办的第六十届美国演艺出品人年会（APAP），代表团就音乐剧项目引进与美国倪德伦环球娱乐公司进行深入交谈，并就杂技剧《红舞鞋》《花木兰》赴美商演与中国对外演出公司及美国演出商进行了洽谈，合作事宜均取得实质性进展。

5. 河北省

河北省围绕“一带一路”建设、京津冀协同发展战略，充分利用河北省的人文资源，秉承立足周边、辐射“一带一路”、面向世界的合作理念，探索多种文化宣传交流新模式。

2016 年，河北省按照品牌化、本土化、市场化的方针，进一步加强交流活动的顶层设计，实现中华传统文化的全球传播。在中东欧“欢乐春节”、非洲“中国艺术节”、2016 中拉文化交流年专场演出中，河北省开展的文艺精品巡演、杂技专场会演、民俗工艺展演、非物质文化遗产传习等文化活动，取得了良好的传播效果。

按照部省合作原则，河北省先后与驻柏林、巴黎、马德里、东京和贝宁等地的中国文化中心开展对口合作，通过展览演出、讲座培训和人员交流等活动，加强文化交流的计划性，拓展交流形式。2016 年春节期间，河北省与捷克布拉格爱乐乐团、克罗地亚国家室内乐团的联合演出，是用西洋乐演绎中国风的一次新尝试。

近年来，河北省在对外交流中着力推介河北文创产品、培育文化创意企业，同时对文化交流项目实施社会招标，鼓励企业成为交流项目实施主体，进而成为投资方。2016 年在加拿大举办的杂技展演活动，不仅通过市场运作实现了门票热销，而且推动了河北省文创产品的对外宣传与交流合作。

6. 山西省

2015 年，山西省商务厅、省委宣传部、省财政厅、省文化厅、省新闻出版广电局依据《山西省文化产品和服务出口指导目录》，组织认定一批山西省文化出口重点企业和重点项目，以推动文化贸易企业“走出去”。

2015 年山西省服务贸易进出口额为 1 万美元以上的企业 382 家，其中，进口 251 家，出口 131 家；2016 年山西省服务贸易进出口额为 1 万美元以上企业增加到 375 家；其中，进口 238 家，出口 137 家；2017 年，山西省服务贸易进出口额为 1 万美元以上的企业突破 400 家，数量达到了 429 家；其中，进口 276 家，出口 153 家。山西省“走出去”的文化服务贸易企业数量的不断增加，为培育市场主体奠定了基础。

7. 辽宁省

2015 年，辽宁省完成南非“中国年”、中津建交 35 周年访演任务。辽宁芭蕾舞团与约翰内斯堡芭蕾舞团联合排演的《天鹅湖》在约翰内斯堡和布隆方丹两个城市巡演 33 天 21 场。组织文艺演出、非遗展览等文化交流团组 5 批 79 人次赴墨西哥中国文化中心开展文化交流活动，举办辽宁省非物质文化遗产展览展示、专业培训等交流活动。辽宁芭蕾舞团排演的《斯巴达克》，赴墨参加第四十三届塞万提斯国际艺术节，并举办 3 场商业演出。举办“2015 中非文化聚焦 · 舞狮培训班”，来自毛里求斯和贝宁的 10 名非洲青年学习狮舞基本功、套路和器乐训练。这是辽宁省首次对外国人举办中国传统文化培训活动。辽宁省图书馆首次走出国门，在俄罗斯国立图书馆举办“中国传统节日系列图片展”。同时，引进美国、法国、德国、俄罗斯等文艺团体来辽宁演出，省博物馆举办“侯北人绘画作品展”“拿破仑文物特展”。

2016 年，按照文化部部署，辽宁省与中国驻多哥、加蓬、喀麦隆大使馆开展对口合作。3 月下旬，组派辽宁艺术团一行 7 人赴喀麦隆参加中喀建交 45 周年文化交流活动。受文化部委派，春节前夕，辽宁艺术团一行 28 人赴贝宁、塞内加尔、卢旺达参加文化部在非洲三国举办的 2016 年海外“欢乐春节”访演活动，献上 6 场演出。5 月初，选派辽宁芭蕾舞团舞蹈编导赴新西兰中国文化中心进行为期 3 个月的舞蹈培训交流。11 月下旬，组派辽宁文化代表团赴新西兰等海外中国文化中心举办“辽宁省非物质文化遗产展览”活动。辽宁文化代表团一行 5 人，赴俄罗斯参加莫斯科中国文化中心举办的第四届“品读中国”读书周活动，向莫斯科文化中心“辽宁书架”赠送了 200 册有关辽宁地理、历史、文化等内容的图书。“2016 中非文化聚焦 · 舞狮培训班”活动在金普新区文化馆举行，来自津巴布韦和尼日利亚的 10 名学员进行为期 5 周的舞狮培训。辽宁省博物馆赴美国、意大利举办

“侯北人艺术展”、赴韩国参加“美术里的都市，都市里的美术”展览；辽宁省文物考古研究所赴美国、日本、韩国参加学术交流；辽宁省艺术学校承办“2016 塞内加尔博物馆管理运营培训班”。

8. 吉林省

2015 年，吉林省在蒙古国举办“中国文化周”“第十六届东北亚地区美术作品展”，在加拿大、美国举办“跨越太平洋·中国吉林文化周”相关活动，与贝宁中国文化中心对口合作后续文化交流项目。省二人转艺术团赴新西兰参加文化交流和商业性演出活动。发挥“东北亚文化艺术周”平台作用，邀请俄罗斯国立小白桦歌舞团等知名演出团组来吉林演出。

2016 年，吉林省围绕“一带一路”倡议，借力国家文化交流和省内重大经贸活动平台，积极培育“吉风吉韵送吉祥”等吉林省文化品牌。完成赴智利、哥伦比亚的“欢乐春节”访问演出任务。派遣艺术团组赴朝鲜参加文化交流活动。吉林省艺术团的大型歌舞《雪韵春光》受邀参加“感知中国·俄罗斯行——吉林文化周”、英国爱丁堡国际艺术节。举办第 18 届东北亚地区美术作品展，在朝鲜举办“欢乐春节——第三届大同江猴年春节庙会”文化交流活动。探索商业演出模式，组派吉林艺术团赴英国等地进行专场演出。

2017 年，吉林省 11 个文化艺术团组赴俄罗斯、日本、韩国等国家开展文化交流活动。赴日本参加由俄罗斯滨海边疆区、韩国江原道、蒙古国中央省、日本鸟取县共同举办的第十九届东北亚地区美术作品展。赴韩国参加 2018 年平昌冬奥会倒计时一周年庆祝活动，赴俄罗斯参加中国春节主题文化活动、“感知中国——吉林文化周”活动。

9. 黑龙江省

黑龙江开展以对俄为重点的全方位对外文化交流，对俄文化交流向品牌化、机制化方向发展。连续多年举办的中俄文化大集影响辐射整个中国东北和俄罗斯远东地区，交流内容由文化向教育、旅游、体育等领域拓展，同时带动经贸合作升级，成为有特色、有影响的国家级地域性常态化文化交流机制。国家文化部评价其为两国跨境文化贸易和区域间文化交流与合作的重要平台，俄罗斯联邦文化部誉其为远东及西伯利亚地区最优秀的文化交流项目。哈尔滨市荣获2017年“东亚文化之都”创建扶持城市。此外，对俄文化交流深度和广度不断得到拓展。2016年“第33届中国哈尔滨之夏音乐会”活动，吸引37个国家和地区的艺术团体参加演出。边境城市牡丹江、佳木斯、伊春、抚远等地充分发挥对俄文化交流地缘优势，同俄符拉迪沃斯托克、哈巴罗夫斯克、比罗比詹等远东地区开展了多层次文化交流合作，这些交流与合作成为黑龙江对俄文化交流的新特点。

近年来，黑龙江累计派出上百个文化交流团，出访30余个国家和地区。执行国家和省委、省政府的重要交流任务，圆满完成中俄两国共同举办的“共同胜利的70年”纪念活动演出、“2015哈巴罗夫斯克边区黑龙江日”、“2016滨海边区黑龙江日”演出展览任务。承办省部合作项目，执行文化部“欢乐春节”“一带一路”访演任务，先后赴尼日利亚、波兰、匈牙利、蒙古国、毛里求斯等国家进行访演。

10. 江苏省

2015年，“精彩江苏”被写进省委省政府《关于推动文化建设迈上新台阶的意见》。江苏省积极参与文化部“欢乐春节”活动，按照“品牌化、本土化、市场化”的工作方针，组织最具代表性的节目赴丹麦、荷兰、俄罗斯、智利、以色列等国开展“欢乐春节·精彩江苏”活动。积极发挥江苏海外友城多的优势，组派江苏文博代表团赴加拿大安大略省，参加“庆祝江苏省—安大略省结好30周年系列人文经贸交流活动”。在米兰成功举办世博会江苏活动周文化艺术展演活动。举办“精彩江苏进剑桥”系列文化活动，江苏省文化厅和剑桥大学达成合作协议。举办“精彩江苏·丝路情韵——中国江苏传统服饰秀”，庆祝中泰建交40周年。积极引进精品展览，南京博物院举办了“飞越欧洲的雄鹰——拿破仑文物特展”、“伦勃朗的时代——16～18世纪欧洲油画展”、“乔治王时代”展等系列特色展览，江苏省美术馆举办了“胜利：1945～2015——纪念世界反法西斯战争胜利70周年俄罗斯美术作品巡展”。连云港民乐团获乌兹别克斯坦“东方旋律”音乐节特等奖。积极推动对外文化贸易发展，全省共有96家企业、28个项目入选商务部、文化部评选的国家文化出口重点企业和重点项目，数量居全国前列。苏州市制定《2015年度苏州市文化“走出去”境外展会名录》，为企业“走出去”搭建平台。

2016年，江苏省政府和文化部合作共建的荷兰海牙中国文化中心正式揭牌启用，海牙中国文化中心是我国第二家部省共建并投入运行的海外中国文化中心，打造了江苏对外文化工作常态化的平台阵地。抓住纪念汤显祖与莎士比亚逝世400周年活动的契机，开展“精彩江苏——中国昆曲英伦行”系列文化交流活动，让昆曲折子戏走进剑桥大学、牛津大学和伦敦大学。围绕“一带一路”沿线国家和江苏友城，组织第七届尼泊尔“中国节”开幕演出、“精彩江苏·中国与苏里南建交40周年”文艺庆祝演出等系列活动，参加第五届柬埔寨国际海洋节以及国际演艺交易会、艺术博览会，赴特立尼达和多巴哥、哥伦比亚、荷兰、文莱等国家的10个城市开展“欢乐春节·精彩江苏”活动。《江苏对外文化工作的实践探索》获文化部文化艺术智库项目立项。成功举办连云港“一带一路”文化交流活动、扬州百年扬剧赴欧展演。

11. 浙江省

2015年，围绕国家重大公共外交活动、“一带一路”建设，浙江省组织实施了多项高水平的对外文化活动，组派艺术表演、非遗展示参加南非“中国年”活动，组派浙江小百花越剧团赴泰国参加庆祝中泰建交40周年演出活动，长兴百叶龙艺术团赴英参加2015中英文化交流年“中国文化季”活动——爱丁堡皇家军乐节演出，举办中阿合作论坛框架下的首期阿拉伯国家文博专家研修班，组派浙江歌舞剧院有限公司赴“一带一路”沿线国家——卡塔尔和巴林演出；配合中日韩外交，成功推荐宁波市当选为2016年“东亚文化之都”；圆满完成文化部海外“欢乐春节”演出任务，组派3个艺术团赴美洲、非洲的6国共演出31场，观众人数逾7万人，获得了当地媒体的广泛报道。积极配合省委、省政府重大涉外活动，组派文化艺术团赴瑞士、捷克举办演出展览活动，参与第四届世界旅游经济论坛活动。持续实施“浙江文化节”品牌项目，赴爱尔兰、土耳其、南非成功举办了“浙江文化节”。根据文化部工作部署，落实“2015 年对非文化工作部省对口合作计划”，继续开展与驻莫桑比克、马拉维、马达加斯加使馆的对口合作。深入开展文化系统文化产品和服务对外贸易发展调研，扶持本省文化企事业单位赴国外开展商业性展演活动，评审出 10 个入选《浙江省商业演出展览文化产品出口指导目录》的展演。2015 年，浙江省共实施对外文化交流项目 991 起。

2016 年，浙江省积极参与我国与“一带一路”沿线重点国家埃及、卡塔尔两国开展的国家文化年活动。赴埃及举办“丝绸之路与丝路之绸”展览和“中华霓裳”丝绸服饰秀活动；作为中卡文化年活动的重点承办省份，全年执行“中国节”等项目 4 起。积极参与海外“欢乐春节”活动，2016 年组派团队规模、出访国家数量居历年之最。以汤显祖和莎士比亚逝世 400 周年纪念年为契机，组派浙江小百花越剧团携《寇流兰与杜丽娘》赴英、法、德、奥访演，组派浙江昆剧团携《牡丹亭》参加英国爱丁堡艺术节活动。对外文化交流活动积极活跃。密切配合省委、省政府重大涉外活动，成功举办了“2016 新西兰 · 美丽浙江文化节”“2016 澳大利亚 · 美丽浙江文化节”活动。支持和指导宁波市举办 2016 年“东亚文化之都”系列活动，扩大浙江文化在日韩的影响力。继续承办文化部中阿合作论坛框架下项目——阿拉伯国家文博专家研修班活动，举办第六届“非洲学员（陶艺）培训班”。

12. 安徽省

2015 年，安徽省圆满完成了赴美国、泰国的“欢乐春节”演出活动。组织开展了赴加勒比海三国、韩国访演活动和中俄“两江地区”文化交流等活动，深受当地人民欢迎，取得良好成效。

2016 年，围绕讲好安徽故事，传播安徽声音，共组织对外和对港澳台文化交流项目 42 批次，范围涵盖五大洲 40 个国家和地区。开展了赴马耳他、希腊、新加坡的“欢乐春节”活动，完成了印度中国旅游年开幕式演出、泰国安徽年活动、德国安徽文化周、“中俄两河领域”交流项目等重大对外文化交流项目。

13. 福建省

2016 年，福建省切实执行部省合作计划，分别组派省歌舞剧院民族乐团赴安道尔和西班牙、福建杂技木偶艺术团赴泰国、厦门市艺术团赴新西兰参加“欢乐春节”活动；在马德里中国文化中心举办“福建文化展示月”活动，通过演出、展览等多种形式宣传福建文化遗产保护成果。推动“海丝”文化品牌“走出去”。推动“海丝”文化艺术精品工程、“海丝”数字文化长廊建设项目和“海丝”文化遗产保护与“申遗”工程三大“海丝”项目建设。组织舞剧《丝海梦寻》赴马来西亚、印尼和新加坡三国巡演；组织“丝路帆远——中国海上丝绸之路文物精品图片展”在荷兰海尔德兰省、比利时列日省的“福建周”活动中展出；省歌舞剧院《土楼回响》交响乐赴澳大利亚参加福建省与塔州结好 35 周年庆典活动。

2017 年，由文化部和省政府主办、福建省文化厅和泉州市政府等承办的第三届海丝国际艺术节在泉州成功举行。分别组织省实验闽剧院、省歌舞剧院等艺术团组赴新加坡、缅甸和菲律宾参加“欢乐春节”演出活动。做好文化部与泰国国家旅游局共同主办的“澜沧江—湄公河文化行”福建境内参访活动。积极推动“海丝”文化精品“走出去”，配合金砖国家领导人会晤系列活动，面向俄罗斯、南非、印度、巴西等金砖国家开展文博和文化艺术等展览展示活动；组织福建非遗展演团参加哈萨克斯坦世博会。积极融入“一带一路”建设，创新人文交流方式和对外文化交流机制，策划在“海丝”沿线国家建设“福建文化海外驿站”，打造富有福建特色的对外文化交流阵地，推动福建文化、中华文化“走出去”。2017 年 8 月，在马来西亚马六甲设立首家“福建文化海外驿站”，集专题图片展、“非遗”精品展、“非遗”传承人技艺展演与教学培训以及文艺表演为一体。第二家“福建文化海外驿站”在菲律宾建设运行。“丝路帆远——中国海上丝绸之路文物精品图片展”受邀参加“一带一路”北京国际合作高峰论坛和“博鳌亚洲论坛 2017 年年会”，并赴阿根廷、巴西、智利展览。

14. 江西省

2015 年，江西省实施文化交流项目 147 项，其中“走出去”项目 17

项，文化交流出入境 2114 人次，这些数据分别比 2014 年增长 33.7%、47.4%、54.6%。南昌西汉海昏侯墓持续成为世界瞩目的焦点，与海昏侯有关的展览、讲座、出版、文创产品、影视作品以及旅游活动走向世界各地。借共同纪念汤显祖和莎士比亚逝世 400 周年的契机，江西省赣剧院等演出机构将汤显祖“临川四梦”作品送到英国、西班牙等欧美国家演出。同时，10 多个国家 20 余位驻华大使、外国官员来江西参加与汤显祖有关的纪念活动。

2016 年，江西完成交流项目 21 个，其中“走出去”17 个、“引进来”4 个。推动汤显祖戏曲“走出去”，组织省赣剧院、抚州市采茶歌舞剧团赴英国参加纪念活动，组团参加英国爱丁堡艺术节。深入实施部省对口合作项目，先后组织 3 个出访项目、接待 3 个来访团组，圆满完成 2016 年度海外中国文化中心对口合作计划、对非文化交流部省对口合作计划。

2017 年，江西艺术团赴美国 3 个州访问演出，这是江西省第一次赴美国主流剧场巡演。完成非遗项目瓷乐表演赴巴黎开展文化交流，这是江西省非遗项目和瓷乐表演首次在欧洲文化中心展示；组织文艺、非遗项目赴哈萨克斯坦世博会及中国外交部江西全球推介活动展演。

15. 山东省

2015 年，山东省按照“政府主导、企业主体、市场运作、社会参与”的思路，整合儒学研究、舞台艺术、美术、文物、非遗、动漫、图书、产业项目等资源，大力开展多种形式的对外文化交流活动。积极组织参加文化部“欢乐春节”活动，共派出 12 批 322 人次赴日本、韩国、埃及、新加坡、法国等 8 个国家和地区的 15 个城市开展系列演出、展览，取得圆满成功。2015 年派出出访团组 142 起 1562 人次；接待来访团组 406 起 4894 人次。成功举办第七届世界儒学大会、中韩儒学对话会、米兰世博会山东周演出、“泰国・中国山东文化年”、“曼谷・尼山论坛”，中宣部、文化部将尼山论坛纳入国家对外文化交流工作规划。着力推进“孔子文化展”标准化建设，在法国举办“孔府乐舞”演出，在立陶宛举办“孔子文化展”。“2015 东亚文化之都・中国青岛活动年”策划活动 150 多项，中日韩文化部长会议、中日韩艺术之夜演出活动取得圆满成功。着力加强对外文化贸易，积极扶持重点文化贸易企业和重点项目，文化产品和服务进出口额逐年提升。2015年，全省核心文化产品进出口总额为45.3亿美元，同比增长40.4%。

2016年，山东省对外文化交流机制化建设取得新突破，与南澳州、庆尚北道、庆尚南道、仁川市、山口县、韦斯特曼省、马佐夫舍省、上澳洲、布列塔尼大区、卢瓦尔大区、西开普省、巴伐利亚州、苏格兰大区、康涅狄格州等建立了稳定的联系渠道，与南澳州签署的多个合作交流备忘录项目得到有效落实。山东省积极参加“欢乐春节”活动，2016年春节期间，山东省共派出10批131人次，赴蒙古、泰国、瑞典、坦桑尼亚、赤道几内亚等7个国家和地区的15个城市参加“欢乐春节”系列演出、展览活动。山东省与海外中国文化中心合作越来越频繁。2016年，先后在新加坡中国文化中心举办“中国山东文化年”、在韩国首尔中国文化中心举办“中国山东文化周”，在巴黎中国文化中心、马德里中国文化中心、曼谷中国文化中心等单位举办展览、演出。山东与海外友好省州文化交流日益活跃，带有浓郁山东地域文化特色的民乐、地方戏曲、杂技、非遗、歌舞、代表性文物等，让当地民众了解到山东文化的内涵。

在对外贸易方面也取得了新进展。据统计，2016年，山东省文化进出口企业4190家，与180多个国家和地区开展文化产品进出口业务，全省文化产品进出口总额达411.5亿元，占全国文化产品进出口总额的比重为7%，同比增长23.6%，居全国第四位。

16. 河南省

2015年，河南省积极参与“欢乐春节”，共组派10个团组，赴加拿大、突尼斯、哈萨克斯坦、新西兰、巴西、智利等10个国家和地区开展文化交流活动81场次。赴孟加拉国成功举办“丝绸之路上的中国穆斯林摄影展”。完成赴巴基斯坦“中国文化交流年”演出任务。积极开展对非文化交流，举办“2015南非中国年河南周”系列文化活动。成功承办青年汉学家走进河南活动。对外文物交流日趋活跃。组织“洛阳：丝绸之路上的大都会——唐代文明展”“汉唐中原——河南文物精品展”“中塞文化对话展”“河南木版年画展”等，分别赴瑞典、意大利、塞浦路斯、加拿大等地展出。与台北历史博物馆合作主办了“盛世风华——洛阳唐三彩特展”。成功引进俄罗斯“布里亚特的神灵”、捷克“欧洲玻璃艺术史珍品”等专题展览，为公众奉上了精品文化大餐。成功举办“2015（郑州）国际博协安全委员会第41届年会”。

2016年，河南省按照文化部的统一安排，组织11个艺术团组，赴12个国家和地区的15个城市，开展系列对外文化交流活动，取得了良好反响。为服务“一带一路”，承办“中国—马耳他文化年”系列文化活动，先后组织河南民间艺术、少林功夫、太极拳、杂技等技艺演出项目赴马展演交流。为庆祝中国与巴基斯坦建交65周年，组织“丝绸之路上的中国穆斯林摄影展”赴巴基斯坦展出。组派少林功夫艺术团赴俄罗斯参加“圣彼得堡国际戏剧节”。组派河南文化艺术团赴塞舌尔、津巴布韦、马拉维、埃及、阿尔巴尼亚、加拿大、德国、新加坡开展文化交流活动。组织豫剧《程婴救孤》赴美国参加“第三届跨太平洋中国艺术节”，《程婴救孤》代表中国豫剧首次亮相好莱坞，赢得满堂彩。赴拉脱维亚举办“丝路瑰宝展”。赴加拿大举办“十二生肖迎新春”图片展。成功举办第四届“非洲少林武术学员培训班”。

2017年，全年共派出团组28批次585人，接待来访团组13批次342人。为落实部省合作计划、“欢乐春节”等文化交流任务，承办了文化部第五期非洲武术学员少林寺培训班。2017年春节期间，河南省文化厅组派13个团组314人，赴亚欧非拉美的23个国家和地区的39个城市执行文化交流活动87场，海外受众约200万人次。举办了全省对外文化交流培训班。指导各地遴选储备了一批优秀对外文化交流项目。完成了文化部2017年“青年汉学家研修计划”河南班培训工作。稳步推进“外交部河南全球推介活动”相关工作。开展与斐济中国文化中心的对口合作，在斐济举办了“大河上下——中国黄河风情摄影艺术展”“中原少儿绘画展”。选派曲剧《孔乙己》参加第19届上海国际艺术节。

17. 湖北省

2015年，湖北省积极参与国家重大文化交流活动，组织京剧演展讲、中国大漆走世界等项目，参加“荆楚风中埃情——湖北文化走埃及”对口合作活动，组织“长江之韵”艺术使团赴俄罗斯参加“第二届国际布兰诺沃艺术节”，组织京剧《真假美猴王》赴日本巡演，选派京剧演出团赴智利参加“中国文化年”暨“华艺新颜”活动。配合湖北省重大外事活动，组织举办“同一个太阳　同一个梦想”中国湖北—澳大利亚昆士兰儿童艺术交流项目20周年回顾展等文化交流活动。赴美国举办“皇家品味展”，引进“奥地利百年绘画展”等10多个特色展览。全年办理入境文化交流活动75批次（共860人次），境外文化交流活动25批次（共200人次）。

2016年，“荆楚文化走世界”品牌影响力进一步扩大。选送的编钟礼乐《金石和鸣》在习近平主席出席中埃文化年开幕式上作为开场节目精彩上演，与首尔中国文化中心对口合作开展文化交流活动30余场，组团参加哈萨克斯坦“感知中国·丝路明珠”、埃及开罗“欢乐春节”、加拿大蒙特利尔国际龙舟节、澳大利亚墨尔本中国戏剧节等重大活动，组织湖北京剧首次登陆爱丁堡艺术节，组织举办第三届湖北国际漆艺三年展，在美国、意大利和新加坡开展系列文物展览交流活动，对外文化交流覆盖面不断扩大。

18. 湖南省

2015年，湖南《关于加快发展对外文化贸易的实施意见》出台，支持力度持续加大，在对外贸易整体调速的前提下，湖南省文化产品出口额达到7.15亿美元。17家湖南文化企业入选“2015～2016年度国家文化出口重点企业”，入选数居全国第八、中部第二。烟花、湘绣、醴陵瓷、黑茶、岳州扇、油纸伞、蓝印花布等具有浓郁湖湘文化特色的传统文化产品和广播电视节目、动漫游戏、电子书包、立体弹跳书等新兴文化产品成为湖南省文化出口的主力军。浏阳烟花共输往美国、德国、俄罗斯等97个国家和地区，实现出口总值约30.3亿元，同比增长6.7%。山猫卡通利用动漫品牌累计实现出口创汇5000万美元；湖南广播电视台国际频道利用“芒果”品牌在亚欧美国家和地区落户，用户超500万；天闻数媒教育产品登陆苏丹等南非教育市场，实现海外收益3927万美元（2014年为100万美元）；永州奔腾印务公司实现出口创汇1012万美元，同比增长24%。

2016 年，“湘”字号文化品牌达 42 个。春节期间，先后派出访演团队赴印度尼西亚、美国、伊拉克、约旦、赤道几内亚、埃塞俄比亚、南非 7 个国家的 13 个城市参加“欢乐春节·锦绣潇湘”演出 45 场。承办与巴基斯坦中国文化中心文化合作项目和 2016 中拉文化年——拉美客座艺术家交流、2016 中法文化之春、“驻华外交官中国行”来湘考察等活动。援助孟加拉国考古工作取得新进展。长沙当选“东亚文化之都”。全年经文化系统审批的对外演出团体机构 29 个。其中，出访 25 个，来访 4 个；共参与交流 407 人；演出（展览）69 场，比上年增长 25.5%。

19. 广东省

近年来，广东省坚持创新对外文化交流体制机制。2015 年 7 月，广东省出台了改革开放以来的首个专门对外和对港澳台文化工作的文件。

2011～2015 年，广东共派出 170 多批近 5000 人次参加“欢乐春节”活动。以“欢乐春节”为载体，广东将 20 多项极具代表性与观赏性的优秀地方艺术推向世界，以海外观众乐于接受的方式传递广东精神、表现中国风格，以岭南文化的璀璨展现中华文化的博大与活力。广东省连续 11 年赴法国海外省留尼汪及毛里求斯举办大型综合性文化活动，活动区域横跨留尼汪的 5 个城市及毛里求斯路易港区，成为当地中国新年期间最盛大的庆祝活动，在当地已形成“春晚”效应，是民众喜闻乐见的标志性节庆盛会。2016 年春节期间，广东省组派 36 批文化团组 702 人次分别赴 11 个国家开展“欢乐春节”文艺展演活动，内容形式丰富多彩，交流贸易并重，全方位地向世界人民展示中华文化风采，提升国际影响力。

广东省还主动与海外中国文化中心合作，圆满完成了一批规格高、影响大的文化交流活动项目。2015 年，广东积极与柏林中国文化中心开展年度对口合作，全年合作项目达 12 个，积极推送文艺演出、雕塑展、艺术展、现代舞等精品项目赴德国交流，参加当地节庆活动，成为广东省依托文化部平台、加强对外联系、统筹海内外资源、助推广东省内文化精品和企业“走出去”的成功实践。

为加强与“一带一路”特别是“海上丝绸之路”沿线国家的文化交

流，广东省以文化品牌“广东文化周”为依托，面向“一带一路”地区开展系列交流合作活动。2014 年 9 月，广东在东盟四国（新加坡、马来西亚、缅甸、泰国）举办大型“广东文化周”品牌活动，有效推介文化发展优秀成果。2015 年 9 月 27 日 ~10 月 9 日，由广东省文化厅主办的“中国广东文化丝路行——广东粤剧院交流演出”活动赴泰国、新加坡等巡回演出 9 场。

中国（深圳）国际文化产业博览交易会、中国广州国际演艺交易会、广州国际艺术博览会、中国国际马戏节、广州三年展、羊城国际粤剧节、连州国际摄影展、广东现代舞周等已成为国际性的文化交易平台。一些大型国际文化活动每年定期在广东举办，历年来参与的国内外文化业界人士、专家学者呈上升趋势，国际影响力不断扩大。如 2015 年 9 月中下旬举行的第一届珠海莫扎特国际青少年音乐比赛，吸引了来自全球 30 个国家及地区的 535 名选手报名；2015 中国广州国际演艺交易会设置了 150 个展位，邀请到来自国内外的 100 多家文化机构参会；第二届中国国际马戏节，有来自 20 个国家的 31 支全球顶尖马戏杂技表演团队同台献技；第 20 届广州国际艺博会推出七大主题展览与五大主题活动论坛，并设立了 10 个分会场。

20. *海南省*

近年来，海南省歌舞团、海南省民族歌舞团、海口市艺术团等省内文艺院团多次赴东南亚、欧洲等地区的国家进行访问交流演出。2016 年 12 月 3 ~4 日，“2016 欢乐轮孟买国际表演艺术节”在印度孟买巴拉德古堡区举行，共有来自波兰、英国、西班牙等 14 个国家的代表团参加。应我国驻孟买总领馆邀请，省文体厅率海口市艺术团作为中国代表团参加了此次艺术节。

除了出国演出，2014 年中非合作圆桌会议第五次大会、2014 年首届海口国际友城市长会议“友谊之夜”文艺晚会、2016 年澜沧江—湄公河合作首届领导人会议文艺演出“同饮一江水”、2016 第十四次上海合作组织成员国总检察长会议和 2016 金砖国家总检察长会议海南省欢迎晚宴文艺晚会“友谊之夜”等许多在海南岛内举行的国际会议活动成为艺术院团积累经验、海南文艺“走出去”的重要平台。

2016 年，海南省印发《海南省加快发展对外文化贸易实施方案》，提出深度挖掘、有效利用海南特色文化资源，重点支持演艺娱乐、动漫游戏、广播影视、创意设计等行业及其衍生产品与服务的出口。

21. 四川省

近年来，四川对外文化交流向纵深发展。2016 年 5 月，第二届巴蜀国际艺术博览会在成都举行，来自海内外的优秀艺术家、艺术机构、艺术教育机构、艺术产业园、画廊等集中来到四川，通过博览会平台展现风采，四川文化与世界文化的交流进一步深入。韩国、新加坡等国家的著名歌手来川举办大型跨国演唱会；法国钢琴家理查德·克莱德曼、奥地利施特劳斯爱乐乐团来成都举办古典音乐会；为积极“走出去”，川剧艺术团活跃在世界各地，川剧变脸、吐火等不断惊艳海外，四川省摄影、建筑、影视等领域的专家走进缅甸开展交流，省内高校成为对外文化交流的生力军，四川师范大学美术学院、四川艺术职业学院与泰国诗纳卡宁威洛大学在民族音乐、川剧艺术、唐卡制作方面的合作已见成效。

四川省对外文化交流积极对接“一带一路”建设。近年来，四川与东南亚等“一带一路”沿线国家和地区的文化交流不断，邀请泰国国家电视台来川，深入九寨沟、水磨镇等景点和灾后重建示范镇拍摄专题电视片，在泰国国家电视台黄金时段滚动播放，为宣传四川省旅游资源发挥了积极作用；组织缅甸缅中友好协会携汽车、建筑等企业家代表来川考察，促进了四川省企业界与缅甸民间的进一步交往，为四川产品及企业“走出去”打开了一扇窗口。实施“中俄两河流域合作计划”，推动四川交响乐团与俄罗斯国家民族交响乐团互访巡演，省诗书画院与尼泊尔国家美术学院互访采风，四川博物院与捷克中波西米亚州美术馆签订友好交流协议等。积极推动对外文化贸易发展，四川省文化机构和企业积极参加阿布扎比中国贸易周、上海国际艺术节等国际性展会，自贡彩灯、蜀绣、唐卡等特色文化产品成为一张张亮丽的四川名片，帮助四川特色文化产业在海外开疆拓土。

22. 贵州省

2016年，贵州省积极搭建对外文化交流合作平台，充分利用现有平台传播贵州文化。牵头承办了生态文明贵阳国际论坛首次生态文化主题论坛。论坛由文化部、贵州省人民政府主办，主题是“走向生态文明新时代的大文化行动”。贵州省文化厅与墨西哥中国文化中心共同承办的部省合作项目“2016墨西哥·多彩贵州文化节暨贵州非物质文化遗产展”、京剧《魔侠吉诃德》参加塞万提斯国际艺术节等，首次将多彩贵州风吹到了拉美地区，推介宣传了多彩贵州民族特色文化。省文化厅配合外交部与贵州省委、省政府共同主办的“外交部贵州全球推介活动”，展示推介了多彩贵州特色文化。非遗国际学术研讨、中东欧艺术家采风活动均取得了很好的成效。此外，还主办首届彝族文化产业博览会，组团参加西部文博会、北京文博会、首届丝绸之路文博会、第四届中国非遗博览会等重点知名展会，推动了本土特色文化企业“走出去”。

贵州与“一带一路”沿线国家广泛开展教育、文化、旅游等方面的人文交流，人类非物质文化遗产代表作侗族大歌在“一带一路”沿线相关国家和地区产生了广泛社会影响，遵义海龙屯被列入世界文化遗产名录；贵州成功举办亚洲青年动漫大赛、中国（贵州）国际民族民间工艺品文化产品博览会等国际文化交流活动；建成中国—东盟教育交流周永久会址，成立“中国—东盟清镇职教中心”“中国（贵州）东盟留学生服务中心”“中国—东盟教育培训中心”“中国—柬埔寨幼儿教师培训中心”等一批双边、多边合作平台；成功举办外交部贵州全球推介活动、“山地公园省·多彩贵州风”系列推介活动，国际山地旅游联盟在贵州成立。

23. 云南省

2015年，云南省共派出文化交流团组及个人26起475人次分别前往21个国家和地区开展对外和对港澳台文化交流活动，接待外来文化交流团组及个人5起35人次。与马耳他中国文化中心开展为期一年的文化交流年度合作，共组派6个团组赴马耳他开展文化交流。组织云南文化艺术团赴越南、缅甸、孟加拉国开展文艺演出活动，并取得圆满成功，组织“驻华使节探寻茶马古道”活动。文山州民族艺术团赴格林纳达参加中格复交系列庆祝活动，红河州《哈尼古歌》参加2015年意大利米兰世博会，云南文化艺术职业学院赴马来西亚参加“欢乐春节”演出活动，云南文化遗产代表团赴德国参加第39届世界遗产大会，省文物考古研究所与老挝相关机构合作在老挝开展考古发掘工作。

2016年，印发《关于进一步加强云南对外和对港澳台文化工作的实施意见》。云南省参与建设的柬埔寨金边中国文化之家升格为金边中国文化中心，“部省合作”年度文化交流项目圆满完成。全年共派出文化交流团组33起485人次分别前往27个国家和地区，其中派出文化交流团组13起191人次前往9个东南亚南亚国家，接待外来文化交流团组及个人9起295人次。组派云南文化交流先遣团赴俄罗斯、德国、捷克进行工作访问，组派云南文化艺术团和文化代表团分赴新西兰、德国、越南、泰国、缅甸、老挝、南非、莱索托、博兹瓦纳等国家和地区，分别开展系列演出和文化交流活动。组派德宏州“云南声音”艺术团赴美国参加“欢乐春节”演出。与柏林中国文化中心开展为期一年的文化交流项目。省美术馆牵头组团赴柏林中国文化中心举办了“美丽云南——云南画家美术作品展”，选派古筝及民族舞教学老师赴柏林中国文化中心开展短期培训课程。指导原生态歌舞集《云南映象》赴日本演出，指导舞蹈剧场《十面埋伏》赴英国演出，促进文化对外贸易。

24. 陕西省

近年来，陕西依托丰厚的文化资源，全面拓宽文化交流渠道，先后组派文化交流团组赴美国、俄罗斯、澳大利亚、德国、意大利、法国、奥地利、土耳其、日本等30余个国家和地区开展形式多样的文化交流活动，使陕西悠久的历史文化形象和现代发展形象得以彰显；同时，借助国家对外文化交流平台积极实施陕西文化“走出去”战略，依托文化部海外“欢乐春节”品牌宣传陕西文化，组织了陕西传统文化周系列活动，打造了“从长安到罗马”丝绸之路精品剧目展演月活动、“今日丝绸之路国际美术邀请展”等一批知名文化品牌，成功举办了多届“丝绸之路国际艺术节”，承办了庆祝中国—土耳其、中国—伊朗建交文化庆祝活动，为配合国家总体文化外交做出了应有贡献。另外，在文化贸易方面，陕西省文化厅组织陕西省歌舞剧院《长安月》等精品剧目赴海外巡演，不断扩大三秦文化的对外影响力。

在陕西省举办的丝绸之路国际艺术节，内容丰富多彩，包括文艺演出、美术展览、文化论坛、惠民巡演等板块，以及国际现代艺术周、国际创意动漫周、国际儿童戏剧周等专题活动。作为重要的国家级对外文化交流平台，丝绸之路国际艺术节的国际影响力与日俱增，品牌号召力愈发凸显，参与的国家和地区从首届的 30 个、第二届的 62 个、第三届的 80 个，增加到第四届的 106 个，已经成为丝路沿线国家和地区文化艺术交流互鉴、创新发展和广大民众共享文化发展成果的盛会，在促进“一带一路”建设、丝路沿线国家和地区文化交流与合作等方面发挥着越来越重要的作用。

陕西省打造了传统文化品牌项目“国风秦韵”，先后在澳大利亚、丹麦、新加坡、德国等多个国家和地区组织了“国风秦韵——陕西传统文化周”“国风秦韵——陕西木偶、皮影演出”等一系列活动，交流内容涉及皮影、木偶、民乐、西安鼓乐、茶艺、社火、剪纸、书画等多个方面。2017 年 12 月 11 日，由中国文化部、沙特文化新闻部主办，陕西省文化厅承办的“中阿丝绸之路文化之旅——中国文化周”在沙特阿拉伯首都利雅得法赫德国王文化中心开幕。文化周由“丝路彩虹”开幕式演出、非物质文化遗产展览、中国纪录片展映等多个板块组成，涵盖陕西杂技武术、现代雕塑、书画艺术、国家级非物质文化遗产精品项目，多角度、立体化展现了陕西的特色文化。

2017 年陕西原创杂技剧《丝路彩虹》在捷克、奥地利、克罗地亚、德国、匈牙利、意大利欧洲 6 国演出 15 场，并举办了 3 场文化活动。作为陕西省文化厅主办的“从长安到罗马”系列文化活动的重头戏，此次巡演是《丝路彩虹》“从长安到罗马”沿丝绸之路国际商演项目的收尾部分。该项目 2015 年获中央财政文化产业专项资金扶持，是中国杂技行业首个沿丝绸之路进行国际商演的优秀剧目。

25. 甘肃省

近年来，甘肃省出台了《关于加快发展甘肃省对外文化贸易的实施意见》和《关于进一步加强对外和对港澳台文化工作的实施意见》，制定《甘肃省关于进一步加强和改进中华文化“走出去”工作的实施方案》。

甘肃利用敦煌文化、丝路文化、黄河文化、伏羲文化、民族民间民俗文化等独具特色的文化资源优势，先后组织《丝路花雨》、《大梦敦煌》、《敦煌韵》、“甘肃非遗展演”、“敦煌艺术大展”、“甘肃数字文物展”、“敦煌数字成果展”、《甘肃杂技》、《甘声肃韵》等一系列具有中国气派、陇原风韵、甘肃特色的精品项目“走出去”。同时，不断拓展对外交流的新渠道、新载体，探索建立以政府为引导、以企业为主体、以市场化运作为主要方式的工作机制，重点扶持表演艺术、艺术品与工艺美术、动漫、游戏等领域的文化企业和产品走向世界，多家企业入选国家文化出口重点企业，舞剧《丝路花雨》、庆阳香包入选国家文化出口重点项目。这些精品项目多次赴美、英、法、德、日、韩、意大利等国家展览演出。

甘肃省紧扣“一带一路”建设，以“欢乐春节”和海外中国文化中心对口合作等交流项目为平台，积极开展高规格人文交流活动，先后与80多个国家和地区开展了文化交流活动，出访、来访项目共计340多起近4000人次，受众达十万人次。舞剧《丝路花雨》赴美、英、法、德等多国进行商业演出，《大梦敦煌》先后在海外16个国家累计商演100余场。积极参加文化部“欢乐春节”对外交流重点品牌，先后派出省直和市州多个团组，赴英国、德国、白俄罗斯、印度、喀麦隆、卡塔尔等欧亚非20多个国家执行展演任务。与首尔、开罗、莫斯科3个海外中国文化中心进行部省年度合作，举办“甘肃文化推介会”、“甘肃文化周”、演出、展览、讲座、培训等系列活动30多项，积极参加“阿艺节”“中埃文化年”“国际心灵艺术节”等重要交流活动，接待“中心伙伴团”媒体记者、学者、艺术家、青年学生来甘参访、采风、创作，通过“走出去”和“请进来”，进一步推动双方文化交流与合作。

甘肃各地主办的国际性、多边的文化交流活动日益丰富，一些专题性强、影响力大的文化交流活动，丝绸之路（敦煌）国际文化博览会、敦煌行·丝绸之路国际旅游节、公祭中华人文始祖伏羲大典、嘉峪关国际短片展等一系列重要展会节会活动已成为国际性的文化交易平台，提升了甘肃的文化软实力。丝绸之路（敦煌）国际文化博览会是目前“一带一路”建设中唯一以文化交流合作为主题的国家级战略平台和国际化文化盛会。首届博览会吸引了来自85个国家、5个国际组织的95个代表团共计1700多位中外嘉宾参会。

26. 青海省

2015年，青海省与尼日利亚、首尔中国文化中心的部省合作项目顺利开展。组派5批60人（次）的各类艺术团体赴尼日利亚、首尔中国文化中心开展活动。在尼日利亚举办的剪纸、掐丝唐卡和武术培训活动深受尼方学员欢迎。在韩国首尔举办了2015年“欢乐春节——青海民族民间文化艺术品展”、“青海文化周”及“青海民族传统手工技艺”等活动。第五届青海湖国际诗歌节成功举办，共有来自50个国家和地区以及国内的150余位知名诗人来青参加。“2015走进大美青海——中韩缘文化节”作为“2015青海文化旅游节”活动的重要组成部分，成功举办了韩国文化展览、韩中联合演出、韩国文化体验等多项活动。

2017年，完成文化部“汉学与当代中国”座谈会、驻外文化机构负责人下基层调研等活动；在马德里中国文化中心举办“大美青海　青海文化周”等系列活动；青版精品图书在英国、美国、西班牙、德国举办的国际书展上进行展出。

27. 内蒙古自治区

2015年，内蒙古自治区制定了《进一步加强与俄罗斯和蒙古国进行文化交流的意见》。在丹麦举办了“美丽草原我的家——丹麦·中国内蒙古文化周”活动。派团赴泰国参加了2015年“欢乐春节”活动，赴非洲进行了访问演出活动。全年共派出30个团组239人次，赴17个国家和地区开展了文化交流活动，来访自治区的有10余个国家和地区的329名文化艺术工作者。圆满接待了参加第三届驻华外交官“文化中国行”内蒙古文化之旅活动的20余名驻中国大使及参赞。呼和浩特演艺集团的《马可波罗》剧走进欧洲，全年国外演出场次达167场。选派21人赴英国，参加“文化产业创意设计培训班”学习，举办全区对外交流工作骨干培训班。

2016年，全年共派出文化艺术团组25个317人次，分赴美国、英国、法国、波兰、匈牙利、斯里兰卡等19个国家和地区开展文化交流活动。在斯里兰卡举办“美丽草原我的家”内蒙古文化周活动，集中开展了独具内蒙古特色的艺术演出、风光摄影和非遗展示活动，完成中国驻斯里兰卡大使馆国庆招待会演出任务。组织文化艺术团组赴波兰、匈牙利7个城市开展了“欢乐春节”巡回演出活动。内蒙古民族艺术剧院蒙古族青年合唱团赴亚欧7个国家12个城市进行巡回演出。组团参加在乌兰巴托举办的“感知中国·蒙古行”内蒙古文化周。内蒙古民族艺术剧院与蒙古国音乐院签订了互访交流的合作协议。内蒙古图书馆深化了与俄罗斯和蒙古国图书馆间的业务合作。组织制定了《内蒙古自治区加强“一带一路”文化建设发展规划》。在北京举办了全区“一带一路”文化发展专题培训班。编撰了《内蒙古自治区“十二五”对外及对港澳台文化交流》图册。在德国组织举办了公共文化服务数字化建设与管理培训班，实地学习德国多元的公共文化体系及数字化发展模式。

2017年，组织制定了《内蒙古自治区“一带一路”文化发展行动计划》。赴蒙古国参加“乌兰巴托之春——2017国际合唱那达慕活动”。赴俄罗斯举办了“蒙古娃”少年儿童书画展活动。与蒙古国签订了蒙古国境内游牧文化遗存联合考古发掘项目书。赴德参加第22届莫扎特音乐节，赴荷兰举办了“成吉思汗与黄金家族风采展”和“中国内蒙古辽代文物精品展”。内蒙古图书馆应邀赴美国参加美国图书馆协会年会，推广“彩云服务”创新服务模式。2017年中德内蒙古文化年圆满成功。赴德参加了柏林樱花节及柏林中国文化中心第5届小剧场话剧节演出，参加了“天涯共此时”中秋庆典活动、驻德大使馆和驻杜塞领事馆庆祝两国建交45周年国庆招待会，举办了内蒙古当代版画展、蒙古舞培训班等。参加文化部“欢乐春节”活动。先后派出5个团组113名优秀民族艺术家分赴美国、特立尼达和多巴哥、巴基斯坦、阿尔及利亚、埃及等国家开展“欢乐春节”活动。

28. 广西壮族自治区

“十二五”期间，广西壮族自治区完成重点文化交流合作项目共55个，来访29起380人次，出访98起1803人次，涉及艺术、产业、文物、博物馆、图书馆、学术交流等多个领域。共举办了5届中国—东盟文化论坛，先后以图书馆、博物馆、非物质文化遗产保护、国际性艺术节、东盟共同体建成后的“10+1”文化合作展望等多领域多主题开展文化交流与对话，吸引了1000多名中外嘉宾参会。

自治区文化厅连年承接文化部海外“欢乐春节”活动，组派17个艺术代表团赴泰国、波兰等18个国家开展“欢乐春节”活动，共演出111场，是在“欢乐春节”系列活动中亮相最多的少数民族自治区。此外还先后17次承担了在印尼、马来西亚等国家的举办的建交周年庆任务。

2015年，中国—东盟自贸区升级版签署协议，中国与东盟多层次文化交流日趋热络。广西积极主办、承办的中国—东盟博览会文化展、“红铜鼓”中国—东盟艺术教育成果展演、中国—东盟戏剧文化周、中国—东盟书法美术展等跨国交流活动，诠释中国和东盟各国文化“和而不同、共汇大美”的和谐理念。

广西创新举办“广西文化周”，打造“美丽中国·美丽广西”文化交流品牌，组织了系列文艺演出、杂技表演、民族风情展演、文物展出、书画摄影作品联展等活动，在俄罗斯、美国、马耳他、马来西亚等地开展了一系列的广西文化周活动。

2016年，举办了中国广西与越南广宁、谅山、高平、河江四省元宵联谊晚会、广西全球推介日特色民族文艺演出活动。大力推动广西优秀文化作品“走出去”，组织开展彩调歌舞剧《刘三姐》走进东盟活动，在泰国、柬埔寨演出经典彩调剧《刘三姐》。组团赴越南参加第六届越南（顺化）国际马戏节，展示广西杂技艺术。成功承办了第11届中国—东盟文化论坛，同时举办了中国—东盟艺术教育校长圆桌会、第11届“红铜鼓”中国—东盟艺术教育成果展演、第 4 届中国—东盟（南宁）戏剧周、第 2 届中国—东盟（南宁）戏曲演唱会等多项活动。

扩大“美丽中国·美丽广西”品牌影响。承接新加坡海外欢乐春节任务，在新加坡中国文化中心成功举办“五彩八桂——广西民族传统服饰文化展”和“美丽中国·美丽广西——桂风壮韵中华情”文艺演出，这是新加坡中国文化中心启用后，国内首个省区派艺术团到中心进行演出。

29. 西藏自治区

西藏推出或参与“中国西藏·扎西德勒”“发现中国”“感知中国”“欢乐春节”等系列对外文化交流品牌。2014 年，“中国西藏·扎西德勒”文艺演出首次将藏文化带到非洲大陆，受到当地民众的广泛赞誉，2016 年在尼泊尔的展演则进一步提升了其品牌文化项目的影响力。

2016 年西藏组团 12 个共计 107 人，前往德国、泰国、尼泊尔等 17 个国家和地区进行文化交流。此外，还邀请了尼泊尔等国家和地区的 5 个团组 37 位友人“走进来”，在西藏开展文化交流活动。

30. 宁夏回族自治区

2016 年，宁夏举办中阿博览会走进埃及宁夏文化周活动，“多彩文化·神奇宁夏”文化展和“丝路梦·回乡情”中国宁夏文艺演出、中埃建交 60 周年招待会文艺演出；宁夏智慧宫文化传媒公司与埃及马阿里夫集团等多家机构签订文化项目 20 个；完成“中阿情·丝路梦”中阿政党对话会专场文艺演出和埃及东方骑士当代舞艺术团访华演出。宁夏组团赴莫斯科举办“东方神韵·魅力宁夏”文艺表演、“远古记忆”宁夏岩画特展、“东方神韵”宁夏美术作品展、“丝路意匠”中国宁夏非遗作品展等 5 项活动，并承接文化中心合作伙伴、奖学之旅等 3 项莫斯科文化中心团组来宁访问交流活动。《金色汤瓶》节目组随国家领导人先后赴埃及、墨西哥出访演出。宁夏文艺精品项目被纳入国侨办“文化中国”国外演出项目。组织宁夏巡演团赴美国圣路易斯、匹兹堡、华盛顿特区、费城、纽约 5 个城市开展“文化中国·神奇宁夏”慰侨演出，并获得成功。召开“早期丝绸之路与东西文化交流”国际学术研讨会、“丝绸之路与秦汉时期与固原区域文化”国际学术研讨会。成功举办丝绸之路·第十四届中国西部民歌（花儿）歌会、2016 年中国文化馆年会。

2017 年，宁夏组织文艺团组赴坦桑尼亚、贝宁两国开展了“中国风·欢乐颂”宁夏风情文艺展演、“古风秦韵”中国秦腔艺术展演、“神韵宁夏·醉美非遗”中国宁夏传统工艺展演、美术培训等文化交流活动。组织宁夏文艺团组赴南非、莱索托开展“中国风·欢乐颂”宁夏风情文艺演出，组织区文艺团组在欧盟 4 国 9 个城市开展“欢乐春节·神奇宁夏”访问展演 17 场。举办第三届宁夏舞蹈节“中传锦绣杯”WDC 国际标准舞世界积分赛（中国站）和全国青少年国际标准舞锦标赛。

31. 新疆维吾尔自治区

新疆维吾尔自治区以文化产业博览交易会为平台，进行文化产业项目招商，推动文化产品“走出去”。2013 ~2016 年，连续举办了四届丝绸之路新疆文化创意产业博览会。2015 年，第三届丝绸之路新疆文化创意产业博览会达成签约和交易 3000 余万元，2016 年，第四届丝绸之路文化创意产业博览会有来自全国各省（区、市）和全疆各地的 200 余家企业参展。共有 152 个文化项目达成合同或协议，签约总金额约 8 亿元，现场交易销售 17.8 万元。12 万名各族群众参与了文博会及各项活动。

中国新疆国际民族舞蹈节从 2008 年举办至今，共邀请了 50 余个国家和地区的演出团体，为观众奉献了 300 余场精彩的文化盛宴。2013 年和 2015 年，新疆成功举办第三届和第四届中国新疆国际民族舞蹈节，来自哈萨克斯坦等 11 国家和地区的演出团体、6 个国内兄弟省演出团和 9 个疆内演出团参加。

2015 年起，以“魅力中国·多彩新疆”为主题的中国新疆文化周活动在法国、德国、西班牙、俄罗斯、巴基斯坦、斯里兰卡、哈萨克斯坦、老挝等 40 多个国家落地。与此同时，区各界频频出访，进行各类学术交流、文物展览、交流演出等活动。2015 年 10 月，自治区代表中方同格鲁吉亚共同举办丝绸之路国际论坛，在经贸、人文等领域达成合作意向。2015 年 7 月，成功举办了“2015 年第三届丝绸之路经济带城市合作发展论坛”，来自丝绸之路沿线56个中外城市的1000余名代表和专家学者围绕“传承丝路精神、深化务实合作”开展广泛交流。2015年8月，来自30个国家和国际组织的近百名中外嘉宾齐聚乌鲁木齐“新疆发展论坛”，为新疆丝绸之路经济带核心区建设建言献策。

第三节　中国文化艺术国际影响力评估

一　思想理念层面，构建人类命运共同体的共识基础持续增强，中国智慧、中国方案受到国际社会广泛关注

自2013年中国首次在国际场合提出构建人类命运共同体倡议以来，从“一带一路”国际合作高峰论坛到中共十九大报告，再到世界政党高层对话会，这一倡议日益深入人心，已成为全球共识。“构建人类命运共同体”被写入联合国决议，体现了这一理念得到各国普遍认同，彰显了中国方案对全球治理的巨大贡献。

当今时代，世界各国之间的相互联系日益紧密，相互依存程度不断加深，和平发展成为世界各国人心所向。坚持和平发展道路，构建人类命运共同体，超越了国别、党派和社会制度的异同，反映了全球绝大多数国家的普遍期待，符合国际社会的共同利益。在许多国家看来，中国可以为发展中国家走向现代化提供新的路径，可以为探索更好的社会发展路径提供中国方案，可以为解决人类问题贡献中国智慧。尤其在近期全球贸易面临严峻挑战的背景下，构建人类命运共同体这一理念具有更大的现实意义，得到许多政治家和国际问题学者的高度赞同。

“构建人类命运共同体”理念充满文化关切，其共识基础的持续增强，离不开中外文化交流合作的有力支撑。正如习近平所说，“人类文明多样性赋予这个世界姹紫嫣红的色彩，多样带来交流，交流孕育融合，融合产生进步”，人类命运共同体思想强调文明与文化的交流互鉴，通过文明与文化的对话增进共识，推动人类社会的繁荣与进步。中国作为一个负

责任大国，在参与全球治理的过程中，以维护世界文化多样性的姿态推动各国间文化交流合作，将推动人类命运共同体理念在更广阔的空间落地生根、牢固树立。

以周边国家文化交流为例，近年来，我国与周边国家文化外交取得重要突破和进展，通过构建“亚洲命运共同体”，为人类命运共同体理念落地周边打下了共识基础。中日韩、东盟与中国（10＋1）、东盟与中日韩（10＋3）、澜湄次区域等亚洲区域文化合作机制进一步完善，包括“东亚文化之都”、亚洲艺术节在内的品牌活动影响力日臻扩大，得到亚洲相关国家政府、艺术界和民众的高度认可。以“海丝古港 亚洲新梦”为主题，由开幕演出、文化论坛、表演艺术、视觉艺术四个板块的数十项活动组成的艺术节充分展现了亚洲文化艺术发展成果，搭建起亚洲政府间文化合作新平台，让亚洲文化艺术发展成就惠及百姓，向世界传递亚洲声音。又如“中国—东盟命运共同体”的构建，近年来，中国与东盟在文化领域的交流合作亮点纷呈，双方通过部长级会议、论坛研讨、人员培训、业务交流、思想对话、艺术展演等形式开展合作与对话，增进了对彼此文化的了解和欣赏，也为人类命运共同体提供了支撑。

二　地域层面，“一带一路”朋友圈不断扩大、民心相通指数持续上升，“中拉文化交流年”等重大活动填补或加强了中华文化影响力的空白或薄弱地带

当前，“一带一路”的朋友圈已覆盖五大洲。截至2017年底，我国同86个国家和国际组织签署了100份“一带一路”合作文件[①]，涵盖互联互通、产能、投资、经贸、金融、科技、社会、人文、民生、海洋等合作领域。“一带一路”正在从中国倡议一步步走向全球共识。

在文化方面，文化部积极推动和倡导“一带一路”沿线国家政府文化

① 数据来自《我国已与86个国家和国际组织签署百份“一带一路”合作文件》，中国政府网，http：//www.gov.cn/xinwen/2017－12/23/content_5249682.htm。

部门间的对话与合作，签订了政府间文化交流合作协定。中国与“一带一路”相关国家还建立了各种区域性的对话机制，如上海合作组织成员国文化部长会晤、中国—中东欧国家文化部长合作论坛、中阿文化部长论坛、中国与东盟10+1文化部长会议，这些机制从政府层面保证了“一带一路”国家文化合作的根本框架。

与此同时，我国文化机构与“一带一路”相关国家的重要文化机构也建立了直接的合作关系。在“丝绸之路国际剧院联盟”“丝绸之路国际图书馆联盟”等联盟框架下，交流务实有效，直接连接当地民众。“丝绸之路国际艺术节”“海上丝绸之路国际艺术节”“丝绸之路（敦煌）国家文化博览会”三大平台，以及深圳文博会、上海国际艺术节等综合平台设置的“一带一路”文化专题板块，让“共商、共建、共享”理念深入人心。“丝绸之路文化之旅”“丝绸之路文化使者”等品牌活动的举办，提升了中华文化在沿线国家的影响力。

2014年国务院印发的《关于加快发展对外文化贸易的实施意见》、2016年文化部联合商务部等印发的《开拓海外文化市场行动计划（2016—2020年）》、2017年出台的《文化部“一带一路”文化发展行动计划（2016—2020年）》等为我国促进对外文化贸易、“一带一路”人文合作发挥了积极作用。2017年，我国与“一带一路”沿线国家的文化产品进出口额达到176亿美元，同比增长18.5%，占我国文化产品贸易总额的18%；2018年第一季度，此项数字为37亿美元，同比增长13%，占文化产品贸易总额的20%。①

为量化“一带一路”沿线国家互联互通的水平与进展，北京大学海洋研究院、国务院发展研究中心、国家信息中心等单位联合开展相关研究，推出“五通”指数。该指数结合各国的基本现状与发展态势，对比分析了“一带一路”沿线国家在政治、经济、文化等方面与中国的联通情况。测算结果显示，“五通”中，民心相通的分数相对较高。2016年，“一带一路”

① 数据来自《文化贸易奔跑在创新发展大道上》，《中国文化报》2018年6月26日。

沿线国家“五通”指数的平均得分为51.4分，互联互通总体水平从2015年的潜力型步入良好型等级。各一级指标得分情况如下：政策沟通10.39分、设施联通8.71分、贸易畅通10.32分、资金融通10.36分、民心相通11.59分。可以看出，五个一级指标得分较为平均，其中民心相通的分数相对较高。在民心相通上，“一带一路”沿线国家总体处于良好型等级，有31个国家处于顺畅型等级，占比49.21%，是2015年（6个）的5倍。

拉美地区一度是中国文化“走出去”的薄弱区域，“2016中拉文化交流年”的盛大举办，一举改变了这种情况。“2016中拉文化交流年”是我国同拉美地区共同举办的最大规模的年度文化盛事，覆盖了中国和近30个拉美及加勒比国家，其间举行了演出、展览、论坛讲座、电影展映、美食节、旅游推介等数百场文化活动。“中拉文化交流年”让中国文化“走出去”从双边走向多边，实现了对主流观众的人性化传播，在中国文化“走出去”的探索中，留下了浓墨重彩的记忆和弥足珍贵的经验。此次“中拉文化交流年”的着力点之一，是通过构建与拉美各国更广阔的文化交流平台，让一批优秀的中国文化艺术产品进入国外主流观众的视野。原汁原味的中国传统文化到了拉美各国，拉美民众对其表现出极大的兴趣。一系列“走出去”活动中，我国的非遗、历史、民乐、哲学等丰富多样的传统文化为此前很少接触中国文化的拉美各国观众带去了全新的文化感受。

三　话语权层面，中国在多个多边文化合作机制中发挥重要作用，已成为世界遗产大国，所主导的手机（移动终端）动漫标准成为国际标准

我国与各国的官方文化交流机制大多通过文化交流计划来实现。除双边交流机制外，还有地区性的多边文化合作机制，如中国—中东欧国家文化合作部长论坛、中国—阿拉伯国家文化部长论坛、上合组织成员国文化部长会晤、中非文化部长论坛、中国与东盟“10+1”文化部长会议、金砖国家文化部长会议等高级别国际会议机制。中国积极参与这些多边文化合作机制的

建设并推动其发展，在其中发挥着越来越重要的作用。

如金砖国家之间的文化交流合作一直以双边交流为主，金砖国家文化部长会议召开后，多边交流起步。2015 年 6 月，首届金砖国家文化部长会议在俄罗斯莫斯科举行，同年 7 月《金砖国家政府间文化合作协定》在金砖国家领导人第七次会晤期间签署，为金砖国家开展文化领域合作奠定了基础。2017 年，第二届金砖国家文化部长会议在天津举行。会议期间，金砖五国共同签署了《落实〈金砖国家政府间文化协定〉行动计划（2017—2021 年）》，并见证了金砖国家图书馆联盟、博物馆联盟、美术馆联盟和青少年儿童戏剧联盟的成立。各国代表认为，民心相通对于金砖国家合作至关重要，而文化交流是促进民心相通的重要途径。加强文明交流互鉴，推动文化领域务实合作，在多元共享的基础上培育金砖价值理念，夯实金砖合作民意基础，是金砖各国共同的愿望。加强金砖框架下文化领域的交流与互动，有利于促进金砖国家整体的可持续发展，增进金砖国家人民间的友好感情，对金砖国家合作和发展具有重要的现实意义和深远的历史影响。各领域的务实合作，为各国普通民众提供了更丰富的文化资源和更充实的文化生活。

在文化遗产方面，截至 2017 年，中国的世界遗产数量达到 52 个，中国成为名副其实的“世界遗产大国”。52 项世界遗产，是国际社会对中国自然和文化资源的认可，也是中国向世界做出的文化承诺。这些世界遗产展示了美丽、文明的中国形象，为中国赢得了世界的欣赏，在增进世界人民对中华民族的了解和信任，推动各国各地区不同文明的交流互鉴等方面，发挥了不可替代的作用。

2017 年 11 月 14 日，在联合国教科文组织巴黎总部举行的《保护世界文化和自然遗产公约》缔约国大会第 21 次会议上，中国以 128 票高票当选联合国教科文组织世界遗产委员会委员国。文化部部长雒树刚 2017 年 12 月 23 日在第十二届全国人民代表大会常务委员会第三十一次会议上所做的《国务院关于文化遗产工作情况的报告》指出，近年来，我国积极推动对外文化遗产交流合作，努力扩大中华文化的凝聚力、影响力，很多项目成为文明交流互鉴的亮丽名片。

通过联合国教科文组织等国际平台，我国还深度参与《保护非物质文化遗产公约》和《保护和促进文化表现形式多样性公约》的修订和实施，国际文化话语权得以提升。截至2016年底，我国被列入联合国教科文组织人类非物质文化遗产代表作名录的项目总数达到31项，被列入急需保护的非物质文化遗产名录7项，入选优秀实践名册1项，被列入名录（名册）的总数位居各缔约国之首。

2017年，中国文化领域推出了第一个国际技术标准。近年来，中国手机（移动终端）动漫发展迅速、势头强劲，成为动漫产业乃至文化产业发展的重要增长点和新亮点，并在国际上处于领先地位。2017年1月，由中国主导的手机（移动终端）动漫标准在瑞士日内瓦召开的国际电信联盟第16研究组全体会议上顺利通过审议（标准号T.621），经过6周全球公示以后，于3月16日正式发布成为国际标准。这是文化领域中国科技、中国标准走向世界的重要标志，该标准实现了在“互联网+文化”的国际技术水平上中国由跟跑、并跑到领跑的跨越，这一成果将激励和推动中国文化与科技融合发展的成果更多更好地走向世界，开展国际合作，促进共同发展，融入全球产业链。

四　内容层面，中华文明特别是中华优秀传统文化的价值认可度提高，春节进一步成为全球共享的世界性节日，中国艺术剧目节目进入外国主流演艺市场

通过中外文化的交流互鉴，推动中华传统文化“走出去”，是中共中央办公厅、国务院办公厅印发的《关于实施中华优秀传统文化传承发展工程的意见》重要内容之一。在世界范围内弘扬中华优秀传统文化已成为彰显我国国家文化软实力的重要路径。

海外对中华文明特别是中华优秀传统文化的价值认可度的提高，一大表现是春节成为世界性节日。春节作为中华民族最重要的传统节日，是全体中国人及众多海外华人的情感聚合，也是中华文化的精华。中国春节逐渐成为世界性节日的过程，是中国文化获得世界认同的过程，也是中国传统价值观逐渐被各国人民认同的过程。

在全球很多地方，春节已成为本土化的节日。2015 年，纽约市长德布拉西奥宣布，从 2016 年开始，纽约市公立学校将在春节放假一天。纽约成为继旧金山之后第二个宣布公立学校春节放假的美国大城市，此举表明当地社会对中国文化的了解正在不断加深。2016 年，加拿大联邦众议员谭耕向联邦议会提议将每年农历初一到十五命名为“春节”，得到加拿大联邦议会各大政党的一致赞同。动议通过后，加拿大政府宣布，从 2017 年起，每年农历正月初一到正月十五为春节，至此，春节成为加拿大人的共同节日。

海外“欢乐春节”活动是春节成为世界性节日的重要推动力。近年来，“欢乐春节”沿着品牌化、本土化、市场化方向不断发展，活动规模和质量稳步提升，影响力不断增强。中国外文局对外传播研究中心 2016 年组织实施的春节文化“走出去”全球调查显示，海外民众对中国春节的认知程度达到了 58% 的新高；有超过半数的被访者听说过“欢乐春节”，“欢乐春节”成为认知度最高的春节文化品牌。2017 年，在全球 140 个国家和地区的 500 多座城市举办了 2000 多场“欢乐春节”活动，海外受众突破 2.8 亿人次，近 20 个语种的上千家国际主流媒体对其进行密集报道，覆盖受众近 30 亿人。“欢乐春节”影响遍及全球，成为向世界各国展示中华文化魅力的重要平台。

中国艺术剧目节目进入外国主流市场，也是近年来的一个新趋势。在中国对外文化集团公司等与外国主流艺术机构、主流剧院、主流媒体的合作下，中国艺术剧目节目实现了对外国主流观众的人性化传播。近几年，在纽约林肯中心、华盛顿肯尼迪中心等北美、西欧、大洋洲等地区的 30 多座城市的中心剧院，都有中国演出定期推出，《丝路花雨》《十里红妆》《牡丹亭》《一把酸枣》《梁祝》等十余部来自中国的舞剧通过当地主流票务网络进行市场化推广营销。2016 年 12 月 11 日 ~13 日，中央民族乐团全团 130 多人携《又见国乐》赴华盛顿和纽约演出。肯尼迪表演艺术中心副总裁米奇·贝拉对《又见国乐》给予高度评价，认为其不可思议、具有国际顶级水平、具有震撼效果。中国艺术家的创新和努力也被美国观众所理解和感知。美国首演结束后，在导演王潮歌和作曲家姜莹的现场沟通会上，近 200 位美国观众自发留下来，听国乐幕后的故事，排着长队等着签售海报和 CD。

值得注意的是，这5场演出全为商业演出，用商业交流的形式走进美国的主流观众群体，既获得了票房，又获得了国外观众对中国艺术家的认可。

此外，中国的演艺机构参与美国表演艺术家协会演交会，进一步拓展了中国节目的国外市场渠道。美国表演艺术家协会演交会是世界最大的演出节目交易会。2016年，各国演出商有3800多位代表参会，350多个展位在交易会现场亮相。美国纽约的中小剧场共有500多家，具有较强的购买力，是购买中国节目最主要的买家群体。上海演艺代表团20多位代表积极努力与国际演出市场对接，其青年马戏团等获得8个演出意向书，上海话剧中心与各个国际演出机构签署8个合作项目。

五　受众人群层面，外国政要出席中国主导的文化活动的频次增加，海外知识阶层与中国学者开展思想对话的意愿提高，普通民众对中华文化的印象正在刷新

近年来，外国政要出席中国主导的文化活动的频次显著增加。据统计，出席和参与了“欢乐春节”活动的外国元首和政要多达上千位，外国政要在春节到来之际给中国人“拜年”已成“惯例”。“一带一路”国际合作高峰论坛等主场外交设置的文化展演展示、参观历史文化景点、宴会伴宴演出等环节给参加相关活动的外国政要留下了深刻印象，引起外媒的广泛关注和报道。在华举办的中国成都国际非物质文化遗产节、丝绸之路（敦煌）国际文化博览会等大型国际性文化活动主题鲜明，外国政要纷纷为其点赞。

外国知识阶层与中国学者开展思想对话的意愿提高、学术交流需求增加。当代中国经济、社会、文化等各领域正在发生的深刻变化，与古老中国的悠久历史和传统文化交相呼应，为“中国学”研究提供了丰富的素材、方法和视角。由此，文化部于2014年创办“青年汉学家研修计划”，中外文化交流中心总协调。该计划搭建起了支持海外青年汉学家开展中国研究的全球性平台，为各国“中国学”领域的青年人才创造与中国本土优秀学术、文化、教育方面的机构、团体、企业和学者开展交流合作的机会，为其学术研究提供便利和实质帮助，通过他们推动各国学术机构与相应的中国研究机

构和智库建立长期稳定的联系，实现双方交流互鉴，共同推进“中国学”研究的发展。截至 2017 年，“青年汉学家研修计划”已累计举办了 17 期研修班，来自世界 81 个国家的 289 位青年汉学家参与了研修。[①] 青年汉学家作为汉学研究的年轻力量，具有搭桥铺路的无限潜力。他们通过在中国的研修，加深了对中国的了解，拓展了视野，推动了自身的学术研究，同时也加强了和其他国家的汉学交流，成效显著。

海外普通民众对中国文化的印象正在刷新。中央电视台联合外文局对全球 22 个主要经济体发起的“外国人眼里的中国文化元素”调查显示，中国文化元素排名中，长城、武术、熊猫、中医药和美食位居前列。排在前十名的选项中，海外受访者给经典国学、书法绘画、文化典籍打出了高分。18 ~ 35 岁的年轻人中有 42% 的人表示，是中国产品让他们在生活中第一次认识了中国。在他们眼中，这也是中国文化元素。国家信息中心通过挖掘海外网民上网痕迹发现，美国人看重中国货的性价比，欧洲人更偏好有技术含量的中国电子产品，拍照效果和音质突出的中国手机赢得了非洲消费者的青睐。2017 年 5 月，“一带一路”沿线 20 国的青年把高铁、移动支付、共享单车和网络购物评选为中国的“新四大发明”。这些中国印象的刷新折射出外国人眼中的中国生活新方式。[②]

六　主体层面，海外中国文化中心等官方驻外文化机构辐射力增强，国有文化企业和文化机构海外知名度提升，国际文化博览会平台受到海外客商青睐，知名文化人、艺术家频频亮相国际舞台

西方主要国家早在 20 世纪中叶就开始在国外设立文化中心，作为其宣传和推广本国文化、传播思想价值理念、树立良好国家形象的重要手段，以及提升文化软实力、推动文化“走出去”的重要平台。作为我国政府派驻

① 数据来自《“2018 青年汉学家研修计划”学员：与开放的中国一起成长》，《中国文化报》2018 年 5 月 28 日。

② 李斌：《海外印象里的中国文化新元素》，央视网，http://news.cctv.com/2017/10/21/ARTI2EoVdi2Y9x5T4PNMWCu2171021.shtml。

国外的官方文化机构，海外中国文化中心建设自1988年启动以来，已走过了30年历史，至2017年底已建成运营35个。数据显示，2015～2017年度，每个海外中国文化中心平均每年举办活动近100场，35个中国文化中心平均每年直接受众超过400万人次。① 海外中国文化中心有效发挥职能，在海外受到广泛认可：巴黎中国文化中心主任于2015年获颁“法兰西共和国艺术与文学骑士勋章”，莫斯科中国文化中心主任于2017年获“俄罗斯艺术科学院荣誉院士”称号；巴黎、曼谷、首尔、莫斯科、毛里求斯中国文化中心因在国产电影推广方面的突出贡献，2017年被国家新闻出版广电总局（现为国家广播电视总局）授予“中国电影国际传播突出贡献奖”；等等。海外中国文化中心与“一带一路”沿线国家在文化交流层面成绩斐然，在加深驻在国民众对“一带一路”重大倡议的认识的同时，也进一步深化了其对中华文化的了解。各海外中国文化中心主动深入驻在国学校、社区和文化场所开展文化交流活动，扩大工作半径，受众人群倍增，同时与当地机构、节庆平台展开合作，海外中国文化中心辐射力显著增强。

2015年9月14日，中共中央办公厅、国务院办公厅印发了《关于推动国有文化企业把社会效益放在首位、实现社会效益和经济效益相统一的指导意见》。意见指出，要扩大对外文化贸易和文化投资，提升国际传播能力，讲好中国故事，传播好中国声音。近年来，中国文化企业等各类机构频繁亮相国际文化交流的重要场合，其参与程度和地位都较此前有大幅提高，成为国际文化交流中的重要主体，同时也成为中国文化的重要传播者。其中，国有文化企业和文化机构发挥着领航的重要作用。

如中国对外文化集团公司每年在境外举办各类演出、展览和综合文化活动5000多场，把中国的精彩艺术推向世界各地。负责具体执行的中国对外演出公司与当地不同领域的多家知名公司建立合作，制订了包括户外广告、电视台、电台、平面媒体、网络、社交网络等多渠道、全方位广告投放计

① 数据来自《海外中国文化中心：布局全球，传播中华文化》，《中国文化报》2018年1月31日。

划。如在《华盛顿邮报》《大都会周刊》等主流英文平面媒体投放高频次彩色整版广告，在肯尼迪艺术中心及白宫附近地铁站投放大幅醒目户外广告。在地铁车厢、公交车站、商务区、高校张贴海报，发放宣传单页。在WTOP、WETA等当地主流英文电台、电视台投放专题报道，以及30秒、15秒广告。建立演出官方网站，注册Facebook和Twitter账号，实时发布消息与观众互动。创造性地使用数字化科技手段，利用IP地址定位技术针对主流人群投放弹出式广告。通过Email和eBlast形式向肯尼迪中心的主流客户发放有针对性的推广资料。在推动演出大获成功的同时，中国对外文化集团公司在美国纽约乃至全球演出行业的知名度大幅提升。

中国北京国际文化创意产业博览会、中国（深圳）国际文化产业博览交易会、中国（义乌）文化产品交易会等的平台作用得到彰显，吸引着越来越多的海外企业参会。如中国（深圳）国际文化产业博览交易会早在2005年就尝试开展海外招展代理，先后与26家海外优秀代理机构签订代理招商协议，面向全球200多个国家和地区招商。截至2017年，文博会已积累8万余名海外采购商资源。2016年，文博会首次设立“一带一路”馆，展览面积达7500平方米，吸引了35个国家和地区的106家海外机构参展，其中，以色列、南非、美国加州帝国郡首次以政府组团形式参展。文博会品牌还走出国门，于2016年首次举办中埃文博会。展会期间，中埃双方表示将持续开展文化产业领域的双边文化交流，而且埃及展团还就参展2017年深圳文博会等事宜达成了多项合作意向。

文化名人、艺术家亮相国际舞台，展示着中国人的文化自信，丰富了世界对中国故事的想象，回应了世界对现代中国的好奇。近年来，以著名雕塑家吴为山、京剧表演艺术家张火丁等为代表的中国艺术家及其作品蜚声海外。2016年10月22～28日，曾获国务院新闻办颁授“讲好中国故事文化交流使者”称号的吴为山等中国艺术家的形象出现在纽约时代广场纳斯达克大屏幕上。2017年10月，巴西将吴为山创作的大型《孔子》铜像立于库里蒂巴市政中心广场，并将广场命名为“中国广场”。京剧表演艺术家张火丁则为含蓄典雅的中国京剧代言，2015年9月，张火丁携《白蛇传》《锁麟囊》两部经典名剧登上美国纽约林肯艺术中心的舞台。演出“刷屏”美国当地媒体，《纽约时报》先后4次用了多个版面进行报道，引发了当地观众的追捧。

七　手段层面，“互联网+”打通对外文化交流“最后一公里”，文化产业“走出去”步伐加快，对外文化贸易和投资增长迅速，对外文化援助广受好评

文化的共享和文化的传播，是数字经济发展进程中的重要组成部分。与“互联网+”结合，利用现代技术打破文化信息传播的不对称，正在成为打通对外文化交流“最后一公里”的重要手段。调查数据显示，在电视剧、电视节目等文化产品的消费渠道方面，视频网站成为外国多数受访者的首要选择，33.6%的外国民众首选互联网作为接触此类文化产品的渠道；在观看中国艺术演出内容产品方面，33.3%的外国民众首选视频网站、32.8%选择电视转播，仅有24.3%的外国民众倾向于前往演出现场观看；在参与中国文化节事活动方面，40.5%的外国民众希望通过互联网的便捷渠道参与，仅有1/3的受访者愿意前往节事活动现场。①

2016年12月，国家文物局、国家发改委、科技部、工信部、财政部联合发布《“互联网+中华文明”三年行动计划》②，旨在将互联网的创新成果与中华传统文化传承、创新与发展深度融合，深入挖掘和拓展文物蕴含的历史、艺术、科学价值和时代精神，丰富文化供给，促进文化消费，形成更广泛的以互联网为基础设施和创新要素的文物合理利用新形态，彰显中华文明的独特魅力。该行动计划贯彻落实各项工作均在稳步推进。截至2017年底，已有92家博物馆文创产品开发试点，69个“互联网+中华文明”示范项目正在实施。如果说互联网从技术上实现了各国人民超越地域的连接，那么网络文化则凭借丰富多彩的内容，促进了不同国家人民间的心灵交流和情感互动。通过互联网，中国的优秀文化产品越来越多地为外国民众了解和喜

---

① 刘阳：《如何更好讲述“中国故事”》，《人民日报》2015年7月9日。

② 《五部门关于印发〈“互联网+中华文明”三年行动计划〉的通知》，中国政府网，http://www.gov.cn/xinwen/2016-12/06/content_5143875.htm。

爱。据统计，已有近千款国产电子竞技产品出口海外。同时，中国的网络音乐产品可以在世界大多数国家下载和播放，一些国家的网络音乐平台还专门开设中国音乐专栏。2016 年，近 200 部中国网络文学作品向国外网络用户授权下载，一些根据网络文学改编的网络影视作品受到国外民众欢迎。

文化贸易和投资是推动民心相通的重要力量。充分发挥市场在资源配置中的重要作用，调动各方积极性，将文化与外交、经贸密切结合，形成文化交流、文化传播、文化贸易协调发展态势，对进一步推动中外文化交流与合作具有现实意义。近年来，我国文化出口企业数量迅速增长，对外文化贸易规模不断扩大，文化资本境外投资步伐加快，市场主体更加多元，民营资本开始成为推动我国文化产品和服务出口的重要力量。

在文化软援助方面，一系列文化援非项目取得实效。技艺培训、文化人士互访、文化交流论坛等形式多样的中非人文交流活动，促进了对非文化外交的进一步发展。为贯彻 2015 年通过的《中非合作论坛约翰内斯堡峰会宣言》，文化部实施对非洲文化培训计划，3 年内为非洲培训千名文化管理人才。文化部依托“部省合作机制”，与北京、天津、浙江、广东、青海等多个省（区、市）合作，使得援非项目在形式和内容上日渐多样，切实提升了非洲学员的相关专业技能，确保了项目的惠民性。可以说，文化援非是中国在非洲文化软实力的重要来源，对于提升中国在非洲的影响力具有重要的意义，稳固了中非合作的民意基础，促进了非洲国家在国际交往中与中国的积极互动。

文物保护援外是世界大国文化“走出去”的重要途径。帮助对象国修复具有重要历史文化价值的古建筑，其影响力和受欢迎程度超过一般性工程。近年来，中国的文物保护援外工程主要包括援助蒙古国博格达汗宫博物馆门前区维修（2006～2007 年）、援助蒙古科伦巴尔古塔抢险维修（2010～2016 年）、援乌兹别克斯坦花剌子模州历史文化遗迹修复（2014 年～）、援助尼泊尔加德满都杜巴广场九层神庙修复（2015 年～）、援助缅甸项目（2012 年～）。一系列工程稳步确立、开展、实施，有力保护了世界文化遗产，推动了文物合作与人文交流，展现了我国负责任、有担当的文化遗产大国形象，得到受援国家和国际社会的高度评价。在古迹修复期间，中国团队还为对象国培养了技术人员，并助力当地旅游业发展，惠及广大民众。随着“一带一路”建设的不断推进，文物保护援外在挖掘历史文化、弘扬丝路精神、推进民心相通方面的作用日益凸显。

第四节　增强中国文化艺术国际影响力的思考与建议

一　官民并举，进一步释放民间、社会参与文化“走出去”热情

开展对外文化交流是一个综合性的系统工程，既需要官方渠道，由政府部门主导推动，也需要民间渠道，由社会组织、民间企业共同参与实施。无论从现实需要还是从长远发展来看，中华文化走向世界是全方位的，政府间交流不能完全适应我国国际地位不断提高的新形势的需要，无法充分满足国际社会越来越希望了解中国的需要。

开展对外文化交流时，民间力量往往方式更多样、更灵活，活力强劲。随着经济实力的提升，以及中国政府对文化“走出去”的重视，特别是海外中国文化中心的建设以及“欢乐春节”等活动的举办，中华文化的国际影响力有了较为显著的提升。坚持以政府为主导与民间实施相结合的方式，官民并举，有利于避开文化传播壁垒，增强中华文化的亲和力和吸引力，在更广范围、更深层次上加强与世界各国的交流与合作。

一方面，中国文化“走出去”需要更多的专业文化人才来积极参与、共同助力、全力推动。对于中国文化特别是传统优秀文化的挖掘、取精、传播，需要专业人才的智慧支撑，这需要各级党委和政府高度重视对文化人才的吸纳招引、用心培养，通过为文化人才营造良好的环境和氛围，充分发挥其在国际交流中的主体作用，让他们在与外国意见领袖、民众的交流与对话中，向国际社会讲好中国故事，推动中国文化“走出去”。

另一方面，要充分发挥国民的基础力量。中国文化“走出去”需要社会各界形成推广合力。每个中国人都应当为国家形象“代言”，成为“文化使者”，有所承担。政府应引导公众发挥己之所能，从小处做起，通过各种

渠道、利用各种形式，合力做好中国文化“走出去”的个人篇章，为更加广泛、深入地传播中华优秀传统文化做出聚沙成塔的贡献。

实际上，如何引导民间企业、机构和个人参与到中国文化“走出去”的宏大事业当中来，一直是个难题。随着我国改革开放的深入，越来越多的民间机构、企业和个人有能力、有兴趣参与文化交流，推动文化“走出去”。特别是“一带一路”倡议提出后，民间参与有关建设的愿望与热情呈现出高涨态势。不过，很多时候，民间组织、社会人士空有热情，却找不到适用、快捷的入口和通道。政府可通过政策手段、财税手段、法律手段进一步鼓励和保障社会参与文化“走出去”，主管部门或可尝试制定较为明确的准入门槛、审定程序、责任制度、负面清单等多种形式和手段，开辟“绿色通道”，充分发挥和释放民间力量开展文化交流的积极性，通过鼓励、引导、整合，促进民间文化资源在对外文化交流中发挥更大的效力。

二　结合中国特色新型智库建设，打造文化“走出去”专业智库，对文化“走出去”开展从理论体系到实践案例的全方位研究

没有深厚的理论支撑，行动就难以持续和有效。我国在世界范围内影响力不断提升的现状，以及在全球化进程中扮演的新角色和采取的新姿态，已经对文化“走出去”提出了更高的要求。综观当前文化“走出去”有关研究，呈现出零星分散、不成体系的特点，总体上还处于起步阶段。这与我国文化“走出去”的步伐不相称。

长期以来，学界对文化“走出去”关注度较低，导致缺乏足够的理论准备。在实践层面，文化“走出去”有时被简化为办一场演出、展览，很多情况下仍然依靠陈旧的思路和方法去实现。同时，从业者过于强调文化“走出去”在宣传自身、树立形象这一层面的价值，而忽略了对于中国文化之于世界文明发展重要贡献的阐释。在全球化和本土化矛盾统一的当下，这一层面的失语状态，不利于中国文化的可持续“走出去”，不利于国家文化软实力的进一步构建，无法为人类命运共同体理念提供足够有力的支撑。

推动文化“走出去”向更高层次和更广范围发展，迫切需要以科学理

论和方法，深入研究文化“走出去”发生与发展的规律。加强文化“走出去”基础理论建设，需要对文化“走出去”的概念进行界定，对其目的、方式、方法、效果进行深入研究。需尽快建立起包含本体论、方法论和认识论的独立基础理论，为文化“走出去”提供必要的动力和支撑。与此同时，加强对实践经验的提炼，在总结、比较、借鉴中助力中国文化“走出去”同样重要。海外中国文化中心、孔子学院等对外文化机构和中国对外文化集团、四达集团等企业已积累了大量经验，亟待总结。案例研究的实用性有助于规避“走出去”项目、活动可能遇到的风险。

2015 年 1 月 20 日，中共中央办公厅、国务院办公厅印发《关于加强中国特色新型智库建设的意见》①，智库迎来了黄金发展期。文化部文化科技司于 2016 年开始组织实施“文化艺术智库体系建设工程”。该工程面向文化建设的前沿一线布局，初步构建起从地方到中央的、覆盖文化事业和文化产业、政产学研用一体的文化艺术智库体系，形成了初步机制，编辑了《文化智库要报》，扩大了智库效应，取得了一定成效。

建议打造文化“走出去”专业智库，发挥协同优势，邀请政府、学界、企业共同参与文化“走出去”案例和问题的搜集、归纳、研究及成果转化，形成研究中国文化“走出去”的合力，将能够起到服务对外文化工作者、丰富相关理论的实际效用。中国文化“走出去”呈现出实践主体多元、利益关切多样、介入角度多层次的新格局，需要加快构建政府社会联动、文化资源共享、各方优势互补的协同体制。应有意识地实现中国文化“走出去”质的跨越，注重将文化交流、文化贸易等更紧密地与提升中国文化价值观的全球认同联系起来。要实现这一跨越，显然不是单一部门、单一行业所能为，既需要各方力量的多元参与，更需要协同合作与集群优势。②

---

① 《中共中央办公厅、国务院办公厅印发〈关于加强中国特色新型智库建设的意见〉》，中国政府网，http：//www. gov. cn/xinwen/2015 －01/20/content_ 2807126. htm。

② 彭龙：《提升文化自信　推动中国文化“走出去”》，《学习时报》2016 年 6 月 20 日。

三 加强文化“走出去”项目库、数据库建设，进一步破除部门间信息壁垒

内容是文化“走出去”的基础。在进一步完善顶层设计的同时，建设适用于我国文化“走出去”现状又具有一定前瞻性的项目数据库是当务之急。海外中国文化中心开展了项目库建设工作，山东、江西等省也曾尝试建立对外文化交流项目库。这些尝试为“走出去”项目库建设积累了经验。

不过，目前的项目库建设、数据统计处于起步阶段，各类指数设计还在探索中。甄选出符合一定标准的外向型项目以备用，只是项目数据库最基本的功能。一个较为完善的项目数据库，应能够为“走出去”提供充足的内容储备和到位的项目审核、监管、监测、评价功能。而且，今天的数据库发展可谓日新月异，可利用大数据、云计算、区块链等技术动态储存与管理，更可形成生态系统，对项目进行全程跟踪，并链接各参与部门实现项目信息实时同步披露，这将极大方便各部门共同参与项目。

四 构建文化“走出去”项目效果评估体系、国家文化软实力综合评价体系及指数测评体系

资源的投入并不必然带来效果的提高。政府部门已经注意到，在“走出去”过程中，出现了一些急功近利、滥竽充数的假冒伪劣现象，如文化部曾叫停社会团体“镀金”性质的海外演展活动。实际上，大到包罗万象的“中国文化年”，小至一场演出、一本图书的发行、一次讲座，我国在海内外举行的文化、旅游、教育、体育等各类交流活动，其产生的实际效果究竟如何，尚无一套科学的方法可用以评估。采用合理的效果评估方法，早期侦测预警、中期跟踪研判、后期反馈调整，才能更好地为文化“走出去”相关决策提供依据，帮助明确“走出去”的聚焦点和切入点，确保资源的精准投入和高效利用。效果评估要求在真实、全面的数据积淀上开展，因此，为已有的项目数据库增添信息公开、实时监管和反馈评价等功能和机制，不失为对“走出去”项目进行质量把控的一个现实路径，也能较快引

导、促进对文化“走出去”大数据的学用、商用、民用价值的深挖。

国内在关于中国文化的国际影响力、国际传播效果，分行业对图书、电影等“走出去”的评估实践和学术探讨方面，积累了宝贵的经验，但仍然没有解决下面这些基本问题：对不同的文化内容、文化项目和文化行业，需要使用不同的评价方式和评价指标，这些不同的指标该如何整合？仅凭单一数据来源的评估办法已经成为历史，面对已经发现的上百种公开数据来源和将来获取的第一手数据，该如何整合分析？要克服这些难题，创新文化“走出去”评估理论和体系十分必要且紧急。①

要系统解决这些问题，不可或缺的还有国家文化软实力综合评价体系的构建。党的十九大报告指出，要“推进国际传播能力建设，讲好中国故事，展现真实、立体、全面的中国，提高国家文化软实力”，以高度的文化自觉和文化自信，指明了国家文化软实力的全局性意义。国家文化软实力综合评价体系的构建是挑战也是机遇——目前，有关研究散见于专家学者、学术机构的论文、报告当中，一些成果颇有见地，但部分研究还存在概念模糊、原则不明、脱离实际、指标重叠等问题，加之国外没有成熟的参考范例，体系化的难度确实很大。不过，这也就意味着，该课题在世界范围尚是空白。若能在深化对国家文化软实力的认识的基础上，尽快推动对综合评价体系及有关指数测评体系的研究，制定国家文化软实力方面的“中国标准”，甚至进一步推动其成为“世界标准”，占据这一领域的“制高点”，将有助于我国国际话语权的提升。

五　开展实证研究，科学认识文化产业“走出去”对于其他产业的带动效果

从国际经验来看，一个国家文化产业的“走出去”，不仅可以改善本国的对外贸易结构，还能带动相关产业的出口和投资，对促进本国产业结构的转型和升级，增强综合竞争力都具有重要的现实意义。

① 巩育华：《文化“走出去”需重视效果评估》，《人民日报》（海外版）2018年6月30日。

美国、英国、韩国、日本等国的实践和研究表明，文化艺术“走出去”对其他产业领域的贸易额具有显著的积极引致效应。如韩国进出口银行海外经济研究所发表的《韩流出口影响分析与金融支援方案》表明，韩国文化产业出口额每增加 100 美元，就能使韩国商品出口额增加 412 美元。伴随韩剧、韩国电影、韩国歌曲等“韩流”席卷全球，各国对韩国产品的好感上升，带动了手机等其他韩国商品的销量。该方案还显示，从消费品项目来看，文化商品出口对 IT 产品、服装、加工食品出口带来的影响很大。各项出口的增幅依次为：加工食品 0.07%，服装 0.051%，IT 产品 0.032%。在亚洲地区，韩国的 CD 唱片等音乐出口对韩国化妆品出口的牵引效果明显，电视剧、娱乐节目的出口对手机、电脑等 IT 产品贡献突出。而在中南美地区，CD 唱片等音乐出口对手机、电脑出口影响最大。[①]

在我国，文化产业对国民经济的投入产出关系的实证研究已经起步，但在“走出去”方面的专门研究仍是空白。对文化艺术“走出去”的引致效应开展实证研究，科学认识文化产业“走出去”对于其他产业的带动效果，有助于主管部门形成更加宏观的决策，有利于提升社会对于文化贸易的重要性的认识。

六　进一步整合地方文化资源，探索“一地一国一策”文化交流与传播方案

自“部省合作”开展以来，文化资源在一定程度上实现了纵向打通，与部际协调机制的横向打通一起，形成了良好的协同局面。

“部省合作”机制使得各地对外文化工作思路更加清晰，定位更加准确。在“部省合作”的框架下，文化部实际上成为一个枢纽，架起了连通全国各地文化资源、信息、平台的共享网络，有效推动了各方资源的整合，并调动了许多地方开展对外文化交流的积极性。同时，“部省合作”还带动了一些地方之间的合作，初步形成了“一盘棋”的局面。而与海外中国文

① 宋佳烜：《“韩流”出口背后的经济账》，《中国文化报》2012 年 7 月 6 日。

化中心的合作，不但丰富了中心的活动内容，也为地方文化“走出去”搭建了平台。地方对外文化交流的积极性、主动性、计划性的提高，在为中国文化“走出去”提供极大丰富的资源库的同时，也推动了文化“走出去”在内容与形式上的创新。

不过，各地方文化“走出去”均突出地域文化特征，目标受众不够明确，缺乏针对性，剧目节目随意被“放之四海”。随着各地方对于文化“走出去”的积极性的日益提升，对顶层设计、统筹规划提出了更高要求。或可根据亚洲、欧洲、非洲、美洲、大洋洲不同国家民众的欣赏口味与需求，对国内地方的各类文化艺术演出及展览进行定向、筛选。一方面，挑选外向型剧目节目和产品，另一方面也将所甄选的文化艺术产品打包，进行“定点投放”。比如，针对美国，或应采取文化与科技相融合的项目。针对法国等欧洲国家，则更多采取推出舞台艺术精品的方式。针对亚洲国家，可主推非物质文化遗产等具有传统文化意蕴的项目。如此既能展现我国文化艺术的多样性，也能一以贯之地培养海外受众的欣赏习惯。

在条件成熟的情况下，可考虑探索制定“一地一国一策”的文化交流与传播方案，即一个省（区、市）对应 1 ~ 3 个国家，选取适应当地文化消费需要的产品，采取具有偏好针对性的文化“走出去”策略。如“一带一路”建设参与国当中，各国经济情况、意识形态、政策限制、社会稳定情况、文化消费能力等都不同，文化产品的消费需求也就不同。针对不同的情况，可选派调研队伍仔细、深入地调研、审视沿线各国的文化产业需求，再统筹国际国内两个市场，切实制定具有切实针对性的策略。

制定“一地一国一策”文化交流与传播方案固然难度极大，但其仍有一定制定基础。截至 2017 年底，我国已与 157 个国家签署了文化合作协定，累计签署的文化交流执行计划近 800 个。[①] 这将为“一地一国一策”文化与传播方案的制订提供有力指引和支撑。

① 黄发红、朱玥颖、李欣怡：《我国对外文化交流传播取得丰硕成果》，《人民日报》2018 年 10 月 29 日。

七　引导出口文化企业建立产业链竞争意识，突出外向型产品的文化属性，鼓励更广大企业在产品中“植入”中华文化元素

与其他贸易领域的巨额顺差相比，文化服务贸易领域存在的逆差不但与我国作为世界贸易第一大国的地位不相称，也与我国作为文化资源大国的地位不匹配。对此，国务院印发了《关于加快发展对外文化贸易的意见》，提出到2020年中国对外文化贸易的发展目标：从微观看，要实现培育一批具有国际竞争力的外向型文化企业，形成一批具有核心竞争力的文化产品，打造一批具有国际影响力的文化品牌，搭建若干具有较强辐射力的国际文化交易平台的目标。

作为一种市场行为，文化贸易是以文化产品为交换内容、以文化企业为主体的国际贸易。经济全球化的深入发展和市场规律，都要求文化企业成为文化贸易的主体。随着文化体制改革的日渐深入，我国的文化企业正在经历重组阶段。应抓住这一时机，引导国有文化企业与民间企业进行关联性重组，以投资控股、并购、联合等多种形式进行资源整合，打造一批大型外向型文化企业集团。

基于国际贸易是国内贸易的延伸的基本观点，国际文化贸易也是国内文化贸易的延伸。因此，国际文化贸易的发展仍首先取决于国内文化产业的发展。我国文化贸易发展还处于初级阶段，主要有三种出口模式：一是利用人力资源优势，如杂技、演艺等人才输出，动漫等服务外包；二是加工贸易产品出口，体现在满足国外创意的来料加工方面；三是品牌运营、版权贸易。总体上看，我国绝大多数文化企业在国际分工中处于产业链的底端，文化产品和服务的科技含量不高，严重缺乏自主知识产权。文化企业整合全球资源、抢占文化贸易产业链高端环节，或对其进行创新拓展，应当成为其参与全球文化贸易竞争时的重要考量。

文化企业是通过文化贸易推动文化“走出去”的主力军，但不可忽略的是，中国作为制造业大国，各类企业生产的种种产品遍及全球。如今，将中国传统文化元素融入现代产品设计，已有成为潮流的趋势。如果能够通过

补贴等财税优惠手段，鼓励更多的企业将“中国元素”潜移默化地融入各类行销世界的产品当中，将取得事半功倍的效果。

八　重视新媒体传播，推动文化艺术“走出去”与“互联网+”融合发展

从整体上看，数字网络科技的兴起和运用，对社会和经济发展产生了巨大影响，这当然包括对中国文化的影响，对中国文化“走出去”的影响。

数字网络降低了文化“走出去”的成本。在数字网络兴起之前，中国文化“走出去”主要通过纸质媒介如书籍、报纸的传播。这些纸质媒介在制作、传播过程中需要耗费大量的人员、交通、保存费用。而数字网络媒介的兴起与广泛应用，可以相应地降低这部分成本，可以让有限的资金发挥最大的功用，让更多的文化产品走出国门。综观此前在海外开展的许多文化活动，擅长营造艺术体验和现场效果，但对网络传播的重视不足。与信息生活的脱节，往往使活动的影响力局限于现场人群。

一方面，应广泛运用新媒体这一信息“放大器”。以信息技术为核心的新一轮科技革命正深刻改变着人们的生活。新媒体相对于传统媒体来说，最大的好处是传播更加迅捷、覆盖人群更加广泛，尤其是年轻的群体，基本上都倾向于使用网络获取信息。利用新媒体，将使受众群体不再局限于活动现场。而且，越来越成熟的新媒体，已经成为最经济、最实惠也是效果最佳的信息传播平台。

另一方面，应策划、开发、推出一些在互联网、移动平台上举行的数字文化艺术活动。以互联网为代表的新媒体的交互性、及时性和虚拟性，与文化艺术的特征有着内在契合，这意味着线上活动具有成为文化传播的重要手段的潜力。可以说，数字网络的兴起破除了交通等对文化产品“走出去”的制约，并且在原来传播范围的基础上有了扩展，数字网络的全球发展对文化“走出去”有着积极的现实意义。值得注意的是，一些国家的驻华使馆文化处、文化机构开设微博、公众号，除了对在华举行的线下活动进行宣传，也尝试举行一些线上活动，聚拢人气。文化传播与互联网的深度融合，将成为数字时代的必然趋势。

九　加大跨文化人才培养力度，为高端人才在文化领域的发展提供保障

打造业务精湛、视野宽广的文化交流、传播、贸易人才队伍，是文化“走出去”的关键。要推动文化“走出去”提质增效，根本上还要依靠人才，这要求加大跨文化人才培养力度，形成支持文化“走出去”的人力资源供给机制。

我国的文化交流专业人才培养尚处于起步阶段，目前的人才结构还远远无法满足“一带一路”建设提出的新要求。其症结之一是，了解西方主要发达国家语言文化和社会制度的人员较多，而了解中小发展中国家相关情况的人员较少，涉外人才储备冷热不均、地域失衡的情况非常突出。同时，更好推动文化“走出去”，还需要懂得跨国经营管理和国际市场营销、擅长涉外项目策划与文化经纪及资本运作的经营管理人才；需要熟悉国际惯例和规则、擅长媒介市场运作、具有战略思维的外向型经营人才；需要具有开拓能力、创新精神和创新能力，能够管理大型跨国文化企业集团的经营管理人才。

针对人才需求状况，新时期应做好两方面的人才培养工作。一方面，稳定现有文化人才队伍，加强在职培训，对文化工作者开展跨文化培训。另一方面，加快后备人才培养，通过与高校等教育机构的合作办学，支持高校引进国际标准的办学理念和科学技术，注重创意、创新技能培养，培养国际高端文化人才。在组织管理、资金扶持、生产经营等方面加强机制建设，通过制定奖励机制和措施，加强知识产权保护等政策对各类外向型研究人才在文化领域的发展方面的保障作用。

第二编

专题报告

第二章 “一带一路”文化交流合作研究*

古丝绸之路作为古时中外经贸合作、文化融合的重要桥梁，凝结了沿途各国人民的情感、智慧、记忆，在中外友好交往史上书写下了瑰丽篇章，向世人展示了中华文明开放、友善、包容的独特魅力。以古丝绸之路为历史支撑和文明根基的“一带一路”重大倡议，着眼于各国人民追求和平与发展的共同梦想，顺应了世界多极化、经济全球化、社会信息化、文化多样化深入发展的潮流，推动构建人类命运共同体，为世界提供了一条充满中国智慧的共同繁荣发展之路，展现了当代中国进一步深化改革开放的精神风貌和互利共赢的国际合作姿态。

在“一带一路”建设的推进过程中，文化交流与合作具有增进情感、凝聚人心的重要作用。历史上的古丝绸之路，不仅促进了沿线国家物质资源的交换，而且带来了文化、文明层面的交流互鉴，极大地促进了中外语言、文字、宗教、艺术等文化资源的交流传播。中华文化素来主张“和而不同”，兼收并蓄、博采众长，在漫长的历史演进中始终保持生机和活力。在全球化深入发展的今天，“一带一路”坚持共商、共建、共享、共赢的原则，以和平合作、开放包容、互学互鉴、互利共赢为核心的丝路精神，正是对古丝绸之路人文遗产的传承和弘扬。

---

* 叶飞，中国文化传媒集团中国文化报社编委、采访中心主任。徐蕴峰，国声智库执行主任、中国商业史学会副会长兼“一带一路”专业委员会主任。

文化交流与合作的开放性，体现在与“一带一路”相关合作方的双向互动、多边交流当中。“一带一路”建设离不开国与国之间、人民与人民之间相互欣赏、相互理解、相互尊重的氛围。需要以文化自信、文明互鉴的姿态，确保文化交流与合作始终伴随“一带一路”建设并为其提供支撑。

第一节　“一带一路”文化交流与合作总体进展

自“一带一路”重大倡议提出以来，文化交流以其开放性与亲和力，促使古丝绸之路的文明之花在当代国际社会绽放，展现出求同存异、和谐相处的美丽，以包容开放的姿态，彰显出源自历史深处的文化自信，促成了多方发展理念上的价值共识。可以说，进一步加强沿线国家文化交流与合作，是实施“一带一路”宏伟建设蓝图的前提，也是促进民心相通、传播中国当代价值观、增强文化互信、谱写和搭建和平友谊之路、提升中国国际影响力的重要保障，是构建人类命运共同体的重要支撑。

“一带一路”沿线国家在基础建设、资源能源开发等领域，对中国的资金、人员、技术及管理支持有着巨大需求，但这并不意味着文化、教育等领域等待渠道铺设好才能加入其中，文化、教育等领域应以更加开放的胸怀和更积极的实践主动融入“一带一路”建设进程中，无论官方还是民间都应深度参与，促进中国与“一带一路”沿线国家更多元、全方位的互联互通。2017 年 5 月，“一带一路”国际合作高峰论坛在北京成功举办，其成果清单涵盖了政策沟通、设施联通、贸易畅通、资金融通、民心相通 5 大类，共 76 大项，270 多项具体成果。其中不乏文化领域成果，如中国政府与黎巴嫩政府签署《中华人民共和国政府和黎巴嫩共和国政府文化协定 2017—2020 年执行计划》，与突尼斯政府签署《中华人民共和国政府和突尼斯共和国政府关于互设文化中心的协定》，与土耳其政府签署《中华人民共和国政府和土耳其共和国政府关于互设文化中心的协定》。

“一带一路”贯通亚欧非，这要求我们要充分了解沿线国家深厚的民族文化底蕴，倾听不同文化背景下的不同声音，寻找共同语言，加深理解增进信任，形成利益交会点，这样才能有效化解分歧，形成命运共同体的价值认同，找到共同发展、互利共赢的“最大公约数”。

2015年是“一带一路”构想全面实施的开局之年。从博鳌论坛期间发布《推动共建“一带一路”愿景与行动》，到习近平主席出访巴基斯坦、哈萨克斯坦、白俄罗斯、英国、越南、新加坡、津巴布韦和南非等国，从亚投行正式成立到多个海外中国文化中心在丝路沿线国家启用，“一带一路”成为中国与世界对话的核心议题之一。文化交流，作为实现“五通”中民心相通的重要途径，也取得了引人注目的进展。

在2015年全国文化厅局长会议上，文化部部长雒树刚指出，要贯彻落实中共中央办公厅、国务院办公厅《关于进一步加强对外和对港澳台文化工作的意见》，紧密围绕国家外交工作大局和祖国和平统一大业，配合党和国家领导人出访及外国领导人来访，精心组织重大文化活动，充分发挥文化在外交大局中的独特作用。要推动与“一带一路”沿线国家的文化交流与合作，办好丝绸之路重点文化项目，建设“一带一路”国内文化交流基地。

这意味着，“一带一路”文化交流与合作成为我国对外文化工作的新抓手。作为“一带一路”的人文历史基础，古丝绸之路文化交流史不再只是“背景墙”。无论是凿空西域的张骞、七下西洋的郑和，还是敦煌、哈萨克斯坦陕西村，古丝路上的人物、佳话和传说，都再次被置于焦点之下。数年来，大大小小的国际会议、论坛，以“一带一路”“丝绸之路”为主题的不胜枚举。

“丝绸之路：长安—天山廊道路网”是“一带一路”文化交流与合作的一大成果。在第38届世界遗产大会上，中国与吉尔吉斯斯坦、哈萨克斯坦联合申请的“丝绸之路：长安—天山廊道路网”入选《世界遗产名录》。申遗成功推动了国内各省（区、市）乃至三国之间在文物保护工作方面的交流、协作，促进了这一地区文化遗产管理与保护水平的提升。随之兴起的文化遗产保护热潮，不仅可以拉近民众与文化遗产之间的距离，更能增进丝路沿线民众间的情感，为古丝绸之路注入新的活力。古丝绸之路沿线的国家和地区，对丝路文化在今天的复兴表现出极大的期待和热情，丝路文化遗产的“前世今生”成为专家学者乃至民众的必备谈资，古丝路宗教、文化、艺术受到普遍关注。此外，沿线众多省（区、市）政府乃至企业相机而动，申遗的成果被融入当地的经济建设之中。可以说，此次申遗的成功为丝绸之路经济带成为新的国际纽带做好了文化铺垫。此后，海上丝绸之路的申遗工作也受到了前所未有的关注。相比陆上丝绸之路，海上丝绸之路的概念提出较晚，相关的资料梳理、理论研究等基础工作有一定差距。近两年，海上丝绸之路相关的文物考察工作不断得到推进。

"五通"之一的民心相通是"一带一路"建设的社会根基，而心灵的沟通当以文化认同为根本。"欢乐春节""亚洲艺术节""东亚文化之都"等大型活动在文化认同方面发挥了重要作用。据统计，2015 年"欢乐春节"活动超过 800 个，覆盖海外 118 个国家和地区的 320 余个城市，其中大部分属于"一带一路"朋友圈。[①] 在这些重大文化活动框架下进行的文化交流、学术合作，传承和弘扬了丝绸之路友好合作精神，在保障"一带一路"建设顺利推进的同时，也赋予"一带一路"深厚的社会内涵。

人文交流内涵广阔。在已有的中美、中英、中欧等高级别人文交流机制以及中俄、中日、中德等双边文化磋商机制推动下，中国与欧盟、东盟、上合组织及世界各国的文化交流步入新阶段。2015 年 5 月 27 日，中国印度尼西亚人文交流机制首次会议在印尼首都雅加达召开。这是中国与发展中国家建立的首个高级别人文交流机制，旨在统筹、规划、协调两国间的人文交流合作，使之成为深化中印尼在教育、科技、文化、卫生、媒体、青年等相关领域交流与合作的重要平台，服务人文领域的务实合作，服务两国人民增进相互理解和好感，并辐射东盟国家，发挥龙头带动效应。

古丝路文脉与当代艺术融合共生，艺术家们将丝路文化融入艺术创作当中，以丝路为主题的艺术创作呈蓬勃之势。"一带一路"为当代艺术家提供了巨大的创作空间和无穷灵感。中国国家画院发起了"丝绸之路美术创作工程"，考察写生团分为海上丝绸之路、陆路丝绸之路、草原丝绸之路三路。为了使创作更具学术性和现实针对性，该院还制定了《"丝绸之路"美术创作选题》，

① 叶飞：《2015"一带一路"文化交流关键词》，《中国文化报》2016 年 1 月 14 日。

确定了300多个选题作为艺术家创作的选题参考。首届中国新疆国际艺术双年展上的众多艺术作品，也显示出丝绸之路艺术创作的如火如荼。

以丝绸之路为主题的音乐作品为数不少。中央民族乐团推出了大型音乐会《丝绸之路》，以琵琶、胡琴、热瓦普、唢呐、扬琴、冬不拉，追寻古老而悠久的古丝路音乐足迹。新疆维吾尔自治区、陕西、甘肃均在创排与丝绸之路有关的音乐、歌舞作品。

"中阿丝绸之路文化之旅"是中国针对阿拉伯国家联盟成员国推出的大型系列文化交流活动。作为旗下项目，舞剧《月上贺兰》赴苏丹、埃及等国演出。舞剧《丝海寻梦》则在联合国总部、联合国教科文组织总部以及欧盟总部等地演出多场，获得广泛赞誉。2015年，获得国家艺术基金支持的就有话剧《丝路天歌》、民族舞剧《南海丝路》、交响乐《海上丝路》、杂技剧《丝路彩虹》、民乐小合奏《丝路幻想组曲》、"丝路行陇上韵"甘肃演艺集团丝绸之路巡演、"丝路上的中国梦"——麦西热甫国外演出舞剧、《丝路花雨》新加坡演出和丝路华彩——西南少数民族水彩艺术展、"丝路明珠"的复兴与创新美术作品展等数十个演出展览项目。

基础设施建设是"一带一路"的重要着力点。作为中华文化"走出去"的独特平台，海外中国文化中心实际上也是我国在海外投资建设的文化基础设施。2015年，随着布鲁塞尔、尼泊尔、新加坡、斐济、坦桑尼亚、新西兰中国文化中心正式揭牌，海外中国文化中心总数达到25个。海外中国文化中心也成为对外传播"一带一路"的重要窗口。"一带一路"沿线风情摄影展、"一带一路"座谈会等各项有关活动在各中心高频举办，提高了驻在国对"一带一路"重大倡议和中华文化的认同感。

2016年，我国继续深化与"一带一路"沿线国家交流合作，重要举措之一是制定、出台了《文化部"一带一路"文化发展行动计划（2016—2020年）》。行动计划指出，要准确把握"一带一路"倡议精神，全方位提升我国文化领域开放水平，秉承立足周边、辐射"一带一路"、面向全球的合作理念，构建文化交融的命运共同体，着力实现以下目标。第一，文化交流合作机制逐步完善。进一步健全与"一带一路"沿线国家和地区政府、民间的文化交流合作机制，进一步完善部际、部省等工作机制。形成政府统筹、社会参与、市场运作的整体发展机制和跨地区、跨部门、跨行业的文化交流合作协调发展态势。第二，基本形成文化交流合作平台。加快在“一带一路”沿线国家和地区设立中国文化中心，形成布局合理、功能完备的设施网络。以“一带一路”为主题的各类艺术节、博览会、交易会、论坛、公共信息服务等平台建设逐步实现规范化和常态化。第三，文化交流合作品牌效应充分显现。打造文化交流合作知名品牌，继续扩大“欢乐春节”品牌在沿线国家的影响，充分发挥“丝绸之路文化之旅”“丝绸之路文化使者”等重大文化交流品牌活动的载体作用。第四，文化产业及对外文化贸易渐成规模。面向“一带一路”国际文化市场的文化产业发展格局初步形成，文化企业规模不断壮大，文化贸易渠道持续拓展，服务体系建设初见成效。

截至2016年底，在政府合作层面，文化部与“一带一路”沿线国家均签订了政府间文化交流合作协定。此外，与相关区域国际组织建立了各种合作机制。在文化组织和机构层面，积极推动与“一带一路”相关国家建立5个合作联盟，即丝绸之路国际剧院联盟、丝绸之路国际图书馆联盟、丝绸之路国际博物馆联盟、丝绸之路国际美术馆联盟和丝绸之路国际艺术节联盟。这些联盟的建立和健全将为机制化推动“一带一路”文化交流与合作提供坚实保障。在人员交流层面，着力打造丝绸之路文化之旅、丝绸之路文化使者、青年汉学家研修计划、中外文学和影视翻译研修活动等，计划到2020年实现与“一带一路”沿线国家和地区的文化交流规模达到3万人次、1000家中外文化机构、200名专家和100项大型文化年（节、季、周、日）活动，以及邀请800名智库学者、汉学家、翻译家来华交流、研修，培养150名国际青年文物修复和博物馆管理人才。“丝绸之路国际艺术节”“海上丝绸之路国际艺术节”“丝绸之路（敦煌）国家文化博览会”三大平台，以及深圳文博会、上海国际艺术节等综合平台设置的“一带一路”文化专题板块，大力宣介了“共商、共建、共享”理念。“丝绸之路文化之旅”“丝绸之路文化使者”等品牌活动的举办提升了中华文化在沿线国家的影响力。文化部支持泉州建设“海上丝绸之路艺术公园”，为海丝沿线各国辟出专门区域建立国家馆，支持银川建设的《中阿合作论坛行动计划》框架下的重点项目“中阿友谊雕塑园”备受瞩目。

截至2016年底，海外中国文化中心总数达到30个，其中在“一带一路”沿线国家设立11个，计划到2020年，将在“一带一路”沿线国家再建13个中国文化中心。[①] 2017年5月举办的“一带一路”国际合作高峰论坛期间，中国与土耳其、阿根廷、突尼斯3个国家签署了互设文化中心的协议。

“一带一路”倡议也为我国各地文化“走出去”指引方向。2015年、2016年间，全国所有省（区、市）上报了“一带一路”有关规划项目和实施方案，其中将文化交流与合作列为重点内容的不在少数。如浙江省上报了继续推进实施浙江吉尔吉斯斯坦德隆电视台文化贸易平台作为“一带一路”建设工作重点项目，并将进一步开展沿线国家各类文化贸易促进活动，以促进该省文化企业对沿线国家的境外投资并购。福建发布的《福建省“十三五”文化改革发展专项规划》中，以重点篇幅专门描述“海丝”文化建设，提出努力以文化引领“海丝”核心区建设，研究编制《21世纪海上丝绸之路核心区文化发展专项规划》。截至2017年5月18日，我国各地与“一带一路”沿线53个国家的城市缔结友好城市关系共计707个。[②] “一带一路”友好城市群正在形成，对推动民间交往，增强各国人民彼此了解起到了重要作用。

此外，2015年与2016年都是“丝绸之路旅游年”，不少沿线省（区、市）文化旅游搭上“一带一路”快车，为文化旅游产业发展开拓了新契机。中国西安丝绸之路国际旅游博览会、国际丝绸之路旅游发展会议等大型展会显示出了巨大的吸引力。在2015年柏林国际旅游交易会上，作为开展现场推介会的唯一中国省份，福建凭借海上丝绸之路旅游资源赢得关注，共接待来自欧美地区的200余家旅游代理商。

“一带一路”民心相通成为备受学界关注的热点研究领域。北京大学全球互联互通中心发布的《2017中国—东盟“五通指数”报告》显示，东盟

---

① 数据来自2016年12月15日文化部第四季度例行新闻发布会公布的情况。

② 数据来自国家信息中心“一带一路”大数据中心《“一带一路”大数据报告（2017）》。

国家在民心相通方面平均得分为 12.12 分，高于沿线国家的平均水平（10.76 分），总体水平较高。其中泰国在该项目上得分 16.67 分，仅次于俄罗斯（17.88 分），位列沿线所有国家第二位（见表 2－1、2－2）。

表 2－1　中国—东盟十国 2016～2017 年度五通总体发展情况表

等级	排名	国家	2017 排名	排名变化	政策沟通	设施联通	贸易畅通	资金融通	民心相通	总分
顺畅型	1	新加坡	2	+1↑	13.67	14.83	18.53	17.80	14.36	79.19
	2	马来西亚	3	－1↓	15.29	15.13	15.79	16.07	14.95	77.24
良好型	3	泰国	6	—	13.46	10.31	13.09	15.04	16.67	68.57
	4	印尼	9	—	10.94	10.50	12.95	15.14	13.37	62.90
	5	越南	12	－2↓	13.46	10.31	13.09	15.04	16.67	61.57
	6	柬埔寨	14	—	10.94	10.50	12.95	15.14	13.37	61.19
	7	菲律宾	19	－2↓	10.96	7.96	12.16	13.25	12.92	57.24
	8	老挝	23	+5↑	14.65	7.67	9.57	9.02	13.28	54.19
	9	文莱	36	－1↓	9.67	11.91	10.90	10.72	7.90	51.09
潜力型	10	缅甸	45	－3↓	9.94	10.46	9.58	6.81	10.70	47.48

资料来源：《2017 中国—东盟“五通指数”报告》。

该报告显示，中国高校已开齐东盟国家所有语种课程。2016 年中国与东盟国家互派留学生规模达到 19 万人，到 2020 年，双方互派留学生人数都将超过 10 万。东盟 10 国共建有 30 所孔子学院、30 个中小学孔子课堂，2016 年中国还在新加坡设立中国文化中心，这不仅可以联系本地华人，也能对东南亚华人形成一种辐射效应，初步形成了覆盖东南亚的文化交流与合作网络。近年来，中国影视作品在东南亚的传播呈现出方兴未艾的新局面，影视作品出口量明显增加，随着中国影视作品在东南亚的热播，中华文化正越来越受到东南亚民众的关注。2017 年是“中国—东盟旅游合作年”，中国与东南亚国家游客赴对方旅游人次将会有较大增长，通过旅游不仅给东南亚国家带来可观的旅游收入，同时也有助于增进双方民众之间的相互了解、文化沟通，为“一带一路”奠定坚实的民意基础。①

① 《2017 中国—东盟“五通指数”报告》。

表 2-2 中国—东盟国家民心相通指数表

排名	国家	E1 旅游活动	E2 科教交流	E3 民间往来	民心相通
1	泰国	4.80	4.76	7.11	16.67
2	马来西亚	3.95	4.33	6.67	14.95
3	新加坡	3.91	6.00	4.44	14.36
4	印度尼西亚	4.88	3.15	5.33	13.37
5	老挝	3.57	3.05	6.67	13.28
6	菲律宾	3.91	3.67	5.33	12.92
7	柬埔寨	4.11	2.32	6.22	12.66
8	越南	5.06	1.98	4.89	11.92
9	缅甸	4.42	1.39	4.89	10.70
10	文莱	3.35	0.99	3.56	7.90

资料来源：《2017 中国—东盟“五通指数”报告》。

第二节 “一带一路”双边文化交流合作概况

在与全球共享“一带一路”建设成果的同时，中国与各国人民之间的友谊得到了广泛提升。蓬勃开展的双边文化交流与合作，促进了“一带一路”沿线国家的民心相通。以下为近年来中国与“一带一路”建设重要参与国之间的双边文化交流合作概况。

1. 哈萨克斯坦

哈萨克斯坦是中国“一带一路”建设的重要伙伴国家，同时也是丝绸之路经济带从中国向西延伸的第一站。习近平主席2013年访问哈萨克斯坦，在纳扎尔巴耶夫大学发表演讲时倡议共同建设“丝绸之路经济带”。2014年底，哈萨克斯坦与中国签署《“丝绸之路经济带”建设谅解备忘录》；2016年，两国正式签署了丝绸之路经济带建设与“光明之路”新经济政策对接合作规划。近年来，两国多次互办大型文化活动，互派文艺团组访演，开展专业领域人员交流，促进了两国间的文化互鉴。此后，双方还将共同推进互设文化中心的进程。

哈萨克斯坦与中俄两国共同主办了“2015 丝绸之路国际文化论坛”；两国在音乐领域的交流也不断增多，“光明丝绸之路上的相遇”——中哈联合音乐会在北京举办，为两国建交 25 周年献礼；中国爱乐乐团在哈萨克斯坦成功巡演，深受哈萨克斯坦民众喜爱；举办丝路新颜暨领区共建丝绸之路经济带成果图片展等展览；2014 年，中国与哈萨克斯坦、吉尔吉斯斯坦联合申报的“长安—天山廊道的路网”正式进入世界文化遗产名录；哈萨克斯坦积极参与“青年汉学家研修计划”“汉语桥”等活动，与中方共同举办“中国武术文化节暨哈萨克斯坦武术大赛”等；哈萨克斯坦相关部门积极参与丝绸之路新疆文化创意产业博览会，与有关企业签署影视制作合作协议。这些都充分证明了两国在文化领域拥有良好的交流与合作空间。

2. 乌兹别克斯坦

2016 年 6 月，习近平主席在乌兹别克斯坦最高会议立法院发表演讲时，对提出“一带一路”重大倡议后三年来的成果进行了概括性评述，并表示，中乌双方要携手构建多层级、宽领域、全方位的互利合作新格局，推动中乌友好合作写下新的历史篇章。对于中乌人文交流，习近平主席提出，要精心打造中乌民心相通工程，通过深化文化、教育、旅游、考古、地方合作提升中乌作为丝绸之路古国的自豪感和自信心。

“一带一路”重大倡议提出以来，中乌文化交流与合作登上了一个新的台阶。两国多次互派文艺团组访演，开展专业领域人员交流。2016 年，上海合作组织成员国文化部长第十三次会晤在乌兹别克斯坦首都塔什干举行，其间，文化部还支持中国国家画院与乌国家艺术科学院在乌共同举办展览；近年来，中乌演出团体相互交流日益增加；中国国家文物局、中国社会科学院、中国西北大学等单位积极同乌方开展联合考古和古迹修复工作，为恢复丝绸之路历史风貌做出了重要贡献；乌积极加入中国与“一带一路”沿线国家在人文领域的组织、联盟。

近年来，乌进一步加强与完善汉语教学工作，相继在塔什干国立东方学院、世界语言大学以及中小学校开设汉语系或汉语课堂，“汉语热”已成为中乌友好交往的重要桥梁。

3. 巴基斯坦

巴基斯坦是最早积极对接“一带一路”建设的国家之一，作为全天候战略合作伙伴，中巴两国在“一带一路”建设方面紧密合作。近年来，随着丝绸之路经济带和中巴经济走廊建设的不断推进，双方在艺术家、汉语教学、广播影视等方面的交流越来越活跃。

“一带一路”伊斯兰风情文化国际摄影优秀作品展、“中国故事 2016”图片展、庆祝中华人民共和国成立 67 周年中巴艺术联展等一系列展览的举办，增进了两国民众对彼此的了解；“魅力中国　多彩新疆”文化周、“爱尚中华·国乐盛典”音乐会等演出在巴基斯坦举行，展现了中国传统、民族文化的独特魅力；“基于社区的非物质文化遗产清单制定培训班”和“一带一路”中巴教育座谈会等活动的举办，以及由巴基斯坦文化、艺术、体育界高级官员和知名人士组成的文化精英团的成功访华，博物馆、图书馆等领域高层管理人员培训交流的频繁举行，增进了两国人文交流在专业领域的对口合作。

2017 年 4 月，巴基斯坦中国文化中心启用仪式在伊斯兰堡举行，中心将继续通过多种形式，向巴基斯坦人民介绍中国的文化和历史，展示中国人民对巴基斯坦的美好情谊。

4. 俄罗斯

近年来，在“一带一路”倡议被俄罗斯社会各界广泛理解、认同和支持的背景下，中俄两国文化交流的规模、层次、水平不断提升，成果丰硕，形势喜人。

每年在黑龙江举办的集文化贸易与文化交流于一体的中俄文化大集活动，是中俄两国在边境毗邻地区跨境同期共同举办的大型文化交流活动。中俄文化论坛自 2013 年起在两国轮流举办，两国文化界人士交流学术、沟通思想、增进了解、培养感情，促进了两国在文化政策、文化理念、公共文化服务、文化产业等各个领域的深度交流与合作。

俄罗斯多家剧院加入了丝绸之路国际剧院联盟，为陆续开启的丝绸之路博物馆、图书馆等联盟邀请俄罗斯相关机构加入奠定了良好基础。与丝绸之路文化相关的展览、演出、论坛、交易会、体育和艺术赛事在俄罗斯也广泛展开。特别是2015年在莫斯科举办的第二届“丝绸之路国际文化论坛”，成为“一带一路”主题下中俄民间交流的成功典范。

5. 白俄罗斯

白俄罗斯高度重视与中国就推进“一带一路”建设开展合作。2016年9月，中白两国政府签署了《中华人民共和国政府与白俄罗斯政府共同推进“一带一路”建设的措施清单》，清单涵盖了交通物流、贸易投资、金融、能源、信息通信、人文等领域的相关措施或项目。

2016年12月，白俄罗斯中国文化中心揭牌仪式在明斯克举行，这是两国文化交流的标志性事件。据悉，白俄罗斯也将在北京设立白俄罗斯文化中心，两国互设文化中心有助于扩大人文领域的友好关系和交流。

2017年是中国与白俄罗斯建交25周年。4月，白俄罗斯国家美术馆馆长弗拉基米尔·普罗科普佐夫的油画作品《父母的故土》正式被捐赠给中国美术馆。5月，来自白俄罗斯的经典芭蕾舞剧《天鹅湖》将作为第十七届“相约北京”艺术节的闭幕压轴大戏亮相北京。

6. 希腊

2016年7月，希腊国家通讯社雅通社发表了《希腊在“一带一路”建设中具有至关重要的作用》一文，表明了希腊对“一带一路”重大倡议的积极态度。2016年10月，中欧文明对话会在希腊首都雅典举行，中国、希腊、意大利等国的10多位著名学者和政府官员在会上探讨了在当前人类面临的诸多挑战面前，加强中欧文明对话的必要性和应采取的措施。

2017年4月，中国—希腊文化交流与文化产业合作年启动仪式在希腊雅典拜占庭博物馆举行，“2022，北京欢迎你”冬奥主题互动展览同时揭幕，展览内容由“奥林匹克：从雅典到北京”“北京冬奥，冰雪之美”两部分组成。

由中国和希腊共同倡议发起的“文明古国论坛”日前在雅典举行，来自世界10个文明古国的代表共同探讨人类原创型文明给当代社会带来的有益启示，推动古老文化焕发出新的时代活力。

7. 匈牙利

2010 年，匈牙利政府提出“向东开放”政策，该政策涵盖经济、外交等各个领域，其中最重要的一点就是进一步加强同中国的关系。中国“一带一路”倡议与匈方政策不仅在地理意义上有所重叠，其发展愿景更是高度契合，二者相辅相成，将两国及沿线国家和地区紧密地联结在一起。

2015 年 6 月，中国同匈牙利签署《中华人民共和国政府和匈牙利政府关于共同推进丝绸之路经济带和 21 世纪海上丝绸之路建设的谅解备忘录》，这是中国同欧洲国家签署的第一个此类合作文件。

2017 年 4 月，匈牙利舞剧《茜茜公主》在北京天桥艺术中心上演，第十七届“相约北京”艺术节由此拉开大幕。2017 中国电影展近期在布达佩斯举行，其间放映了《功夫瑜伽》《大唐玄奘》《湄公河行动》《北京遇上西雅图之不二情书》《山河故人》5 部优秀中国影片。近日，中国—中东欧研究院成立暨揭牌仪式在匈牙利科学院举行，这是中国首家在欧洲独立注册运营的研究型智库机构。研究院将以学术合作与智库交流的方式推进中国与中东欧国家间的合作，推动中东欧乃至整个欧洲对中国—中东欧国家合作、“一带一路”重大倡议以及中国发展、中国道路、中国形象的认识与了解。

8. 捷克

捷克地处欧洲中心，是中东欧开放的前沿窗口，也是中东欧发展指数最高的国家之一，更是“一带一路”的重要沿线国家。2015 年底，中捷双方签署了关于共同推进“一带一路”建设的政府间谅解备忘录，为交流合作开辟了更加广阔的空间。作为首批和中方签署“一带一路”合作备忘录的国家，捷克也是中国落实“一带一路”合作的样板。

当前，中捷人文交流活力迸发。2015 年 4 月，上海举办“捷克周”活动，集中展示捷克在旅游、高科技、投资等方面的优势，并奉上了一次捷克当代艺术与设计大型联展。2016 年，在北京、天津和河北三地举办了多场“京津冀捷克日”活动。

2017 年 2 ~ 12 月，捷克驻华大使馆、捷中友好合作协会以及捷克驻成都总领事馆合作举办“一带一路捷克年”系列活动，这些活动除了在北京举行，还会在四川、陕西、浙江举行，而这些地区都是丝绸之路上的重要省份，活动的重点是对捷克的传统产品、文化以及旅游进行宣传。

2017 年 4 月，“一带一路”与中捷文明交流互鉴论坛在布拉格举行。捷克文化艺术和智库专家、“一带一路”研究专家、汉学家、翻译家及捷克主流媒体代表等各界人士出席。

9. 印度尼西亚

近年，中国和印尼两国文化往来频繁。2015 年、2016 年，中国文化部连续组派艺术团赴泗水、巴厘岛、日惹、三宝垄和雅加达参加“欢乐春节”活动。作为“2014 中国—东盟文化交流年”的重点活动，2014 年 8 月，中国文化部组派《太极图》以及《多彩中华》这两台各具特色的大型舞台剧赴印尼参加“东盟最佳表演艺术——中国主宾国”展演活动。2015 年 7 月，中国驻印尼使馆与印尼伊斯兰教士联合会合作，策划组织了“郑和与印尼穆斯林文化传播”巡回讲座。2016 年 4 月，中国爱乐乐团赴印尼举行“海上丝绸之路”巡演，大型舞剧《丝海梦寻》赴印尼访演。2016 年 5 月，中国及印尼电影界人士倡导组织的“谢飞电影大师讲堂及获奖电影展映活动”在雅加达、巴厘岛举行。2016 年 11 月，中央芭蕾舞团赴印尼演出芭蕾舞剧《大红灯笼高高挂》。

印尼多次组派艺术团参加中国文化部举办的亚洲艺术节。印尼教育与文化部还多次应邀参加了由中国文化部主办的中国—东盟文化论坛。2014 年 4 月，印尼教育与文化部政府代表团和艺术团来华参加 2014 中国—东盟文化交流年开幕系列活动。

10. 老挝

2011 年，为庆祝中老建交 50 周年，中国文化部支持并协助中国驻老挝使馆于 4 月 21 ~ 27 日在万象市老挝国家文化宫成功举办纪念中老建交 50 周年图片展，老挝的多位政府高级官员出席了展览开幕式。2011 年 10 月，中国文化部组派中国残疾人艺术团赴老挝举办庆祝中老建交 50 周年专场演出。2014 年 1 月，云南省委宣传部、老挝新闻文化旅游部和中国驻老挝使馆在老挝万象国家会议中心联合主办“中老情·合家欢——2014 春节联欢晚会”。2016 年 1 月，老挝“欢乐春节”庙会在老挝首都万象市举行。

为搭建中老文化交流的窗口和平台，2014 年 11 月 3 日，中共中央政治局委员、中央书记处书记、中宣部部长刘奇葆与老挝人民革命党中央政治局委员、政府副总理潘坎出席老挝中国文化中心揭牌仪式并共同为中心揭牌。

11. 菲律宾

菲律宾是东盟国家中最早与中国签订文化协定的国家之一。自 1979 年两国政府签订文化合作协定后，两年或三年期的文化交流执行计划从未间断过。迄今为止两国共签署了 13 个双年度文化交流执行计划。

近年来，中菲文化交流活动蓬勃开展。2014 年 9 月，菲文委组派官员和专家参加由中国文化部主办的第九届中国—东盟文化论坛。2015 年 3 月，中国文化部组派吉林艺术团赴菲律宾参加“欢乐春节”活动。2015 年 8 月，菲律宾文化艺术委员会组派官员和专家参加由中国文化部主办的“10 + 3”文化人力资源开发合作研讨班。2015 年 9 月，菲律宾文化艺术委员会应邀组派官员和专家参加由中国文化部主办的第十届中国—东盟文化论坛。2016 年 2 月，中国组派深圳艺术学校艺术团赴菲律宾参加“欢乐春节”活动。2016 年 9 月，菲文委和相关院校负责人来华参加中国文化部主办的第十一届中国—东盟文化论坛。2016 年 10 月，中国文化部组派中央芭蕾舞团赴菲律宾演出芭蕾舞剧《大红灯笼高高挂》，获得一致好评。2017 年 2 月，中国文化部组派福建省泉州市艺术团赴菲律宾参加“欢乐春节”活动。

12. 越南

2017 年 5 月 11 日，习近平主席在北京人民大会堂同越南国家主席陈大光举行会谈。两国元首夫妇共同观看了“中国摄影家眼中的越南”摄影展。

中越两国文化交流源远流长，文化领域交流渠道比较畅通，文化交流进展顺利。自 2008 年 5 月中越建立全面战略合作伙伴关系以来，双方在文化领域的交流与合作呈现良好态势。

中越两国政府文化主管部门高层领导保持互访频繁，有力推动了两国文化关系的发展。两国举办的文化交流活动日益增多，中国连续派出艺术团参加越方举办的顺化国际艺术节和国际杂技比赛等活动，越方也连续派出代表、作品参加中国举办的各类文化艺术节、创作营、国际会议等活动，如亚洲艺术节、亚洲文化部长论坛、中国—东盟文化论坛、“10＋3”文化人力资源开发合作研讨班等。2013 年 5 月，河南省艺术团应邀赴越南海防参加越南国家旅游年开幕式，并在河内、下龙湾和胡志明市等地巡演。2016 年 9 月，越南文体旅部组派高级别代表团来华出席首届丝绸之路（敦煌）国际文化博览会。在中国与东盟文化合作方面，越方也发挥了积极作用。

2015 年 11 月 15 日，中越关于互设文化中心的协定在两国领导人的见证下正式签署。

13. 柬埔寨

2011～2013 年，中国文化部为柬埔寨代培了一批杂技学员，于 2013 年 9 月结业归国。2013 年是中柬建交 55 周年，两国文化部门以此为契机，共同举办了一系列纪念、庆祝和文化交流活动。2014 年 4 月，曾在中国接受培训的柬埔寨杂技团部分演员应邀到中国北京参加“2014 中国—东盟文化交流年”开幕演出。2014 年 12 月，柬埔寨派艺术团赴缅甸参加了“2014 中国—东盟文化交流年”闭幕活动。此外，在我国首都博物馆举办的“高棉的微笑——柬埔寨吴哥文物与艺术展”是中国举办的第一个柬埔寨文物展览，2015 年 4 月，该展又在广东省博物馆展出，7 月在陕西省历史博物馆展出。

2014 年，中国文化部支持昆明新知集团在柬埔寨开设金边中国文化之家。国务委员杨洁篪于 2014 年 12 月访柬期间和柬埔寨王国副首相兼外交国际合作大臣贺南洪为“金边中国文化之家”揭牌。在中国文化部、云南省委宣传部及中国驻柬使馆的共同支持下，“金边中国文化之家”举办了丰富多彩的文化活动，有力地传播了中华文化。2016 年，经报国务院批准，该文化之家升级为金边中国文化中心，习近平主席于10月访柬期间与洪森首相共同为金边中国文化中心揭牌。金边中国文化中心是由部、省、企合作共建、共管的海外中国文化中心。

14. 马来西亚

中国和马来西亚友谊深厚，两国文化相近、相通，两国文化交流活动逐年增多，日趋活跃。马来西亚华裔人口占其总人口近1/4，经济实力较强，对中华文化有着较深的认同和归属感，对开展两国文化交流热情很高。

近年来，在中马文化合作协定框架下，两国一直签署三年一度的文化交流执行计划，在高层互访、展览、演出等方面保持不间断的交流与合作。马方多次参加中国文化部主办的亚洲艺术节、中国—东盟文化论坛和“10+3”文化人力资源开发合作研讨班等活动。

2014年是中马建交40周年，也是双方商定的“中马友好交流年”。2014年11月，中国文化部组派广西艺术团赴马来西亚举办以“美丽中国·美丽广西”为主题的中国文化周。2015年春节期间，中国多个艺术团应马来西亚当地邀请访问马来西亚，举办“欢乐春节”活动。2015年5~6月，中国国际文化交流中心组派大型舞台剧《太极图》赴马来西亚吉隆坡进行了1场公益演出和2场商业演出。2015年8月，中国印象系列创意团队与马方项目公司就在马来西亚举办实景演出《印象马六甲》项目签署合作协议。中国文化部邀请马方派团来华参加于2015年9月和11月在华举办的第十届中国—东盟文化论坛和第十四届亚洲艺术节。2016年9月，马方派员来华出席第十一届中国—东盟文化论坛。

15. 蒙古国

2010年揭牌的乌兰巴托中国文化中心是继首尔中国文化中心、东京中国文化中心之后中国在亚洲设立的第三个文化中心，同时也是在与中国领土接壤的国家中设立的第一个中国文化中心。

乌兰巴托中国文化中心揭牌以来，在常态化开展展览、演出、讲座、艺术培训等工作的同时，积极配合国家外交大局，精心打造“欢乐春节”“纪念汤显祖和莎士比亚”品牌活动，积极走进蒙古国大中学校开展青少年交流活动，已成为蒙古国民众了解中国文化的一个新窗口。

中蒙间文化交流活动频繁。2013 年 10 月，为配合蒙古国总理访华，蒙古国驻华使馆在北京国家大剧院举办蒙古国专场文艺演出。2014 年 6 月 2 ~ 6 日，作为中蒙建交 65 周年系列友好交流活动的一环，中国儿童艺术剧院《伊索寓言》剧组赴乌兰巴托演出 2 场，取得圆满成功。2014 年 8 月 20 ~ 24 日，为配合习近平主席对蒙古国的访问，中国文化部举办了“中国文化周”暨“丝路拾珍——中国敦煌文化艺术展”开幕式活动。2016 年 5 月 9 日，蒙古国家马头琴乐团来华参加了由文化部外联局与国家大剧院共同主办的 2016 年“世界音乐博览——发现亚洲之美”系列文化交流活动开幕演出。

16. 缅甸

2013 年 12 月，中国成功实施了援缅第 27 届东南亚运动会开闭幕式技术支持合作项目。

2014 年 6 月缅总统吴登盛访华期间，中缅两国文化部门关于互设文化中心的谅解备忘录在两国领导人见证下签署。2015 年 9 月 4 日，缅甸总统吴登盛来华出席中国人民抗日战争暨世界反法西斯战争胜利 70 周年纪念活动期间，《中华人民共和国和缅甸联邦共和国政府关于互设文化中心的协定》正式签署。随后，中国文化部启动了在缅设立文化中心的选址工作。

2014 年 9 月，广东省艺术团在缅甸举办“中国—东盟文化交流周”活动；12 月，中国—东盟文化交流年闭幕活动在缅甸首都内比都举办。2016 年春节期间，中国驻缅甸使馆策划并支持举办了“开门过大年”迎新春招待会、“缅中友好音乐会”等系列春节庆祝活动；3 月，中缅画家联合写生活动在缅甸启动，该活动由“缅甸行”“中国行”“中缅画家联合写生创作成果展”三部分组成。2017 年春节，中国驻缅甸使馆策划组织了系列“欢乐春节”活动，取得了良好效果。

17. 斯里兰卡

斯里兰卡是我国在南亚地区重点开展文化交流的国家之一。中斯于

1979年8月15日签订文化合作协定，2005年8月30日重新签署文化合作协定。

近年来，在两国政府文化部门的推动下，中斯文化交流发展顺利，在文学、艺术、广播影视、佛教、教育、体育等各方面的交流与合作全面展开。斯里兰卡多次派团参加由中国文化部主办的亚洲艺术节和亚洲文化部长论坛，显示了斯方参与区域文化合作的积极态度。

2014年1月，中国驻斯使馆举办“欢乐春节——中斯大联欢”活动，山西省歌舞剧院“黄河情韵”演出团一行32人赴斯参加相关活动。2015年2月5~10日，中国文化部组派甘肃艺术团一行32人赴斯里兰卡举办“欢乐春节”活动。2016年9月19~22日，斯代表团赴甘肃参加首届丝绸之路（敦煌）国际文化博览会。

两国民间文化交流也日益活跃并保持良好的发展势头，重庆杂技团、四川德阳杂技团等艺术团体先后访斯进行演出并获得成功。两国之间已逐步形成了政府交流与民间交流并举的新局面。

18. 阿根廷

“一带一路”重大倡议不仅为阿根廷的经济发展提供了重要机遇，也为中国和阿根廷两国间的文化交流创造了重要机遇。

围绕2016年“中拉文化交流年”和2017年庆祝中阿建交45周年，中国10多个文化团体先后造访阿根廷，阿根廷探戈舞团和音乐团体也来到中国演出。这些活动拓宽了两国文化交流的深度和广度，“中国布袋戏慈善公演”为阿根廷当地人所津津乐道，花果山传统布袋戏团走入位于布宜诺斯艾利斯省的洛马斯德萨莫拉市，为当地近千名贫困儿童及其老师、家长带去了布袋戏《大闹天际》——该剧系戏团根据《西游记》中的大闹天宫故事改编，全程使用西班牙语对白。

中阿远隔重洋，文化迥异，但图书独有的人文魅力和精神力量让两国彼此相连。在2017年4月27日开幕的布宜诺斯艾利斯国际书展中，由中国12家出版单位组成的代表团带去300多种500多册图书，其中半数以上是西文版。从孔孟老庄等中国古代文化经典，到《骆驼祥子》《生命的呐喊》等现代著作，从实用的汉语教材，到西藏天路的旅行游记，每一本书都承载着独特的中国文化。

19. 智利

"'一带一路'国际合作高峰论坛的召开及其成果对南美地区意义重大，中国是包括智利在内的多个南美国家的全球第一大贸易伙伴，与南美大陆的互联互通将为双边经贸往来提供更多便利。"智利驻华大使贺乔治如是说。作为第一个同中国建交的南美国家，智利也是第一个同中国签署双边自由贸易协定的拉美国家。

随着"一带一路"倡议在拉美的普及与深化，被誉为"天涯之国"的智利与中国的文化交流和合作也异彩纷呈："中国公园""2015 智利中国文化年""2016 中拉文化交流年"……文化交流带动两国关系健康发展，两国人民交往日益密切。"文化交往是贸易合作的基础，语言则是文化交往的载体，"贺乔治说，"我常对智利的年轻人说，掌握汉语将为你打开更多机会的大门。"

2016 年 11 月，习近平主席对智利进行国事访问之际，中拉媒体领袖峰会、中智经济社会发展高端研讨会、"中国主题图书展销月"等系列文化活动在智利举行，旨在推动中智两国在新闻文化出版等多领域的交流和互动。

作为 2017 中智两国文化交流的重头戏——BAFOCHI 智利芭蕾民族舞蹈团中国巡演，于 5 月 27 日 ~6 月 26 日分别在广州、北京、上海、郑州等地上演，演出增进了中智两国人民的互相了解。

20. 肯尼亚

肯尼亚地处东非赤道附近。蒙内铁路连接肯尼亚首都内罗毕与东非第一大港蒙巴萨，同时也是肯尼亚百年以来新建的第一条铁路，是"一带一路"落地的重要项目。作为肯尼亚 2030 年远景规划的重点工程，蒙内铁路通车后，当地物流成本可以降低 40%，对促进肯尼亚及周边东非国家经济合作与文化交流、发展国际贸易和国际合作具有重要意义。

在肯尼亚，除了这条铁路外，还有一条促使中肯民心相通的"坚固桥梁"——中非文化人士互访计划。肯尼亚文化艺术人士多次参与该计划，如2016年，肯尼亚画家帕特里克斯·阿多尤与来自乍得、赤道几内亚等国的非洲画家一起参加了“2016年中非文化人士互访计划——非洲画家来华客座创作成都驻留艺术交流”项目，在40多天时间里深入四川的城市街头，置身名胜古迹、乡村古镇、艺术聚落、高原冰川、藏羌民居，体验百姓生活，集中采风创作。

21. 埃塞俄比亚

2017年1月，投资42亿美元、全长470英里的吉亚铁路（从吉布地通往内陆国家埃塞俄比亚首都亚的斯亚贝巴）启用，取代了法国人建设的已有100年历史的铁路。由中国公司建成的非洲最大水电站——吉布3水电站，不但让埃塞俄比亚彻底告别了缺电时代，而且将该国发电能力提升了一倍。

随着硬件设施的逐步健全与完善，中埃两国文化互动也日益频繁。2017年3月28日，埃塞俄比亚的斯亚贝巴大学中文图书角启用，首批开放中文图书1046册、音像制品612套，涵盖中文教材、汉语水平考试辅导书、文化读物、经典名著等类别。图书角不仅为亚的斯亚贝巴大学师生和埃塞俄比亚社会学习汉语、了解中国文化提供了第一手的资源，还为中埃两国教育交流提供了有益思路。亚的斯亚贝巴大学副校长表示，中文图书角的设立，有助于提升该校汉语教学质量，有利于更好地开展与中国有关的学术研究。

中国驻埃塞俄比亚大使腊翊凡表示，在“一带一路”重大倡议框架下，两国政府已在文化合作方面达成一致，接下来将召开一系列相关会议，寻求在旅游产业方面的合作新机遇。

22. 土耳其

中土同为发展中大国和重要新兴国家，两国各领域共同利益广泛。2015年底，两国元首在安塔利亚共同见证关于共同推进“一带一路”建设谅解备忘录的签署，习近平主席强调，双方应该扩大人文交流，夯实中土友好民意基础。2017年4月，国务院副总理刘延东访问土耳其时，再次表示人文交流与合作是中土关系的重要组成部分。

虽然受到了土耳其政变影响，近年来，中土两国文化交流与合作仍在不断深化。中土两国以“欢乐春节”“诺露兹节”等大型品牌文化活动为平台，大力加强文化交流，推动两国民众对彼此的了解；土耳其汉学家、翻译家积极参与“汉学与当代中国”座谈会、“青年汉学家研修计划”、“中外文学出版翻译研修班”、“中外影视译制合作高级研修班”等，成为两国人文交流的重要使者和纽带；土耳其国际学术与文化研究基金会增设汉语与汉学研究机构，加大汉学研究力度；《习近平谈治国理政》等一系列介绍中国的书籍在土耳其发行，受到土耳其民众的喜爱；“花开敦煌”“云纹——中土共同的文化遗产”等展览在土耳其举办，献礼中土建交 45 周年；“土耳其和中国共同的文化遗产——茶”等活动的举办，显示了以丝路文化遗产为纽带的文化交流活动不断升温；“一带一路”中土合作论坛暨第二届中国学会议在安卡拉召开，来自土耳其智库、高校的 22 位学者与中国社会科学院的 4 位专家就各自研究题目发表了精彩演讲，并将出版论文集。

23. 意大利

中意两国建交 47 年来，两国合作向着全方位对接、高水平互补、可持续共赢的方向不断拓展。在 2004 年建立全面战略伙伴关系后，中意两国关系更是进入了全面发展的快车道。

2017 年 2 月，意大利共和国总统塞尔焦·马塔雷拉访问中国时，特别提及文化合作：“在文化领域，我们的合作也同样表现得非常积极和重要。这一趋势非常符合两国一个特别的共同点，那就是：中国和意大利都是尊重文化和艺术遗产、尊重他们伟大的数千年文明传统的国家。”

2017 年 2 月 22 日，中意文化合作机制第一次会议在北京中国国家博物馆召开，中国故宫博物院、国家博物馆、国家大剧院和意大利斯卡拉歌剧院、威尼斯双年展等近 40 家文化艺术机构与平台的代表参会。中意双方围绕舞台艺术、电影、博物馆与文化遗产保护、可持续性旅游、当代艺术和创意设计等议题展开热烈探讨。同时，中国故宫博物院还与意大利文化遗产、活动和旅游部就合作举办展览、共同开展历史研究、共同开展文物保护修复研究签署了三项合作协议。

24. 瑞士

2017 年 1 月习近平主席访问瑞士期间，中瑞双方签署了中瑞文化合作协定。根据协定，中国将在瑞士伯尔尼设置中国文化中心。

2017 年 1 月 9 日，中国主题图书全球新年展销月在瑞士日内瓦拉开帷幕。此次图书展销月集中展示《习近平谈治国理政》等中国主题图书，包括德文、法文、英文等多个语种，涵盖中国政治、经济、社会、文化多方面，包括：当代中国政治、经济及国际热点问题研究，“一带一路”建设；中国传统文化、文物古迹和风景名胜；中国古代文学精品译作，以及具有中华民族特色的艺术类图书；等等。此后不久，瑞士首家中国图书中心在苏黎世大学揭幕。该中心由中国国际图书贸易集团公司与瑞士苏黎世大学图书馆联合建立，为瑞士读者阅读中国图书、了解中国资讯提供了极大方便。

中央歌剧院曾两次在瑞士上演精彩歌剧。继 2014 年在瑞士日内瓦万国宫成功上演交响音乐会之后，又于 2016 年 10 月 29 日和 30 日晚在瑞士日内瓦 BFM 大剧院上演普契尼世界经典歌剧名篇《图兰朵》，以 210 人的演出阵容给瑞士观众留下了难忘记忆。

25. 波兰

近几年，中波文化交流发展势头良好，两国间达成的文化交流项目得到落实。

2015 年 11 月，中国国务院总理李克强在苏州出席第四次中国—中东欧国家领导人会晤时宣布，将人文交流纳入推进“16 + 1”合作框架，将 2016 年定为“16 + 1”人文交流年，这是 2012 年“16 + 1”合作机制在波兰华沙建立以来的又一重要举措。作为人文交流年的重要活动之一，2016 年“中国—中东欧国家艺术合作论坛”于 2016 年 5 月在北京举行，波兰等中东欧国家派出代表、艺术家参与了系列活动。

2017 年 1 月 16 日，由中国文化部和中国驻波兰大使馆主办的“欢乐春节——波兰行”演出活动在华沙国家大剧院拉开帷幕。此次演出一改京剧只演不讲的传统，将演、展、讲紧密结合，将演员化装从“后台”搬到“前台”，向波兰观众展现京剧演员化装的全过程，并将各式京剧服装、京剧乐器公开展出，将一场传统的舞台演出变为一次文化体验。

此外，作为“中国当代艺术欧洲行”项目的重要内容，由中国对外文化交流协会与波兰美术家协会华沙分会主办的“中国当代青年艺术展”在波兰举行。展览遴选了6名活跃在中国当代艺术前沿的青年艺术家的作品参展，作品类型涉及多媒体影像、雕塑、出版物和装置艺术等。

26. 塞尔维亚

2016年6月17日，习近平主席同塞尔维亚总统尼科利奇共同出席贝尔格莱德中国文化中心奠基仪式。

贝尔格莱德中国文化中心位于塞尔维亚中国驻南联盟被炸使馆旧址之上，建成后，将成为西巴尔干地区首家中国文化中心，见证用鲜血和生命铸就的中塞友谊。贝尔格莱德市市长宣布将中国文化中心外的道路命名为“孔子大街”，广场命名为“中塞友谊广场”，彰显两国人文交流的密切发展。

2017年1月，由文化部组派的金小凤·云南声音艺术团在塞尔维亚首都贝尔格莱德进行了“2017欢乐春节”专场演出，演员们以精彩的歌舞表演与当地民众一起庆祝中国鸡年的到来。晚会“歌、舞、乐”应有尽有，来自傣、景颇、彝、佤、藏、阿昌等多个民族的数首经典民间原生态歌曲与乐曲为贝城观众带来不一样的视听享受，展现出中国少数民族的文化魅力。

27. 西班牙

西班牙马德里中国文化中心于2013年12月正式投入运行。2016年9月，由文化部和福建省政府牵头组织，马德里中国文化中心与福建省文化厅共同举办西班牙“福建文化展示月”系列活动。该系列活动围绕“丝路闽韵”的主题精心组织，包括福建传统文艺专场演出、传统工艺精品展、“奋笔吉书”书法艺术展、忘不了的乡愁——八闽古村落古民居摄影展、《福建文化记忆》宣传片展播等。特别是传统工艺精品展，汇集了福建18位艺术家的近50件佳作，其中13件作品展出后捐赠给西班牙马德里中国文化中心永久收藏。

作为建设21世纪海上丝绸之路的核心区，福建长期以来与包括西班牙在内的“海丝”沿线国家有着紧密的经贸合作关系。

28. 斐济

坐落在南太平洋的岛国斐济是名副其实的“袖珍国”，中国同样欢迎其参与“一带一路”建设并共享成果。2014 年 11 月，习近平主席对斐济进行了国事访问，中国和斐济宣布建立相互尊重、共同发展的战略伙伴关系，两国关系迈进了新的发展阶段。

中斐之间的文化交流是两国关系长远发展的基础。2015 年 12 月，斐济中国文化中心的成立，极大促进了两国间的人文交流和文化合作，通过举办针对本地民众的文化活动，如综艺演出、艺术展览、汉语培训、烹调技艺培训、免费放映电影等，加强了斐济人民对中国文化的了解。连续两年，中心与斐济邮政有限公司联袂发行了 2016 猴年、2017 鸡年纪念邮票，实现了社会效益和经济效益的双丰收。2017 年春节期间，中心首次在斐济举办以中国春节为主题的系列庆祝活动。

第三节 我国政府主导的“一带一路”文化交流品牌

加强与“一带一路”沿线国家和地区的文明互鉴与民心相通，切实推动文化交流、文化传播、文化贸易创新发展，打造“一带一路”文化交流品牌是重要途径。《文化部“一带一路”文化发展行动计划（2016—2020年）》在“发展目标”中提出，要充分显现文化交流合作的品牌效应。要打造文化交流合作知名品牌，继续扩大“欢乐春节”品牌在沿线国家的影响，充分发挥“丝绸之路文化之旅”“丝绸之路文化使者”等重大文化交流品牌活动的载体作用。

以下为我国政府主导的“一带一路”文化交流品牌活动的近年情况。

一 欢乐春节：因地制宜 深度融入“一带一路”

“欢乐春节”作为文化部牵头打造的对外文化交流覆盖面最广、参与人数最多、海外影响最大的综合性品牌活动，为增进中外政治互信、经贸互利、文明互鉴、民心相通发挥了重要作用。近年来，“欢乐春节”因地制宜地在“一带一路”沿线国家和地区开展了数百项内涵丰富的文化活动，让幸福祥和、欢乐共享的中国春节文化在“一带一路”沿线国家和地区得到广泛传播。

在“一带一路”沿线国家和地区打造“欢乐春节”等重点交流品牌，扩大文化交流规模，已被列入《文化部“一带一路”文化发展行动计划（2016—2020年)》。“欢乐春节”巧妙利用非遗和民乐作为文化语汇，与“一带一路”沿线国家和地区开展交流：富有中国特色的舞狮表演、川剧变脸让白俄罗斯民众接触了中国民俗文化；中国民乐音乐会《画境富春·丝路长安》吸引华沙市民冒雪观看；《诗经》吟唱和汉唐乐舞表演将中国风吹至柬埔寨；二胡、琵琶、古筝、唢呐等民族乐器奏响在哈萨克斯坦、塔吉克斯坦、匈牙利、乌克兰；剪纸、葫芦烙画、抖空竹、捏泥人等非遗表演惊艳尼泊尔；傣、景颇、彝、佤、藏、阿昌等少数民族音乐跃动在塞尔维亚。

通过“欢乐春节”的平台，中国传统文化的现代面貌在“一带一路”沿线国家和地区得以充分展现。大批艺术精品的展示，不仅弘扬了中华文化，讲好了中国故事，传递了文化自信，同时也是对“和平合作、开放包容、互学互鉴、互利共赢”的丝绸之路精神的生动诠释。

二 “意会中国”：搭建中阿民心相通的桥梁

“丝绸之路文化之旅”包括我国与“一带一路”沿线国家和地区庆祝建交周年合作举办的各类文化节（年、季、周、日），以及邀请沿线国家组派艺术家来华参加的各类文化活动。

阿拉伯国家与我国是共建“一带一路”的重要伙伴。加强双方文化交流与合作，是促进中阿人民互相了解、实现民心相通的重要途径。自2009年以来，文化部已举办10届“意会中国”艺术家采风活动，邀请阿拉伯国家的8批艺术家来华创作交流，活动先后走进江苏、上海、宁夏、黑龙江、新疆、北京、安徽、浙江等省（区、市）。艺术家在采风过程中领略中国各地独特的自然风貌、文化生活和社会风情，创作了大批作品；通过与中国美术院校和艺术机构的专家、学者、艺术家交流互动，对中国艺术创作环境、传统和当代艺术理念有了深入理解；通过彼此的交流碰撞出灵感的火花，为世界范围内丝路主题的艺术创作增添色彩。

值得一提的是，“意会中国”除邀请艺术家采风创作，还汇集创作成果，举办多届汇报展、主题展、精品展，在黎巴嫩、约旦等国进行国际巡展。以阿拉伯国家雕塑家采风创作作品为主要内容的“意会中国”——中阿友谊雕塑园正在建设中。该雕塑园将中国和阿拉伯国家的友谊和交往视觉化，是塑造中阿友谊的标志性工程。

三　国家文化年：与沿线国家双边文化交流的盛举

国家文化年的举办是中国与“一带一路”沿线国家双边文化交流的盛举。“一带一路”重大倡议提出后，埃及政府很快给予积极响应。“2016 中埃文化年”的举办正是两国在“一带一路”倡议下增进民心相通的重要举措，对推动中埃、中阿的文化合作具有重要意义，为中埃共建“一带一路”开启了新起点。2016 年 1 月，“2016 中埃文化年”在埃及卢克索神庙开幕，国家主席习近平与埃及总统塞西出席开幕式，并与中埃各界人士 200 多人共同观看了由两国演职人员联袂献上的《两个伟大文明的对话》主题演出。

“2016 中埃文化年”是中国与阿拉伯国家举办的首个文化年。从文化年开幕式、《两个伟大文明的对话》主题演出到“丝绸之路与丝路之绸”展览、开罗中国文化中心系列文化活动，再到两国艺术家在文化年闭幕式唱响经典歌剧《阿依达》……整个文化年活动呈现出出席嘉宾层次高、活动项目多、内容涉及领域全、覆盖范围广、思想对话程度深、交流宣传效果佳的显著特点。值得一提的是，文化年期间举办了 30 余场讲座、研讨会等思想对话活动，多个文艺团组互访，两大文明通过对话加强交流互鉴的主题贯穿整个文化年。一年来，文化年执行项目 100 余项，地点覆盖北京、上海、广州、深圳、银川、南京、无锡、成都、开罗、卢克索、阿斯旺、亚历山大、达曼胡尔等，两国互访人员总数达 912 人，活动直接受众超过 2000 万人次。

“2016 中卡文化年”的举办也为中国与卡塔尔双边文化交流增添了强劲动力。其间，两国举办涵盖演出、展览、影视、摄影、图书、体育、思想学术等领域的活动近 30 场。

四　丝绸之路（敦煌）国际文化博览会：沿线23国通过《敦煌宣言》

丝绸之路（敦煌）国际文化博览会是以文化交流合作为主题的“一带一路”国际盛会。2015 年 3 月，国务院授权发布《推动共建丝绸之路经济带和 21 世纪海上丝绸之路的愿景与行动》，明确指出，要“办好丝绸之路（敦煌）国际文化博览会”。2016 年 9 月，首届丝绸之路（敦煌）国际文化博览会在甘肃敦煌举行，习近平主席为文博会发来贺信，刘延东副总理出席开幕式并做主旨演讲。

由文化部和甘肃省人民政府等共同主办的本届文博会以“推动文化交流、共谋合作发展”为主题，以论坛、展览、演出为主体，邀请了来自 85 个国家、5 个国际或地区组织的 95 个代表团的 1700 多位嘉宾，共议全球文化发展愿景，共商“一带一路”发展大计。

文博会期间，来自“一带一路”沿线 23 个国家的文化部长或代表受邀出席文博会部长圆桌会议并通过了《敦煌宣言》，在坚持文化多样性、平等性、包容性，保护传承各国历史文化遗产，加强文化对话与合作，促进文化贸易与文化产业合作等方面达成了共识，标志着“一带一路”文化交流与合作机制化建设迈上新台阶。

五　“汉学与当代中国”座谈会：思想交流　凝聚共识

“汉学与当代中国”座谈会自 2013 年起每年在中国举办。由文化部、中国社会科学院共同主办的该座谈会聚焦“一带一路”建设，中外著名学者围绕“一带一路与国际格局”、“中国道路与共同价值”、“互联互通与共同发展”、“知识分享与共同家园”和“文化认同与共同遗产”等议题展开深入研讨。

在这个致力于推动中外思想交流的平台上，与会学者达成了诸多共识：“一带一路”为全球治理改革提出了中国方案，这个方案将让人类走向一个彼此尊重、共同发展的家园；“一带一路”是开放而包容的倡议，要加强与相关国家和地区发展政策的联通，从而实现互利共赢，使全球大多数人受益；“一带一路”倡议应该创造新的需求，为全球经济发展提供有效动能，并让世界分享中国发展的经验和成果；中国的传统文化和哲学思想对解决当代世界的问题与冲突仍具有现实意义，应该珍惜这些人类共同的思想文化遗产，加强文化交流，促进民心相通，使“一带一路”愿景成为各国人民共同的精神家园。

“青年汉学家研修计划”也得到世界各国青年汉学家的欢迎和好评。来华参加研修的青年学者回国后，召开报告会、组织汉学家协会、发表或出版介绍中国优秀历史文化和当代中国发展的文章、书刊，成为传播中华文化的有生力量。

六 丝绸之路国际艺术节：弘扬丝路精神

丝绸之路国际艺术节由文化部和陕西省人民政府主办，2014 年首次举办，每年一届。如今，丝绸之路国际艺术节已成为弘扬丝路精神、增进文化交往的重要国际文化交流平台。2016 年举办的第三届艺术节被纳入第十一届中国艺术节，共有 80 多个“一带一路”沿线和关联国家及地区、国内 23 个省（区、市）参加相关活动。艺术节在社会上引起的关注达到空前的程度。

艺术节的惠民演出颇有特点，主题为“一路同心”，寓意有两点：一是丝绸之路沿线国家要同心协力、共同发展，二是参加惠民演出的外国艺术团体语言不同、文化背景不同，更需要一条心，将文化艺术送到基层群众身边。

艺术节期间，来自格鲁吉亚、斯洛伐克、克罗地亚等 7 个国家和地区的 70 多名现代艺术家组成的巡演团队，分别赶赴西安交大、长安大学、西安外事学院、西安城市建设职业学院等陕西省内 10 多所高校，以及西安高新区、西安港务区等高新技术开发区和铜川、咸阳、宝鸡、户县等市县进行了惠民演出。

七 海上丝绸之路国际艺术节：展示“海丝”文化建设成果

海上丝绸之路国际艺术节由文化部和福建省人民政府主办，2014 年和 2015 年分别举办了第一届和第二届。艺术节以文艺演出、经贸会展、学术研讨和文化惠民为主要内容。

第三届海上丝绸之路国际艺术节以“展示、交流、合作、提升”为宗旨，以“海丝建设”为主题，充分展示福建泉州“海丝”文化建设成果，为“海丝”沿线国家交流合作架起文明交融、增进友谊的桥梁。泉州着力把艺术节办成“艺术的盛会、人民的节日”，赋予海丝国际艺术节更多中国声音、国际元素。

作为第十四届亚洲艺术节暨第二届海上丝绸之路国际艺术节主题公园活动板块主阵地，海上丝绸之路（泉州）艺术公园于2015年11月8日开园。公园用地面积1069亩，以互联互通、文化融合、经济发展为主题，全面展现海丝沿线各国历史、文明、艺术、生活风俗。

八　中国新疆国际民族舞蹈节：丝绸之路经济带核心区的国际艺术舞台

中国新疆国际民族舞蹈节始于2008年，其影响力逐年提升，已纳入“一带一路”文化建设框架。2015年，第四届中国新疆国际民族舞蹈节于7月20日～8月5日在新疆举行。舞蹈节响应“一带一路”重大倡议，以“中国梦想，多彩丝路”为主题，突出新疆作为丝绸之路经济带核心区的战略地位，重点在于加强与丝绸之路沿线国家的互联互通。舞蹈节期间，25个中外艺术团队为新疆各族观众带来78场演出。其中，既有享誉国际艺术舞台的经典芭蕾舞剧《吉赛尔》《一千零一夜》，也有通过现代舞蹈艺术表现中华传统文化的精品《孔子》《千手观音》，还有新疆本土创作的《阿拉木汗传说》《戈壁青春》等。

舞蹈节期间，还举行了丝绸之路演出交易会和首届中国新疆丝绸之路艺术品展暨艺术品竞买交流会，搭建了“一带一路”聚焦新疆的信息共享和交流平台。

第四节　“一带一路”文化交流的机遇、挑战与建议

一　中华文化“走出去”迎来战略机遇期

历史上，古丝绸之路曾为促进东西方贸易和文化交流做出过重大贡献。由于自然条件、生产力水平、历史背景不同以及人们的生活方式、思想观念和风俗习惯不同，丝绸之路沿线国家形成了各具特色、绚丽斑斓的文化。在“一端连着历史，一端指向未来，一端连着中国，一端通往世界”的对接

中，“一带一路”贯穿的多个文明发祥地再次拉近彼此距离，“一带一路”建设参与国及相关国家的古老文明必将焕发出新活力。

习近平主席在2015年博鳌亚洲论坛主旨演讲中指出，“一带一路”建设秉持的是共商、共建、共享原则，不是封闭的，而是开放包容的；不是中国一家的独奏，而是沿线国家的合唱。“一带一路”建设不是要替代现有地区合作机制和倡议，而是要在已有基础上，推动沿线国家实现发展战略相互对接、优势互补。“一带一路”建设不是空洞的口号，而是看得见、摸得着的实际举措，将给沿线国家和地区带来实实在在的利益。国家发改委、外交部、商务部联合发布的《推动共建丝绸之路经济带和21世纪海上丝绸之路的愿景与行动》提到，沿线各国的合作重点包括政策沟通、设施联通、贸易畅通、民心相通。在民心相通领域，特别强调要“广泛开展文化交流、学术往来、人才交流合作、媒体合作、青年和妇女交往、志愿者服务等，为深化双多边合作奠定坚实的民意基础”。

可见，“一带一路”重大倡议既着眼于经济发展又强调文化交流，它所倡导的发展道路不仅是经济发展之路，也是文化繁荣之路。随着“一带一路”建设的推进，我国与相关国家和地区的文化交流活动日渐频繁，中华文化“走出去”迎来了历史性的机遇期。沿线国家地域辽阔、文化丰富多样，与古丝绸之路历史人文背景相结合的“一带一路”无疑是一个挖掘文化创意元素的超级大舞台。

数年来，中国与“一带一路”建设参与国签订的相关联合宣言、合作计划以及中国的相关政策为文化交流提供了新舞台，增加了新动力，指明了新路径；沿线部分国家经济转型、升级的需要，旺盛而差异化的文化消费需求又为文化产业提供了广阔而差异化的市场空间；沿线不断升级、新建的交通枢纽又将加速人流量的转换与流动，最终加速做大文化产业市场；大型金融体系、政策性资金及文化产业基金等又为文化产业提供了强大的资金支持。[①] 应抓住这一文化“走出去”的战略机遇期，以文化交流与合作推动中

① 蔡尚伟、车南林：《“一带一路”上的文化产业挑战及对中国文化产业发展的建议》，《西南民族大学学报》（人文社科版）2016年第4期。

华文化在更广泛区域内传播，推动国内文化产业区域布局和文化贸易国际市场布局优化升级，从而实现文化“走出去”提质增效，更好提升国家文化软实力，为构建人类命运共同体夯实民意基础。

二　文化交流、文化传播、文化贸易面临新挑战

硬币有两面，中华文化“走出去”在迎来机遇的同时也面临新挑战，新挑战表现在文化交流、文化传播、文化贸易各层面。

文化交流面临挑战。“一带一路”涉及的地域广阔，沿线至少包括四种文明，涉及近百个国家和上百种语言。由于所处的环境、自然条件、宗教、语言、民族和政治制度并不一样，各国民众对外来文化的接受习惯也不尽相同。实际上，海洋国家与内陆国家在思维方式、价值观等方面也有根本性的不同，在“一带一路”文化交流与合作中必须开展针对性工作，并且对不同的效果有心理准备。同时，沿线国家认知偏差、政策限制将影响文化交流的全面发展。一直以来，沿线国家之间历史遗留问题、意识形态差异等原因导致沿线国家认知存在偏差，从而造成政治态度不同。加之沿线各国传媒的国际传播能力欠佳，国家形象往往被英语世界国家所建构。各国仅仅是从“他者”建构的国家形象中去认知“他国”，容易出现偏差。这种偏差也导致部分国家将中国的“一带一路”解读为“中国威胁论”“马歇尔计划”“能源掠夺”等，甚至将“一带一路”与帝国主义、殖民主义、谋求地区主导权相挂钩。[①]

文化传播面临挑战。全球化进程始终伴随着信息的跨国流动，内化在经济、政治、文化等多个层面。信息全球化与全球化进程相伴而生，并随着传播手段的成熟不断发展。[②] 信息及其传播的国际化是全球化的重要维度和方面。与美国等西方国家相比，我国在文化传播观念、理论研究、实践案例等方面都还存有不小差距，迄今尚未形成与当今中国的国际地位相称的软力

① 蔡尚伟、车南林：《“一带一路”上的文化产业挑战及对中国文化产业发展的建议》，《西南民族大学学报》（人文社科版）2016 年第 4 期。

② 程曼丽：《信息全球化时代的国际传播》，《国际新闻界》2000 年第 4 期，第 17 ~21 页。

量。面对“一带一路”沿线国家或地区不同民族的受众，面对“一带一路”沿线不同国家和地区政治制度、经济发展水平和文化生态背景的交流、传播对象，面对“一带一路”沿线国家和地区使用不同语言符号、有着迥异风俗习惯、有着不同价值观念的意见领袖，如何在坚定文化自信的同时讲好“一带一路”上的中国故事，是一个现实挑战。

文化贸易面临挑战。沿线部分国家经济欠发达将影响民众消费文化产品。虽然“一带一路”建设参与国正在探索如何更好地发展文化产业，但是各国所制定的相关政策可能会影响文化产业的全面发展。与此同时，部分国家较为严重的盗版问题也将影响文化贸易的推进效果。从国内来看，中国核心文化产品的出口贸易持续期较短，文化产品出口贸易的比较优势偏低。尽管出口大量文化产品，但在这些产品中，中国文化价值却严重缺失。同时，中国文化产业关联性不强，对文化产品的知识产权保护力度也较为薄弱，同时又面临文化企业资金不足、出口平台不完善、文化人才储备不足等多重问题。此外，中国的文化产业人才规模还比较小，尤其是缺少对“一带一路”沿线国家文化产业发展情况系统了解的人才。对沿线国家的文化产业发展情况了解不足，积累研究不足，就无法深刻了解沿线国家民众的文化消费习惯、喜好，也就难以开发出适应当地民众需求的文化产品。

三　结合“一带一路”推动文化“走出去”的建议

（一）以习近平新时代特色社会主义思想为指引，深入阐释“文明互鉴观”，以文化交流合作为人类命运共同体构建和“一带一路”建设夯实共识基础和社会根基

党的十八大以来，习近平主席针对“人类命运共同体”发表了一系列重要讲话。2017 年 1 月 18 日，习近平主席在联合国日内瓦总部发表以《共同构建人类命运共同体》为题的重要演讲，明确提出“构建人类命运共同体，实现共赢共享”的中国方案。2017 年 2 月 10 日，联合国社会发展委员会第 55 届会议协商一致通过“非洲发展新伙伴关系的社会层面”决议，“构建人类命运共同体”理念首次被写入联合国决议中，成为推动世界文明

进步的独特的中国智慧。

“人类命运共同体”思想来源于中国智慧和中国实践，倡导尊重世界文明与文化的多样性，反映了中华民族追求和平、和谐的理想，契合了人类社会的发展潮流和诉求，强调文明与文化要互鉴共进，通过文明和文化的交流增进共识，推动人类社会的繁荣与进步。要实现这一目标，国际社会需从多方面努力，其中，通过文明互鉴和文化交流增进共识是特别重要的方面。

每个国家和民族的文明与文化，都有其独特的价值与魅力，各个国家和民族都应以开放、包容的心态对待其他国家和民族的文明与文化。在古丝绸之路延续的历史长河中，我们看到的是各类文明的交汇交融，这一历史传统应该在今天的“一带一路”建设中得到延续。事实表明，文化交流可以化解经济、宗教、政治的冲突、纠纷、摩擦、误解，为共同发展营造民意基础、友好氛围、和平环境。我国在推动各国文化交流方面做了大量工作，应在此基础上进一步提升理论，开展理论研究，以习近平新时代特色社会主义思想为指引，深入阐释“文明互鉴观”，以文化交流合作为人类命运共同体构建和“一带一路”建设夯实共识基础和社会根基。

（二）调研“一带一路”相关国家文化需求，制定、出台具有针对性的文化交流与合作策略，在双边文化协定的基础上探索“一国一策”

“一带一路”建设参与国当中，西方发达国家、新兴国家和发展中国家的经济、文化需求各不相同，不同的诉求和关切呈现出高度复杂的景象。实际上，即便是一国，其不同群体对于“一带一路”也可能持有不同看法。在“一带一路”文化交流、传播的过程中，要从各个国家的具体关切入手，主动设置议题，开展有针对性的文化交流活动。

中国文化产业要“走出去”，与各国文化产业合作，推动文化贸易创新发展，其前提也是了解各国文化消费需求和文化市场。应选派智库机构或调研队伍，深入调研、审视沿线各国的文化产业需求，统筹国际、国内两个市场，切实制定、出台具有针对性、可行性的政策。

还须注意的是，各国对于“一带一路”的态度处于变动当中。只有对各国最近的、最关注的、最具体的关切做出反应，文化传播才可能见实效。

“一国一策”也应随之持续性地更新动态。比如，2016 年 6 月俄罗斯总统普京访华时提出“大欧亚”计划与“一带一路”对接，其国内舆论迅速改观，关于“一带一路”的舆论明显变得积极。应充分利用这种契机开展文化活动，争取更多俄罗斯意见领袖支持“一带一路”。

制定“一国一策”文化交流与传播方案固然难度极大。不过，据统计，到 2016 年底，中国已经和全部“一带一路”沿线国家签订了政府间文化合作协定，实现了中国与“一带一路”国家开展文化合作的全覆盖。政府文化协定是指引两国之间文化交流的纲领性文件，绝大部分“一带一路”沿线国家为落实该协定，还会签订更加务实的执行计划。至 2017 年，中国与“一带一路”沿线国家签订了政府间文化交流合作协定以及相关执行计划近 800 项，这将为“一国一策”文化与传播方案的制订提供有力指引和支撑。

（三）构建“一带一路”文化交流合作大数据体系，建立“走出去”效果评估体系

在对外文化交流与合作过程中，对国外目标受众长期有效的跟踪研究和专业分析在中国尚是空白领域，针对文化“走出去”活动和项目的专业效果评估和信息反馈系统亟待建立，因而对传播效果缺乏准确清晰的研判。

当前，我国正在实施国家大数据战略，对相关数据资源掌握的多寡本身实际上也是衡量国家软实力和竞争力的重要标准。构建“一带一路”文化交流合作大数据体系，加强对“一带一路”文化交流合作相关信息和数据的采集存储与分析挖掘，对于支撑“一带一路”相关决策和服务企业“走出去”具有十分重要的意义。

无论是“一国一策”，还是文化交流合作大数据体系，还是效果评估体系，都需要集我国驻外机构、各类智库组织与新闻机构之合力，甚至吸纳民间咨询机构、大数据企业等力量，方有实现可能。

（四）创新话语体系，文化交流与传播落到“通”和“同”

由于上一轮全球化是在以美国为主的西方主导下推进的，人们提到“跨文化”主要指的是“跨中西”。在此过程中，无论是知识分子还是普通民众，都深感本土文化在面对西方文化时处于弱势，因此也常说，西方世界

掌握了“话语霸权”。如今，在“一带一路”建设大背景下，这种“话语霸权”是否出现了裂缝？我们是否迎来了突破“话语霸权”的时代机遇？这些问题引人思索。

随着中外文化交流的内涵和外延发生变化，话语体系亟待更新。每个民族都有自己独特的文化，也有各自观察世界、认识世界、表达世界的方式。要在这样一个多元世界中，寻找或者创造与西方话语截然不同又能为世界普遍接受的话语体系并非易事。对于话语体系，中国文化软实力研究中心主任张国祚做了以下定义：话语体系是思想理论体系和知识体系外在的表达形式。他提出，“不同特色、不同风格、不同气魄的话语表达，对于某种思想理论体系和知识体系增强传播力、竞争力、吸引力、感染力、影响力的效果是不一样的”。① 文化传播过程中，话语体系是拥有话语权的关键之一，只有打造出属于自己的有效话语体系，才能成为具有传播力和影响力的真正主流。在“一带一路”建设推进的过程中，用沿线国家听得懂、听得进的话语来讲述中国故事，已经成为迫切需要。

宣传部门、智库、新闻从业者已在着手推动宣传结构、话语体系的更新、创新。宣传部门曾提出对外宣传“三贴近”原则，即贴近中国发展的实际，贴近国外受众对中国信息的需求，贴近国外受众的思维习惯。“一带一路”背景下的文化交流话语，也有必要“三贴近”，即贴近对象国文化背景、贴近国际舆论关切、贴近利益交汇点。

贴近受众国文化背景是文化交流与传播的基础，在实践中常被称为本地化、本土化。沿线国家在文化背景、风俗习惯、生活方式、宗教信仰等方面存在较大差异，使得各国民众在思维方式、行为准则和生活方式等方面也有相当多的不同。对外话语也要从实际出发，不能千篇一律“发通稿”。既要讲世界通行的“普通话”，也要针对文化背景、风俗习惯、生活方式、宗教信仰等方面的差异，讲面向不同国家和地区的“方言”，做到有的放矢。②

---

① 张国祚：《关于打造话语体系的几点思考》，中国社会科学网，2012 年 7 月 9 日。

② 蔡名照：《加强国际传播能力建设讲好中国故事传递中国声音——学习贯彻习近平总书记关于做好对外宣传工作的重要论述》，《求是》2015 年第 23 期。

文化交流与传播要落到“通”和“同”二字上。化解疑虑、增进互信，既需要实际行动，也需要大量的事前沟通。沟通需要换位思考，包括采用对方熟悉的语言形式和表达方式。当然，新的话语是否有效最终是由受众反馈决定的。有效的话语能够润物细无声地沟通沿线国家民众的心灵，引发双方共鸣。

（五）加强文化交流、传播、贸易之间的协同发展

文化交流、文化传播与文化贸易性质不同、程度不同，但又是相互联系、渗透的。对外文化交流、传播与文化贸易的协同作用、融合推进，体现了政治意图、经济诉求和社会效益的结合。从政治意图来说，是加强相互了解、建立合作关系、形成命运共同体；从经济诉求来看，要实现经济效益、达到文化和经济的结合、开拓国际市场；从社会效益考虑，要实现国际社会交往的可持续发展。

加速推进中国与“一带一路”沿线国家民心相通，是一项长期的战略工程，需要不断加强对外文化贸易与对外文化投资、对外文化交流的融合创新。近年来，为支撑“一带一路”倡议行稳致远，国家财政在对外文化交流方面投入了大量资金，取得了比较好的效果。理论上，中国在“一带一路”建设参与国开展的形式多样的文化交流活动，可以有效吸引当地民众增加对中华文化的关注，激发出对中国文化产品的潜在市场需求。文化交流和文化贸易主管部门应加强业务沟通衔接，推动交流与贸易协同并进，如在文化交流活动开展之后，文化企业及时跟进，以较低成本将潜在的市场需求转化为现实的文化贸易。同时，借力中国与“一带一路”沿线国家间的自由贸易区，为文化产品出口创造良好宽松的外部环境。

（六）扩大专业人才培养规模，加强跨文化培训

打造业务精湛、视野宽广的文化交流、传播、贸易人才队伍，是文化“走出去”的关键。我国的文化交流专业人才培养尚处于起步阶段，目前的人才结构还远远无法满足“一带一路”建设提出的新要求。其主要症结之一是，我国了解西方主要发达国家语言文化和社会制度的人员较多，而了解中小发展中国家相关情况的人员较少，涉外人才储备中冷热不均、地域失衡

的情况非常突出。

除了大学、高校的专业教育，对文化工作者开展跨文化培训也是不可或缺的。在一些西方国家，跨文化培训被视为整合多元文化社会冲突，实现主流价值观和社会意识规制，实现有效跨文化传播的手段。美国、加拿大、德国、荷兰等国都有各自相对完整的跨文化培训体系，培训目标也因各自针对国家和社会形势不同有所区别。比较有代表性的培训机构包括荷兰的跨文化合作研究所、加拿大不列颠哥伦比亚大学的跨文化中心、美国俄勒冈州波特兰跨文化研究院等。制订跨文化人才培养计划，加大对“一带一路”沿线国家语言和文化人才的培养力度，已成为推动“一带一路”建设的刚性需要。

第三章 中华优秀传统文化国际影响力研究*

纵览世界历史，一个民族的崛起或复兴，与其民族精神的崛起和民族文化的复兴息息相关。中华文化源远流长、灿烂辉煌。在5000多年文明发展中孕育的中华优秀传统文化，积淀着中华民族最深沉的精神追求，代表着中华民族独特的精神标识，是中华民族生生不息、发展壮大的丰厚滋养，是中国特色社会主义植根的文化沃土，是当代中国发展的突出优势，对延续和发展中华文明、促进人类文明进步有着重要价值和意义。

中华优秀传统文化是习近平总书记治国理念的重要来源之一。无论在国内考察还是国外出访，习近平总书记多次强调中华传统文化的历史影响和重要意义，每一次演讲中都饱含着中华文化的深厚底蕴。

“中华优秀传统文化是我们最深厚的文化软实力，也是中国特色社会主义植根的文化沃土。”在主持中共中央政治局第十八次集体学习时，习近平总书记指出，实现“两个一百年”奋斗目标、实现中华民族伟大复兴的中国梦，需要充分运用中华民族数千年来积累下的伟大智慧。党的十九大报告指出：“中国特色社会主义文化，源自中华民族五千多年文明历史所孕育的中华优秀传统文化，熔铸于党领导人民在革命、建设、改革中创造的革命文化和社会主义先进文化，植根于中国特色社会主义伟大实践。”

---

* 张婷，中国文化传媒集团中国文化报社记者。

如何更好地推动中华优秀传统文化“走出去”，在推动中外文明交流互鉴的过程中增强世界影响力，为构建人类命运共同体提供广泛的社会基础和民意支撑，已成为一项时代课题。

第一节　中华优秀传统文化“走出去”现状

一　党和国家高度重视中华优秀传统文化“走出去”

（一）习近平用典，以中华优秀传统文化对外讲述中国故事

党的十八大以来，习近平总书记对外出访数十次，发表了许多讲话，这些讲话无论是署名文章形式还是主旨演讲形式，都包含古今中外许多优秀的文化元素。在讲话中他旁征博引，具有鲜明特点和魅力的“习式”语言给人留下了深刻印象。

在“一带一路”国际合作高峰论坛上，习近平总书记开场便引用《兰亭集序》中的名句“群贤毕至，少长咸集”来描述会议盛况，欢迎各国来宾。会上，习近平总书记道出“不积跬步，无以至千里”“金字塔是一块块石头垒成的”“伟业非一日之功”，用中国、阿拉伯、欧洲的谚语名句强调同一个道理，即“一带一路”建设要稳扎稳打，久久为功，“一步一个脚印推进实施，一点一滴抓出成果”。

“相知无远近，万里尚为邻。”2016 年 11 月，习近平总书记在秘鲁国会发表演讲时引用了唐代诗人张九龄《送韦城李少府》中的这一名句，表明两国虽地理位置距离遥远，但是国家关系仍可以像邻居一样亲密。

“未之见而亲焉，可以往矣；久而不忘焉，可以来矣。”2016 年 1 月，在阿盟总部演讲时，习近平总书记引用这句两千多年前管子的话来讲述此行的重要意义。随后，他又道出孟子的“立天下之正位，行天下之大道”，进一步阐释中国对中东政策的坚持和立场，言简意赅，鞭辟入里。

在博鳌亚洲论坛 2015 年年会上，习近平总书记说，“夫物之不齐，物之情也”，强调“不同文明没有优劣之分，只有特色之别。要促进不同文明不

同发展模式交流对话，在竞争比较中取长补短，在交流互鉴中共同发展，让文明交流互鉴成为增进各国人民友谊的桥梁、推动人类社会进步的动力、维护世界和平的纽带”，表达了要促进不同文明、不同发展模式交流对话，在竞争比较中取长补短，在交流互鉴中共同发展的深刻思想。

习近平总书记在讲话中引用古今中外的名言警句、古语诗词，看似顺手拈来，但无不恰到好处，尽画龙点睛之妙，这既是中西方传统文化的交融，也是习近平总书记对中国智慧的最好“代言”。

（二）中共中央办公厅、国务院办公厅印发《关于实施中华优秀传统文化传承发展工程的意见》，推动中华优秀传统文化“走出去”

2017 年 1 月 25 日，中共中央办公厅、国务院办公厅印发了《关于实施中华优秀传统文化传承发展工程的意见》（以下简称《意见》），并发出通知，要求各地区各部门结合实际认真贯彻落实。

通过中外文化交流互鉴，推动中华优秀传统文化“走出去”，是《意见》重要内容之一。《意见》指出，加强对外文化交流合作，创新人文交流方式，丰富文化交流内容，不断提高文化交流水平。充分运用海外中国文化中心、孔子学院，文化节展、文物展览、博览会、书展、电影节、体育活动、旅游推介和各类品牌活动，助推中华优秀传统文化的国际传播。支持中华医药、中华烹饪、中华武术、中华典籍、中国文物、中国园林、中国节日等中华传统文化代表性项目“走出去”。积极宣传推介戏曲、民乐、书法、国画等我国优秀传统文化艺术，让国外民众在审美过程中获得愉悦、感受魅力。加强与“一带一路”沿线国家的文化交流合作。鼓励发展对外文化贸易，让更多体现中华文化特色、具有较强竞争力的文化产品走向国际市场。探索中华文化国际传播与交流新模式，综合运用大众传播、群体传播、人际传播等方式，构建全方位、多层次、宽领域的中华文化传播格局。推进国际汉学交流和中外智库合作，加强中国出版物国际推广与传播，扶持汉学家和海外出版机构翻译出版中国图书，通过华侨华人、文化体育名人、各方面出境人员，依托我国驻外机构、中资企业、与我友好合作机构和世界各地的中餐馆等，讲好中国故事、传播好中国声音、阐释好中国特色、展示好中国形象。

（三）中宣部、国新办连年部署春节文化“走出去”工作，文化部、国侨办等部门的“欢乐春节”“四海同春”等品牌活动成为中华优秀传统文化“走出去”重要平台

“欢乐春节”活动规模继续升级。2015 年海外“欢乐春节”在 119 个国家和地区的 334 座城市举办 900 项活动。活动以羊年初一为中心点，在春节前的半个月开始，在元宵节后结束。中国携手各国政府、文化机构和企业等 300 家合作伙伴，把中国人民的这份诚挚祝福与美好心愿，与世界各国人民一起分享。2016 年“欢乐春节”以创新引领活动顶层设计，坚持品牌化、本土化、市场化工作方针，提升文化交流合作的广度与深度。在各方共同努力下，2016 年“欢乐春节”活动在全球 140 个国家和地区的 400 多个城市展开，项目总量 2100 个。活动内容涵盖主题庙会、跨国春晚、元宵灯会、广场巡游、专场演出、综艺展示、文贸会展、文博展览、民俗体验、非遗展示、影视展播、图书展销、焰火表演、专题讲座等多种形式。在此基础上，“欢乐春节”活动还积极探索部企合作机制，打造中华文化“走出去”和中国企业品牌“走出去”相互融合创新的新平台。2017 年“欢乐春节”在全球 140 多个国家和地区的 500 余座城市举办了 2000 多项文化活动，“艺术中国汇”“行走的年夜饭”“新春音乐会”“春节庙会”等近 10 个子品牌活动，很受欢迎。海外受众总人数突破 2.8 亿人次，全球参与城市和人数再创新高，其中市场化运作项目达 500 余项，占项目总数的 1/4，海内外合作企业近 230 家，“欢乐春节”品牌效应逐步形成。

“文化中国·四海同春”活动也不断推陈出新。2015 年“文化中国·四海同春”艺术团的 9 个艺术团组分赴 13 个国家和地区访演 36 场。内容包括歌舞、器乐、戏剧、武术、杂技、魔术等多种艺术形式。2016 年“文化中国·四海同春”春节慰侨访演组织 9 个艺术团，邀请一批知名演员及优秀艺术院团的近 400 位演职人员加盟演出，分赴欧洲、亚洲、非洲、大洋洲、北美洲和南美洲的 22 个国家。演出内容包括歌舞、声乐、器乐、戏剧、武术、杂技、魔术等多种艺术形式，为海外华侨华人送去新春的祝福。2017

年“文化中国·四海同春”春节慰侨访演组织7个艺术团组，分赴欧洲、亚洲、大洋洲和北美洲17个国家和地区的38个城市演出44场。

二　中华优秀传统文化“走出去”的主要策略

中华优秀传统文化“走出去”的历史典故众多。从17世纪开始，中国的儒家经典如《论语》等传播到欧洲，为伏尔泰等启蒙思想家所重视和推崇，成为中外思想文化交流史上的一段佳话并产生深远影响。中华优秀传统文化是一座精神富矿，在今天依然闪耀着智慧的光芒。如何使独一无二的中国智慧走出国门，与世界人民共享，是文化交流与传播的重要议题。

坚持“古为今用”的文化理念和创新交流方式，共同的价值和全球化的定位，政府指导和市场化的运作，将能够更好推动中华优秀传统文化的国际传播。近年来，在国际市场上大获成功的青春版昆曲《牡丹亭》、浓缩版《粉墨春秋》、原生态舞剧《云南印象》等，都是中华优秀传统文化国际传播的典范。

（一）“古为今用”的文化理念和创新交流方式

新时代背景下，推动中华优秀传统文化创造性转化、创新性发展已成为共识。文化的发展离不开对于传统的继承，而这并非简单的复古或延续，需要伴随新理论的建设，在创新和创造中赋予传统资源以新的时代内涵。中华民族向来善于在创造中发展。中华民族的伟大复兴，需要不断探索文化传统的当代表达形式。

近年来，活跃在国际舞台上的反映中华优秀传统文化的文艺作品，大都是创造性转化、创新性发展的智慧成果。如甘肃省歌舞剧院舞剧《丝路花雨》早在20世纪80年代就走出国门，至今在海外常演不衰。其成功的原因，是其扎根中华文明的沃土，向海外观众展示了中华文化的博大精深。几十年来，《丝路花雨》虽成为经典，却没有成为标本。其间4次复排，融入充满激情的时代精神和洋溢时代气息的时尚元素以及国际化的舞美装置，因此始终光彩不减。这种不断创新的自我生长能力表明，即便是经典作品，也必须与时俱进，不断适应观众欣赏水平的变化，并与世界审美接轨，创新交流方式，始终保持新鲜强劲的生命活力，及时反映当代中国的艺术进步和万千气象。

江苏省苏州昆剧院担纲的中国昆曲青春版《牡丹亭》全本于 2016 年 9 月 25 ~30 日在英国伦敦演出 3 场。青春版昆曲《牡丹亭》坚持“正宗、正统、正派”的原则，在秉承原著的古典精神、保留昆曲古典含蓄写意审美风格的前提下，进行现代改编，取得了巨大成功。该剧在全球巡演几百场，场场爆满，成为中西文化交流史上的一个富有影响力的事件，为中国传统文化的国际传播树立了典范。

大型芭蕾舞剧《牡丹亭》是中央芭蕾舞团推出的一部中国原创芭蕾力作。该剧撷取我国昆曲经典剧目《牡丹亭》的精华，以情贯穿，通过舞者杜丽娘和两个精美化身的交融，表现人物奋力挣脱禁锢、追求自由和爱情的内心世界。其舞蹈编排主线清晰，突出芭蕾舞蹈语汇的张力，音乐既选取了中国传统的戏曲音乐，也采用了西方著名作曲家的作品和原创作品，舞美和服装设计简约、空灵、唯美，舞剧中昆曲和芭蕾所形成的多元韵味相互交织，为芭蕾民族化做出了有益的探索和创新。该舞剧于 2016 年 11 月 29 日 ~12 月 3 日在英国巡演 13 场，演出地点包括伦敦赛德勒斯・威尔斯剧院，曼彻斯特劳瑞艺术中心 Lyric 剧场等，受到当地观众的热烈欢迎。

（二）共同的价值和全球化的定位

“中华优秀传统文化是中华民族的突出优势，是我们最深厚的文化软实力。”习近平主席运用中华优秀传统文化应对国际问题、阐述中国独立自主的和平外交政策、提出构建“人类命运共同体”理念等，令人鼓舞。在中华优秀传统文化的国际传播中，要坚持全球化的定位，即在传承传统艺术经验的同时，在国际语境中进行文艺拓展。

不同文明没有优劣之分，只有特色之别。跨文化的交流与传播，要建立在所有交往参与者所能共同接受的价值观的基础之上，这样才会产生共鸣，有效地促进不同文化间的交流，进而推进中华文明价值观的传播。如“青春与爱情”这一超越时空的精神主题，使青春版昆曲《牡丹亭》成功消解了传统昆曲文化与受众之间的距离，人们很容易在杜丽娘与柳梦梅生死缠绵、矢志不渝的爱情中产生共鸣。向往个人幸福、呼唤人性解放等共同的价值追求，冲破了时空界限与文化障碍而赢得了世界的认同。

上海芭蕾舞团大型芭蕾舞经典剧《梁山伯与祝英台》一走出国门，就大受欢迎。该剧以梁山伯与祝英台之间剪不断的“情”作为切入口，通过丰富的舞蹈语汇作为传达感情的手段，着重挖掘人文深层次结构内涵和精神底蕴，表达“为爱情而生命，为爱情而无悔”这一人生永恒的主题。对于剧中梁山伯与祝英台的悲剧爱情故事，西方观众看起来毫不费力，因此该舞剧还被他们亲切地唤为“东方《罗密欧与朱丽叶》”。他们十分欣赏舞剧所做出的将中西舞蹈艺术结合的探索，称赞全剧就像一幅水墨国画，温婉动人。

全球化定位是面向全球进行传播的一种理念，它不是对优秀传统文化立场与价值的解构，而是引入并借助于新的传播模式，使传统文化成为更具包容性和对话性的文化。这要求我们从不同维度研究并采取最适用的传播模式，从受众的视角来阐释带有民族性、地域性的传统文化。在考虑国外观众的欣赏习惯方面，2016 年春节期间，中国广播民族乐团赴美交流演出，并先后在芝加哥、底特律和马斯卡廷市举行的三场新春音乐会是案例之一。本次音乐会内容丰富，除了设置中国传统民族音乐精品曲目，如饱含浓郁节日氛围的《春节序曲》、完美融入国粹京剧元素的《夜深沉》、凸显少数民族特色的全新编创版本的《小河淌水》等，还特别设置了一首由中国广播民族乐团著名胡琴演奏家姜克美与芝加哥交响乐团大提琴演奏家 Katinka 合作演出的板胡与大提琴二重奏《花儿随想》。中国传统民乐与西方音乐激情碰撞、隔空对话，中西合璧的精彩演绎，不仅将中国民乐艺术的深厚底蕴发扬光大，更拉近了东西方文化的距离，演出大受欢迎。

京剧《杨门女将》是中国国家京剧院的优秀保留剧目，久演不衰。2016 年该剧目前往悉尼和墨尔本巡演时，为了让更多澳大利亚观众能够更好地接受《杨门女将》的看点和精粹，在表现手法上进行了创新。观赏完整版的《杨门女将》需要 3 个多小时，但一般西方舞台戏剧的时间略短。因而创作团队对戏的结构删繁就简，将整场演出控制在两个小时内，使剧情更加紧凑。过去舞台换场都是用锣鼓作为切换方式，但为适应澳洲观众的审美，他们特地为《杨门女将》重新谱写了音乐主旋律，无论是布景切换还是道具摆放，时间均不超过两分钟，令演员情绪转换能够承上启下，从而保证故事情节走向的连续性，观众也不会觉得乏味。

可见，把民族性的传统文化放到全球化的文化语境中进行审视，在现代语境中进行重构，有助于达成文化理解与认同。

第二节 “欢乐春节”：打造中华优秀传统文化的全球性展示平台

春节是中华民族最重要的传统节日，也是中华文化的重要载体。近年来，春节的国际化趋势越来越明显。已有越来越多的国家把春节作为自己的节日，越来越多的外国友人希望通过春节了解中国社会。春节文化走向世界，不仅是世界对中国文化的尊重与认可，也是中国文化与全球多彩文化和谐共生的最好例证。这一切，“欢乐春节”功不可没。

“欢乐春节”是近年来对外文化交流活动中具有重大亮点的一个。这是一项由文化部牵头组织、十几个部门联合推动、各省（区、市）积极参与、驻外使领馆实地协调的在国外推介中华文化的工程，目的是与各国人民共度农历春节、共享中华文化、共建和谐世界，如今已成为我国向世界展示中华优秀传统文化创造性转化、创新性发展成果的全球性平台。

一 顶层设计逐年升级

（一）2015年：贯彻落实“品牌化”“本土化”“市场化”

2014 年 11 月 6 日，“2015 年欢乐春节活动筹备工作会议”在北京召开。文化部、外交部、国家民委、财政部、商务部、国家新闻出版广电总局、国家旅游局、国务院侨办、国家文物局等“欢乐春节”组委会成员单位以及国家汉办、中国侨联、中国对外文化集团公司和中外文化交流中心的负责同志出席了本次会议。

此次会议从“统一思想、提高认识”“顶层设计、战略布局”“创新思路、规范运作”“锻造品牌、提升影响”“深化合作、本土运作”“统筹协调、服务保障”6个方面对2015年欢乐春节活动落实中央领导关于通过“品牌化”“本土化”“市场化”把欢乐春节打造成世界各国民众欢迎和喜爱的国际化节日的指示精神等情况做了具体介绍。文化部有关负责人从完善品牌建设、落实“本土化”、深刻理解“市场化”、战略重心前移、借助媒体传播等方面对未来工作做了具体部署。

（二）2016年：推进品牌建设、打造文化精品、发展春节文化贸易

2016年，由中宣部、国新办出面，启动春节文化“走出去”工作，认定春节系中华文化“走出去”的“巨大载体”，通过推进品牌建设、打造文化精品、发展春节文化贸易等方式，切实增强春节文化的亲和力和影响力，进一步提升国家文化软实力。

此次春节文化“走出去”以坚持创新驱动、价值引领、效果导向、区别对待为原则，着眼于提升文化传播的辐射力、文化交流的亲和力、文化贸易的竞争力，将创新贯穿于春节文化“走出去”工作的全过程；围绕“欢乐”“祥和”“团圆”“共享”“祈福”等春节主题，凸显当代中国价值；立足提高春节文化海外覆盖面和影响力，在扩大数量规模的同时注重提升质量效果；以大国、周边和“一带一路”沿线国家为重点，根据其对春节文化的认可度，因地制宜，因国施策。

根据要求，此次春节文化“走出去”在做好“欢乐春节”“五洲同春”“四海同春”等国家级品牌建设的基础上，还研究其品牌名称、标识、内涵、主题、口号、形象等，并进一步注入新内容、开发新产品、拓展新领域，培育形成新品牌。同时，在充分紧贴受众思维习惯、生活方式、审美情趣等方面，着力推出一批体现中国特色、承载春节内涵、具有国际水准的文化精品。

为进一步提升中华文化的国际影响力，2016年春节文化“走出去”还通过参加国际影视节展，积极与跨境电商平台、知名院线和演艺机构合作等形式，扩大春节文化产品的供给种类和数量，鼓励和支持更多优质春节文化产品以商贸方式进入境外市场。

（三）2017年：彰显价值内涵、体现春节特色、谋求广泛共鸣

2017 年，中宣部、国新办再次部署春节文化“走出去”工作，通过组织好春节对外文化活动，推动春节进一步成为“普天同庆”“全球共享”的世界性节日。

2017 年春节文化“走出去”更加重视彰显价值内涵、体现春节特色、谋求广泛共鸣，生动展示中华文化的深厚底蕴、昂扬旗帜、独特魅力，全景式诠释“天人合一”“阖家团圆”“和谐和平”等春节理念，营造欢乐祥和、喜庆热烈的浓厚节日氛围。

根据安排，2017 年春节文化“走出去”积极开展形式多样的春节文化交流活动，重点组织实施好“欢乐春节”“四海同春”等品牌活动，组织好中国电影“普天同映”、春晚剧组海外演出等活动，积极运用中华庙会、广场庆典等形式，吸引海外受众零距离、沉浸式感知春节文化。开拓海外春节文化市场，加强与公关公司、中介机构、剧场院线、票务公司等机构的合作，统筹用好国内外实体销售和电商销售等商业渠道平台，扩大各类春节文化产品的海外市场份额。加大创新力度，探索运用“跨界”“混搭”“嫁接”的方法和手段，酝酿推出一批思想精深、艺术精湛、制作精良的精品力作，研发生产一批富含春节元素的文化商品，让春节文化精品在世界舞台闪亮起来。

二　“欢乐春节”规模与亮点

（一）2015年：800多个项目，受众面、项目数量、活动品质持续提升

2015 年，“欢乐春节”活动在海外 118 个国家和地区的 320 余个城市展开，项目数量达 800 多个。以羊年正月初一为中心点，在春节前的半个月开始，并在元宵节后结束，为期一个月左右。2015 年是开展海外“欢乐春节”活动的第六个年头。“欢乐春节”活动实现了对全球主要国家和地区的全面覆盖和影响力的大幅提升，让春节文化不断融入当地文化生态，取得了引人瞩目的传播效果。

1. 10 项子品牌形成完整体系

2015 年，“欢乐春节”形成了较为完备的品牌体系。“中国序曲”“艺

术中国汇”“海外庙会”“广场庆典”“跨国春晚”“中国风格”等10项子品牌活动各有其不同定位与特色。

庙会活动在许多国家和地区大受欢迎。2015年2月18日，芬兰赫尔辛基第九届“欢乐春节”庙会拉开大幕，吸引了3万多名当地市民及旅芬华人华侨。人们或欣赏舞台演出，或逛庙会市场，或看央视春晚转播，沉浸在春节的喜庆之中。类似的庙会还有以色列特拉维夫“欢乐春节庙会”、加拿大温哥华“唐人街大巡游”、澳大利亚悉尼农历新年大巡游、埃及“欢乐春节”大庙会、新西兰奥克兰元宵灯节……这些活动让当地不同社群和族裔充分体验到春节品牌的魅力。

由中国对外文化集团公司运营的“中华风韵”大型壮族舞剧《逐梦天涯》，在英国伦敦、法国巴黎、德国法兰克福、瑞士日内瓦、比利时布鲁塞尔进行了多场表演。2015年“艺术中国汇”纽约系列活动由公共艺术展览、创意集市、帝国大厦灯光秀和新年焰火四部分组成，以纽约林肯艺术中心、帝国大厦、纽约历史博物馆等为主要活动场地。

2015年海外“欢乐春节”还通过统一活动冠名，使用品牌标识、生肖形象、宣传片等方式，凸显了节日的文化内涵，令品牌辨识度更加明晰、品牌价值得到进一步提升。

2. 春节商机进入视野

春节不仅是文化节庆，也创造了消费需求。在泰国举办的“欢乐春节·地坛文化庙会全球行·曼谷之旅”，用市场化手段为百余家文化企业搭建了展示平台。展商名录中，景泰蓝、雕漆、剪纸等各具特色的文化产品和同仁堂、盛锡福等驰名中外的老字号在列。此次活动参展项目近60项，有利于增加中国非遗产品和老字号企业的影响力，实现文化和产业融合发展，兼顾社会效益和经济效益。

以商业模式运作的“欢乐春节”演出活动日益增多。马耳他中国文化中心在调研当地市场后，选择了具有竞争力的艺术形式——杂技，并尝试对其进行商业运作，广西杂技艺术团的1400张剧场票在演出几天前便销售一空。在各方配合下，这次探索取得了成功，成为瓦莱塔“欢乐春节”向市场化迈进的重要一步。

“欢乐春节”节庆主题相关文化产品的开发和销售也成为商家竞争的着眼点。英国品牌博柏利推出了一款节日围巾，在其经典的羊毛格子围巾一端绣上红色的“福”字，还在官网推出了新春贺礼系列产品，美国梅西百货、爱马仕等知名品牌也相继推出春节主题产品。本土化、市场化、品牌化也催促中国企业进一步利用春节文化的“富矿”，提升文化产品质量，发展文化创意产业，拓展国际销售渠道和网络。

3. 全媒体手段充分推介

“欢乐春节”从2013年开始，主办方即开始利用QR二维码、App应用程序等新媒体技术和传播方式，进一步提升海外“欢乐春节”活动的知名度。2015年，主办方更加重视利用博客、微博、微信公众号的力量宣传“欢乐春节”。通过网络、微信朋友圈里的“自媒体”，人们可以随时关注世界各地共度春节的盛况。

新西兰旅游局在官网上发表了庆祝中国新年的专题文章，图文并茂地对“欢乐春节”进行了详细介绍。惠灵顿市政府、奥克兰市政府、新西兰－亚洲基金会、亚洲活动基金会等相关机构网站关于当地中国春节系列活动的综合宣传也分别上线，推介在惠灵顿等10多个主要城市全面铺开的逾百场活动。

2015年2月14～20日，罗马尼亚布加勒斯特柯克尔商厦约30米高的外立面电子屏幕上，醒目地播放着“欢乐春节”广告。此项活动是中国驻罗马尼亚使馆与布加勒斯特柯克尔广告公司合作，在罗马尼亚华为公司的支持下完成的，于每天7点～24点播放85次“欢乐春节”视频。视频原片由中国文化部提供，剪辑后的视频包括舞龙、福字、老者和女童作揖拜年等镜头。

从2009年开始，美国纽约帝国大厦“欢乐春节”橱窗展示已举办了6届。2015年的橱窗展示活动以“三羊（阳）开泰”为主题，在红色不锈钢打磨出的镜面背景上复刻出中国传统画卷的样式，集中体现中国羊年文化。芝加哥市梅西百货、北桥商场的橱窗，同样布置得红红火火。芝加哥文化中心、机场附近的奥特莱斯和旅游胜地海军码头也选用了中式设计，以富有中国特色的剪纸、风车、团羊图等传统民俗与春节元素，结合LED电子屏与灯光等现代技术，为人们带来传统与现代交融的别样春节感受。

（二）2016年：项目总量超过2100个，海外受众超过2.5亿人次，影响广度、深度明显提升

2016年的“欢乐春节”在140个国家和地区的400多个城市展开，项目总量超过2100个，海外受众超过2.5亿人次，包括国家元首在内的1000多位外国政要参与其中。具体形式涵盖主题庙会、跨国春晚、元宵灯会、广场巡游、专场演出、综艺展示、文贸会展、文博展览、影视展播、图书展销以及民俗体验。

1. 融入当地主流社会

2016年2月3～5日，“欢乐春节——行走的年夜饭”系列活动在全球最大的社交网站“脸书”总部举办。这是该活动首次走进美国硅谷高科技企业，受到“脸书”的热烈欢迎，近万名员工及家属争相品尝由中国大厨亲手制作的中国美食。

同样走进美国当地生活的还有在NBA上届冠军金州勇士队迎战休斯敦火箭队期间举办的中国新年庆祝活动。勇士队球员身着印有中文“勇士”字样的队服，啦啦队队员穿上中式旗袍以劲舞助威，中场休息期间进行舞龙舞狮表演，赛场中央有醒目的“猴年贺岁”中文字样……除了这些，赛场中央电视墙及四周“跑马灯”首次滚动打出“欢乐春节”标识，并循环播放“欢乐春节”视频短片。与世界瞩目的体育赛事完美结合，为“欢乐春节”开拓了新的推广模式。

2. 中外元素混搭创新

中国功夫向来风靡海外，“欢乐春节——2016古巴迎新春文艺演出”于2016年1月29日和30日在古巴首都哈瓦那成功举行，河南少林禅拳表演团带来的《千古少林》《闯山门》《功夫绝技》等节目尤其受到观众喜爱。此外，郑州市歌舞剧院演员带来的歌舞节目，河南省歌舞剧院二胡

演奏家曹永谦与哈瓦那著名钢琴演奏家何塞·包迪尔的共同演奏令观众感到耳目一新。

“欢乐春节”在韩国举办的活动就传统与现代的结合上而言具有代表性。2016 年在韩国举办的“欢乐春节”活动的闭幕式演出《时尚京剧秀》把京剧的唱腔、服饰和唱念做打功夫分别与歌剧、时装秀和 R&B 曲风相结合，将传统与现代、东方与西方的元素进行混搭，中外演员同台演绎。这种国际化、时尚化的形式使当地观众迅速产生了文化共鸣。

3.“海外春晚”创意凸显

2016 年 2 月 7 日，加拿大国家电视台主办的“欢乐春节·海外春晚”活动由“中加文化大使”大山和中国武汉电视台主持人联袂主持，来自“中国好声音”、武汉杂技团、武汉电视台的中国艺术家与加拿大艺术家同台献艺，共有 3000 余名观众观看了晚会。自 2013 年起，“欢乐春节·海外春晚”每年以倒计时的方式与海外华人共迎新年，同时，通过电视、网络和手机同步播出，深受海内外亿万观众的喜爱。此次是加拿大国家电视台首次与中国国内电视台合作举办该节目。

（三）2017年：2000余场活动，海外受众达2.8亿人次，打造全球布局，国际影响力进一步释放

2017 年“欢乐春节”在全球 140 多个国家和地区的 500 多个城市举办了 2000 余场活动，海外受众达 2.8 亿人次，品牌化、本土化、市场化水平不断提高，逐步成为具有广泛影响的中国文化品牌。

1. 全球布局特征鲜明

2017 年“欢乐春节”活动呈现出鲜明的全球布局特征：运用非遗和民乐作为文化语汇与“一带一路”沿线国家开展交流，传承丝路精神，促进民心相通；发挥互动交流类项目在非洲地区的独特优势，组派 6 条演出线路覆盖非洲地区；聚同化异，深化合作，使泰国“欢乐春节”系列联欢、日本“春节祭”、新加坡“春城洋溢华夏情”等众多亚洲地区老牌综合性活动更攒人气、接地气、有新气；厚植民意，瞄准主流，进一步提升美大地区市场化运作水平，推动以“纽约艺术中国汇”为代表的更多演展（映）项目

进入北美高端文化市场；立足重城，辐射周边，力促器乐、舞剧、话剧、武术、杂技等多门类演展精品走进欧洲地区；新老并茂，拉近亲情，重点面向青少年和基层社区。

2. 外国政要关注度高

2017 年春节期间，近 50 位政府首脑和领导人通过各种媒体向中国人民和全球华人拜年，春节在许多国家已成为当地民众的节日。2017 年海外“欢乐春节”活动吸引了多国政要的关注和参与，他们或发来贺信表达祝福，或亲自参加活动，了解和体验中国文化。

如云南声音艺术团于 2017 年 1 月 22 日在塞尔维亚献上“欢乐春节”演出，获得了前来观看演出的塞尔维亚总统尼科利奇夫妇的赞许。2017 年 1 月 23～25 日，“欢乐春节”文艺巡演在克罗地亚首都萨格勒布、伊斯特拉省文化名城波雷奇市两地举行。克罗地亚总统基塔罗维奇以及议长、前总统等观看了演出。基塔罗维奇用中文向中国人民拜年，并盛赞中国取得的巨大发展成就和发挥的重要国际作用，以及日益牢固的克中友谊，期待克中关系务实深入发展。1 月 29 日，由英国伦敦华埠商会主办的春节庆典活动举行。英国女王伊丽莎白二世发来贺信，向庆典活动致以热烈祝贺，向所有出席人员致以节日问候。活动现场还宣读了英国首相特雷莎·梅的春节贺词。

3. 地方参与积极性提升

各地参与“欢乐春节”活动的积极性空前提高。如 2017 年 1 月 5 日，河南省派出的河南文化艺术团赴日本举行“欢乐春节”系列演出。该团在名古屋演出 7 场、长崎演出 1 场、福冈演出 1 场、大分演出 1 场。此外，该团还于 2017 年 1 月 13～25 日赴智利送去“欢乐春节”演出。由 33 位艺术家、演出人员组成的湖北综合艺术团于 1 月 5 日起在丹麦哥本哈根等 5 座城市演出。节目包括展现中国人民幸福祥和的舞蹈《中国美》、展现“一带一路”建设的舞蹈《丝路天音》、展现湖北文化底蕴的舞蹈《楚韵》等，以及剪纸、汉绣、面塑等非遗项目。甘肃省派出的由省歌舞剧院、省歌剧院、省陇剧院、兰州市歌舞剧院的 230 多人组成的 4 个演展团分别赴德国、喀麦隆、科特迪瓦、贝宁、白俄罗斯、亚美尼亚、巴林、卡塔尔 8 个国家举办

“欢乐春节”活动，为多国民众送去《大梦敦煌》、《丝路花雨》选段和甘肃民族民间民俗演出。

（四）“欢乐春节”的国际影响力

1. 推动春节成为世界性节日

春节是中国最盛大、最具文化内涵的传统节日。历史上受汉文化影响的东亚、东南亚国家多有过春节的习俗。“欢乐春节”的活动规模迅速扩大、参与人数不断增长、影响力迅猛提升，有力推动着中国春节成为五大洲人民共享的世界性节日。

越来越多的国家把春节规定为法定假日。如越南、印度尼西亚、新加坡等都拥有或长或短的春节假期，毛里求斯、苏里南等国家也将春节列为法定节日。这些举措让过春节的习俗不止局限在华人社区。2016 年 6 月 2 日，加拿大国会通过议案，正式把每年的农历初一至十五定为春节，中国农历新年正式成为加拿大的官方节日。

2. 打造展示国家文化软实力的专门时段

春节是最能向世界显示中国影响力的节日之一。美国《福布斯》中文网 2015 年 2 月 23 日在《中国春节与美国感恩节的对比》一文中指出：中国春节期间各种出行达 28 亿人次，美国感恩节为 4600 万人次；中国人春节期间消费 1000 亿美元，美国感恩节为 509 亿美元；感恩节期间，约有 3200 万名美国人观看全美规模最大的橄榄球赛事，中国央视春晚收视观众为 7 亿 ~ 8 亿人。

美联社认为，几十年前，中国新年对中国以外的地方鲜有影响。但是，随着中国经济实力的增强，在讲汉语的地方过中国新年成为普遍现象。中国新年在世界各地掀起商业、文化波澜，这是中国影响世界的方式。法国报纸《西南》在 2015 年 2 月 22 日的报道中称，法国西南部城市的越南等族裔移民社区曾抱怨中国“独享”春节庆典的气氛，因为市长只祝贺华人羊年大吉。

海外“春节热”的逐年升温与中国经济的发展以及国力的增强有着最为直接的关系。美国《洛杉矶时报》撰文说，中国新年曾经仅限于唐人街和华人移民家里，如今进入美国主流社会，从纽约的林肯中心到好莱坞街头都有新年的影子，对春节的庆祝出现在体育、广播甚至饮料包装上。报道指出，中国正在以春节推进国家软实力的发展。

3. 春节文化助力“一带一路”民心相通

在“一带一路”沿线国家和地区打造“欢乐春节”等重点交流品牌，扩大文化交流规模，已被列入《文化部“一带一路”文化发展行动计划(2016—2020年)》。开展“欢乐春节”活动与“一带一路”沿线国家开展交流，能够为海外民众送去来自中国的新春问候。

2016年在加拿大举办的“欢乐春节——丝路新颜”图片展将新时期中国丝绸之路沿线地区的新风貌真实地展示给当地民众，在新加坡的演出中舞剧《丝路花雨》则以高超的艺术表达方式传递了中国对于共建“一带一路”的美好企盼。

2016年泰国“欢乐春节”系列活动深入民间。2016年是泰国普密蓬国王登基70周年和诗丽吉王后84岁寿辰的重要年份，中泰两国政府合作在泰举办的“欢乐春节”活动也走进了第12个年头。该年的泰国“欢乐春节”极其盛大，中国文化部与泰方精心选派中国东方演艺集团和中国国家京剧院两大国家艺术院团，以及天津、内蒙古、浙江、福建、四川、宁夏和新疆7个丝绸之路沿线省（区、市）的11个艺术院团共180人赴泰国，以歌舞、京剧、杂技、木偶、武术等形式，为泰国当地民众奉上中国文化艺术盛宴。值得一提的是，各项展演活动的举办地点不局限于中国文化中心内部，而是深入泰国各地的购物中心、皇家公园和著名大学，让博大精深的中华文化更能“接地气、聚人气”。

2017年的“欢乐春节”暨中国哈萨克斯坦建交25周年音乐会在哈萨克斯坦首都阿斯塔纳举行，二胡、琵琶、古筝、唢呐等中国民族乐器丰富多彩的表演形式令观众陶醉。在白俄罗斯国家音乐厅举行的“欢乐春节”新年晚会包括中国文化展及文艺表演，富有中国特色的舞狮表演、川剧变脸等让更多的白俄罗斯民众接触了中国文化。“欢乐春节”中国民乐音乐会在波兰首都华沙吸引了众多当地民众冒雪到场观看。音乐会题为“画境富春·丝路长安”，令波兰观众感受到中国民乐的魅力。“欢乐春节”大庙会活动在埃及开罗举办；《诗经》吟唱和汉唐乐舞表演将“中国风”送至柬埔寨；浙江非遗项目展演亮相约旦；剪纸、葫芦烙画、抖空竹、捏泥人等南京非遗项目惊艳尼泊尔；傣、景颇、彝、佤、藏、阿昌等少数民族音乐跃动塞尔维亚。

4. 平台渐为外国文化机构和企业所看重

以英国为例，春节期间，英国布里斯托博物馆、伦敦博物馆、V&A博物馆下属童年博物馆、国家海事博物馆等英国主流文化机构轮番举办春节活动，成为英国2016年春节期间的一道亮丽风景。

同时，在多年探索的基础上，“欢乐春节”与国内外企业的合作机制逐渐建立。“欢乐春节”不仅成为中华文化“走出去”和中国企业品牌“走出去”相互融合创新的新平台，其影响力也越来越被外国企业所看重。如2016年韩国“欢乐春节”系列活动由中国文化部、中国驻韩国大使馆、首尔中国文化中心、中国对外文化集团、韩国中国商会、韩国乐天集团等多家单位联合主办，活动主场地设在位于首尔明洞的乐天百货店、乐天免税店和乐天酒店，活动涵盖视觉艺术、设计创意、手工艺、戏曲、时尚、民俗、出版、饮食等方方面面，每项内容都邀请观众参与互动，让观众通过视觉、听觉、味觉、触觉全面感受春节气氛。

5. 推动春节文化在年轻一代中生根

2015年2月12日，悉尼树屋幼儿园的20多位小朋友在家长和老师的带领下来到悉尼中国文化中心，成为体验羊年“欢乐春节”活动的首批小客人。“春节体验行”有助于澳大利亚年轻一代了解多元文化、培养对中国文化的兴趣。毛里求斯中国文化中心则一直致力于在印巴裔族为主体的群体中推广“春节”概念，深入当地小学举办春节知识讲座。在毛里求斯春节是法定假日，学校还将中国文化中心送去的《春节知识手册》发放给学生，让孩子们及其家人都能了解中国春节。

2016年2月5日，黎巴嫩凤凰国际学校举办的凤凰国际文化节上，中国展台受到最为热烈的欢迎。20多名黎巴嫩孩子身着中式服装，在老师的带领下用汉语“新年好”招呼客人，并向客人们介绍中国的十二生肖和猴年。2月8日，黎巴嫩马尔卢克斯安东尼神父学校又挂起了中国的大红灯笼和中国结，贴上了春联和“欢乐春节”的招贴画，播放了欢快的中国音乐。在当天举办的中国日活动上，学生们学说汉语，介绍中国国旗，以及中国的地理、人口、饮食、功夫等元素，充满中国韵味的文艺表演也深受师生喜爱。中国驻黎巴嫩使馆还向两校赠送了100多本有关中国和中国文化的书籍及中国音乐光盘，在欢度春节之际让中国元素在年轻一代中产生深刻影响。

6. 提升本土民众参与中国文化活动热情

2015年“欢乐春节”中国庙会于2月21～22日在马德里市中心的西班牙广场举办。马德里中国文化中心设立专门展台，义卖春节纪念品，并特邀来自北京的风筝和面塑工艺大师进行现场表演。这是马德里中国文化中心首次参加庙会活动，短短两天，5万多名观众参加了庙会，其中1万多名民众访问了文化中心展台。

埃及“欢乐春节”大庙会的一大特色，便是有一支由开罗中国文化中心统筹，埃及本土演艺人员、埃及汉语学员志愿者和当地华人华侨志愿者组成的“本土支撑”团队。近年来，文化中心培养了一批汉语水平高、热爱中国文化的汉语学员，在此次活动中他们和当地中国汉语教师、华人经商者、中医医生等，组成志愿者队伍，在埃及春节庙会上发挥了重要作用。2015年2月21日，由贝宁中国文化中心举办的第六届“欢乐春节”广场巡演活动在贝宁友谊体育场举行。此次演出由文化中心表演队和当地学校、社区的表演爱好者一同参与，“演员本土化”成为活动的一大亮点。

第三节　文化“走出去”的区域样本——河南中原文化“走出去”观察

中原文化作为中华文化的根文化，在对外文化交流中具有独特的优势，中原文化“走出去”是中华文化“走出去”的重要组成部分。河南省委、省政府高度重视对外文化交流工作，特别是在中原经济区建设中，提出要建设华夏历史文明传承创新区，把河南建设成“全球华人根亲文化圣地、中国文化遗产保护传承示范基地、全国重要的文化产业基地、现代文化创新发展新高地、中华文化走出去的重要基地”。

“十二五”期间，河南文化建设取得了显著成就，中原文化“走出去”成效明显，河南文化软实力和影响力持续增强。《河南文化发展报告（2016）》显示，2014 年河南省文化产业实现增加值 984.66 亿元，占全省当年 GDP 的比重达到 2.82%。河南省规模以上文化及相关产业法人单位实现营业收入 2431.8 亿元，在全国排第 7 位，居中部六省之首。

一　中原文化“走出去”的基本模式与途径

随着文化交流项目年均人次和数量大幅度增长，河南为文化交流做出了积极贡献，中原文化的风采在五洲四海飞扬。经过多年探索，中原文化在文化“走出去”方面形成了以对外文化交流为主、对外文化宣传与文化服务贸易为辅，多层次、多渠道相互协调、相互促进的格局。

（一）积极开展中原文化“走出去”活动

河南省积极推动中原文化“走出去”，大力实施“河南艺术精品海外行”，如“旧金山河南文化经贸周”“中原文化澳洲行”“中原文化宝岛行”等一系列活动，先后组织《风中少林》《程婴救孤》《木兰诗篇》《风情河之南》《云水洛神》等优秀剧目赴美国、法国、奥地利、意大利、澳大利亚等国家和地区演出，与英国联合创作的舞剧《空间》在全球 40 多个国家和地区巡演数百场，组派少林功夫团赴法国、奥地利联合国总部，为世界各国外交官专场演出等。

（二）参与“欢乐春节”等国家品牌活动

2017 年春节期间，河南派出 300 多人的庞大团队，奔赴 21 个国家和地区展示中原魅力；《功夫诗 · 九卷》先后到哥伦比亚、菲律宾参加中哥、中菲旅游年开幕式，掀起一股中原风；13 个大型文物外展在瑞典、法国、意大利等多个国家和地区举办，向世人展现厚重中原一幅幅生动的历史画卷。通过开展“欢乐春节”活动，中原文化品牌变得更加闪亮。

（三）打造中原文化品牌产品

濮阳杂技、登封少林武术、郑州动漫等一批富有地方特色的文化产品，打出了河南文化软实力的品牌。郑州歌舞剧院创排的舞剧《风中少林》就是中原文化“走出去”的一张名片。该剧用舞蹈与武术的结合讲述了一个融爱情、禅武、修炼、复仇于一体的故事。这部舞剧以被世界不同文化所理解和敬重的中原少林禅武为内核，将传统规范的阳刚武术与浪漫自由的柔美舞蹈结合起来，看过的人，无不被其中所蕴含的地域文化特色和强烈的艺术震撼力所打动。《风中少林》的地域文化特质、民族文化品质、世界观赏价值，最终成就了它的市场潜质。当年，美国蓝马克娱乐集团正是看中了这点，才决定让它打入国际市场。除了蓝马克的签约之外，德国 MCG 公司也多次洽谈赴欧演出事宜，日本中华艺能公司不仅对演出感兴趣，更有意共同开发动漫和游戏软件。

传统戏剧《程婴救孤》自 2002 年搬上豫剧舞台以来，已在国际国内演出 1400 余场，成功出访了法国、美国、意大利等 20 多个国家与地区。2016 年 10 月 18 日，百余名美国明星盛装来到美国电影奥斯卡奖颁奖剧场杜比大剧院，欣赏这部来自河南的传统戏剧《程婴救孤》。这是杜比大剧院首次上演中国戏剧作品。11 月 3 日，河南省豫剧院收到了一封来自我国驻洛杉矶总领馆的表扬信：“河南省豫剧院《程婴救孤》演出团于 2016 年 10月访问美国，10 月 18 日在洛杉矶杜比剧院演出，获得美国主流观众的热烈欢迎和媒体的好评。”此次演出是中国传统戏曲走进好莱坞最高档次剧院的一次有益尝试。值得一提的是，该剧出彩的表现引起了美国“土星奖”评委会的关注，评委会邀请《程婴救孤》参加“土星奖”戏剧单元的角逐。“土星奖”始于 1972 年，这是中国戏剧作品首次入围此奖项。

（四）借“一带一路”传播中原文化

“一带一路”倡议的丰富内涵及深远意义，为中华优秀传统文化的传承与现代文化的创新带来了巨大发展机遇。地处中原，河南不是一个旁观者，而是积极融入“一带一路”建设的参与者。打好“文化牌”，成为中原地区融入“一带一路”建设的重要路径。如河南省“洛阳·丝绸之路与大运河交汇的城市”展览亮相巴黎，与丝绸之路相关的洛阳文化创意产品，在巴黎当地引起了强烈反响。2017年，南阳社旗县创作的越调历史剧《汉桑情》登上马来西亚国际关公文化节的舞台，这是河南省地方文化产品走出国门、融入“一带一路”建设的一个缩影。

（五）做强中原文化对外贸易

河南省有近10家文化企业走出国门，在美国、加拿大、德国等国家进行投资，全省有8家企业和3个文化项目先后进入国家文化出口重点企业及重点项目目录。2017年前7个月，河南省文化产品出口额为8139万美元（不含文化服务出口），同比增长82.86%。[①]

河南省先后命名了四批文化产品出口示范基地，在政策激励下，越来越多的文化产品和文化企业“走出去”。为加快文化“走出去”的步伐，“十三五”期间，河南省将在做大做强文化产业发展载体上持续发力，如争取郑州市成为国家文化出口基地试点城市，继续支持南阳市创建国家文化产业示范园区等。同时，以国家大运河文化带建设为契机，河南省将对大运河沿线历史文化名镇和传统村落加大保护开发力度，对外打包推介。主动融入“一带一路”，整合各类文化资源，打造特色文化品牌，推动杂技、武术、影视、戏剧、工艺品等文化产品和服务对外输出，积极参加国内外的文化产业交易活动，不断增强中原文化产业在国际国内的影响力。

二　进一步推动中原文化“走出去”的建议

（一）构建对外文化交流传播体系

加强文化交流，构建对外交流的服务平台。大力实施“走出去”战略，学习其他省份和国外的先进文化资源配置经验，打造属于河南的文化高地，积极引进外部的优质资源、现代文化产业模式，加速河南的中原文化特色产

① 陈关超：《河南省文化产业连续13年高于同期GDP增速》，《中国文化报》2018年1月11日。

业现代化建设的步伐，同时搭建高规模、高质量的对外文化交流平台，推动中原文化传承与创新，并获得更广泛的传播。中原有代表性的文化品牌、文化产业项目可以逐步与“一带一路”沿线国家及地区的对口品牌和项目互相交流合作，共同进步，实现互惠互赢。

（二）实施外向型品牌带动战略

文化品牌是特定区域文化对外传播的一张王牌，其引导力量可以促进文化资源的合理配置，推动文化资源的对外交流传播，提升区域国际形象。目前，河南省比较典型的文化品牌代表影视栏目有《梨园春》《武林风》《成语英雄》等。河南电视台国际频道已开播运营，还要进一步加强与省外、国外电视媒体的合作，可以联合制作一些反映河南人在其他地区获得优秀成就与生活状态的节目，通过“走出去”学习外省及外国高品质的媒体节目策划及制作，提升中原文化传播的标准。“一带一路”沿线有的地区和国家欠发达，河南省主流媒体可以与这些沿线地区或者国家合作，扶持发展，搭建好传播交流平台，通过报刊、书籍、影视栏目等手段再向沿途国家及地区讲好中原故事。增加具有浓厚中原文化特色的栏目的播放量，深度挖掘中原特色文化内涵。《少林寺》风靡全球，成为河南名片，带动登封旅游业及武术教育基地发展，实际上，河南除了少林寺仍有很多历史文化资源，如三门峡陕县地坑院，无论建筑年代、占地面积、建筑风格、艺术特色，还是相关的历史故事等，堪比山西乔家大院，三门峡陕县地坑院是树立河南文化形象的又一切入点。

（三）加大对外文化人才培养力度

与其他省份相比较，河南在文化人才的培养方面，引进高素质、带动性人才和人才交流方面的步子一直比较小。要实现中原文化“走出去”及其提质增效，就必须树立科学的人才观，通过创新机制，加大力度培养人才，改变人才引进和流动机制，加快高素质、高能效人才的流动，推动文化产业迅速发展，继续实施河南省艺术名家推介工程，举办河南省戏曲表演艺术培训班、河南省舞台艺术编导培训班等。大力引进高素质对外传播人才，优化引进奖励机制；采取高等院校同社会培训机构联合培养的机制，优化河南高校对外传播专业人才培养方案，将黄帝文化、根亲文化、姓氏文化、古都文化、武术文化、戏曲文化主动引入实际的人才培养方案中，促使文化人才深入了解中原文化，更好地传播中原文化。

（四）结合“一带一路”建设加大中原文化的推广力度

在“一带一路”建设大背景下，河南省要主动出击，与“一带一路”沿线地区广泛洽谈合作，把具有中原文化鲜明特色的文化艺术产品，例如开封汴绣、洛阳唐三彩、安阳青铜器、许昌钧瓷及濮阳麦秆画等借助各类国际性文化博览会、文化产品交易会、影视节、出版物展销活动等平台对外传播销售到国内外。同时，引进国内外知名文化制作、经纪、营销团队，推动本土制作团队学习借鉴高水平制作团队的运作方式与方法，生产创作文化精品，让更多的国内外普通受众刷新对中原文化的印象，使更多的海外年轻受众以更高的热情了解和接纳中原文化的精髓。

河南要抓住机遇，在“一带一路”推进之际，加快中原文化国际化进程，使中原文化在与世界多元文化的碰撞中获得新机，创造出更多具有中原特色的外向型文化产品、艺术品。

（五）推动中医药文化“走出去”

在1000多年前的古丝绸之路时代，中医药已被传到“一带一路”沿线国家。如今，虽然沿路各地经济发展水平、语言文化各不相同，但中医药作为“一带一路”人文交流的重要内容，日益受到沿线国家民众的认同，已成为代表中华优秀传统文化“走出去”的新名片，也是提高文化软实力的一个抓手。

2015年，我国科学家屠呦呦获得诺贝尔奖，她从中医古典文献中汲取灵感，先驱性地发现了青蒿素并开创了疟疾治疗新方法，体现出中医药对人类健康事业做出的巨大贡献。2016年里约奥运会上，美国游泳运动员菲尔普斯身上的“火罐印”，再次使更多西方人对中医药产生浓厚兴趣。这些都为中医药走出国门、造福人类提供了难得契机。由此，推动中医药与国际接轨，积极向国外推介中医药文化，同时将国外先进技术为我所用，或可实现中西医的双赢。“健康中国”已被列为国家发展战略，国民健康也扩展为大健康的概念。《推动共建“一带一路”的愿景与行动》中部署了“扩大在传统医药领域的合作”的重点任务，有关部门联合印发了《中医药“一带一路”发展规划（2016—2020年）》[①]。这些举措为推动中医药文化的海外发展指明了方向，创造了条件，带来了难得的机遇。可以说，国家层面的战略让中医药文化更加自信，作为中医药文化大省，河南在推动中医药文化“走出去”工作中大有可为。

① 《中医药“一带一路”发展规划（2016—2020年）》，国家中医药管理局网站，http://www.satcm.gov.cn/bangongshi/gongzuodongtai/2018-03-24/1330.html。

第四章　数字文化艺术“走出去”研究*

第一节　数字文化艺术“走出去”现状

数字文化艺术是指以数字科技的发展和全新的传媒技术为基础，将人类理性思维和文化艺术感觉巧妙融合一体的艺术。数字文化艺术作品必须在实现过程中全面或者部分使用了数字手段，主要包括以下形式：录像及互动装置、虚拟现实、卡通动漫、网络游戏、网络视频、网络音频、传统艺术数字化、数字设计、电脑插画、CG动画、数字特效、数字摄影、数字音乐以及影像、文化艺术的全息应用技术等。也就是说，数字文化艺术是文化艺术和科技高度融合的多领域交叉产物。

数字文化艺术的创作手法、风格与传播方式都具有自身的特色，概括起来有原创性、交互性和使用数字媒介三大特征。

原创性。数字文化艺术和所有的艺术创作一样，是以审美为主导的原创性活动。大凡艺术都要讲究原创，没有原创就没有艺术。数字艺术作品表现介质的特殊性，使它表现为“复制”的无差别性，它可以被反复地拷贝、粘贴，源文件稍稍更改，表现内容就会有改变。但是，数字文化艺术作品的素材来源便捷和作品形式的普泛，也就对数字文化艺术作品的原创性的保证提出了更高的要求。

交互性。数字文化艺术的许多种类是以互动的形式表现出来的，创作主

---

* 李莉，北京智慧旅居文化发展中心副主任。许东雪，北京动漫游戏产业协会副主任。

体与欣赏主体在相互交流的方式下进行，完全不同于传统文化艺术的单向式的创作和欣赏过程。让欣赏主体参与到作品的创作中来，通过互动的方式进一步感受数字文化艺术带来的乐趣，这是绝大部分传统的文化艺术作品创作无法做到的。如果说传统文化艺术是一种“只读艺术”，那么数字文化艺术就是一种“可读写的文化艺术”。

使用数字媒介。数字媒介包括数字化工具与网络媒体等。很多传统的手法所表现不出来的效果，通过数字工具能得到实现，例如，原始传统唱片的数字化处理，通过网络媒体大量宣发。当然，在传统的表现介质上可以表现的，数字艺术也能够表达出来。数字作品的传播效率也因为计算机技术以及通信技术的融合大大优于传统文化艺术，其网络传播的效率之高，使数字文化艺术真正成为一种“大众化”的文化艺术形式，数字媒介的介入使得文化艺术贴近于生活。

一　中国动漫“走出去”概况

近年来，动漫出口正在成为对外文化贸易的“急先锋”。

《文化部“一带一路”文化发展行动计划（2016—2020年）》子计划“动漫游戏产业‘一带一路’国际合作行动计划”指出，要发挥动漫游戏产业在文化产业国际合作中的先导作用，面向“一带一路”沿线各国，聚焦重点，广泛开展交流合作。搭建交流合作平台、开展交流推广活动，促进互联互通，构建产业生态体系。发挥中国动漫游戏产业创新能力强、产业规模大的优势，培育重点企业，实施重点项目，开展国际产能合作，实现中国动漫游戏产业与沿线国家合作规模显著扩展、水平显著提升，为各国青少年民心相通发挥独特作用。

近年来，我国原创动漫产品走出国门的案例不断涌现。如以“熊出没”系列为代表的华强方特动漫作品已累计出口25万分钟，覆盖意大利、俄罗斯、新加坡等100多个国家和地区，在尼克、迪士尼、索尼等国际主流媒体热播；“熊出没”系列大电影还持续登上土耳其、俄罗斯等多国院线，票房可观；奥飞娱乐股份有限公司原创动画《超级飞侠》在70多个国家和地区播出，在越南、印度尼西亚、土耳其、以色列等多个“一带一路”沿线国家成为学龄前动画收视冠军，该公司项目"'超级飞侠'一带一路现象级 IP 产业开发"被列入文化和旅游部发布的《2018 年"一带一路"文化贸易与投资重点项目名单》；河南约克动漫公司推出的 520 集大型原创动画《我是发明家》项目，启动时即与意大利 Mondo TV 集团签署了 2500 万美元的视听作品发行许可协议。该动画于 2017 年亮相欧洲，之后还将在更多"一带一路"沿线国家播映。

在国内举办的国际性动漫游戏会展均聚焦"一带一路"建设，为企业及其产品沿着"一带一路"方向"走出去"搭建平台。在上海举行的第十四届中国国际动漫游戏博览会专设"一带一路"动漫文化展区；在安徽芜湖举行的第五届中国国际动漫创意产业交易会举办了"链接一带一路，做强动漫产业"峰会；常州动漫艺术周、重庆西部动漫节都设立了专门的"一带一路"展区，以色列、爱沙尼亚、土耳其、波兰等国企业积极参展。

中外合作的步伐也在不断加快。据了解，中国动漫游戏企业与多个国家的国家电视台或重点企业在创意、生产、技术、资金等方面开展了业务合作，产出了多部优秀动漫作品。中捷合拍的动画片《熊猫和小鼹鼠》以中国国宝熊猫和捷克国宝级卡通形象小鼹鼠为故事主角，通过这对欢喜兄弟的互助和成长，反映并歌颂中捷友谊的源远流长。中沙首部合拍动画《孔小西与哈基姆》在沙特阿拉伯热播，讲述了来自中国的交换生孔小西和孔小东，用中国烹饪智慧帮助沙特阿拉伯少年哈基姆战胜对手、守护餐厅、共同打造中沙合璧美食的故事。此外，中国还与俄罗斯、哈萨克斯坦、阿联酋等国合作拍摄了《阿廖沙和龙》《阿拜之路》等多部动漫。

特别值得一提的是，我国文化领域首个国际技术标准正是手机（移动终端）动漫国际标准（标准号 T.621）。这一国际标准的正式发布，是文化领域中国科技、中国标准走向世界的重要标志，为全球手机动漫产业提供了中国标准。

二　中国游戏"走出去"概况

中国游戏市场如今已成为世界领先的游戏细分市场，游戏已成为中国文化海外输出的重要形式，越来越多的中国游戏公司开始参与海外游戏市场的竞争。

文化符号是标识性的，游戏通过游戏场景和人物等符号的设置把文化传播出去，符合文化“潜移默化”的特征，比硬性的传播更有效果。中国“互联网 + 文创”领域广泛的创意生成、更扁平的创意生产，也带来新的叙事方式和传播方式，这可以带来更广泛的文化认同。

《2017 年中国游戏行业发展报告》指出：2017 年，中国游戏厂商“出海”热情高涨，自研网络游戏海外营业收入约为 76.1 亿美元，同比增长 10.0%。2017 年，中国游戏企业“出海”有以下新特点：第一，海外市场中“中国同行”竞争趋向激烈，东南亚地区移动游戏趋向同质化；第二，自研二次元类移动游戏在日韩地区表现出色；第三，实力雄厚的游戏企业积极收购海外研发和发行公司，布局全球市场。

据北京动漫游戏产业协会统计，2016 年、2017 年，中国游戏企业如星辉天拓、上海心动、上海锐战、北京天神网络、北京智明星通、北京盖娅互娱、北京乐元素网络科技等中大型公司陆续转战海外市场，布局东南亚及欧美市场，并逐步拓展中东及拉美地区手游市场。2016 年，中国游戏“走出去”的产品多达 170 多款，2017 年这一数据又翻了一番。像《开心消消乐》《保卫萝卜》《神仙道》《列王的纷争》等经典游戏已成功形成海外市场模型。

2017 年，游戏游艺行业继续沿着转型升级路径发展，积极改进技术、创新玩法，提升国际竞争力。2017 年，游戏游艺机出口交货值约为 6.1 亿美元，同比增长 3.4%（见图 4 - 1）。

内容供给方面，含 IP 新品游戏仍有较大市场竞争优势。新品角色扮演类 IP 游戏占总数的 55%；IP 来源前三位分别为：动漫 42%、历史名著 20%、影视作品 18%。对有较完整世界观的 IP，角色扮演类游戏在还原 IP 剧情和提高玩家参与度方面较佳，有利于实现 IP 价值的最大化，例如《楚乔传》《军师联盟》《九州天空城 3D》等畅销新品角色扮演类游戏的 IP 联动较为成功。

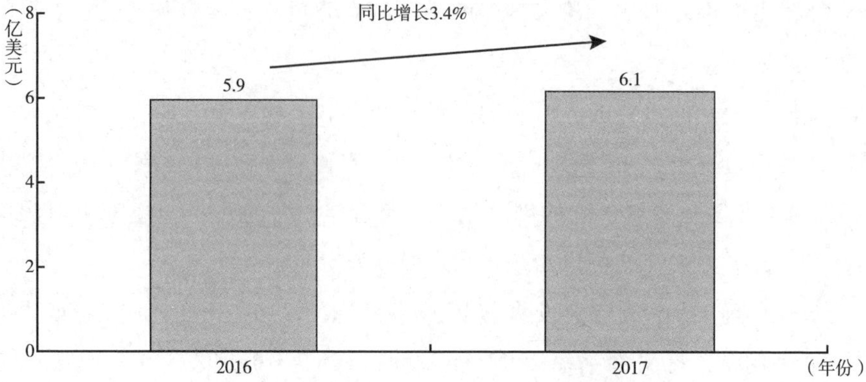

图 4-1　2016~2017 年游戏游艺机出口交货值

数据来源：中娱智库。

2017 年，VR 游戏共实现销售收入约 4.0 亿元，同比增长 29%（见图 4-2）；热门 VR 游戏超过 800 款，市场高端和低端产品分化较严重。

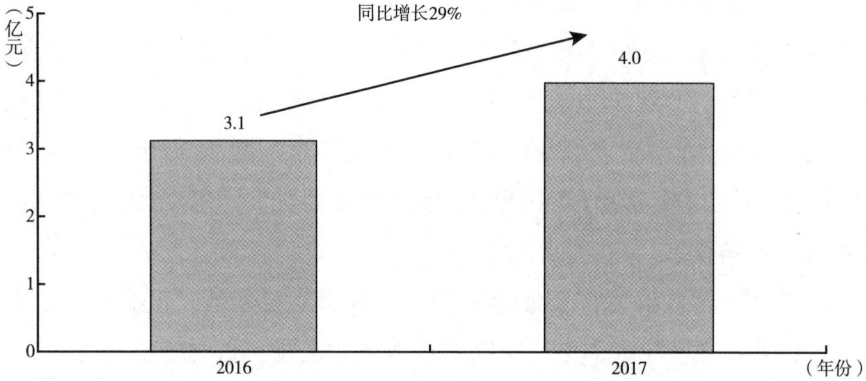

图 4-2　2016~2017 年 VR 游戏销售收入

数据来源：中娱智库。

VR 游戏市场的主要特点有以下三点。

第一，前期较低品质国产 VR 游戏对市场负面影响较大，从业者自发采取措施提高 VR 游戏门槛，提升市场信心。近年来，国产 VR 游戏品质参差不齐，影响了 VR 游戏的体验口碑。掌握 VR 图形处理器核心技术的英伟达，发布了反映 VR 前沿技术的游戏《VR Fun House》。该免费游戏有望成为业界标杆，有效提高 VR 游戏的技术门槛，拉升中国 VR 游戏的整体品质。

第二，国产 VR 游戏设备的市场竞争力不断提高。随着国内 VR 企业技术的升级，国产 VR 游戏设备的市场份额和认可度也持续增长。例如，国产品牌 TCL 旗下的 VR 一体机 VISION 和 360 度全景 VR 摄像头 Alcatel 360，销量已经跻身全球 VR 市场份额第五位；蚁视二代 VR 采用 inside-out 尖端定位技术，其红外控制器可以准确识别用户手指边缘，技术领先于同等价位产品，也得到市场广泛认可。

第三，VR 游戏设备分化较大，进口高端 VR 游戏设备的品质感受到国内核心玩家认可，非核心玩家更青睐 VR 视频和 VR 游戏功能兼顾的国产 VR 设备。

VR 游戏内容方面，VR 游戏的浸入式体验更强，场景体验分类成为该类游戏的独特细分门类。根据国内主流 VR 应用平台数据，VR 游戏集中于射击、冒险、休闲等类型，比例依次为 16%、14%、14%。因为技术限制，射击和休闲类相比动作格斗类在研发层面较容易实现，玩家的游戏体验更佳。

人工智能技术在安全、内容推荐等领域的应用，语音识别等新的交互技术的应用，将为游戏用户提供新的玩法，同时也为品牌植入等商业化手段提供新的可能。

三　中国数字阅读“走出去”概况

数字阅读指的是阅读的数字化，主要有两层含义：一是阅读对象的数字化，也就是阅读的内容是以数字化的方式呈现的，如网络小说、电子地图、数码照片、博客、网页等；二是阅读方式的数字化，就是阅读的载体、终端不是平面的纸张，而是带屏幕展示的电子仪器，如 PC、PDA、MP3、MP4、笔记本电脑、手机、阅读器等。

近年来，数字阅读行业领军企业纷纷踏上“一带一路”文化出海的征程，以翻译架桥，助网文“出海”，谋国际布局。

阅文集团是中国最大的网络文学内容生产者，旗下约400万名作者每年累计写作产生的网络文学书库达1000多万册，相当于一个中小型图书馆的规模。据统计，全球范围内自发翻译网络文学作品的网站超过100家。为帮助中国网络文学作品吸引更多海外读者，阅文集团和海外流量较好的网站签署版权协议，为其提供数据支持，让这类网站在第一时间拿到中国网络作家创作的内容。同时，与出版机构、翻译机构沟通合作，寻找业务素质更高的翻译人员，将内容译得更准确，使之更符合海外读者的阅读习惯。网络文学也要跟上“一带一路”建设的步伐，让更多海外人群进一步了解中国，向海外读者提供更多阅读内容。

2015年，掌阅iReader国际版正式上线，标志着其在数字出版方向开始“走出去”。基于电子阅读内容体量与用户积累的不断扩大，掌阅团队在产品、内容、运营、推广上不断突破，沿着“一带一路”倡议规划出的方向，将中华文化带往世界各地。东盟各国是掌阅的重要市场，掌阅与马来西亚、新加坡等地的主流出版社迅速建立起合作，增加了本地化内容，形成了“用户—内容—付费”的良性循环。掌阅iReader国际版内容包括《诗经》、“老庄”等古典文学，以鲁迅作品为代表的现代文学，以莫言、刘慈欣作品为代表的当代文学，乃至《云中歌》《致青春》等IP（影视剧版权改编）小说……这些国内经典与流行的中文书籍、当地华人喜欢的文学作品等适合海外传播的华语内容，“出海”后既直接销售，也译成本地语种进行销售传播。掌阅还与各语种的知名出版社进行合作，签约了含英语、俄语等多种语言在内的图书近10万册，满足了海外华人阅读中文书的需求，同时为不同国家和地区用户提供本地化阅读服务。目前，掌阅科技的数字阅读业务在多个国家和地区位居阅读分类畅销榜榜首，掌阅App覆盖全球150余个国家和地区，全球累计用户超6亿。在东南亚，掌阅科技的数字阅读用户还在持续增长。2017年8月，掌阅科技宣布与泰国原创出版公司红山出版集团（Hongsamut）达成战略合作，授权Hongsamut将掌阅旗下9部优质原创文学作品翻译成泰文，让泰国读者看到中国原创小说，后续还有40余部原创作品将进行推广合作，由此正式把中国网文推向东南亚市场。同时掌阅还针对“网文出海”启动了其“走出去”三步走战略：第一步，是华语内容直接“出海”，即产品国际化；第二步是非华语国家数据积累，即对已经输出的作品进行统计；第三步，则是翻译跟进适合的华语内容，带动华语内容“走出去”。

近年来，中文图书已从初步与海外市场接触，转变为受到越来越多海外读者的欢迎。逐渐扩大的海外市场，驱动亚马逊、赛阅各展招数，将中文图书送抵全球读者手中。作为全球最大的在线零售商的亚马逊，图书也是其重要的业务板块。在其覆盖全球业务的网站中，唯一以国家名称命名的是“中国书店”。亚马逊官方网站首页的“中国书店”十分醒目，与《纽约时报》畅销书排行榜并列，这在一定程度上显现了其战略意图和发展方向。据统计，截至 2017 年第一季度，亚马逊在线销售纸质中文图书 14 万余种，与中国有关的以 14 种语言写作的图书达 7 万余种。自 2015 年开通以来，其 Kindle 电子书店收录了 8 万多种中文图书。亚马逊是全球排名前列的云计算及云数据管理服务商。每天，数以亿计的客户在其网站搜索各类关键词，这些数据成为亚马逊在海外销售中文图书的重要支撑。亚马逊中国书店营销总监王艾透露，亚马逊 6 年前开始打造“中国书店”，当时已有数据显示，大量华人读者在寻找中文电子书，越来越多外国人也以“中国”为关键词进行搜索。在中文图书、中国文学“走出去”过程中，要让读者更便捷地找到心仪的阅读内容，必须精准投放个性化的图书推荐。根据数据分析阅读偏好成为亚马逊的一大优势。基于读者的选购习惯，亚马逊通过复杂的算法进行大量数据分析后，在网站上为客户动态推荐相关书籍。之前显现中文阅读兴趣的读者，在登录亚马逊网站后就会看到相应的图书推荐，或在网页上突出显示与中国有关的翻译作品、获得“走出去”资助的作品等。除了网站，亚马逊还围绕目标客户群调动所有其他资源来服务客户，如社交媒体、邮件和终端设备等。亚马逊还尝试为中国作家定制专属页面，帮助全球读者更快地了解其创作历程、写作风格以及他们最畅销、最新的作品。

总部位于美国俄亥俄州克利夫兰市的赛阅公司，打造了向全球图书馆和学校提供中文电子内容的共享平台。目前，该公司服务的图书馆和学校达

3.6万家，分布在63个国家和地区，美国90%以上的公共图书馆、英国和爱尔兰70%以上的公共图书馆、澳大利亚和新西兰85%的公共图书馆都是其服务对象。任何国家的图书馆员只要进入赛阅数字内容平台，马上就会看到各种中文数字内容信息，并可在平台上直接采购中文电子书、有声书或视频内容。为吸引更多图书馆和学校使用其中文内容，2017年春节期间，赛阅开展了中国农历新年促销活动。2017年1月16日到2月16日，1万多种中文电子书和有声书销售打折幅度最高达50%。参与活动的出版社共24家，其中既有五洲传播出版社、中国图书进出口总公司、当当网等中国出版发行机构，也有来自美国、英国、新加坡的出版传媒公司。

第二节　数字文化产业“走出去”的机遇

一　政策机遇

在世界多极化、经济全球化、社会信息化深入发展的今天，各国形成你中有我、我中有你的“互嵌”式关系结构。党中央审时度势，提出了“一带一路”重大倡议。这一伟大构想的提出，加强了沿线国家和地区的经济合作，为中国文化“走出去”带来了崭新的机遇期。经济基础、政策支持、国际环境、科技媒介等方面都呈现出有助于中国文化“走出去”的发展契机和条件。为抓住这个契机，实施文化“走出去”战略，在国际上凝聚中国力量、发出中国声音、弘扬中国文化，展示中国文化大国的姿态，党和政府多次出台相关政策和指导意见，为中国文化“走出去”建立起强大的政策体系，为在全球掀起“中国文化热”营造环境条件。

《“十三五”国家战略性新兴产业发展规划》①（以下简称《规划》）提出，到2020年我国战略性新兴产业增加值占国内生产总值比重将由2015年

① 《国务院关于印发“十三五”国家战略性新兴产业发展规划的通知》，中国政府网，http：//www.gov.cn/zhengce/content/2016－12/19/content_5150090.htm。

的8%达到15%。数字创意产业成为重点培育的5个产值规模达10万亿元级的新支柱产业之一。数字创意产业进入此次印发的《规划》，这一举措的意义可以和2009年《文化产业振兴规划》[1] 的出台相提并论。两个规划都表明文化产业已上升到国民经济重要战略性产业的新高度。

"数字创意产业"进入国家战略性新兴产业规划，无疑是对文化产业新一轮的强刺激。《规划》提出了一系列新的发展思路，将拓展文化产业的新业态和新模式，助力文化产业提质增效。《规划》中提出要对数字创意产业发展"软硬兼施"，硬件设备上要"创新数字文化创意技术和装备"，软件内容上要"丰富数字文化创意内容和形式"。可以预见，文化装备制造业会有新的发展方向和消费市场，加快虚拟现实、全息成像、裸眼三维图形显示等核心技术创新发展，加强大数据、物联网、人工智能等技术在数字文化创意创作生产领域的应用，促进创新链和产业链紧密衔接，会形成新的产业格局和产业生态。

在当前文化消费形态数字化、网络化的形势下，大力发展数字文化产业不仅有利于推进供给侧结构性改革，实现产业优化升级，更重要的是使中华文化的表达和弘扬有了更强大的技术、装备支撑。依托先进数字技术，建设数字文化资源平台，实现文化创意资源的智能检索、开发利用和推广普及，引导形成产业链，推动打造具有世界影响力的数字创意品牌，有利于进一步助推中华文化"走出去"。可以说，数字文化产业已成为我国文化软实力崛起的重要机遇。

为贯彻落实《"十三五"国家战略性新兴产业发展规划》《文化部"十三五"时期文化发展改革规划》，深入推进文化领域供给侧结构性改革，培育文化产业发展新动能，文化部就推动数字文化产业创新发展出台了《文化部关于推动数字文化产业创新发展的指导意见》[2]。意见指出，要牢固树立和贯彻落实创新、协调、绿色、开放、共享的发展理念，适应把握引领经

① 《〈文化产业振兴规划〉全文发布》，中国政府网，http：//www.gov.cn/jrzg/2009－09/26/content_ 1427394.htm。

② 《文化部关于推动数字文化产业创新发展的指导意见》，中国政府网，http：//www.gov.cn/gongbao/content/2017/content_ 5230291.htm。

济发展新常态，以供给侧结构性改革为主线，加强原创能力建设，推进文化创业创新，促进产业融合发展，培育新型文化业态，满足人民群众高品质、多样化、个性化的数字文化消费需求，提升人民群众幸福感和获得感，增强中华文化在数字化、信息化、网络化时代的国际竞争力、影响力。树立四个基本原则：第一，坚持导向，提升内涵。坚持以人民为中心的发展思想，坚持社会主义先进文化前进方向，弘扬社会主义核心价值观，把社会效益放在首位，实现社会效益与经济效益相统一，充分发掘优秀文化资源，提高数字文化产业品质内涵，讲好中国故事，弘扬中国精神。第二，创新驱动，优化供给。坚持自主创新，加强内容原创和技术研发，培育发展新动力，构建产业新体系，推动数字文化产业内容、技术、模式和业态创新，提供有效优质供给，促进文化消费。第三，开放发展，跨界融合。立足国际国内两个市场，加强国际交流合作，加快与相关产业的多向深度融合，走开放式创新和国际化发展道路，不断提高我国数字文化产业发展的整体实力和国际竞争力。第四，政策引导，激发活力。针对薄弱环节、制约瓶颈和重点领域，完善政策措施，优化发展环境，改善行业规制，充分发挥各级政府部门规划引导、政策扶持和组织协调作用，激发数字文化产业创新活力与投资活力。意见提出到2020年，形成导向正确、技术先进、消费活跃、效益良好的数字文化产业发展格局，使我国在数字文化产业领域处于国际领先地位。

二　市场机遇

中国经济的快速发展夯实了国家经济基础，经济条件的改善和物质生活的极大丰富，赋予了中华传统文化更多的现代化气息，随着互联网、数字科技、云计算、物联网等发展，人们能够在“任何时间、任何地点、任何设备”上接触数字文化内容，传统文化与现代社会的融合有着巨大空间。外国人学习、研究中国文化的兴趣动力会越来越强，越来越多的人开始将目光聚焦中国。

世界主要经济体文化产业发展速度普遍高于经济发展速度。美国近十年的数据显示，文化产业增加值平均增速高于同期 GDP 增速 3 个百分点；英国高出 2.5 个百分点；新加坡高出 1.3 个百分点。[①] 联合国教科文组织于 2015 年 12 月推出的文化与创意产业研究报告《文化时代：全球文化创意产业总揽》显示，亚太地区拥有全球最大的文化创意产业的消费基地，且消费者非常热衷于电子阅读及视频游戏（比全球平均消费水平高出 14.2% 和 0.7%）。北美拥有最大的电视、电影及无线广播市场，且处于全球数字化转型的前沿，拥有最多数量的数字文化内容的消费者，其数字销售及收入占该地区文化创意产业总收入的 47%，分别高出亚洲和欧洲 25 个百分点和 24 个百分点。拉丁美洲许多媒体巨头，如巴西环球集团、墨西哥电视集团等，在电视、广播、新闻等行业都拥有相当大的业务，并且这些传媒集团都在不遗余力地制作独特的节目以吸引更多观众。非洲音乐位于北美及南美甚至欧洲流行音乐发展的核心位置，非洲的文化创意市场也正在向新技术敞开怀抱。

目前来看，非洲文化创意产业市场结构是不合理的，许多文化商品通过非正规手段流通。北美、欧洲、日韩及澳新等互联网十分发达的地区，仍在数字文化艺术方面有所欠缺，就北美地区的加拿大、美国市场为例，尚未有成熟的数字阅读平台及相关 App 应用，据非官方统计，在网络阅读方面，美国市场有近 6000 万用户，用户市场庞大。拉美、中东、东南亚等不太发达的地区，在数字化娱乐方面缺少内容，且同样具有巨大的用户市场。

开拓国际市场已成为很多企业的发展方向。近年来，我国版权输出增多，输出总量从 2007 年的 1132 项，增长到 2015 年的 4375 项。[②] 众多网络文学作品走出国门，畅销亚洲多个国家和地区。如《步步惊心》转化为电视剧后被韩国翻拍，《鬼吹灯》《明朝那些事儿》在日本热卖；《花千骨》在泰国一上市就被抢购一空。2009～2013 年，越南引进中国的网络小说 600 多种。《甄嬛传》在日本刚播出一周，收视率就名列前茅。中国

① 国家统计局“世界主要经济体文化产业发展现状研究”课题组：《世界主要经济体文化产业发展状况及特点》，国家统计局网站，http：//www.stats.gov.cn/tjzs/tjsj/tjcb/dysj/201412/t20141209_ 649990.html。

② 钟萱：《中国图书对外推广计划实施 10 年：版权输出总量 8 年增 4 倍》，《人民日报》（海外版）2016 年 6 月 14 日。

网络文学已经具备了与日本动漫、韩剧并称为亚洲三大文化产业的发展潜力。

值得注意的是，目前全球范围内还没有出现数字文化艺术行业的巨头企业，行业发展还处在蓝海期，商业空间和市场机遇都是不可低估的。

三　技术机遇

当前，数字技术迎来了爆发期，如区块链技术、AI 技术、全息技术在文化艺术领域的应用，逐渐在全球范围内兴起。

（一）区块链技术

区块链具有去中心化、不可篡改和加密安全等特点，这些特点能解决目前文化行业的一部分痛点。

区块链可以助力文化创意版权保护。如，音乐人或词曲创作者，将自己的作品登记在区块链网络上，就可以通过区块链的记录，实现对作品播放和使用的追踪，从而在获得收益时能更直观地看到自己的作品使用情况，也就确认了自己应得收入的具体数字。而如果没有区块链技术的帮助，创作者们没有数据，也就无法向平台方或版权管理方争得应得收益。在这方面，海外一家名为 Stem 的公司已经能够实现区块链技术的应用，该公司负责收集并代为管理音乐人在 YouTube 等平台的播放和使用情况，暂存其收益，按照公司与艺人的约定比例给艺人分账。艺人在作品发行后的 30～60 天就可拿到第一份数据，比目前的版权管理方效率高得多。

简言之，首先，区块链以分布式存储解决了版权确权问题，提供了包含所属权和时间戳的数字证据，同时其不可篡改的特性保证了数据的可信性；其次，智能合约保证了区块链上的文化资产拥有很强的流动性。

以音乐人为例，音乐人今后可以越过中间方直接确定自己作品的售价，并且可根据供需关系随时调整作品售价，这样能够更好地根据市场反馈实现作品变现，去除了中间商，音乐人可以将收益更大化。目前的创作者都需要版权管理机构代为管理版权，而版权管理方与播放平台之间也会有收益分配约定，这就使得创作者的收入被一减再减，最终无论作品播放了多少次，被如何广泛使用，创作者获得的都可能只是当初签订合约时约定的固定收益。区块链为独立音乐人提供了更好的版权管理方式，也可能让越来越多的音乐人选择以不签约的独立工作室形式开展市场活动。

除了音乐创作者，图片创作者也可以通过区块链技术得到版权的保护、收益的更大化，而至于视频创作者能借助这一技术实现以上情况，还需要一些搭载区块链技术的视频技术公司来推动。YouTube 就已经实现了平台上的视频内容版权保护。某家机构、公司如果能借助区块链实现全网的视频版权保护，将可能率先获得视频创作者们的青睐。

区块链在视频流媒体的传播上也有应用。文化内容的数字化趋势已经不可避免，而随着移动网络的发展，这些文化内容的传播将更多地以流媒体形式进行。目前视频内容的传输还存在低流媒体质量、高内容传输成本的问题，就连 YouTube 也面临着这样的问题。而通过利用区块链分散式数据储存的特点，就可以以分散式对等网络传播视频内容，解决这一问题。现如今，视频内容的传输基本都要依赖 CDN（内容分发网络）的帮助，CDN 则能为视频内容的传输提供骨干基础设施，并将视频流最终传送到终端观众面前。这其中有两个问题，一是能持久有效提供的 CDN 数量有限，使得一些经济不发达地区无法接收到优质视频流；二是 CDN 的维护成本极高，无论是租用还是平台方自己拥有，在内容传输上的高成本都必然会使内容产生的收益回流到创作者手中时减少。

海外领先的 VR 直播公司 SLIVER. tv 旗下子公司 Theta Labs，利用区块链技术做出了全新的尝试。该公司利用分散式对等网络让每一个终端都成为缓存节点，接收视频流的用户只要附近有这些缓存节点，就不需要靠近基站获取高清的视频内容，同时每一个终端在共享自己的带宽和资源时，也会得到一定回馈，这样也会激励更多的用户贡献自己的闲余带宽。对于普通用户来说，区块链技术的传播应用，给人带来的最明显的感受将会是播放视频内容时的流畅度和清晰度得到很大提高。

（二）AI 人工智能

人工智能（Artificial Intelligence），英文缩写为 AI。它是研究、开发

用于模拟、延伸和扩展人的智能的理论、方法、技术及应用系统的一门新的技术科学。AI 领域的研究包括机器人、语言识别、图像识别、自然语言处理和专家系统等。人工智能可以对人的意识、思维的信息过程进行模拟。

人工智能自诞生以来，理论和技术日益成熟，应用领域也不断扩大，并在机器人、控制系统、仿真系统中得到应用。实际应用中，AI 技术在机器视觉、指纹识别、人脸识别、视网膜识别、虹膜识别、掌纹识别、专家系统、自动规划、智能搜索、博弈、自动程序设计、智能控制、语言和图像理解、遗传编程等方面皆有大量应用。

AI 技术在帮助传统艺术工匠修复艺术品，大型演唱会现场场控，大型展览展会的人脸识别安检、机器人引导，电影电视剧的模拟拍摄、片场规划，音乐声频语音识别录制等方面都有应用。

（三）VR/AR 技术

VR 是 Virtual Reality（虚拟现实）的英语缩写。AR 是 Augmented Reality（增强现实）的英文缩写。

VR 技术是一种可以创建和体验虚拟世界的计算机仿真系统，它利用计算机生成一种模拟环境，是一种多源信息融合的交互式的三维动态视景和实体行为的系统仿真，能使用户沉浸到该环境中。AR 增强现实则是一种实时地计算摄影机影像的位置及角度并加上相应图像的技术，这种技术的目标是在屏幕上把虚拟世界套在现实世界并进行互动。

作为新兴技术，VR/AR 尚未成熟，但已在游戏、赛事、大型演唱会等应用场景中与直播结合，在娱乐、电影、直播等行业也被广泛应用，其未来更多的可能性值得期待。

博物馆数字化是近年来的一个重要发展方向，这两年伴随着 VR 的兴起，有不少 VR 博物馆的案例出现。在人们的印象中，博物馆一直是庄严肃穆的、有很大局限性的，而利用 VR 技术能让观众跨过时间、地域的限制欣赏展品，并且可以实现虚拟和现实互动。同时，通过 AR 技术，把展览地点扩展到特定的虚拟领域，观众借助智能手机就可以看到许多在现实世界中不存在但有助于了解文物背景知识的景象。同时，VR 技术也避免了文物被损坏的风险。

目前的 VR 博物馆更多是从技术方案出发，其技术路线上大体分成两种：一种是完全虚拟，通过 3D 建模等技术，制作一个虚拟世界的博物馆；另一种则是用拍摄和扫描等技术，将现有的真实博物馆进行视觉上的重现。目前大量 VR 博物馆都以这种方式制作。

（四）数字展演技术

数字展演通过 3D 投影、全息技术、VR 动捕技术等各种新技术的应用，充分显现具有美学底蕴的历史场景或者城市场景等，舞蹈演员穿梭场景中，重点突出印象与感受，呈现出不一样的光影视角，把数字仿真技术与表演艺术相融合，从而全面提升文艺演出的创意、编排、表演、推广等水平，是一种更加丰富的展现形式。

数字展演主要分为两个板块，一是数字展示场景，一是现代人物演出。数字展演很大程度依赖于数字展示行业的发展，最重要的特点就是将信息可视化，无论是文字信息资料，还是一个构想，甚至是一种感觉，都可转化成三维数字图像直观展现出来，能使人以最快的方式获取信息。

数字展示是利用视觉图像建立起虚拟信息和现实世界沟通的高速通道，已经被广泛应用于房地产展示、数字城市、古迹复原、虚拟游览、活动特效、项目预演、城市规划、建筑设计、文化与旅游景点展示、工业设施与流程仿真、影视制作、产品展示等领域中。

除此之外，还有互动地幕、互动桌面、三维动画宣传片、全息投影、弧幕影片、增强现实等充满科技感的展现方式。随着三维图像内容不断与更多硬件的结合，数字展示的展现形式将会有更多可能。

目前全息技术在文化艺术展示方面有着良好的表现，例如故宫博物院在国际博物馆日利用全息技术打造还原的《清明上河图》场景再现，结合 AR/VR 技术，让人身临其境。2017 年，北京乐元素网络科技股份有限公司在日本东京及大阪举办了大型动漫虚拟偶像演唱会，就是利用全息技术结合真人演唱完成的。

第三节　加快数字文化产业“走出去”的建议

当前，中国文化贸易发展呈现出规模持续提升、结构趋于优化、市场更加多元的特点，要为数字文化产业“走出去”营造良好环境，应从完善顶层设计、加快融入国家战略、完善法律法规体系、加强数据统计和人才培养等多方面提质增效。促进数字文化产业“走出去”创新发展，要求技术领域和制度层面不断创新，不断推动大数据、云计算、社交媒体、人工智能、物联网、区块链等技术在文化领域的应用。

一　超前布局，引导数字文化创意与先进科技融合发展

推动我国数字文化产业“走出去”，应以数字技术和先进理念推动文化创意与创新设计等产业加快发展，促进文化科技的深度融合和相关产业的相互渗透。在此过程中，应顺应新一轮科技革命和产业变革趋势，高度重视技术创新与应用，以技术创新推动产品创新、模式创新和业态创新，才可能更好满足海外市场对于智能化、个性化、时尚化的文化消费需求，并进一步引领、创造和拓展海外市场新需求。

推动数字文化创意和创新设计在各领域的应用，培育更多新产品、新服务以及多向交互融合的新业态，有助于形成创意经济的无边界融合发展格局。如促进虚拟现实产业健康有序发展，开拓混合现实娱乐、智能家庭娱乐等消费新领域，推动大数据、云计算、社交媒体、人工智能、物联网、区块链、三维（3D）打印、无人机、机器人等技术和装备在数字文化产业领域的应用，不断丰富产品形态和服务模式，拓展产业边界。

数字创意产业生态的培育要形成“融合”氛围，产生“融合”的化学反应。政府倡导发展数字创意产业，企业则是实施主体。要激发企业的积极性，鼓励企业加大工业设计投入，推动工业设计与企业战略、品牌深度融合。同时，要完善数字创意“双创”服务体系，通过全民创意、创作联动

等新方式，挖掘优秀文化资源，激发文化创意，创作优质、多样、个性化的数字创意内容产品。

区块链技术应用大潮即将扑面而来。布局区块链技术，推动全球文化艺术的数字化发展，探索文化艺术资产数字化的全球配置和流通，将可能是打通文化艺术行业虚拟与现实的桥梁。但是，“区块链 + 文化”的价值还远未被发掘。要真正实现新技术的具体应用，还需要一定的时间让其发展，并且各利益相关方也需要时间以形成利益共同体。

区块链这种技术很难直接在内容生产的环节发挥作用，毕竟内容的本质还在于创作。区块链在文化艺术领域的应用还处于初期阶段，比如不少游戏厂商推出的“云养猫”“云养狗”，更像是给虚拟货币交易换了个“马甲”，这种在发展方向上略微走偏的尝试，正是这一技术初期发展的印证。同时，在非创作环节的区块链技术应用，也还存在诸多问题，比如创作者能够通过区块链绕过中间商，其作品的传播度也会受到影响；各国政府和知识产权机构也还要确定区块链技术相关的法律框架，才可能让这个技术真正落地。

二　集聚发展，充分发挥各类园区、基地作用，培育产业集群和产业链

充分发挥国家级文化产业示范园区、国家文化产业创新实验区、国家文化与科技融合示范基地等创意创新资源密集区域作用，培育若干各具特色、各有侧重的数字文化产业优势产业集群和产业链。依托创新资源富集、产业基础深厚的城市，建设富有创意内容、创新模式和强大文化创意能力的数字文化产业发展策源地。结合“一带一路”建设、京津冀协同发展、长江经济带发展等区域发展战略，以要素禀赋、产业配套为基础，加强创新创意资源联动，形成若干数字文化产业发展集聚区。

同时，还应推动数字文化产业发展与国家级新区、国家自主创新示范区、自由贸易试验区、经济技术开发区、高新技术产业园区发展相衔接，以市场化方式促进产业集聚。如北京国家数字出版基地坚持“以内

容为核心，以科技和金融为支撑”的数字出版、文化创意全产业链建设，正在致力于推动传统文化创意行业向数字文化创意行业转型；通过建设园区发展平台，聚集产业发展要素，持续提升数字文化创意产业影响力，改变以地产经济为主的园区发展传统模式，建设以产业运营服务为龙头、带动多领域产业融合发展新模式；努力将北京国家数字出版基地建设成为国家级、国际化的数字出版产业核心区，文化创意产业功能区，中国数字出版产业实验区，文化、金融与科技融合发展示范区，中国文化“走出去”的桥头堡。

据了解，我国将抓紧推进国家文化出口基地建设，将基地建设作为推动工作的有效载体和重要抓手，创新体制机制和政策措施，搭建文化贸易公共服务平台。应发挥该基地的聚集、引领和示范作用，带动文化出口增长和结构优化，为数字文化产业“走出去”的创新发展探索有效路径。

三　加大政策保障，加强版权保护创新服务、智库建设和人才支撑

数字文化产业领域创新活跃、新业态不断涌现，容易出现受旧制度制约或监管真空的情况。如音频、视频等细分领域涉及证照较多，申请存在较多困难，而新兴的网络直播领域又面临监管缺失，需强化以负面清单等方式廓清产业发展方向。

游戏、动漫等数字文化产业领域专业人才十分缺乏，如研发和运营一款网络游戏的人才涉及游戏策划、技术开发、设计合成、美术、网络维护、营销、售后服务、在线管理等方方面面，成熟团队成为稀缺资源。与此同时，受众用户却持续快速增加，这种失调制约了产业发展。同时，数字文化产业领域普遍存在人才培养方式和评价机制不合理的问题，相当多的创意人才并不一定有高学历、高职称，却是高产出，市场化的人才培养与评价机制亟待建设。

数字文化产业是多重跨界新兴产业，要重视新型智库对于数字文化产业发展的智力支撑作用，注重实践层面的数据积累和案例研究，加强智慧成果

落地应用。加强文化产业领域智库建设，鼓励各地结合实际建设文化产业专业智库，发挥好文化产业研究和咨询机构、文化产业专家委员会等在理论创新、智力支持、督查指导和项目评审等方面的作用。建立国际专家智库，重视国际人才的培养，有针对性地开展国际专业人才培训，培养一批政治素质好、业务水平高、熟悉国内外事务的业务骨干。

同时，通过项目带动和平台建设，吸引和培养有影响力的技术专家、中青年科技骨干，凝聚一批优秀文化科技团队。推动在艺术职业院校和相关高校设立文化科技专业，培养技能型人才。鼓励通过“走出去、请进来”的方式，加强与各国文化产业界的交流合作，培养国际化人才。充分利用社会资源，发挥专家学者的特长，整合由高校、科研院所等专业机构为主体的国际工作咨询团队，系统研究数字文化产业发展的热点难点问题，为做好版权纠纷国际应对、提升对外版权工作水平提供人才保障和智力支持。

知识产权人才培养也是一大重点。要加强知识产权相关学科专业建设，支持高等学校在管理学和经济学等学科中增设知识产权专业，支持理工类高校设置知识产权专业。构建政府部门、高校和社会相结合的多元知识产权教育培训组织模式，支持行业组织与专业机构合作，加大实务人才培育力度。加强国家知识产权培训基地建设工作，完善师资、教材、远程系统等基础建设。加大对领导干部、企业家和各类创新人才的知识产权培训力度。鼓励高等学校、科研院所开展知识产权国际学术交流，鼓励我国知识产权人才获得海外相应资格证书。推动将知识产权课程纳入各级党校、行政学院培训和选学内容。优化知识产权人才成长体系。加强知识产权高层次人才队伍建设，加大知识产权管理、运营和专利信息分析等人才培养力度。统筹协调知识产权人才培训、实践和使用，加强知识产权领军人才、国际化专业人才的培养与引进。

四　加大国际市场研究，参与数字文化产业国际分工与合作

国家文化软实力的提升，取决于我国文化的吸引力和感染力的增强。文化内容的独特性与创新性，是提高我国文化国际竞争力的关键。数字

化时代，在海量信息、快速传播和及时互动的数字化环境里，受众尤其需要高品质的文化体验。因此，中国文化“走出去”，必须考虑在内容上因势利导，从贴近外国受众兴趣、审美需求中寻找内容和体验的切合点。要加大对国际数字化市场研究，强化内容和创新，重点打造一批具有自主知识产权和核心竞争力的国际知名品牌，重点推出一批既能展现中华文化魅力、反映当代中国精神风貌，又能贴近国外受众文化需求和消费习惯的优秀产品。

数字文化产品大多文化属性较浓，具备较强传播力，而中国传统文化元素具有强感召力，是我国数字文化产业产品被世界接受的有力支撑。应构建中国版权贸易国际化平台，畅通中国数字文化产品对外营销推广的渠道。随着移动互联网的发展，手机阅读、手机视频、微博、微信等通信和娱乐方式广泛普及，版权使用频繁，参与的人群多，传播分享快，版权需求分散，这对版权流通环境、交易模式提出了更高要求。解决这一问题，要在实现全国出版电子版权与出版信息的网络化方面下功夫。一是建立作品数据库和作品版权信息库两大数据库，整合全国作品版权资源。二是建立具有对版权许可（或转让）谈判和交易功能的网络交易平台。要加大版权国际合作力度，通过契约方式与国外重点相关网站和大型网站合作，使我国数字文化产品能直接在网上对外推送和销售。

据悉，我国将探索设立市场化运作的海外文化贸易促进中心，为文化企业“走出去”提供市场信息、法律咨询等专业性服务，拓展中华文化拓展“走出去”的渠道和平台。这有助于充分利用国内、国外两个市场、两种资源，鼓励企业参与国际分工与合作，培育具有国际竞争力的数字文化企业和产品，为全球数字文化产业发展提供中国模式。应进一步鼓励优势企业到境外设立研发机构，通过境外投资并购、联合经营、设立分支机构等方式不断开拓海外市场。鼓励数字文化企业积极参与国际交易、会展，深化人才、创意、技术、管理方面的国际交流与合作。推动产业链全球布局，针对重点国别地区确定不同的推进方式和实施路径，实现产业链资源优化整合。积极面向“一带一路”沿线国家开展国际合作。

五　发展数字传播，为推动文化“走出去”提质增效

抢占数字传播新高地，繁荣发展数字传播产业，是增强中国文化“走出去”实效，增强中华文化辐射力和影响力的必然要求。近年来，迅速发展的数字传播，为我国缩小对外文化贸易逆差发挥了重要作用。但是，与发达国家相比，我国数字传播仍处于初级阶段，存在优势文化资源数字化开发不够、数字内容的受众贴近性不强、数字传播能力有待提高等问题。要增强中国文化的国际影响力，无疑需要通过发展数字传播，从而促进文化内容与文化服务在国际市场上形成竞争力。

数字传播使文化“走出去”的成本更低、速度更快、覆盖面更广。21世纪以来，快速发展的计算机与信息技术使出版传播全面进入数字时代。如数字技术实现了创作、编辑加工、印刷复制、发行销售和阅读消费等全程数字化，“数字出版以互联网为传播渠道和载体，其生产的数字内容建立在全球平台之上，并通过数据库达到重复使用目的”。数字传播的全球化、网络化、海量化，让世界上不同地域、不同民族的人们增进文化传播和交流。通过数字传播方式，更便于我国的优秀文化走向世界各国。

数字传播有利于跨越意识形态壁垒，使中国文化“走出去”的内容更加丰富。通过互联网，一方面，数字媒体可以及时有效地报道我国当代的政治、经济、文化、科技成就，展现我国真实的国家形象和民族形象，传递国家意志和民族精神。另一方面，我国网民通过个人网站或主页，或者通过公共网站 BBS、新闻组、聊天室等言论场所，或者通过博客、播客等新媒体，与全球网民进行信息和影像的自由交流。网络媒介突破传统的文化传播藩篱，为中国文化全面深入地走进世界各地打开了一扇方便之门。

数字传播减少了语言障碍形成的文化折扣，使中国文化易于被理解和接受。目前，中国文化产品在世界文化产业中影响较小的一个客观原因就是语言障碍。在跨文化传播中，语言障碍所产生的文化折扣，存在于期刊、图书出版、电影电视、录音录像、动漫、电子游戏等所有传播领域。随着电视、

数码产品、手机、多媒体阅读器等成为数字传播的传播媒介，信息传播形式已由单一的纸质文字扩展为具有交互功能的图文声像，跨文化传播也由文字为主向音频、视频、图片等多媒体形态延伸。图像、视频可以增加实在感，既增加人们的阅读兴趣，也有助于人们领悟和接受。一些反映当代中国真实面貌、精神气质的图片、图像和音视频等数字多媒体出版物，生动具体、直观明了，能让世界观众在审美愉悦和情绪感染中领略我国的文化风貌，在潜移默化中接受中华民族的核心价值。

数字传播便于及时发现并满足国外读者的需求，使文化“走出去”的针对性和实效性更强。比如，通过利用网页的评论、投票互动功能，以及搜集网站点击率和受众调查数据，创作、加工更具针对性，也更有效率。数字传播具有数据库在线、大储存量、在线搜索功能，能大规模地满足读者个性化需求，并能极大提高中国作品在国外出版的效能。

数字传播技术丰富了文化传播的载体和渠道。当前，随着移动互联网的发展和普及，数字信息传播已经发展成为文字、图片、音频、视频等信息内容并行，纸质、电子、网络、卫星通信同时存在的多媒体、全媒体传播方式，电子图书、数字报纸、互联网期刊、网络动漫、网络游戏、手机出版、数据库出版成为实现文化“走出去”的新载体和新渠道。在数字传播时代，文化的传播与阅读不再是“直线、一维、被动的，而是非线性、互动、立体的”。我们要多渠道、立体化地实现中国文化“走出去”，就应贴近海外受众群体的阅读习惯和智能手机、电脑、户外显示设备等终端设备客户的需求，不断丰富和发展多种形态的数字内容产品，努力推动中国文化产品和服务出口向高端化发展。

数字传播模式加剧了国际文化竞争，改变中国话语传播的国际弱势状况，这要求我们构建国际一流的数字传播体系。在全球化时代，“传播力决定影响力，谁的传播手段先进、传播能力强大，谁的文化理念和价值观念就能广为流传，谁就能掌握国际话语权”。以美国为首的西方国家先声夺人，凭借雄厚的经济实力和技术设备的绝对优势，纷纷加强本国数字信息传播能力建设，打造了 Google、Amazon、Yahoo、Youtube、

Facebook 等一批有实力有影响的网络媒体，不断强化国际传播的主导地位和话语霸权。尽管我国在大力加强数字化国际传播能力建设，但在当前剧烈争夺的国际舆论环境中，“西强我弱”的格局还没有得到根本改变。要改变中国话语传播的国际弱势现状，切实维护国家文化利益和安全，迫切需要建设“语种多、受众广、信息量大、影响力强、覆盖全球”的国际一流数字化传播体系。

中国海外传播渠道不发达是文化“走出去”的一个主要障碍，这直接导致文化产品难以进入所在国的主流渠道和主流社会。强化国际传播，首先要通过加快云出版技术、卫星数字发行技术、移动多媒体广播电视、数字复合出版系统、数字传播物投送平台、数字版权保护等技术体系建设，联合、重组、整合新闻出版传媒企业、技术提供商、平台运营商力量，打造基于互联网、移动通信网、有线电视网和直播卫星网等多网覆盖的全媒体数字内容传播体系。其次要加强与发达国家的交流与合作，借鉴参考先进的数字化传媒运行机制、操作方式和理念，推动我国国家级数字化传媒实现战略转型、结构调整和技术升级，以新技术和新业态提升国际竞争力。建设面向全球的“中国学”数字化交流多维平台，推进中国哲学社会科学的国际交流。要优化“中国文化网”“中国日报网”“中国社会科学网”等国家级文化外宣网站平台，联合驻外使领馆、海外中国文化中心、孔子学院、商务机构、留学机构，打造中国文化资讯互动、中国文化资源整合、中国文化咨询服务的大平台，形成全球最权威的推介中国思想文化的对外交流传播的网络集群。此外，还应发挥博客、微博、播客等自媒体在对外传播中的作用，树立和维护中国良好的国际形象。

第五章　中国文化艺术海外受众研究*

近年来，我国众多文艺院团和艺术家个人走出国门，举办各类文化艺术交流活动，在海外设立的驻外使领馆文化处、中国文化中心、孔子学院等文化机构，也常年以各种方式向海外人群传播中国文化；与此同时，在我国国内举办的双边和多边外事活动、文化交流活动、国际性赛事上，许多外国人士参与其中。总体数量庞大的交流活动是否达到了预期效果？海外受众的接受度如何？不同群体的反馈怎样？这些问题非常值得关注和研究。

对中国文化艺术海外受众的研究涉及多种分类。如就受众年龄而言，可以划分为中老年群体、青少年群体等，还可根据受众分布的国家和地区、职业等进行划分。本文尝试从外国政要和青少年这两个重要群体入手进行观察，通过他们的相关反馈分析中国文化艺术“走出去”产生的效果和影响。

第一节　外国政要接受度观察

外国政要属于主流受众，具有地位高、影响力大、受关注度强等特点。虽然面向外国政要开展文化传播面临程序复杂、灵活性差等制约，但做好对外国政要的传播工作、切实增强其对中华文化的接受度，往往可以让传播中国文化的工作取得事半功倍的效果。

---

* 陈璐，中国文化传媒集团中国文化报社主任记者。

一　外国政要来华进行国事访问、参加重要活动

（一）外国政要对重大外事活动中文化元素的接纳度观察

主场外交因其多边性、舞台大、议程重要、出席领导人多而备受关注，是中国向世界展示实力、树立国际形象的重要窗口。这些活动都不乏文化元素，文化展演展示、参观历史文化景点、宴会伴宴演出等往往成为“标配”。虽然文化元素在重大外事活动中并非主角，但其凭借生动灵活、吸引力强等特质，给参加相关活动的外国政要留下了深刻印象，也引起外媒的广泛关注和报道。

2015 年，中国数项主场外交令世人瞩目。

2015 年 3 月，博鳌亚洲论坛在海南举办，亚美尼亚总统萨尔基相、奥地利总统菲舍尔、印尼总统佐科、尼泊尔总统亚达夫、斯里兰卡总统西里塞纳、乌干达总统穆塞韦尼、赞比亚总统伦古、澳大利亚总督科斯格罗夫、哈萨克斯坦总理马西莫夫、马来西亚总理纳吉布、荷兰首相吕特、卡塔尔首相阿卜杜拉、瑞典首相勒文等外国领导人应邀出席，规模超过以往历届年会。年会期间的文化活动包括“美的力量：世界文化艺术的未来”分论坛，以及在博鳌亚洲风情广场举办的“海南—东盟友城形象展”“风向东·亚洲艺术汇”等。设在通向亚洲博鳌论坛主会场的必经之道上的“文明·记忆——中华文明五千年文化大展”，向各国首脑展示了璀璨的中国文化、中华文明。3 月 27 日，由各国理事夫人、大使夫人、政要夫人、贵宾夫人、女性参会企业家等组成的“夫人团”也参观了此次大展。觉囊唐卡艺术吸引“夫人团”长久驻足并获得了高度赞赏。

2015 年 11 月，第四次中国—中东欧国家领导人会晤在苏州举办。11 月 24 日晚，第四次中国—中东欧国家领导人会晤文艺演出“姑苏喜相逢”在苏州太湖之滨举行，中国文艺界著名艺术家和艺术团体同台献艺。传统与现代相结合的演出给波兰、捷克、斯洛伐克、匈牙利、塞尔维亚等中东欧 16 国领导人留下深刻印象。此外，第四次中国—中东欧国家领导人会晤期间，在国务院总理李克强会见几位中东欧国家领导人的东山宾馆礼合厅，苏州市

玉石雕刻行业协会6位国家级、省级、市级非物质文化遗产（苏州玉雕）代表性传承人的6件苏州传统玉雕工艺作品被放置其中进行展示。11月25日，李克强还邀请中东欧国家领导人共同乘坐苏州至上海的高铁，车身上绘有中国与中东欧16国国旗，以及此次苏州举行的第四次中国—中东欧国家领导人会晤的主场标志——结合了颐和园十七孔桥和苏州园林里的亭子图案。这些中国文化元素引起中东欧国家领导人的兴趣。

2015年12月，上海合作组织成员国政府首脑（总理）理事会第十四次会议在河南郑州举行。河南作为中华民族和华夏文明的重要发祥地，其丰富的文化元素吸引着各国元首及中外记者的目光。俄罗斯总理梅德韦杰夫称赞其城市建设成就，并表示这是他第一次来到中国的中原地区，印象异常深刻。会议期间，与会部分国家领导人参观了少林寺等地。

2016年，主场外交继续成为中国整体外交工作的重要组成部分，1月的亚投行开业仪式暨理事会和董事会成立大会、3月的博鳌亚洲论坛年会以及首届澜湄合作领导人会议都十分引人注目，配合活动举办的欢迎晚会、作为国礼赠送的中国文化礼品等，都成为与会政要接触、了解中国文化的契机。

2016年9月在杭州举行的二十国集团领导人峰会在文化展示方面表现尤为突出，得到了与会嘉宾的良好反馈。峰会开幕式演出《最忆是杭州》由众多知名艺术院团献演，用中外嘉宾熟悉的交响乐诠释越剧、琵琶等东方元素，精彩传递古今中外之美，观看演出的外国政要赞叹不已。此外，赠送G20峰会嘉宾的民歌专辑，不断在外宾下榻酒店滚动播放的展示和推介杭州风土人文的多媒体宣传片，会场内摆放的浙江本土木雕艺术品和桌椅、国宴用瓷、峰会专用紫砂壶，以及赠送给与会20国集团元首们的如意宝玺、西泠印社印章，赠送给元首夫人们的苏绣《合礼》等礼品，都给政要们留下深刻印象，让他们从中感受到中国文化的“传承”“包容”“开放”“激情”。

G20峰会期间，各国政要夫人也分别安排不同行程，体验中国文化。如阿根廷总统夫人阿瓦达在西湖边骑公共自行车晨练，加拿大总理夫人苏菲带着女儿去逛杭州大厦，土耳其总统夫人埃米奈、联合国秘书长潘基文夫人柳淳泽和世贸组织总干事夫人玛利亚参观运河。她们还都前往中国丝绸博物馆参观，体验丝绸文化。加拿大总理夫人苏菲对全新开放的时装馆以及周边的连廊、园林大加赞美，追问设计者的名字，并鼓励女儿在女红传习馆尝试学习中国传统女红技艺。政要夫人们对中国丝绸博物馆的丝绸文创产品尤感兴趣，纷纷解囊购买。苏菲、埃米奈两次前来选购，挑选了多种款式的丝绸围巾、方巾、抱枕、枕套以及水杯、竹编等产品。

2017 年，博鳌亚洲论坛 2017 年年会、“一带一路”国际合作高峰论坛、金砖国家领导人第九次会晤（厦门）等主场外交同样有效地传播了中华文化。例如，金砖国家领导人第九次会晤（厦门）期间，中国茶得到外国政要的认可：来自华祥苑的茶艺师为俄罗斯总统、巴西总统等国家领导人及其夫人奉茶，并表演制作技艺；华祥苑公司董事长向俄罗斯外交部部长拉夫罗夫推介具有国际标准的庄园茶，获其肯定，随行的墨西哥总统夫人的姐姐表示要将庄园茶引入墨西哥。

与会外国政要的积极参与和良好反馈，使得外媒对中国文化的报道“水涨船高”。2017 年 5 月举办的“一带一路”国际合作高峰论坛吸引了 29 位外国元首、政府首脑及联合国秘书长、红十字国际委员会主席等 3 位重要国际组织负责人出席，《纽约时报》、BBC 等从各个角度进行报道。2017 年 9 月举办的金砖国家领导人厦门会晤结束后，巴西总统特梅尔表示，中国之行非常成功，活动全面总结了金砖合作 10 年来的成功经验，为加强金砖伙伴关系、深化各领域务实合作规划了新蓝图。巴西最大电视台环球电视台等主流媒体，对此进行了持续的报道。

除了以上多边交流活动，不少国家的政要在访华期间也受邀参观文化景点、参与文化活动。他们对中国文化表现出浓厚兴趣，主动了解探究。

印度总理莫迪于 2015 年 5 月 14 ~ 16 日对中国进行正式访问，先后到访西安、北京、上海。其中，文化活动包括参观大雁塔、兵马俑，推广瑜伽，前往清华、复旦两所高校交流等。在大慈恩寺，莫迪和中国国家主席习近平先后参观了大雄宝殿、大雁塔、玄奘三藏院。莫迪表示，玄奘法师是印中文化交流的象征，他的印度之行将印中两国人民很早就联系在一起。这次西安之行给自己留下深刻印象。参观结束后，两国领导人共同观看了体现中印两大文明交相辉映的文艺演出《梦长安》。莫迪曾表示自己执政以来历次出访几乎都离不开“拜庙”，此次他在西安参观大雁塔，也让印度民众借此了解了唐僧取经、唐朝盛世等中国历史文化。

意大利总统塞尔焦·马塔雷拉于2017年2月21～26日对中国进行国事访问。访华期间，马塔雷拉在上海金茂大厦观赏了世界超高层建筑中户外空中步道——“金茂云中漫步”及空中秀表演，对其创意大加称赞。在重庆，马塔雷拉参观了重庆市规划展览馆和重庆市人民小学。人民小学学生代表用意大利语向来访贵宾问好，并用意大利语演唱歌曲、朗诵意大利著名儿童文学家贾尼·罗达里的诗歌。对此，马塔雷拉表示，希望中意两国教育文化交流能走向更深远的未来。在陕西，马塔雷拉参观了秦始皇帝陵博物院。马塔雷拉被兵马俑的宏伟军阵和制作工艺深深吸引，并就陶俑彩绘、考古发掘与文物科技保护等方面提出问题。参观结束时，马塔雷拉说：“我很喜欢兵马俑这座具有魅力的博物馆，今天参观时间虽短，但我有兴趣继续了解这些珍贵的文物。”他还写下留言：衷心感谢陕西省政府和西安市政府让我今天来到这里，参观中华文明的象征、全人类的文化遗产、古丝绸之路与新丝绸之路的交会地。

2017年11月8日，中国国家主席习近平和夫人彭丽媛与来华进行国事访问的美国总统特朗普和夫人梅拉尼娅一同参观故宫。据报道，两国元首夫妇在气势恢宏的中国古建筑群中，亲密互动，感受中国悠久历史，体会中国文化底蕴。特朗普在听取介绍后，称赞故宫布局宏伟，感叹中国历史文化源远流长，博大精深。在故宫文物医院，一件件稀世珍宝让特朗普总统夫妇目不暇接，中国的传统文物修复技艺也让他们大加赞赏。习近平主席邀请特朗普总统夫妇体验书画装裱工序的关键一环——托画心。两国元首夫妇在专家演示下，一步步完成这道工序，并一起向大家展示，赢得现场人员的热烈掌声。在畅音阁，习近平主席提议特朗普总统夫妇体验景泰蓝花瓶的制作流程，共同完成“点蓝”。特朗普总统夫妇惊叹景泰蓝工艺的精致与神奇，感慨中国文化的别样风采。在畅音阁欣赏国粹京剧表演后，特朗普说："表演太精彩了！我体会到中国传统文化的深厚底蕴，领略到了中国古代建筑的魅力和其中蕴藏的智慧。我在这里度过了愉快而难忘的时光。"

韩国总统文在寅于2017年12月13~16日对中国进行国事访问。12月14日，文在寅夫人金正淑到北京韩美林艺术馆进行参观，并欣赏了中国青年艺术家李玉刚、著名钢琴家郎朗的表演。金正淑为中国当代艺术的魅力所折服，对众多艺术作品表示赞叹，并细心地指出在同类作品上中韩艺术家创作形式上的差别与共性。12月15日，韩国总统文在寅、夫人金正淑一行50余人来到百年老店荣宝斋参观。文在寅总统夫妇对中国传统文化表现出浓厚的兴趣，饶有兴致地参观了荣宝斋文房用品经营部、木版水印工艺坊、荣宝斋美术馆和茶文化公司，参观了荣宝斋美术馆正在举办的荣宝斋藏品系列展，观看了荣宝斋国家级非物质文化遗产木版水印技艺的制作工艺展示，亲自体验了印刷环节。文在寅说，中国在传承弘扬自己的文化方面做得非常好，韩国也应该把传统文化产业视为文化发展的增长动力。

2017年12月22日，首次来华进行国事访问的冈比亚共和国总统阿达马·巴罗专程前往中国紫檀博物馆参观。他表示，在来中国访问之前就久闻中国紫檀博物馆的盛名，所以这次访华希望争取安排时间来中国紫檀博物馆看一看。阿达马·巴罗说，中国紫檀博物馆名不虚传，令人大开眼界。他不断询问藏品的细节和来历，禁不住用手抚摸，不断说："真是太美妙了，太令人惊叹了！"

（二）外国政要参与在华举办的大型国际文化交流活动

第五届中国成都国际非物质文化遗产节于2015年9月11~20日在四川成都举办，马达加斯加文化和手工业部部长布丽吉特·拉萨·莫利埃等嘉宾参加了这期间举办的非遗国际论坛及第二届中非文化遗产保护论坛。布丽吉特此行到访中国，参观了广州的南越王墓博物馆、成都的金沙遗址博物馆等文化遗迹，这些地方对文物和历史的保护工作令她感叹。同时，她盛赞成都国际非遗节上展示的精美工艺品和高超技艺，认为这是一项"为全人类宝贵财富做出卓越贡献的创举"。她说："广州发展非常快。我认为，中国之所以能迅速发展，一方面是因为国家和民众在经济建设方面的努力，另一方面要归功于你们很注意保护和尊重文化财富。对文化认同感的表达是一个民族创造力的源泉，每个国家都有自己独特的文化，都应该对文化有这种尊重。马达加斯加在与中国的文化交流中，看到了中国的大国智慧。”

第二届丝绸之路国际艺术节于2015年9月7~21日在陕西举办，来自62个国家和地区的艺术家进行歌舞、音乐、话剧等演出，同时展示了近年来各国在美术创作、创意动漫等领域的合作成果。突尼斯文化与遗产保护部部长拉提法·拉赫达参加了部分活动，她表示，陕西对突尼斯人来说并不陌生，这里历史悠久、文化深厚，是一个神奇和充满魅力的省份。她此行访问中国，参观了北京故宫，西安的陕西历史博物馆、兵马俑，从众多文物中体会到中国历史的悠久和古今文明。拉提法·拉赫达还与中国文化部部长雒树刚签署了谅解备忘录，两国将互设文化中心。对此，拉提法·拉赫达表示，中国文化在突尼斯一直有着很好的反响，互设文化中心将有助于在突尼斯建立一个互动友好的文化氛围。

2016年3月，在北京天桥艺术中心举办的《中拉时间》开启了2016年“中拉文化交流年”的序幕。古巴文化部副部长胡里奥·巴耶斯特尔·古斯曼等出席了当晚的开幕活动。巴耶斯特尔盛赞中国文化艺术形式丰富、内容精彩，并特别表达了自己对中国钢琴家郎朗的欣赏，认为“这个年轻的钢琴家拥有高超的技艺和自己独特的表达方式”。巴耶斯特尔关注中国提出的“一带一路”倡议，认为丝绸之路是一条连接各国经济社会和人民友谊的道路。

2016年5月，首届“中国—中东欧国家艺术合作论坛”在北京举办，除了论坛之外，还有参访对应领域的中国文化艺术机构，游览北京故宫、长城，体验老北京传统美食，参观北京戏曲文化周展览、中国民族手工服饰秀等日程安排，与会嘉宾对文化的感悟、思想的碰撞从会上延续到会下。克罗地亚文化部部长助理伊娃·赫拉斯特-索乔、拉脱维亚文化部副国务秘书达采·维尔索尼等参与论坛活动，表示此次论坛让双方了解了彼此文化，与中国进行“16+1”框架内的文化合作与对话十分重要。

2016年9月，第11届中国—东盟文化论坛广西南宁举办，国内外嘉宾共商中国—东盟文化合作与发展。东盟轮值主席国老挝新闻文化旅游部副部长沙湾空·拉沙蒙迪等出席了论坛相关活动。沙湾空·拉沙蒙迪提出，应更好地保护和传承文化；文莱艺术论坛主席乔弗里、东盟秘书处文化和信息处高级官员吉拉德·菲利普认为，中国与东盟各国的文化合作应该多集中在年轻艺术家以及学生身上，关注教育和年轻人的发展。

2016年9月，首届丝绸之路（敦煌）国际文化博览会在甘肃省敦煌市举办。在本届博览会期间举办的部长圆桌会议上，来自阿尔巴尼亚、白俄罗斯、柬埔寨、孟加拉国、伊朗、约旦、巴基斯坦、塔吉克斯坦、泰国、埃及等多国的文化部部长或其代表出席会议，并共同研究讨论通过了《敦煌宣言》。首届敦煌文博会还组织开展多边会谈，共举办不同级别、层面、领域的会见活动37场次。中方领导人及相关部委负责人分别会见了尼泊尔议会议长翁沙丽、阿富汗第二副首席执行官穆哈基克、柬埔寨副首相因蔡利、摩洛哥国王文化顾问阿祖莱以及法国前总理拉法兰、日本前首相鸠山由纪夫，立陶宛等19国文化部部长和副部长，土耳其等3国新闻出版部部长，阿尔及利亚领土整治、旅游和手工业部部长，推动文化外交取得新进展。多国政要对中国文化和加强丝路文化交流发表了看法。阿尔巴尼亚文化部部长米雷拉·库姆巴罗此行对甘肃和敦煌的旅游文化、自然资源进行了探究和了解，她“感觉自己降落在一个熟悉的地方，因为我们有相似的物质遗产和精神遗产，有相近的视觉艺术和表演艺术”。

第十五届亚洲艺术节于2017年9月23日~10月23日在浙江宁波举办。艺术节期间举办了澜沧江—湄公河文化论坛，讨论通过了《澜湄文化合作宁波宣言》。泰国政府副总理塔纳萨·巴迪玛巴功、文化部部长威拉·洛朴乍纳叻，老挝新闻文化旅游部部长波显坎·冯达拉，柬埔寨文化艺术部国务秘书索姆·索坤，缅甸宗教事务与文化部副常务秘书吴昂山乌和越南文化体育与旅游部副部长郑氏水等参加了论坛等相关活动，了解中国文化并探讨澜湄文化关系发展。泰国副总理塔纳萨·巴迪玛巴功说，宁波作为海上丝绸之路的重要城市，在促进中国与东南亚国家的交流合作方面起着十分重要的作用。

2017 年 9 月，第三届中国—中东欧国家文化合作部长论坛在浙江杭州举行。中国与中东欧 16 国的政府文化代表团出席论坛。克罗地亚文化部部长妮娜·奥布莲·科尔日奈克、马其顿文化部部长罗贝尔特·阿拉乔佐夫斯基、保加利亚文化部副部长阿梅莉亚·托多洛娃·格舍娃、阿尔巴尼亚文化部副部长泽夫·楚尼、波兰文化与民族遗产部副国务秘书保罗·莱万多夫斯基、塞尔维亚文化和媒体部部长弗拉丹·武科萨夫列维奇、立陶宛文化部部长丽安娜·鲁奥基特－约松、拉脱维亚文化部部长达茜·梅尔巴德、斯洛文尼亚文化部部长安顿·佩尔沙克、罗马尼亚文化与民族特性部部长卢奇安·罗马什卡努、匈牙利人力资源部部长鲍洛格·佐尔坦、爱沙尼亚文化部秘书长帕沃·诺盖内等出席论坛以及第 11 届杭州文化创意产业博览会等活动，参观了杭州市图书馆、浙江音乐学院、中国丝绸博物馆等，并见证了“中国—中东欧国家艺术创作与研究中心”揭牌和“中国—中东欧国家音乐院校联盟”成立签字仪式，就深化双边文化交流与合作交换了意见。各国代表团负责人一致同意落实好论坛达成的各项成果，推动“16＋1”文化交流与合作不断向前发展。保加利亚文化部副部长阿梅莉亚·托多洛娃·格舍娃迫切希望增进中保文化交流。爱沙尼亚文化部秘书长帕沃·诺盖内对杭州爱乐乐团的演出赞不绝口。斯洛伐克文化部国务秘书伊万·塞奇克谈到 2014 年在斯洛伐克上演的中国舞剧《武蹈门》时仍很激动，认为中国舞蹈艺术家的表演在斯洛伐克引起巨大反响。

“2017 东亚文化之都·中国长沙活动年”开展了涵盖文化、教育、体育、旅游、经贸等领域的多项活动。开幕式期间，日本京都市、韩国大邱市派出代表团参加系列文化活动。日本京都市副市长植村哲表示，日中韩是一衣带水的邻国，希望通过更多的文化交流，激发对多元且丰富的东亚文化的共鸣。韩国大邱市市长权永臻表示，希望三座城市相聚、相融，将东亚优秀文化传播于世界，成为展示东亚文化力量与未来价值的契机。开幕式期间，日韩代表团探访了雨花非遗馆岳麓书院、橘子洲、天心阁、长沙简牍博物馆等场所，体验长沙传统文化，感知湖湘地域文明。

此类文化交流活动，其主题和内容正是以文化艺术为主。参与其中的外国政要除了就交流合作工作展开探讨，必然会对中国文化有所接触和了解。这一过程中，因为活动主题聚焦鲜明、条件安排得天独厚，往往起到非常好的效果。除上述活动，2015 年 12 月在青岛举办的第七次中日韩文化部长会议，2017 年 7 月在天津召开的第二届金砖国家文化部长会议，2017 年 9 月在甘肃敦煌举办的第二届丝绸之路（敦煌）国际文化博览会，2017 年 11 月在上海举办的“东亚文化之都”与“欧洲文化之都”合作论坛以及“相约北京”艺术节、上海国际艺术节、中埃文化年、海上丝绸之路国际艺术节等活动，都有多国政要参加。他们赞赏中国文化发展成果，表达了与中国开展更深层次的交流与合作的希望。

二　外国政要参加海外“欢乐春节”活动

由中国文化部等部门主办的“欢乐春节”活动经过多年发展，已成为相当成熟的活动品牌。每年农历新年期间，“欢乐春节”在全球范围内开展时，都会得到热烈响应，产生很大影响。外国政要对“欢乐春节”活动非常关注，或亲自参与活动，或发布贺信表达祝贺。他们的参与提升了活动的规格，让“欢乐春节”活动和中国春节文化为更多外国受众所了解。

2015 年

2015 年 2 月 17 日，“欢乐春节”新春招待会在巴基斯坦首都伊斯兰堡国家艺术委员会剧场举行，青海演艺集团和巴基斯坦民族歌舞团联袂演出。当天，巴基斯坦总统侯赛因夫妇、巴参议院领袖哈克、巴参议院国防委员会主席穆沙希德、穆盟（谢派）秘书长贾格拉、外秘乔杜里、海军第一副参谋长哈夏姆、前参联会主席艾山等军政要员、党派代表观看了演出。侯赛因说：“我去年首场国事访问就是对中国的访问，今天出席的新春招待会又是中国农历羊年在巴的首场庆祝活动，这再次体现了巴中两国亲如一家的特殊情谊。”

2015 年 2 月 16 日，爱尔兰总统希金斯和夫人应邀出席了在爱尔兰首都都柏林国家音乐厅举办的春节联欢晚会，与 1200 多名爱尔兰民众及在爱的华人华侨共庆中国传统佳节。由中国文化部派出的红樱束女子打击乐团带来的原创音乐剧《木兰》受到称赞。

2015 年 2 月 19 日，泰国第十一届“欢乐春节”活动开幕式在曼谷耀华力路举行，泰国公主诗琳通、泰国总理巴育等出席开幕式，并观看了来自泰国和中国宁夏艺术团的表演。

2015 年 2 月 21 日，“欢乐春节”活动在葡萄牙里斯本举行。葡萄牙总理科埃略发来贺词称，羊年象征着坚持和创造力。葡萄牙文化国务秘书巴雷托、移民事务高级专员加拉多和里斯本副市长卡斯特罗、马尔盖斯等葡萄牙政要出席活动。

2015 年 2 月 17 日，2015 年“春到河畔”活动开幕典礼暨亮灯仪式在新加坡滨海湾浮动舞台举办。新加坡代总理张志贤、多位部长和议员齐聚滨海湾观节目、赏花灯，迎接羊年春节的到来。

2015 年 2 月 16 日，由中国驻罗马尼亚使馆和罗马尼亚友好组织“罗中之家”联合举办的“欢乐春节”晚会在布加勒斯特埃克塞尔西奥剧场举行。罗马尼亚副总理兼“罗中之家”主席奥普雷亚出席活动。奥普雷亚高度赞扬中国在各领域取得的巨大成就，称罗马尼亚应该进一步加强与中国的合作关系。

2015 年 2 月 11 日，“欢乐春节——华为之夜”大型综艺晚会在埃塞俄比亚国家剧院举办。埃塞俄比亚文化旅游部国务部长穆鲁盖塔、劳动和社会事务部长阿卜杜勒、水资源和能源部长阿莱玛亚胡、矿产部国务部长阿勒姆等政府部门负责人，以及非盟总部官员、国际组织驻埃塞代表、各国驻埃塞使节等 1500 余人观看了文艺表演，并参观了演出开始前的中国书法和面塑、糖画技艺展示。

2015 年 2 月 14 日，老挝国家主席朱马里夫人乔赛斋、副总理宋沙瓦夫人、副总理本邦夫人等老挝领导人夫人来到老挝中国文化中心，体验在中国文化中心举办的非物质文化遗产和民族乐器展演活动。乔赛斋等欣赏了中国传统剪纸、刺绣等非遗文化技艺展示以及中国民乐演奏，对中国传统文化赞不绝口。乔赛斋表示，这类活动非常好，使老挝人民进一步认识和了解中国的传统文化，也促进了两国的文化交流，加深了两国人民的友谊，希望这样的活动能多多举办。

2015 年 2 月 23 日，2015 年“欢乐春节”演出在哥本哈根皇家音乐学院音乐厅举行。丹麦首相赫勒·托宁－施密特发来新春贺词。他表示：“作为丹麦首相，我很自豪地指出，在双方为进一步加强全面战略伙伴关系的共同努力下，丹、中两国的合作与交流达到前所未有的发展水平。这场江苏省艺术团和丹麦皇家音乐学院孔子学院的联袂演出是庆祝中丹建交 65 周年系列活动的一部分。我们感谢江苏艺术团到访丹麦并以喜庆的节目为建交 65 周年庆祝活动增光添彩。”当晚，包括丹麦首相府常务秘书克里斯蒂安·汤姆森、丹麦首都大区主席索菲·安德森在内的众多丹麦嘉宾观看了演出。

2015 年 2 月 6 日，2015 年“欢乐春节·悦动白俄”春节传统文化展和迎春歌舞晚会在白俄罗斯国家音乐厅举行。白俄罗斯文化部部长斯维特洛夫、国家安全委员会主席瓦库里奇克、国家科委主席舒米林、经济部副部长亚罗申科、文化部副部长切尔尼克以及外交部、国防部、议会等政府机构代表观看，了解中国春节传统风俗。

2015 年 2 月 15 日，新西兰总理约翰·基、工党主席安德鲁·利特尔、奥克兰市长林·布朗、中国驻奥克兰总领事牛清报及多位新西兰国会议员和政要嘉宾与数万华侨华人一起参加了 2015 羊年新春花市活动。约翰·基发表了新年致辞，并用汉语祝福广大华侨华人“新年快乐、恭喜发财”。在新年致辞中，约翰·基高度赞扬了中国人的文化传统和家庭观念，在谈及华人华商对新西兰做出的贡献和新中友好合作关系发展时，他表示，新中两国将进一步促进友好关系的发展，扩大中方对新西兰的投资和企业合作，互利互惠，把新中两国的友好传统和经济共同发展结合起来，共同创造美好的未来。此外，新西兰副总理兼财政部长比尔·英格、新西兰卫生和文化部部长科尔曼分别参加了里希屋仑华侨会所举办的新春花市同乐日活动和奥克兰北岸诺斯科特镇举行的庆祝羊年新春佳节活动，为新西兰民众送上春节祝福。

2015 年 2 月 22 日，英国伦敦中国城和周边区域举办烟火燃放、花车巡游、舞龙舞狮、庙会义卖、歌舞表演等 20 余项活动，吸引当地约 50 万民众前往观摩或参与。英国女王伊丽莎白二世、伦敦市长鲍里斯·约翰逊、威斯敏斯特市长奥德利·路易斯等多位英国政要发来贺信，庆祝羊年春节并祝贺活动取得成功。

2015 年 2 月 21 日，“欢乐春节”广场巡游演出在贝宁友谊体育场举办。贝宁青年体育部部长萨福·伊德里苏·阿弗和贝宁青体部办公厅主任等十余名司局长、贝宁文化部文化促进司司长伊杜等参加了巡游活动。萨福说：“我们现在所在的体育场，是 1983 年中国政府援建的，至今还有一支由中国技术专家组成的小组负责管理维护。今天参加表演的体操队教练也是接受过中国专家培训的教练，这些都证明中贝在体育领域合作的活力。值此羊年来临之际，祝福中国人民和中国政府大吉大利。”

2015 年 2 月 14 日，第六届“欢乐春节——聚焦在非洲·坦桑过大年”庆祝活动在达累斯萨拉姆市椰子树广场举办。基奎特总统代表、坦桑尼亚外交部部长门贝等坦桑尼亚政府部门官员参加。门贝代表基奎特总统对此次春节活动表示热烈祝贺，向在坦华侨华人致以新春问候和羊年美好祝愿。门贝表示，中国政府和人民在习近平主席强有力领导下，在过去的 2014 年取得了一系列举世瞩目的发展成就，坦对此深表钦佩。他指出，中坦是患难与共的好朋友，两国友好合作已经深入到坦桑经济发展和社会进步的所有领域。坦桑政府将一如既往与中方紧密合作，推动中坦友好关系向更高水平发展。

2015 年 2 月 18 日，“欢乐春节·海外春晚”在多伦多索尼演艺中心举行。加拿大联邦国会议员、多元文化事务国务部长蒂姆·奥普尔在晚会倒计时环节代表总理哈珀宣读了贺信，加自由党领袖小特鲁多登台祝贺。2015 年 2 月 22 日，“欢乐春节”温哥华春节庙会开幕，加拿大联邦国防部长肯尼、长者事务国务部长黄陈小萍等参加开幕活动。当天，作为温哥华规模最大的年度游行之一的“唐人街大巡游”也从唐人街千禧门启程。加拿大工业部部长莫而进及多位联邦、省、市议员近百位嘉宾走在巡游方队最前列。2015 年 2 月 25 日，“欢乐春节·五洲同春”2015 年加拿大巡演在首都渥太华拉开帷幕。加拿大总督约翰斯顿和总理哈珀分别为巡演发来贺信，预祝演出成功并向加拿大全体华人华侨拜年。

2016 年

2016 年 2 月 9 日，作为“欢乐春节”活动的重要内容，纽约爱乐乐团在林肯中心举办音乐会，庆祝中国农历新年。联合国秘书长潘基文出席音乐会并发表热情致辞，向观众致以农历新年祝福。潘基文说，猴子在亚洲文化中象征着智慧、活力、创意和勇气，希望大家在猴年里充满行动力，敢想敢做，勇于挑战，实现梦想。他最后还用中文祝大家“猴年大吉、新年快乐”。

2016 年 1 月 27 日晚，庆祝中加建交 45 周年图片展暨招待会举办，拉开 2016 年渥太华“欢乐春节”活动的大幕。加拿大总理特鲁多、外长迪翁、国际贸易部长弗里兰、农业与农产品部长麦考林，前总理克拉克等参加活动，共同探讨两国关系未来。特鲁多在迪翁和中国驻加拿大大使罗照辉的陪同下参观了中加建交 45 周年图片展。特鲁多盛赞中加建交 45 年来双边关系取得的进展，表示愿继续努力，推动中加关系迈上新台阶，造福两国人民。

2016 年 1 月 30 日晚，毛里求斯华人社团协会与毛里求斯中国文化中心在毛里求斯华联俱乐部大厅共同举办“千人春宴”联欢活动。毛里求斯总理贾格纳特夫妇偕 14 位部长及议会议长哈努曼杰参加。在演出结束后的晚宴上，毛里求斯副总理兼旅游部部长杜瓦尔、艺术和文化部部长巴布、公职部部长王纯万、教育部部长莉拉等内阁成员对节目赞不绝口。

2016 年 1 月 30 ~ 31 日，2016 年阿根廷布宜诺斯艾利斯“欢乐春节”庙会在阿根廷国家公园广场举办。阿根廷副总统兼参议长米切蒂出席庙会开幕式并致辞，阿根廷司法部国务秘书阿布鲁、移民局局长加西亚等政府高级官员、多名国会议员以及近 50 个国家的驻阿使节参加了庙会活动。米切蒂表示，非常高兴阿根廷能拥有众多来自中国的移民，他们与阿根廷其他拥有不同文化、历史背景的移民群体一起，帮助阿根廷社会不断进步、发展。她用中文祝愿大家“新年快乐”。

2016 年 2 月 3 日上午，以色列前总统佩雷斯为 2016 年中国新年所创作的《中国旋律》新歌发布仪式在位于特拉维夫的佩雷斯和平中心举行。《中国旋律》是93岁的佩雷斯在为北京奥运会赋诗祝福后的又一作品，意在祝福2016年中国新年。佩雷斯在词中这样写道："悸动如心跳，温柔如唇吻，盎然如春，又神秘似秋，古老智慧的光芒，如鲜花般绚烂绽放，流如江水，悠扬如笛声，这就是中国旋律。"

2016年2月6日晚，由中国驻比利时使馆和中国驻欧盟使团联合举办的2016年春节招待会在比利时布鲁塞尔市政厅举行。比利时首相米歇尔特别代表、比利时联邦农业大臣博苏，前联邦众议长、法语区预算部长弗拉奥，比利时联邦议会两院比中友好小组主席维耶娜等参加。

2016年2月8日下午，由中国文化部和泰国旅游与体育部共同举办的"欢乐春节"活动在泰国首都曼谷的唐人街开幕。泰国公主诗琳通身着红色传统服饰，来到唐人街与泰国华人华侨共度新春佳节，泰国总理巴育也出席了开幕式。

2016年2月10日，100多名当地华人代表和应邀前来的贵宾参加了新西兰议会一年一度专门为中国春节举办的庆祝活动，并欣赏了极具特色的中国艺术表演。新西兰总理约翰·基来到议会二楼宴会厅，用中文向当地华人恭贺新年。约翰·基手持红包，在锣鼓声中随着舞狮演员步入议会宴会厅。舞狮表演结束时，他把红包递到略显顽皮的"狮子"口中，与演员互动。约翰·基在致辞中说，新西兰举办庆祝春节活动体现了民族文化的多元性。时值春节假期，大量中国游客来新西兰游览度假，对新西兰经济发展很有好处。

2017年

2017年1月31日，"欢乐春节·中国新年音乐会"在美国纽约林肯中心举行。联合国秘书长古特雷斯因出差未能出席，他特别委托联合国副秘书长凯瑟琳代表他出席当晚的活动。古特雷斯在贺词的最后用中文向中国人民表示祝福："新年快乐！"

2017年1月29日，由英国伦敦华埠商会主办的春节庆典活动在位于英国伦敦市中心的特拉法尔加广场举行。英国女王伊丽莎白二世发来贺信，向庆典活动致以热烈祝贺，向所有出席人员致以节日问候。活动现场还宣读了英国首相特雷莎·梅的春节贺词。

2017年1月23~25日，“欢乐春节”文艺巡演在克罗地亚首都萨格勒布、伊斯特拉省文化名城波雷奇市两地举办。克罗地亚总统基塔罗维奇以及议长、前总统等观看了演出。基塔罗维奇用中文向中国人民拜年，并盛赞中国取得的巨大发展成就和发挥的重要国际作用，以及日益牢固的克中友谊，期待克中关系务实深入发展。

2017年1月22日，云南声音艺术团在塞尔维亚献上“欢乐春节”演出，塞尔维亚总统尼科利奇夫妇前来观看，并对艺术家深厚的音乐功底和揭幕原生态的艺术表现形式表示赞许。

2017年1月6日，2017年“欢乐春节”暨中乌建交25周年音乐会在乌克兰基辅国家音乐厅举行，乌克兰副总理基里连科等中乌政要欣赏了两国艺术家献上的中外名曲。

2017年1月24日，中国驻阿尔巴尼亚使馆在地拉那艺术大学剧场举行“欢乐春节”演出暨2017新春招待会。阿尔巴尼亚社会党总书记鲁齐、文化部部长库姆巴罗等观看演出并出席招待会。此次演出是“欢乐春节”品牌活动首次登陆阿尔巴尼亚。

2017年1月18~19日，四川艺术职业学院“欢乐春节”东欧行在波黑开启第二站行程。波黑主席团轮值主席（总统）伊万尼奇及夫人、波黑塞族共和国总统多迪克等政要一同观看了演出。

2017年1月25日，中国驻斐济大使馆举行春节招待会，斐济总统孔罗特应邀出席招待会。

2017年1月21日，2017年“新春花市同乐日”活动在新西兰奥克兰开市。新西兰总理比尔·英格利希为中国龙点睛，并参与华人新年庆典，与当地民众同贺新春。英格利希观看文艺演出，欣赏新西兰中国文化中心带来的非遗文化展示，接受民间剪纸艺术传承人倪秀梅的“福”字剪纸赠礼、手工布艺传承人陈秀萍的新西兰几维鸟赠礼，对其赞不绝口。

2017年1月28日，委内瑞拉首届“欢乐春节”庙会在该国首都大区解放者市玻利瓦尔广场举行。委内瑞拉外交部部长德尔西·罗德里格斯、解放者市市长豪尔赫·罗德里格斯、外交部副部长普拉森西亚、文化部副部长伊拉迪等出席庙会开幕式。德尔西·罗德里格斯发表了热情洋溢的讲话，转达总统马杜罗对中国国家主席习近平和中国人民的新春祝福。

2017 年 1 月 29 日，加拿大总理特鲁多专程赴温哥华出席一年一度的“欢乐春节——第 44 届温哥华华埠大游行”，成为 44 年来首位参加温哥华华埠春节大游行的加拿大总理。特鲁多参加了醒狮点睛仪式，并冒雨走完了大游行全程，向沿途观看游行的群众拜年。

2017 年 2 月 1 日，由中国驻美国大使馆和美国子午线国际中心共同举办的“欢乐春节——中国文化之夜”活动在中国驻美国大使馆举行。美国总统特朗普的长女伊万卡·特朗普携女儿一同参加，美国联邦众议员卡洛琳·马洛尼、美国国务院亚太事务助理国务卿丹尼尔·拉塞尔等参加了活动。

2017 年是“中孟友好交流年”，2017 年“欢乐春节”大型文艺演出在孟加拉国首都达卡国家剧院举行。孟加拉国总理哈西娜发来贺词，表示孟中友好源远流长。

2017 年 1 月 27 日，2017 年泰国“欢乐春节”活动开幕式在曼谷市中心的隆披尼公园举行。泰国副总理塔纳萨代表泰国政府向两国人民致新春贺词，并转达了泰国总理巴育对大家的问候和祝福。

2017 年为期 3 天的“欢乐春节”庙会暨中国驻尼泊尔大使馆新春招待会在尼泊尔首都加德满都举行。活动期间，尼泊尔总统班达里参加了庙会，观看中国非遗传承人的手工艺展示。剪纸传承人现场为尼泊尔总统班达里剪影。惟妙惟肖的剪影让班达里赞叹不已。

2017 年 1 月 17 ~ 23 日，中国驻柬埔寨大使馆先后举行了“《我们爱音乐》2017 欢乐春节·中国春节音乐会”、新春招待会、艺术演出、文化讲座、馆际交流、文化展览等活动。2017 年 1 月 17 日，柬埔寨副首相贺南洪、诺罗敦·西里武亲王、诺罗敦·帕花黛薇公主，外交大臣布拉索坤等出席了在真腊歌剧院举行的开幕演出。

2017 年 1 月 20 日，作为黎巴嫩 2017 年“欢乐春节”的重要活动，以古丝绸之路为主题的大型歌舞剧《穿越丝路》在黎巴嫩贝鲁特上演。黎巴嫩总统奥恩、总理哈里里、文化部部长加塔斯·扈里等政要出席观看。《穿越丝路》由黎巴嫩著名的卡拉卡拉舞剧院创作，中国、印度、阿尔及利亚、乌克兰、叙利亚、伊朗等国艺术家参与演出。演出结束后，奥恩总统等走上舞台向演员表示祝贺。

2017 年 1 月 24～25 日，中国驻朝鲜使馆举行 2017 平壤“欢乐春节”系列文化活动。朝鲜保健相兼朝中友协委员长姜河国等出席 2017 年中朝友好“欢乐春节”庙会，朝鲜最高人民会议常任委员会副委员长金英大出席了在中国驻朝鲜使馆举行的春节招待会。

2017 年 1 月 22 日，新疆艺术剧院歌舞团“欢乐春节”专场演出在不丹首都廷布皇家管理学院礼堂举行。不丹王室多位重要成员、不丹首相策林·托杰以及外交大臣、内政文化大臣等观看演出。

2017 年 1 月 11 日，毛里求斯总统阿梅娜·法吉姆应邀来到毛里求斯中国文化中心，参观“欢乐春节——都本基天下和谐传统书画展”。这是继毛里求斯总理阿内罗德·贾格纳特夫妇出席展览开幕式后，毛里求斯国家领导人再次出席中国文化中心组织的“欢乐春节”活动。

2017 年春节期间，贝宁总统夫人克洛迪娜·塔隆、贝宁旅游与文化部部长安热·恩库埃走进贝宁中国文化中心，欣赏“中非时装秀”。恩库埃表示，希望贝宁民众通过参与“欢乐春节”活动，更加深入地了解中国文化。

2017 年 1 月 21 日，作为 2017 年“欢乐春节——聚焦在非洲·坦桑过大年”庆祝活动之一，新春庙会开幕式暨大型文艺演出在达累斯萨拉姆市中心椰子树广场举办。坦桑尼亚副总统哈桑、坦桑尼亚外交部部长马希加、坦桑尼亚文化部部长恩瑙耶、坦桑尼亚工贸与投资部部长姆维贾盖等参加活动。哈桑代表坦政府祝在坦华人华侨新春快乐。

2017 年“欢乐春节·精彩江苏”文艺演出在马拉维首都利隆圭宾古国际会议中心举办。马拉维第一夫人格特鲁德·穆塔里卡、副总统夫人玛丽·奇利马、议长姆索沃亚及 10 位内阁部长等出席了活动。

2017 年 1 月 16 日，中国驻塞内加尔使馆在塞国家大剧院举办 2017 年

“欢乐春节”文艺演出，塞内加尔总统马基·萨勒发来贺词表示，“欢乐春节”活动在紧邻黑人文明博物馆的国家大剧院举行，具有象征意义。

2017 年 1 月 14 日，“欢乐春节·2017 赞比亚中国春节庙会”在赞比亚首都卢萨卡拉开序幕。赞比亚开国总统卡翁达、旅游与艺术部部长班达、司法部部长卢宾达等出席。

2017 年 1 月 21 日，瓦莱塔“欢乐春节”在马耳他首都瓦莱塔市皇家露天剧场举行，马耳他总统科略勒·普雷卡首次出席“欢乐春节”开幕式，马耳他司法、文化和地方政府部部长欧文·鲍尼奇，青年与体育部国秘阿玖斯等也参加了活动。普雷卡在致辞中说：“此时此刻当我们在这里分享彼此之间的文化和习俗，我们所做的不仅仅是庆祝新的一年的开始，实际上是不断努力让我们所处的社会更加多元化。珍视我们彼此之间的不同所体现的尊重和那些将我们连接在一起的价值观就是我们人类内心渴望建设和平与和谐生活的证明。”普雷卡赞扬马耳他中国文化中心和马耳他大学孔子学院长期以来的工作，称赞他们的努力为两国人民架设了友谊之桥。观看了河南文化艺术团带来的节目后，普雷卡表示“这是一场十分精彩的演出”。演出结束后，负责总统安全保卫工作和重大行程安排的总统侍卫官布莱恩·加特上尉发来短信，感谢马耳他中国文化中心带来的精彩体验。马耳他总统普雷卡、外交部部长维拉、文化部部长鲍尼奇、内政部部长阿贝拉、地方政府国秘博恩坦伯、反对党领袖布苏蒂尔等政要以及前总统鲍尼奇夫妇、前副总理博奇等前政要还出席了中国驻马耳他使馆春节招待会和纪念中马建交 45 周年图片展。活动上，普雷卡表示，马中友好源远流长，两国文化关系日趋紧密，文化交流不仅惠及两国人民，而且把彼此的情感拉得更近。马耳他中国文化中心成为马耳他民众了解中国的一扇窗户，在塑造马耳他多元文化上也发挥了积极作用。

三　外国政要参与其他活动及相关反馈

（一）外国政要参与中国驻外使领馆举办的招待会

中国驻外使领馆举办的相关招待会是外国政要会聚的重要场合，在招待会上举办代表中华文化精粹的活动，可有效增进双方友好关系、扩大中华文化影响力。

2016 年 9 月 29 日，中国驻刚果（布）使馆举行大型招待会，庆祝中华人民共和国成立 67 周年。刚果（布）政府总理穆昂巴，总统办公厅主任、国务部长阿耶萨，文化部部长马莫尼，高教部部长伊杜阿，初教部部长马科索等 20 余位政要应邀出席。来宾们观看了《中国 2016》、《丝绸之路经济带》和《21 世纪海上丝绸之路》等宣传片，“中国故事 2016”图片展。招待会会场入口摆放的介绍中国内政、外交、文化、教育、体育、饮食、社会生活等内容的书籍、DVD 和宣传册，也被来宾取阅一空。

2016 年 9 月 29 日，中国驻墨西哥使馆举行国庆招待会。墨西哥外交部第一副外长德伊卡萨、众议院外委会主席吉奥尔加纳等军政要员、议会、政党代表出席。招待会上，政要们观看了“音韵贵州 · 贵州传统歌舞展演团”演出，以及循环放映的《2016 中国》宣传片。

2016 年 9 月 29 日，中国驻乌拉圭大使馆举办庆祝中华人民共和国成立 67 周年招待会。乌拉圭外长尼恩、国防部部长梅嫩德斯、教育和文化部部长穆尼奥斯、牧农渔业部部长阿格雷、陆军总司令马尼尼和拉美一体化协会秘书长阿尔瓦雷斯等政要出席。招待会上，两块大屏幕滚动播出中国专题宣传片《中国 2016》，并举办“中国故事”图片展；乌拉圭知名艺术家和中国汉语教师志愿者献上精彩的文艺节目，给来宾留下深刻印象。

2016 年 9 月 30 日，奥克兰博物馆举行庆祝中华人民共和国成立 67 周年招待会，新西兰民族事务部部长乐图里格，国家党国会议员罗斯，工党领袖利特尔，工党国会议员戈夫、希勒、塞尔撒等新方政要出席。乐图里格等嘉宾称赞中国改革发展成就以及新中关系积极发展势头，充分肯定新中全面战略伙伴关系不断深化和拓展。招待会上，嘉宾们参观了展现中国传统文化、表演艺术、地域文明和民俗风情的“中国故事”大型图片展，以及精彩的文艺节目。

（二）访问团会见及驻外文化机构官员常规拜会

访问团以及驻外机构官员对当地政要的拜会，虽然通常是比较常规的正式会见，但往往能为下一步的文化合作奠定良好基础，也可以集中获得政要对文化事务的整体性意见。

2016 年 6 月，中国驻埃塞俄比亚大使馆文化参赞拜会埃塞俄比亚总统穆拉图·特肖梅。双方就两国文化教育交流合作进行了友好交谈。穆拉图总统高度评价近年来两国人文交流取得的全面重要成果，认为人文交流是两国友好交往的重要组成部分，为两国友好关系发展发挥了积极促进作用。穆拉图强调埃方重视两国人文领域交流，希望两国加强合作，促进包括人文领域在内的各领域的交流合作全面发展。

2016 年 11 月，新任驻贝宁使馆文化参赞兼贝宁中国文化中心主任在波多诺伏贝宁国民议会大楼拜会贝宁国民议会议长阿德里安·温贝吉，双方就进一步加强中贝两国文化交流与合作，巩固两国传统友谊等达成了共识。温贝吉表示，贝宁国民议会非常重视中贝两国人文交流，并表达了希望能与贝宁中国文化中心合作举办形式多样、内容丰富的文化活动的意愿。参赞履新以来，分别拜会了贝宁第一夫人克劳迪娜·塔隆、贝宁宪法法院院长迪奥多·奥罗、贝宁旅游与文化部部长昂热·恩库埃、贝宁体育部长奥斯瓦·霍姆齐等政府高层人士，并与他们就中贝两国文化、体育、教育、妇女儿童等多领域的合作进行深入探讨与交流。

2017 年 3 月，中国驻埃塞俄比亚大使馆文化参赞拜会埃塞俄比亚文化部部长希鲁特，就落实两国文化交流项目、拓宽文化合作领域、提升合作水平深入交换意见。希鲁特赞赏中国政府和驻埃使馆重视对埃人文交流，对中方长期以来给予的支持帮助表示感谢。她充分肯定双方文化交流合作取得的成果，表示埃方将一如既往，与中方加强合作交流，期待在文化管理、遗产保护利用、文旅产业发展、能力建设等方面，得到中方更大支持。

2017 年 4 月，新任中国驻孟加拉国大使馆文化参赞与即将离任的文化参赞共同拜会了孟加拉国文化部部长努尔。双方进行了亲切交谈，沟通了《中孟文化交流合作协议》续签事宜，讨论了“中孟友好交流年”的孟方提议，并一致同意将“2017 中孟友好交流年”双方各项人文活动落到实处，进一步深化中孟两国文化交流合作。

2017 年 7 月，中国驻秘鲁使馆文化参赞拜会秘鲁文化部长德尔索拉尔，就双边文化交流与合作交换意见。德尔索拉尔部长表示，文化是连接中秘两国人民的纽带，中国的新年习俗、饮食文化早已融入秘鲁民众生活，他对中国政府援助秘国家考古人类学历史博物馆扩建工程表示感谢。2017 年 9 月，中国驻秘鲁使馆文化参赞拜会国会文化与文化遗产委员会主席玛丽娅·克里斯蒂娜和国会青年体育教育委员会主席帕洛玛·罗莎，就加强两国文化教育交流深入交换意见。玛丽娅表示，中秘两国人民有基本的价值认同，即开放、包容、平等、合作、共赢，两国都尊重文化多样性，都拥有众多人类文化遗产。她肯定了 2016 年秘鲁考古学家和博物馆官员参加中国文化遗产考古培训班的收获，并介绍了当年秘鲁文化官员即将赴华参加文化活动的情况。

2017 年 9 月，中国文联代表团一行 6 人访问匈牙利，其间拜会了匈牙利政府人力资源部副国务秘书奥尼古女士，就今后中匈合作前景和文化交流项目进行商讨。

2017 年 12 月，中国驻约旦大使馆文化参赞拜会了约旦国王阿卜杜拉二世的弟弟哈姆扎·本·侯赛因亲王。哈姆扎亲王赞赏中约建交 40 周年系列文化庆祝活动在约旦成功举办，祝愿约中关系得到更快更好的发展，通过介绍，哈姆扎亲王了解到 2017 年中约建交 40 周年系列文化庆祝活动、即将在约旦设立中国文化中心以及目前在约开展汉语教学的相关情况，赞赏约旦新一代王室成员学习汉语的选择，表示将继续支持有关王室成员子女的汉语学习。

（三）其他相关活动

2016 年 10 月，由中国文化部、国家文物局主办的“丝路瑰宝”展在拉脱维亚国家艺术博物馆开幕。拉脱维亚文化部文化政策副秘书长戴斯·威尔森等嘉宾出席开幕式。此展为我国在拉脱维亚及波罗的海地区举办的第一个大型文物展。戴斯·威尔森认为，此次“丝路瑰宝”展让拉脱维亚观众了解了中国的历史，拉近了中拉文化交流的距离，对于中拉交流起到了积极的、不可替代的作用。

2016 年 12 月，第七届尼泊尔“中国节”在尼泊尔首都加德满都举办。尼泊尔副总理兼财政部部长马哈拉出席“中国节”开幕式。尼泊尔文化旅游民航部国务部长巴尼亚等参与相关活动。

2016 年 10 月，中欧文明对话会在希腊首都雅典举行，来自中欧双方的近 200 名政要和专家学者与会。其中，希腊文化和体育部长巴尔塔斯说，中欧文明对话会在希腊举行，是中国政府和人民对希腊投出的信任票。“我们对中国朋友选择希腊作为其与欧洲进行文明对话的第一站感到幸运。”

2017 年 10 月，海峡两岸的艺术家在马耳他中国文化中心携手举办“海上丝绸之路东方生活美学展”。马耳他司法文化及地方事务部部长鲍尼奇、司法文化及地方事务部文化事务主管马里奥·阿祖帕迪等出席展览开幕式。鲍尼奇高度赞扬中马关系，并表达了对中国茶文化的兴趣，说自己感受到茶在中国日常生活中的重要地位。

2017 年 12 月 3 日，举办新西兰中国文化中心大型图片展“回顾 2017，展望 2018”及新西兰中国文化中心成立两周年答谢会。新西兰工党国会议员格雷格·奥康纳出席活动并发表致辞。他说：“自从成为一名国会议员，我便注意到惠灵顿多元文化领域的方方面面，其中一个重要机构就是两年前揭牌的中国文化中心。希望中国文化中心今后能够为新西兰人民带来更多具有中国文化特色的艺术表演形式。”到场祝贺的新西兰非洲社群理事会会长山姆·马赞扎说：“这两年来，新西兰中国文化中心向新西兰民众源源不断地展示中国文化的风采与魅力，我作为定居新西兰的外地族裔，同样受益匪浅。”两年前新西兰中国文化中心节揭牌时，新西兰文化和遗产部首席执行官保罗·詹姆斯、时任惠灵顿市长的希莉亚·韦德－布朗等也曾出席活动，见证中心成长。

2017 年 12 月 12 日，中国美术馆馆长、雕塑家吴为山《问道》——老子和孔子雕像赠送揭幕仪式在白俄罗斯国家美术馆举行。白俄罗斯文化部部长邦达里出席活动，表示这是中白两国建交 25 周年的重大文化事件，今后将致力于进一步扩大两国文化交流与合作，不断增进彼此的了解与友谊。

2017 年 12 月 17 日，为庆祝 2017 年中斯建交 60 周年暨《米胶协定》签署 65 周年，河南文化艺术团在科伦坡莲花池剧场上演“中国少林功夫秀”。斯里兰卡总统府常秘费尔南多、外交部常秘卡里亚瓦萨姆、斯里兰卡驻中国大使科迪图瓦库等观看了演出，盛赞演员的表演。

2017 年 12 月 19 日，中国驻摩洛哥大使夫人在使馆举办茶文化艺术沙龙，摩政府首脑夫人欧斯曼尼、工贸部国务秘书戴哈穆、旅游部国务秘书布塔勒布、众议院副议长布法拉欣等共 50 余人参加。活动期间，大家了解到中国茶文化的历史、六大茶系的特色及制作工艺，品香茗、赏茶艺，称赞中国茶文化的博大精深，并纷纷现场“拜师学艺”。

2017 年 12 月 22 日，四川“秘鲁中国熊猫彩灯文化节”在利马商业会展中心举办。秘鲁国会文化和文化遗产委员会副主席、著名歌唱家弗兰西斯科，秘鲁前卫生部部长、前总统顾问杨莫塔等出席开灯仪式。除了展示彩灯，四川演出团体和非遗专家还现场表演变脸吐火、特色杂技、长嘴壶茶艺、糖画等中国民间技艺。

从以上案例来看，政要出席相关文化活动的类型、内容虽有不同，但他们都对活动表示出肯定，希望发展与中国的文化交流与合作关系，其本人也对中国文化有了一定程度的了解。

第二节　海外青少年群体接受度观察

一　针对海外青少年群体的部分活动

（一）在中国国内举办的部分活动

1. 青年汉学家研修计划

“青年汉学家研修计划”由文化部和中国社会科学院主办，旨在搭建一个推动汉学发展、促进学术合作的平台。汉学家的研究，有助于向世界传达更加真实、客观的当代中国。作为汉学研究的新生力量，青年汉学家既是中国学的研究者又是充满活力的青年群体，有为民心相通搭桥铺路的无限潜力。通过参与研修学习，他们对中国文化的理解和接受程度显著增强，反馈积极。

2015年“青年汉学家研修计划”共有来自美国、俄罗斯、法国、印度、以色列、尼日利亚等30个国家和地区的36位优秀青年汉学家参加，研究方向涉及中国的文学、历史、哲学、语言、政治、当代社会、国际关系等诸多领域。他们听取王蒙、厉以宁等著名学者的讲座，并在社科院、中国艺术研究院、北京大学、北京语言大学等科研机构和高校进行研讨，在河南进行实地考察。

2016年“青年汉学家研修计划”共有来自26个国家的31位优秀青年汉学家参加。他们在北京接受为期3天的集中授课，由胡鞍钢、王缉思、刘心武、葛剑雄等专家为他们开展专题讲座，之后赴中国社科院、中国艺术研究院、清华大学、北京语言大学、北京外国语大学等合作单位，与对口领域的研究机构和专家学者开展为期一周的专题研讨和交流，并通过中国文化遗产考察和体验活动，亲身感受中国的历史文化遗存和在当下的传承发展。本届“青年汉学家研修计划”除北京站外，新增上海和西安两个研修班，内容安排更加丰富多元。

2017年“青年汉学家研修计划”在北京、上海、西安和郑州四地各举办了一届研修班，共有来自58个国家的113位学员参加。其中，郑州班在2017年7月举行，围绕中原历史文化、“一带一路”背景下中心城市古都郑州的今昔变迁等主题开展近20天的研修交流活动。上海班于2017年9月23日结业，在课程设置、参观考察、研修安排上侧重中国经济、社会和文化研究，学员们带着关于当代中国发展新态势的新课题和新视角完成了此次研修。除了专题授课，青年汉学家们还参观了上海大型装备制造业，考察了上海的生态环境保护、社区组织和法治建设情况；在安徽、江西等省实地考察江南历史文化，进一步加深对当代中国国情和历史文化传统的切身体会与直观认识。西安班于2017年9月26日结业，在课程设置上注重发挥当地丰富的古城文化资源和教育资源，侧重让学员们学习中国历史、传统文化及语言文字等，涉及唐代文化、“一带一路”与中国文化产业等内容，突出西安作为丝绸之路起点与“一带一路”倡议的历史渊源和现实意义。北京研修班则聚焦于中国政治、文化和经济研究，学员们聆听了中国专家李国强、金灿荣、葛剑雄、龚文庠的讲座，分赴不同的研修单位与指导老师研讨，还专程前往江西进行文化考察，亲身体验知行合一的中国式治学方式。

2. 中国—中东欧青年研修交流营、中国—中东欧舞蹈夏令营

举办中国—中东欧青年研修交流营活动是2016年李克强总理在访问拉脱维亚并出席第五次中国—中东欧国家领导人会晤期间提出的倡议，被列入《中国—中东欧国家合作里加纲要》。

2017年9月15~19日，以“弘扬丝路精神，构建青年伙伴关系”为主题的首届“未来之桥”中国—中东欧青年研修交流营在陕西省开展为期4天的友好访问交流。来自爱沙尼亚、拉脱维亚、波兰、捷克、斯洛伐克、匈牙利、罗马尼亚、保加利亚、斯洛文尼亚、克罗地亚、波黑、塞尔维亚、黑山、马其顿、阿尔巴尼亚、立陶宛以及中国的近100名青年代表参加交流营系列活动，开展了“一带一路”经贸考察，围绕“16+1”合作机制、“一带一路”倡议、各国创新创业发展趋势等议题展开对话与交流。中东欧国家青年代表给予活动高度评价，认为中国政府在“双创”中做了很多工作，创业氛围浓厚，成效明显，表示愿意和中国青年加强交流与合作，共同为推动“一带一路”建设担负起青年的责任。

作为中国—中东欧青年研修交流营的子项目，2017年9月20日，“中国—中东欧青年记者圆桌会议”在北京举行。来自波兰、捷克、克罗地亚等中东欧16国以及中国的青年记者代表近60人共同探讨如何发挥媒体的作用和力量，助力“16+1”合作和“一带一路”倡议。与会中东欧代表表示，当前，中国和中东欧国家的民众越来越渴望加深对彼此的了解和认识，在彼此新闻报道中的分量也不断增加，但双方的相互了解与合作还有很大提升空间。中国国际广播电台保加利亚籍记者、编辑、主持人托德·拉德夫指出，当前中东欧国家对中国的认知在一定程度上依然需要借助西方媒体的报道，缺少真正来自中国视角的观点；此外，对“一带一路”倡议也还需要更多、更细致的介绍。波黑专栏作家哈里斯·伊马莫维奇表示，现在越来越

多的中东欧国家媒体开始直接翻译中国媒体的报道，派驻中国的记者也越来越多，这些都为双方从不同角度了解彼此打开了新的窗口。

中国—中东欧国家舞蹈夏令营由中国文化部与中东欧国家国际舞蹈艺术节总监于2014年联合发起，被列入《中国—中东欧国家2016～2017年文化合作索非亚宣言》《中国—中东欧国家合作里加纲要》等文件。参与夏令营的中外舞者通过田野考察、民间采风等方式感知、体验中国民间艺术，并以此为基础，共同编创具有中国风格的现代舞、当代舞。该活动自2015年推出以来，促进了中国与中东欧国家在舞蹈人才培养和合作编创领域的深度合作，也为参与活动的中东欧青年打开了一扇深入了解中国和中国文化的窗口。

2015年7月～8月，首届“中国—中东欧国家舞蹈夏令营”在陕西举办，来自中东欧10余国的舞蹈家、舞蹈专业学生与中国师生一起，创作采风，就彼此的文化传统进行交流。走近中国传统文化是本次夏令营的主线，中东欧国家青年舞者分别在关中、陕南、陕北三地走访历史人文遗迹，其间穿插着形式多样的文化艺术创作采风、专业研习、交流互动活动。品茶道、练腰鼓、学剪纸、听信天游、练太极、学泥塑，学员们从中感悟中国文化，汲取舞蹈灵感和素材。

2016年7月～8月，第二届“中国—中东欧国家舞蹈夏令营”在云南和贵州举行。10个中东欧国家的舞蹈专业师生参与其中，分别与当地民间艺人展开交流。在云南参加活动的中东欧青年舞者，辗转石屏县城、龙朋镇、哨冲镇以及芒市、瑞丽等地，体验当地独特的历史民族文化魅力。在龙朋镇期间，中东欧国家的青年舞者听当地老人讲述龙朋故事，听非遗传承人讲授海菜腔、烟盒舞知识，与当地舞者进行彝族歌舞交流，感受山清水秀的自然美，体验民族文化。在贵州黔西南地区，中东欧青年舞者学习晴隆原生态舞蹈《阿妹戚托》，相互切磋舞技，探讨舞蹈艺术的发展方向，被当地民族文化深深吸引；他们还游览万峰林、马岭河峡谷、万峰湖等景点，领略黔西南喀斯特地貌之美。

2017年，第三届“中国—中东欧国家舞蹈夏令营”在四川举办，来自匈牙利、捷克等 9 个中东欧国家的舞蹈专业师生进行了为期三周的舞蹈学习与交流。除了共同学习、分享西方现代舞和东方古典舞的技巧和理念，他们也辗转成都、峨眉山、沐川、乐山等地学习川剧、峨眉派武术、羌舞、藏舞等中国传统艺术，了解夹江年画、彝族毕摩等中国民间民俗。

（二）在国外举办的部分活动

马耳他中国文化中心重视青少年群体，经常举办针对性活动，并形成“中国文化进校园”品牌。2015 年 11 月，在“中国文化进校园”品牌活动的推动下，马耳他中国文化中心为马耳他圣玛格丽特男子中学学生带去一场中国画培训与体验活动。作为课堂导入环节的传统国画常识的介绍引起学生的极大兴趣，中心工作人员准备了 PPT 图片及动画视频，更直观地帮助学生了解国画的绘画材料、分类、技法等。通过 2015 年 6 场“中国文化进校园”活动，马耳他瓦达拉国际学校、梅利哈小学等当地学校学生接触到剪纸、书法、编织中国结等中国文化。2016 年 11 月，由马耳他中国文化中心与北京故宫博物院共同策划举办的“中国文化进校园”之“Explore Culture，Discover China”主题活动在马耳他韦达拉国际学校举办。北京故宫博物院宣教部的 3 位工作人员为来自多个国家的师生带来 4 场中国文化体验课，学生们在 DIY 环节体验制作朝珠和刻章，这些趣味项目激起师生们对中国文化的浓厚兴趣。

2017 年 3 月，马耳他中国文化中心与圣玛格丽特男子中学合作在马耳他中国文化中心多功能厅举办“中国角”主题活动。“中国角”展示了中国高铁、花茶、瓷器、玉器、长城五项内容，参与展示课程的学生通过对这些课题的学习探究，以文化介绍的方式讲解、描述它们的文化历程。马耳他中学生在课题的学习研究中，既了解了中国的传统文化，又关注了中国的现代文明。2017 年 5 月，马耳他中国文化中心举办“开放日”活动，参加活动的圣爱德华兹学校和圣阿洛伊修斯学校都是学生众多的当地名校。工作人员对中国文化中心的历史、职能、宗旨及品牌活动进行了介绍，还结合在中心举办的敦煌展，联系马耳他著名历史遗迹“哈尔·萨夫列尼地下宫殿”，介绍了敦煌莫高窟的地理位置、形成时期及内部藏品，循序渐进地讲了“古丝绸之路”在贸易通商与文化交流上起到的重要作用及其对于“一带一路”

倡议的启示，让同学们对“丝路”文化及精神有了初步认识。此外，中国书法体验和中国动画电影《大圣归来》的放映，也引起学生们的极大兴趣。圣阿洛伊修斯学校从2013年开始便与驻马耳他大学孔子学院合作开设中文课，并将中文课纳入正式课程及考试系统。为了给已对汉语有一定接触的中学生们打造更有针对性的活动，中国文化中心邀请孔子学院大学生分享汉语学习中的经验与故事。曾经在中心参加“汉语长期班”并在2015年获得“奖学之旅”奖励的当地大学生卢安娜·泊特利，与大家分享了中国之行以及在中文学习中遇到的困难和趣事，他的现身说法趣味十足。2017年12月，马耳他瓦达拉国际学校的师生在马耳他中国文化中心体验丝、瓷、茶技艺的互动教学，学习刺绣、青瓷、茶艺。活动取得了良好的效果，每位学生临走时都将自己亲手制作的泥坯签名带走留作纪念，有的学生还在小手绢上绣上家人名字，作为礼物赠送亲人。

2015年11月，在德国柏林举办的第二届中国儿童戏剧周上，广东省木偶剧团带来《孙悟空三打白骨精》《穆桂英挂帅之探谷》《龙凤呈祥》《快乐的小矮人》，以及木偶大串汇《杂要》《长绸舞》等节目，头部、手臂灵活自如，唱念做打、变脸吐火样样精通的木偶，让台下的小观众们为之着迷。戏剧周期间，广东省木偶剧团还走进柏林埃尔桑德·申克尔小学参加柏林FEZ青少年活动中心举办的第十八届木偶戏剧节并进行表演，同样受到德国小观众的欢迎。柏林中国文化中心每年举办汉语、太极、武术、舞蹈、古筝等多种培训班，其中包括针对少年儿童的培训项目。2017年6月，文化中心少儿武术班的小队员们在北德武术锦标赛中取得优异成绩，他们在文化中心于12月举办的学员结业典礼上表演的《武术串烧》也是典礼的压轴节目。

2016年8月，“感知中国·蒙古行”系列活动之儿童剧《十二生肖》及“中国儿童戏剧精品展——与中国儿艺精品面对面”活动开幕式在蒙古国家话剧院举行，来自乌兰巴托市的近200多名小朋友及其家长参加了本次活动。舞台剧《十二生肖》引人入胜的剧情、演员别具一格的造型以及滑稽幽默的动作，深深吸引了现场小观众，他们聚精会神地观看，不时发出阵阵笑声。“感知中国·蒙古行”系列活动将中国优秀的儿童话剧介绍给蒙古国小朋友，使他们通过这些活动对中国文化有了更多的了解。

2016 年 9 月，曼谷中国文化中心在曼谷吞武里大学为参加“2016 年青少年国际文化交流活动”的泰国玛希敦大学、法政大学、国家艺术大学、清迈大学、布拉帕大学、宋卡大学、农业大学等 20 余所高校的学生代表举办了“中国文化体验”活动。其中，书法老师给同学们讲授中国书法的基本常识及书写要领并进行示范；古筝老师详细介绍了古筝的历史、种类、结构、制作及其蕴藏的中国文化内涵，传授古筝演奏的常识及方法，并手把手指导学生弹奏。本次活动受到大学生们的喜爱，大家通过理论学习、现场观摩、亲身体验，感受到中国书法及古筝艺术的魅力。

毛里求斯中国文化中心与毛里求斯青体部长期保持机制化合作，举办系列活动推进毛青少年的健康成长，并吸引青少年了解、热爱中国文化。2017 年 10 月，两家机构共同举办的“关注青少年成长”活动在毛里求斯中国文化中心举行，来自毛中小学的两百余名学生参加了此次活动。中心武术教练、亚洲长拳冠军张杰为到场学生带来武术展示并讲解传统武术所承载的尊师重道、以礼待人等中华武德，精彩动作令孩子们尖叫鼓掌，深刻质朴的武学道理也引发他们思考。

除此之外，2016 年 8 月在韩国水原市文化殿堂举办的第二届“星耀韩国”中韩青少年艺术展演交流活动，2017 年 7 月在波兰克拉科夫音乐厅开幕的“2017 波兰 · 中国首届肖邦国际青少年艺术节”，以及贝宁中国文化中心 2016 年举办的青少年艺术及写作大赛启动仪式和优秀作品展，斯洛文尼亚卢布尔雅那大学孔子学院 2017 年 5 月推出的“童眼看中国”文化会演活动等，这些活动通过艺术展演和交流的方式，激发当地青少年对中国文化艺术的热情和兴趣，让他们在展示和切磋中提高学习水平。

2017 年 10 月，两年一届、已举办十余届的新西兰北岛四省市“青少年交响乐节”在新西兰马纳瓦图省首府北帕市举行。来自马纳瓦图青少年交响乐团、惠灵顿青少年交响乐团、卡皮蒂青少年交响乐团、霍克斯湾青少年交响乐团的乐队指挥与近 90 名年龄跨度为 9 ~ 19 岁的青少年演奏者们，进行了集中排练、交流，听取大师授课并进行汇报演出。中国经典曲目的引入为这场交响乐节增添了东方文化色彩，促成东西方文化艺术的交互碰撞，增进了中新两国青少年音乐爱好者们的理解与友谊。2017 年 11 月，由新西兰太平洋文化艺术交流中心与新西兰华星艺术团联合主办的第十届新西兰华裔青少年优秀钢琴、小提琴表演者音乐会在奥克兰市政大厅音乐厅举行。选拔的 13 名小提琴选手和 25 名钢琴选手们呈现了一场汇聚中外名曲的音乐会。组织者认为，这样的文化活动可以促进选手的音乐学习，是对他们能力的认可，同时，华裔青少年演奏《新春乐》《梁山伯与祝英台》《欢乐的牧童》《新疆之春》等中国名曲，也有助于他们更深入认识和感受中国音乐文化。

二 海外青少年的反馈与诉求

相关文化活动在青少年受众群体中引起较为强烈的反响，增加了他们对中国文化的接受度和认可度。他们对活动本身和从中了解到的中国文化都给予较好评价。

（一）国内部分反馈

作为参加 2015 年“青年汉学家研修计划”的学员，日本中央大学博士研究生山崎寿江对中国“80 后”“90 后”作家特别感兴趣，这次他主要研究中国当代文学的最新动态和潮流倾向。印度尼西亚青年作家翁鸿鸣翻译过余华的《活着》《许三观卖血记》《兄弟》等作品，他本次专注于研究“海上丝绸之路与其对文化播撒之大影响”。伊朗德黑兰阿拉梅赫·塔拜塔贝大学外语学院中文系主任孟娜说：“我是在伊朗学汉语的第一批学生，后来我在北京住过十年，这次有机会到北京来，感觉好像回老家一样。”哈萨克斯坦阿斯塔那公务员协会研究团团长叶尔纳说：“研修计划项目可以促使各国更好地去理解和体验中国的哲学理念和文化。我们也很想了解中国现在面临什么样的挑战，政府是怎么应对这些挑战的。”来自津巴布韦大学政治与行政学院的讲师何娜说：“在我的研究过程中发现，每个国家的发展道路都是独特的，作为非洲国家，我们很感兴趣中国的发展道路是怎么走的，特别是财政和金融，非洲国家也可以把中国最佳的发展实践（拿来）进行借鉴和学习。”

2016 年“青年汉学家研修计划”的参加者表示参加此次活动很有收获。

美国的青年汉学家葛融此前学习中国历史的时候对汉语产生了兴趣，大学时还接触了中国语言、文学、音乐、哲学等。“陕北民歌歌王王向荣对我影响很大，听过一次他的独唱音乐会，给我留下了非常深刻的印象。”因为一直对文学和音乐有兴趣，所以他这次的研究主题也是中国民歌的歌词及其社会背景。澳大利亚阿德莱德大学的在读研究生林迪文的专业是语言学和翻译，他对研修计划如此评价：“来之前，我对自己的中文阅读能力和英文写作能力是有自信的，但对中国翻译出版界的现状（的认识）却很模糊，也并不了解出版程序。北京语言大学的老师实在是太棒了，我的所有问题他们都解答得一清二楚。”林迪文认为，这次研修班真正的重头戏是授课、交流和考察。在这些方面的收获远远超出他的预期，而且对他日后开展中国文学译介工作很有帮助。来自埃及的纳迪亚在埃及班尼苏韦夫大学担任讲师，她每个月都会应邀前往开罗中国文化中心做讲座，向埃及普通民众介绍中国社会的方方面面。纳迪亚说：“这次参加研修班收获太大了。回去以后，一定要把此行的感受跟我的埃及同胞们分享。”美国加州伯克利大学的研究生导师余敬格说，她已经把参加 2016 年“青年汉学家研修计划”这段经历更新到自己的履历中，因为“这对我们从事中国研究的人来说，是一种至高的荣誉”。斯里兰卡学员木蒂达现任科伦坡国际航海工程学院讲师，她表示，研修班授课与社会实践相结合的做法非常好。通过考察，她真切体会到中国的绿色发展理念，感受到中国哲学对中国社会的正面影响在公民行为与艺术作品上的体现；此外，中国政府在大力发展现代化基础设施的同时，完好保存了传统文化。

参加 2016 年“青年汉学家研修计划”的青年汉学家们还赴安徽省黄山市考察。来自尼日利亚的纳西尔表示，虽然中国对他而言并不陌生，可是实地考察中国历史文化遗产的机会并不多。中国政府对传统文化的保护工作令纳西尔印象深刻，在他看来，传统文化对于中国经济的发展起到了重要的推动作用。在西递镇，保存完好的明清古民居、祠堂和牌楼让学员们沉浸于中国建筑之美，希望探索其背后所富含的历史、艺术与科学价值。比利时布鲁塞尔欧亚关系研究所的项目协调员汉尼斯说：“传统和现代在中国结合得如此美妙，令人震撼。关键是这些房子里还有人住着，所以它们是活的。”观看了在祠堂进行的祭祀表演后，日本东北大学教授川口幸大说：“我是学文化人类学的，主要研究宗教和传统文化，这样的表演对我来说很有研究价值。”

作为“2017 青年汉学家研修计划（北京）”参加者，来自英美安全信息委员会的麦克斯韦尔·莱纳德·乔纳森·多曼说，通过此次研修计划，自己加深了对中国的认识，见识了中国最自然、最人文的一面。加拿大亚太基金会中国研究伙伴关系项目专员李开表示，此次研修计划有助于大家更好地了解中国的角色和作用。秘鲁天主教大学孔子学院讲师侯赛指出，青年汉学家研修计划安排的各个环节都拓宽了学员认识中国的视野，使他们对中国历史与现状有了更多、更好的了解。参加“2017 青年汉学家研修计划（北京）”的学员还赴江西考察，在领略当地瓷文化、古村落文化的同时，亲身体验“知行合一”的中国式治学方式。景德镇陶瓷、汪口村与篁岭村、三清山、朱子艺苑……随着对中国这些历史文化遗存及其在当下的传承发展的深入了解，汉学家们也希望用各自的视角来解读和传播中华文化。“中国瓷文化的传承，被一代代工匠、大师镌刻在艺术经典上。中国陶瓷不仅是精美的艺术品，还具有精神的独特性。”来自智利的玛丽缘认为。来自日本的安藤润一郎研究中国历史多年，此行进一步感受到中国民间文化的多样性。安藤润一郎表示，回国后要专门开一节有关宗祠文化的课程。

参加“2017 青年汉学家研修计划（上海）”的青年学员也表示收获颇丰。白俄罗斯青年汉学家智音说：“中国有悠久的历史、真正伟大的智慧。我希望我在推广中国文化的过程中可以做出贡献。”来自意大利的欧马达在上海外国语大学攻读博士研究生，她来自意大利的一个偏远小镇，上海繁华便利的都市生活、丰富的文学学术资源令她惊叹。而在上海的生活也让她发现，上海不仅是一个中国都市，它自近代以来的发展与国际社会紧密相连，是一座属于全世界的重要城市。欧马达的研究重点就是犹太人移居上海的历史。来自英国的韩霈兰的研究聚焦于中国当下的流行文艺作品，同时着手研究中国的传统文化与流行思潮。她表示，中国近年来的飞速变化很复杂也很吸引人，为她的学习和研究带来了很大的乐趣与挑战，而此次青年汉学家研修计划，为她提供了一个能更近距离观察中国社会现实的宝贵机会。

在首届“中国—中东欧舞蹈夏令营”活动中，来自斯洛文尼亚的青年学员格雷高尔表示，陕西风光美不胜收，太极功夫、泥塑制作、皮影剪纸、安塞腰鼓等给他留下了深刻印象。来自拉脱维亚的学员伊娃斯对中国书法产生了浓厚兴趣，表示希望有更多时间来学习。来自拉脱维亚的伊娃斯说，在他的想象中，中国的舞者是像机器一样做动作的，参加了夏令营后才感受到中国舞者的活力与个性，以及中国舞蹈艺术的传承与现代发展。

参加第二届中国—中东欧国家舞蹈夏令营的捷克舞者娜塔萨非常喜欢黔西南地区的舞蹈，她说，中国少数民族的舞蹈多姿多彩，且节奏感强，与国际舞蹈存在很多融合点。娜塔萨期待未来可以与当地民间艺人共同编创独具风格的现代舞和当代舞。

第三届中国—中东欧国家舞蹈夏令营结束后，来自塞尔维亚的伊莲娜·斯多莎夫列维克表示，通过这次夏令营她感受到了四川文化独特的美，对舞蹈也有了很多新的认识。她表示：“我以后在创作中也会融进中国民族文化独特的美。”

（二）国外部分反馈

生动有趣的文化体验活动及其寓教于乐的形式易于为海外青少年接受。

例如在马耳他中国文化中心举办的中国书法体验活动上，特邀书法系毕业的教师为学生们介绍、演示中国书法，并结合孩子们好奇的心理，将学生的名字翻译成中文并教孩子们用中国书法书写自己的中文名字。据参加活动的学生反馈，中国书法犹如优美的画作，他们希望学习中国书法。在当地中小学及国际学校推出的中国文化展台、中国角也被学生们认为生动、立体地介绍了中国文化，让他们可以近距离、全方位地接触中国文化。马耳他学生给中国文化中心送来“感谢贺卡”，感谢文化中心组织相关活动，让他们了解中国文化，为他们开启了认识和理解丝绸之路的智慧之门。参加“2016年青少年国际文化交流活动”的泰国大学生们也普遍表示，希望以后能有更多机会参加中国文化体验活动，更多地学习了解中国文化。

教学培训活动通过较长时间的课程学习，让青少年们对包括汉语在内的中国文化有了更加深入的了解，奠定了他们长期学习中国文化乃至让学习中国文化成为终生爱好的基础。例如，由新加坡中国文化中心与中国儿童艺术剧院联合主办的“中国儿艺马兰花艺校”，首期于2016年开学，设置初级班、中级班、高级班，主要培训学员说中文，讲中国故事，演中国经典儿童剧；2017年开始招生的第二期培训，包括“中国儿艺马兰花艺校”、马兰花艺校新秀武术班、新加坡中国文化中心围棋教育培训班等，并举办首届学员的提升班。这些培训班备受广大小学员与家长的喜爱，报名踊跃，凭借良好的效果成为当地知名的培训品牌。此外，巴黎中国文化中心、柏林中国文化中心等中国文化中心都开设了针对儿童和少儿的汉语培训班；贝宁中国文化中心举办的武术培训班，吸引众多青少年参加，儿童钢琴班也已成为品牌培训项目。参与学员对课程安排表示满意，希望继续学习汉语和中国文化，争取更大的进步。

面向青少年举办的中国文化艺术相关竞赛、展演活动则从另一个角度实现了文化传播，在活动中竞技、交流、学习，取得事半功倍的效果。如新西兰北岛四省市“青少年交响乐节”得到新西兰中国文化中心的支持，在各交响乐团小演员们的演奏目录中首次引入了中国曲目，作为他们提前排练、交流学习、汇报演出的重要内容，这对年轻演奏者们来说是一次新鲜的文化体验。联合演奏中国经典曲目《瑶族舞曲》成为活动亮点。来自帕拉帕拉乌穆中学的卡皮蒂青少年交响乐团小提琴手特里斯坦·切瑞尔说，能够与其他青少年交响乐团的众多演员们一同训练并同台演奏，既收获了知识，又是一次有趣的经历。在一个多月的训练中，特里斯坦越来越喜爱中国的音乐作品。“我最喜欢《瑶族舞曲》，感觉它的中国特色最为明显，演奏时带给我身心愉悦的感受，并且《哈萨克舞曲三首》也给予我神奇的体验，希望今后还有机会参加这样的演出。”同样，2015年在墨西哥举办的“我想象中的中国”儿童画展两届作品联展，展出了第一届和第二届儿童画展的273幅入选作品。这些未曾去过中国的孩子，通过自己的想象力和创造力描绘心目中的中国。他们表示，在创作过程中，他们对过去和现在的中国的了解越来越多。

首都文化创新与文化传播工程研究院于2016年6月19日发布了《外国人对中国文化认知调查报告》。[①] 报告调查了多个国家的青年群体对中国文化认知

① 李贞：《〈外国人对中国文化认知调查报告〉在京公布》，《人民日报》（海外版）2016年6月28日。

的现状、意愿和渠道。报告显示，外国青年群体对中国文化的认知意愿强烈。对于接触中国的 5 种方式，受访者的选择意愿均超过 50%。但就接触中国文化的最佳途径而言，文化旅游（73.2%）和人际交往（73.1%）以约 3/4 的比例成为外国青年人认为的接触中国文化最佳途径。根据这项调查结果，在向外国青少年群体推广传播中国文化的过程中，应特别重视与他们倾向选择的方式相结合，或融入其喜好的相关元素，不断增加活动的丰富性、生动性和互动性。

第三节　思考与建议

一　加强顶层设计，从供给侧角度出发，做好文化“走出去”的内容规划

要让中国文化更好地被海外受众接纳，首先我们自身必须对传播内容有全面的掌握和科学的规划设计，通过详细分析中国文化的类型、特色、受欢迎程度、传播规律、传播方法等，研究设计具有前瞻意义、引导意义的战略性供给。比如，很多机构在选择“走出去”的文化艺术内容时，习惯于挑选那些符号性较强、简单易懂的，对一些思想类文化艺术产品和反映中国现当代文化发展的内容则关注较少，这就需要相关部门做出规划引导。要做到这些，除应加强宏观管理，还可成立国家文化战略智库团队，吸纳相关政府机构、文化机构的专家学者加入，对中国文化“走出去”的内容给出大致方案、制定具体措施、列出时间规划。

二　对受众群体及其需求进行调研、分析，提供具有针对性的内容供给

这首先需要将受众群体按不同特征进行分类。例如，从所在国家和地区来分，发达国家受众和发展中国家受众对中国文化内容的喜好有所不同，欧美国家可能更希望了解一些更具民族特色的艺术类型及其在现代的传承发展；而一

些欠发达国家可能对杂技、武术更感兴趣，或是希望了解和学习中国的治理政策等。对此，除了有针对性地提供文化产品、对中国文化符号进行差别呈现外，还可有意识地对他们的喜好加以引导，采取阶段性递进式传播，即在建立起一定认知度后，逐渐加入相对抽象的哲学理念、价值观类的文化符号传播。又如，从身份族裔来分，相比当地族裔，海外华人群体既是中华文化的受众，又是传承与发展中华文化艺术的载体，他们对中国文化可能更了解或有天然的亲近感，但其对中国文化的认知也存在“不平衡不充分”的问题。针对他们的文化传播应该更加深入，也更应注意调动其作为传承者的积极性。此外，从受众职业地位来分，对于政要名人，可能要给予更多关注，注意在其影响力上下功夫，从而发挥更大效果、寻找更多文化传播机会，而不是流于表面；对于青少年群体，则应根据其特点，增强文化活动的互动性和趣味性，更注意培养其对中国文化的兴趣和爱好，保持传播的可持续性。

三　加强产品输出，通过走市场化道路，让中华文化拥有更广泛的受众

自2000年实施“中国文化走出去”战略以来，我国在文化艺术产品出口总量上实现了大跨步的增长。2016年联合国《文化贸易的全球化：消费的迁移——文化产品与服务的国际流动2004～2013》发布的统计数据表明：2004～2013年，中国文化艺术产品出口总量由104.81亿美元增长至601.11亿美元，2010年超越美国，成为世界第一大文化艺术产品出口国。从出口内容看，文化资源类产品、表演节庆类产品、图书等出版类产品、视觉与手工艺产品等出口总量大幅增长，且在世界文化贸易市场中的相对份额也大幅提高。但数据也反映了中国文化艺术产品出口结构存在的严重问题，即视觉、视听互动类文化艺术产品占比90%以上，而文化资源类、图书等思想类、创意设计与服务类产品合计占比很少，表演艺术与节庆类产品等更是只占极小比例，这与欧美发达国家相比还存在很大差距。事实上，通过商业性渠道推动文化的海外传播是更有效也更持久的方式，更容易真正得到受众的认可和接纳。对此，我国应进一步推动对相关文化内容的市场化探索，增强

文化产品的文化内涵和文化附加值，提升其竞争力和感召力，满足国际消费者的需求，让受众愿意买并感到买得值。

四 加强渠道建设，增加海外受众接触、了解、认知中国文化的入口

当前，中国文化对外传播仍以政府主导的文艺演出、现场节庆活动为主，驻外文化机构在文化推广的过程中也多采用艺术展演、文化课程、生活方式体验这几种常用形式。随着信息渠道的多元化发展，使用复合型传播方式推广中国文化活动应成为主流。现如今，外国人更倾向于通过互联网参与中国文化活动，尤其在外国青年群体中，选择以互联网和社交网络作为了解认知中国文化的渠道更已占据绝对优势地位。调查显示，国际受众更期待通过中国网络媒体了解中国信息。同时，更多的国际受众浏览中国网络媒体最主要的动机是“文化学习”，特别是“汉字学习”“中国美食文化学习”。[①]因此，充分借助网络丰富中国文化在海外的推广渠道和推广模式，是中国文化“走出去”提质增效应考虑的重要问题。而即使是艺术展演、文化课程、生活方式这三种方式，也有部分受访者倾向于在网上完成，其中尤以选择通过网络渠道的方式学习中国文化课程的为多，这是非常值得关注的现象。

尽管现有文化活动获得的受众反馈效果不错，但其在覆盖区域、展示时长、文化背景广度深度的延展等方面依然受到制约，互联网线上活动及相关传播方式恰可成为有效补充。通过建设中国文化活动网络展示平台，运用AR、VR等多媒体互动手段，提高互联网和社交媒体的传播能力和水平等，可令虚拟空间发挥更大传播效应，使中国文化获取更多受众的认可。

值得注意的是，拓展传播渠道也应建立在对受众进行细分的基础上。比如根据首都文化创新与文化传播工程研究院2016年发布的《外国人对中国文化认知调查报告》，对于英、美、法等国青年群体来说，购买文化产品、

① 向志强、吴婷：《中国网络媒体国际受众心理需求与使用行为调查研究》，《传媒观察》2015年第12期。

了解中国哲学理念的意愿强烈；对于南非、以色列等国青年群体来说，旅游、节事活动依然是其接触中国文化的重要途径。而网络媒体也可针对不同性别、年龄、宗教信仰以及教育背景的国际受众来设置和安排内容，或考虑通过大数据进行精准推送，增加针对性，减少资源重置和浪费。

此外，加强渠道建设还包括善用国内外多种平台，借力使力，让海外受众有更多机会接触和接受中国文化，引起他们对中国文化的兴趣，强化他们对中国文化的认知。除了上面提到主场外交活动、重要文化交流活动，现在各部门、各省市举行的国际性活动非常多，比如北京的全球机器人大会、杭州的世界互联网大会、贵州的中国国际大数据产业峰会等都是不错的国际性平台，借鉴参考重大外事活动，融入文化内容展示，可以产生“四两拨千斤”的效果。值得一提的是，应增强这类文化活动的体验性、互动性。事实证明，海外受众在互动交流、学习研修、参加比赛的过程中，对中国文化的了解和掌握往往更加深入。

五　建立可靠的评估体系和数据统计体系

我国在海外举办的中国文化活动数量很大，但是具体接受效果如何，还缺乏可量化的数据和评估。这首先是由于传播范围广、人力资源缺乏等因素对可操作性的制约；其次，虽然国内也有一些针对外国群体对中华文化接受度等方面的调研报告，但是也存在即时性差、不够全面等问题。因此，如果能通过政策引导、管理培训等方式，使得活动的组织方和相关参与者树立对受众反馈的重视和评估意识，即时地对有关情况和数据进行收集整理，将对整体工作大有裨益。此外，政府部门或有关机构还可购买当地知名调查公司服务，针对中国文化活动的受众群体进行及时有效的调研，做好资料的统计分析工作。

第三编

案例研究

第六章　中国对外演出公司案例研究*

中国对外演出公司（简称中演公司，英文简称 CPAA）成立于 1957 年，隶属于中国对外文化集团公司（CAEG），是国家对外文化交流的主力军、主渠道，是国家对外文化贸易的集成服务商。

中演公司一直服务于国家文化外交事业。近年来，先后策划承办了俄罗斯“中国旅游年”开闭幕式、第 27 届东南亚运动会开闭幕式、APEC 北京峰会文艺演出、南非“中国年”闭幕式、埃及卢克索神庙中埃文化年开幕式、中拉文化交流年、金砖国家文化节等重大文化活动。

中演公司在北京、上海、广州、重庆等 20 余座城市策划举办了相约北京艺术节、亚洲艺术节、阿拉伯艺术节、东盟艺术节、俄罗斯文化节、上合艺术节等大型节庆活动，邀请五大洲 100 多个国家近 2000 个演出团体来华演出，现场观众逾千万人次。

中演公司同加拿大太阳马戏团、美国哥伦比亚艺术家管理公司、美国国际管理艺术集团、荷兰星辰公司等世界知名演出机构合作，组派优秀艺术团体赴海外商业巡演，年均演出逾 3000 场。中演公司与英国爱丁堡艺术节、美国林肯艺术中心艺术节、美国史密森民俗节、美国 LDI 灯光音响展、墨西哥塞万提斯艺术节、拉美文化产业博览会、曼谷音乐舞蹈节等国际艺术节、展会密切合作，常年选派优秀艺术团体、文化装备厂商赴海外展演。

---

* 穆雯，中国对外演出公司文化交流中心项目经理。

中演公司制作了《时空之旅》《太极星云》《武林时空》《因为爱》等系列原创剧目，20 年来在中国、美国、加拿大、英国、德国、澳大利亚等 30 余个国家演出近万场；打造了高端文化品牌——“中华风韵”，选派中国精品剧目进驻美国纽约林肯艺术中心、华盛顿肯尼迪艺术中心、悉尼歌剧院等世界主流剧场，传播和推广中国文化；推出了融灯展、演艺、非遗、游艺、饮食等多项文化内容为一体的集成创新品牌项目“天下华灯嘉年华”，年均吸引海外观众 30 万人次。

第一节　中演公司主要对外文化项目及其影响力

2015～2017 年，作为中国对外演出领域的“国家队”，中演公司承办多起国事活动演出，并集中力量打造“中华风韵”品牌项目和“相约北京”艺术节。与此同时，推出《时空之旅》《武林时空》等多个剧目探索海内外商业演出市场。

一　策划承办重大国事演出和文化年节活动

2015 年 9 月 3 日，中国人民抗日战争暨世界反法西斯战争胜利 70 周年纪念大会在北京隆重举行。为迎接前来参加活动的各国嘉宾，习近平主席和夫人彭丽媛于 9 月 2 日晚在钓鱼台芳菲苑举行了欢迎宴会。俄罗斯总统普京、韩国总统朴槿惠、捷克总统米洛什·泽曼、联合国秘书长潘基文等 49 个国家或国际机构的领导人出席了当晚的宴会。9 月 3 日中午，阅兵仪式结束后，习近平等党和国家领导人、出席纪念大会的各国政要，以及参加过抗日战争的老战士、老同志等 800 余人出席大会。中演公司负责策划承办了上述两场重大国事活动的专场演出。

2015 年 12 月 4 日晚，国家主席习近平和夫人彭丽媛与南非总统祖马及夫人，以及参加中非合作论坛峰会的近 50 位非洲国家元首、政府首脑，在约翰内斯堡共同出席观看南非“中国年”闭幕式——《中非时刻》大型联合文艺演出，来自中国和非洲国家的近 200 名优秀演员在舞台上联袂演出。

演出引发现场观众的强烈共鸣和热烈反响，受到中央领导人和各国贵宾的高度评价。《人民日报》、新华社、中央电视台等主流媒体均对演出活动给予了重点报道，央视《新闻联播》的报道时长达2分27秒，并在央视各频道反复播出。南非国家电视台录制了全场晚会。

2015年，在汉诺威、伦敦、叶卡捷琳堡和约翰内斯堡策划承办4场重要国事活动。3月15日晚，2015年德国汉诺威消费电子、信息及通讯博览会开幕式在汉诺威市政厅剧场举行。中国国务院总理李克强向博览会发表视频贺词，国务院副总理马凯和德国总理默克尔共同出席开幕式并致辞。来自世界70多个国家和地区的政商界代表约2500人参加了开幕式。在马凯、默克尔讲话前，中演公司负责的节目创意乐舞《春江花月夜》闪亮登场。该节目充分利用开幕式现场的5块电子屏幕，将中国古典舞、传统乐器古筝演奏与多媒体视频互动完美结合，通过舞台和屏幕交替呈现舞乐画一体的中国雅韵，惟妙惟肖地传达出中国文化的美感和韵味。汉诺威展览会礼宾部部长麦克·罗斯称赞道："中国民族乐器和中国古典长袖舞与视频的互动带给我们唯美的视觉享受。"

2015年7月8~11日，中国应邀成为在叶卡捷琳堡举办第六届俄罗斯国际创新工业展的主宾国。中演公司派出宁波歌舞剧院演出舞剧《十里红妆》，作为中国主宾国框架内的重要文化活动。该剧于7月8日晚在具有103年历史的俄罗斯叶卡捷琳堡国立模范歌舞剧院演出，观众是900余名参加该展会的各国嘉宾。演出结束后，中国国务院副总理汪洋、商务部国际贸易谈判代表兼商务部副部长钟山、外交部副部长张明、俄罗斯联邦政府工业和贸易部部长丹尼斯·曼图罗夫、斯维尔德洛夫斯克州州长叶甫盖尼·库伊瓦舍夫等中俄两国贵宾接见全体演职人员并合影留念。汪洋高度评价本场演出，称赞其"为'中国主宾国'活动增光添彩"。

2015年6月21日，为配合中共中央政治局委员、北京市委书记郭金龙率中共代表团访问英国，中演公司策划承办了在伦敦O2英迪格剧场举行的"北京之夜"音乐会演出。中共北京市委常委、北京市政府高级顾问叶青纯，中国驻英大使刘晓明，伦敦市副市长罗杰·埃文斯出席活动并致辞。来自英国政商界的代表及当地华人华侨领袖700余人观看了演出。

2016年，贯穿全年的“2016中拉文化交流年”成为中拉文化交流史上浓墨重彩的一笔。作为我国同拉美地区举办的最大规模的年度文化交流活动，“2016中拉文化交流年”活动由文化部主办，在中国和拉美及加勒比地区近30个国家同时举行，直接受众近千万人。交流年活动中，由中演公司负责实施的演出、展览、人文交流等项目共计37个，其中来华项目16个（含开幕式），20个拉美及加勒比国家（含未建交国4个）派团组来华参加了文化年相关活动；出访项目21个（含闭幕式），项目覆盖14个拉美及加勒比国家。

2016年3月24日，“中拉文化交流年”在北京天桥艺术中心开幕，中国与拉美和加勒比16个国家的代表艺术家、艺术团体参加。以此为起点，“中拉文化交流年”举办了数百项活动，包括艺术节、音乐节、电影节、美食节、文化博览会、中华文化讲堂、全国西班牙语演讲大赛等，形式丰富多样，涉及领域和受众覆盖面极为广泛。“中拉文化交流年”实现了官方与民间、古典与流行、传统与现代、双边与多边互动交融的全方位的文化交流格局。

2016年11月21日，习近平主席与秘鲁总统库琴斯基共同出席2016年“中拉文化交流年”闭幕式，参观“天涯共此时——华夏瑰宝秘鲁行展”。李克强总理、刘延东副总理先后与古巴、墨西哥国家领导人共同出席分别在哈瓦那和墨西哥城举办的“中拉文化交流年”大型专题晚会，并在北京出席“中拉文化交流年”开幕演出。“中拉文化交流年”以前所未有的规模和巨大影响力受到中外媒体的密切关注和持续报道。新华社、《人民日报》、《光明日报》、中央电视台、中国国际广播电台，墨西哥《千年报》、墨西哥国家电视台、智利《信使报》，哥伦比亚《时代报》《观察者报》《新世纪报》，阿根廷《国家报》《国家通讯社》，西班牙《埃菲社》等数百家中国和拉美国家以及与之相关的具有世界影响力的媒体，对“中拉文化交流年”进行了大篇幅的评论报道。

2017年，中演公司共完成国事活动15项，策划承办了多项主场外交配套文化艺术活动和文化年节活动。

2017 年 9 月在厦门举办的金砖国家文化节，是配合金砖国家首脑峰会而专门策划的艺术节。金砖国家文化节共举办芭蕾、歌唱家、钢琴、民族舞和图片展、绘画展 6 项 20 余场活动。

在文化部的统筹规划下，中国在 2017 年墨西哥“中国文化年”框架下举办 20 项近 200 场文化活动，其中，由中演公司承办的主体项目包括开幕式演出音乐会《印象·又见国乐》、闭幕式演出大型舞剧《昭君出塞》《青年钢琴家王羽佳与墨西哥国家交响乐团音乐会》以及广东现代舞团《临池舞墨》等重点项目。全年项目覆盖了墨西哥 22 个州市，逾 700 名中国艺术家、文化学者等访墨，60 家当地文化艺术机构、超过 100 万墨西哥民众直接参与其中，观看转播、参与互动的民众逾千万人次。

在“中希文化交流和文化产业合作年”活动中，中演公司派遣国家京剧院、苏州昆剧院、中央芭蕾舞团、北京体育大学武术队以及女中音歌唱家杨光赴希腊演出。

2017 年 4 ~12 月，中国中东欧国家文化季在北京、上海、广东等地展开，展演场次达 300 余场。在中演公司的运营下，捷克国家芭蕾舞团芭蕾舞剧《黑与白》、立陶宛芭蕾舞剧《安娜·卡列尼娜》、塞尔维亚戏剧《茶花女》等经典剧目在全国亮相。

二　打造“中华风韵”高端文化品牌

2015 年初，舞剧《十里红妆》于 2 月 28 日 ~3 月 11 日在新西兰奥克兰布鲁斯·梅森剧院、澳大利亚悉尼州立剧院、墨尔本皇宫剧院共演出 6 场；香港舞蹈团舞剧《花木兰》于 3 月 5 ~8 日在纽约林肯艺术中心大卫寇克剧院连续演出 4 场。

舞剧《花木兰》和《十里红妆》是“中华风韵”连续第四年在美、澳、新三国的同一城市、同一剧场推出的中国民族舞剧作品，“中华风韵”的品牌效应和传播口碑业已形成，三地主流观众对中国民族舞剧形成了一定的观赏期待。美国《纽约时报》，新西兰《星期日电讯报》《时代报》《新西兰先驱报》，澳大利亚《悉尼先驱晨报》《先驱太阳报》，澳大利亚娱乐网站“百老汇世界”“舞蹈生活”“剧院人”等对以上演出予以大幅报道。此外，新华社、《人民日报》、《中国日报》等中央级驻外媒体，《大公报》《明报》等香港主流媒体，以及《世界日报》、美国中文台等当地华文媒体，也对演出盛况进行了报道。《花木兰》赴美演出是内地与香港文化界整合资源、深度合作，共同在世界中心舞台推广中华文化、联手开拓国际演艺市场的重要举措。

在中演公司精心运作下，2015 年 9 月 2 日、3 日，张火丁登上纽约林肯艺术中心大卫·寇克剧院，演出全本京剧《白蛇传》《锁麟囊》，获得空前成功。两场演出门票均提前售罄，很大一部分购票者为美国本土观众。中国驻纽约总领事章启月认为，张火丁访美对美国主流观众的影响以及美国主流媒体对该文化事件的关注，为我国多年对美表演艺术交流中所罕见。《纽约时报》、《美国戏剧》杂志等主流媒体均发表大篇幅的正面报道，其中《纽约时报》先后 4 次在其国内版和国际版的重要版面，以《京剧艺术巨星在美演出》《京剧大师美国展示京剧迷人魅力》等为题，图文并茂地报道演出盛况。此次演出所产生的积极、广泛的社会反响，为习近平主席此后展开的访美国事活动营造了良好氛围。本次活动的人格化、个性化传播模式和成功经验，对于进一步推动中华文化“走出去”，具有重要的示范意义。

同年，“中华风韵”《又见国乐》前所未有地加大宣传力度，大范围、多渠道、高频次投放宣传广告，达到了前所未有的宣传效果。中演公司分别与当地不同领域的 7 家知名公司建立合作，制定了包括户外广告以及电视台、电台、平面媒体、网络、社交网络等的多渠道、全方位的广告投放计划。在《华盛顿邮报》《大都会周刊》等主流英文平面媒体投放高频次彩色整版广告，发布大篇幅推广文章逾 10 篇；在肯尼迪艺术中心及白宫附近地铁站投放大幅醒目户外广告；在地铁车厢、公交车站、商务区、高校张贴海报 2500 余份，发放 1 万余份宣传单页；在 WTOP、WETA 等当地主流英文电台、电视台投放专题报道，以及 30 秒、15 秒广告；建立了演出官方网站，注册了 Facebook 和 Twitter 账号，实时发布消息与观众互动；创造性的使用了数字化科技手段，利用 IP 地址定位技术针对 40 万主流人群投放弹出式广告；通过 Email 和 eBlast 形式向肯尼迪中心的主流客户发放有针对性的推广资料逾20万份。

《又见国乐》在肯尼迪艺术中心连续演出3场，大获成功，现场观众近五千人，中国驻美大使崔天凯、驻纽约总领事章启月、驻旧金山总领事罗林泉、驻洛杉矶总领事刘健、驻芝加哥总领事赵卫平、驻休斯敦总领事李强民出席并观看了演出。《华盛顿邮报》以《〈又见国乐〉吸引年轻观众》为题刊发了彩色整版演出评论报道，记者劳伦·麦克埃文称赞演出“完全是视觉和听觉的盛宴，我最喜欢《黄河》和《春节序曲》”。

2016年，《粉墨春秋》和《沙湾往事》随“中华风韵”走出去。

山西华晋舞剧团大型舞剧《粉墨春秋》于2016年1月5日、6日在加拿大温哥华伊丽莎白女王剧院（2700余座）演出两场。此外，中演公司还在阿伯丁中心、GOH芭蕾舞学校及伊丽莎白女王剧院内策划并举办了3场“中华文化讲堂”活动，赢得温哥华社会各界和媒体的广泛关注。加拿大环球电视台、加拿大CBC电台、《温哥华太阳报》、《乔治亚海峡报》等英文主流媒体，《星岛日报》、《明报》、凤凰卫视美洲台、新时代电视台等当地华文媒体，以及新华社、中新社、《中国日报》等中国中央级媒体均对演出盛况进行了重点推介和报道。

这是中演公司首次赴温哥华举办“中华风韵”项目，从筹划到运作仅有两个多月的时间，先遣组赴温哥华考察期间，在3天的时间内与11家单位商谈16次，摸清温哥华演出市场的情况，并与几家重要的公关公司和媒体达成合作协议。

广东歌舞剧院大型民族舞剧《沙湾往事》于2016年1月7～10日在美国纽约林肯艺术中心大卫·寇克剧院连演4场，取得圆满成功。《纽约时报》、纽约电视一台、《百老汇世界》等美国主流媒体，《世界日报》、美国中文电视、《星岛日报》等当地华文媒体，以及《人民日报》、新华社、中新社、《中国日报》等中国中央级媒体均对演出盛况进行了重点推介和报道。这是中演公司近四年来在该剧院成功运作的第五个重大项目，是中演公司以纽约本土演出商的身份，按照当地演出操作规律，同剧场、公关公司、广告公司密切合作完成的项目。成熟的运作手段，加上《沙湾往事》的良好口碑，使得该项目在主流媒体的宣传上和票房收入上均取得成功。

2017 年 1 月初，舞剧《孔子》赴纽约林肯艺术中心和华盛顿肯尼迪中心演出。中国驻纽约总领事章启月认为，舞剧《孔子》以舞蹈形式讲述中国故事，向世界观众传递孔子思想，是一次非常好的中美文化交流活动，该舞剧也是一次成功的艺术创新。曾在西安观看过舞剧《孔子》的大卫·蒂勒总经理祝贺该剧在林肯艺术中心的首演成功，他认为现在的舞台表演更加成熟、艺术水准也更高。新华社、人民日报、中央电视台、中新社等中国中央媒体和纽约当地华文媒体《世界日报》《星岛日报》《侨报》，以及美国盖蒂图片社、《百老汇世界》等专业艺术媒体也给予了大量报道。《纽约时报》文章称“这部 90 分钟的舞剧已经成为中国的文化名片”。

2018 年，“中华风韵”派出上海歌舞团舞剧《朱鹮》赴纽约林肯艺术中心和波士顿博赫剧场演出，广东省歌舞剧院舞剧《沙湾往事》赴华盛顿肯尼迪中心和费城凯米尔剧院演出。

三　推动“相约北京”成为一流国际艺术节

作为由文化部、国家新闻出版广电总局、北京市人民政府主办，中国对外文化集团公司和北京市文化局承办的国家级大型综合国际艺术节，“相约北京”坚守国际性、综合性、公益性，展现出一个优秀艺术节应有的姿态与担当，在国内外持续发挥重要影响。据不完全统计，自 2000 年起，已有超过 120 个国家和地区的 1020 个艺术团体、3.2 万名艺术家登上了“相约北京”艺术节的舞台，观众总人数达 420 万。

第十五届“相约北京”自 2015 年 4 月 23 日起到 5 月 28 日结束，历时一个多月，邀请了国内以及来自美洲、欧洲、亚洲 25 个国家和地区的 50 个表演艺术团体，举办了近 200 场演出、展览、讲座和交流活动，吸引观众逾 30 万人次。开幕演出中的中央芭蕾舞团和美国国家芭蕾舞剧院联袂演出的《天鹅湖》、闭幕演出中的张火丁表演的《春闺梦》和《锁麟囊》，为本届“相约北京”的两大亮点，引起了海内外诸多观众和媒体的重点关注。

第十五届“相约北京”艺术节选择美国作为主宾国，艺术节得到两国高度重视，中国文化部部长雒树刚和美国国务卿约翰·克里分别向艺术节致贺信。美驻华大使马克斯·博卡斯在其官邸举办宴会，宴请参加“相约北京”艺术节的相关单位。美国里士满芭蕾舞团、美国杨百翰大学合唱团、美国乃霓现代舞团、美国威廉玛丽学院交响乐团、美国佐治亚男童合唱团、得克萨斯州大学合唱团，在国家大剧院、北京音乐厅、中山公园音乐堂、清华大学剧场、北京航空航天大学晨兴剧场演出。青岛交响乐团和美国华盛顿合唱团200余位音乐家同台演出，他们除了在北京国家大剧院的演出之外，还在上海、广州、青岛、香港4个城市为观众带来了奥尔夫经典作品《布兰诗歌》。

第十六届“相约北京”艺术节于2016年4月25日~5月30日举行。艺术节涵盖音乐、戏剧、舞蹈、节中节四大板块，邀请了加拿大、美国、西班牙等25个国家和地区的400余名艺术家与近400位中国艺术家一道，为北京观众联袂献上了100余场剧场演出、户外音乐节和艺术展览，共吸引观众逾15万人次。加拿大主宾国板块、潮流音乐节板块、中央民族乐团的大型民族乐剧《又见国乐》、中央民族歌舞团的大型舞剧《仓央嘉措》、张火丁和四大小生共同演绎的《白蛇传》引起了巨大反响。艺术节得到中加各界的高度关注和重视。中国文化部部长雒树刚，加拿大总理贾斯汀·特鲁多、总督戴维·约翰斯顿、全球事务部部长斯特凡·迪昂、遗产部部长梅兰妮·乔里、外交部部长斯特凡·迪翁均发来贺信。新华社、《人民日报》、中央电视台等国内重要媒体，以及法新社、埃菲社等国外主流媒体，均多次以整版或专题的形式报道了“相约北京”活动盛况。第十六届“相约北京”艺术节得到了美国航空公司连续第六年的赞助，取得了社会效益和经济效益的双丰收。

第十七届“相约北京”艺术节邀请了来自21个国家和地区的23个优秀表演艺术团体、400余名中外艺术家参加，共呈现近百场演出和展览。本届艺术节以“一带一路”为主题，4月27~29日，匈牙利舞剧《茜茜公主》在北京天桥艺术中心连演4场，拉开了“相约北京”艺术节的帷幕。

匈牙利是第一个同中国签署关于共同推进“一带一路”建设政府间合作文件的欧洲国家，在共建“一带一路”方面发挥了引领和先行作用。来自波兰妲尕妲娜乐队的民谣音乐会《华沙之春》，法国卡洛琳·卡尔森舞蹈团的现代舞《种子》，以及闭幕式演出、来自白俄罗斯的经典芭蕾舞剧《天鹅湖》等演出……这些精彩纷呈的文化艺术节目在一个月的时间里，串联起一条熠熠生辉的“一带一路”艺术珠链，以文化交流促进“一带一路”沿线国家民心相通。表6－1、6－2、6－3分别为2015年、2016年、2017年中演公司项目统计（派出）。

表6－1　2015年中演公司项目统计（派出）

序号	国家	项目名称	邀请单位	时间	地点	主要节目或展品
1	澳大利亚、新西兰	“中华风韵”舞剧《十里红妆》赴澳新演出	新西兰亚太文化交流中心、澳大利亚3CW中文广播	2月25日～3月13日	悉尼、墨尔本、奥克兰	《十里红妆》
2	俄罗斯	俄罗斯国际创新工业展“中国主宾国”演出	俄罗斯联邦工业和贸易部	7月4～9日	叶卡捷琳堡	《十里红妆》
3	德国	德国汉诺威CeBITZ展会中国主宾国开幕式	中国工信部	3月12～16日	德国汉诺威	舞蹈《春江花月夜》
4	英国	英国伦敦北京之夜音乐会	北京市文化局	6月19～23日	英国伦敦	民乐音乐会
5	南非	中非合作论坛暨南非“中国年”闭幕式演出	中国文化部	11月25日～12月5日	南非开普敦	文艺演出
6	美国	2015美国演艺出品人年会	美国演艺出品人协会	1月9～13日	纽约	演出作品展示
7	加拿大	港前艺术节	加拿大港前艺术节	8月4～10日	多伦多	文艺演出
8	美国	“中华风韵”舞剧《花木兰》赴纽约演出	林肯艺术中心大卫寇克剧院	3月5～8日	纽约	《花木兰》

续表

序号	国家	项目名称	邀请单位	时间	地点	主要节目或展品
9	美国	张火丁在林肯艺术中心演出《白蛇传》《锁麟囊》	林肯艺术中心大卫寇克剧院	9月2～3日	纽约	《白蛇传》《锁麟囊》
10	哥伦比亚、秘鲁	中拉人文研讨会哥伦比亚和秘鲁	哥伦比亚文化部、秘鲁文化部	5月19～28日	博格达和立马	—
11	智利	雕塑艺术家张勇赴智利	智利国家动物园	9月23日～10月2日	圣地亚哥	铜塑小熊猫一对
12	美国	“中华风韵”《又见国乐》赴华盛顿	肯尼迪中心	12月7～15日	华盛顿	《又见国乐》
13	哥伦比亚	华艺新颜——当代中国文化拉美展示活动	波哥大市政府	12月10～26日	波哥大	《鼓舞中国梦》

表6－2　2016年中演公司项目统计（派出）

序号	项目名称	邀请单位	举办时间	地点	主要节目
1	“中华风韵”舞剧《粉墨春秋》赴加拿大	中加文化发展协会	1月1～9日	加拿大	舞剧《粉墨春秋》
2	“中华风韵”舞剧《沙湾往事》赴纽约	纽约林肯艺术中心	1月3～12日	美国	舞剧《沙湾往事》
3	朝阳区文化馆兵马俑灯展赴哥伦比亚伊比利亚美洲戏剧节	哥伦比亚伊比利亚美洲戏剧节组委会	3月9～28日	哥伦比亚	兵马俑灯展
4	张国勇赴阿根廷指挥布宜诺斯艾利斯爱乐乐团	布宜诺斯艾利斯爱乐乐团	4月7日	阿根廷	—
5	葡萄牙“北京之夜”音乐会	葡萄牙市政府	6月12～17日	葡萄牙里斯本	民乐音乐会
6	琵琶演奏家赵聪赴墨西哥巡演	墨西哥中国文化中心	5月13～22日	墨西哥	中国民乐
7	中央芭蕾舞团和乌拉圭国家芭蕾舞团合作	乌拉圭国家芭蕾舞团	6月7～15日	乌拉圭	芭蕾舞剧《帕基塔》
8	郎朗赴阿根廷智利巡演	阿科隆剧院、圣地亚哥市政剧院	8月8～16日	阿根廷、智利	—

续表

序号	项目名称	邀请单位	举办时间	地点	主要节目
9	上海民乐团赴智利故宫博物院展览开幕式演出	智利总统府文化中心	8月31日～9月7日	智利	中国民乐
10	二胡演奏家马晓晖和IPN交响乐团合作	墨西哥国立理工学院交响乐团	8月31日～9月4日	墨西哥	中国民乐
11	上海民乐团赴委内瑞拉、特多和安巴演出	委内瑞拉文化部、驻安巴使馆、特多文化部	9月20日～10月2日	特多、委内瑞拉、安巴	中国民乐
12	DJ和手工艺人赴墨西哥、哥斯达黎加和巴巴多斯	塞万提斯艺术节	10月11～22日	墨西哥、哥斯达黎加、巴巴多斯	DJ音乐会、手工艺展示
13	青岛交响乐团赴拉美演出	基什耐尔中心、拉斯贡德斯剧院	10月24日～11月7日	布宜诺斯艾利斯基什耐尔艺术中心、智利圣地亚哥、兰卡瓜、瓦来帕依索	民族交响音乐会
14	南美文化产业博览会（哥伦比亚）	南美文化博览会	10月15～22日	哥伦比亚	—
15	中央民族乐团赴哥伦比亚、美国和墨西哥	哥伦比亚国家大剧院、美国KMP艺术家公司、墨西哥FR制作公司、墨西哥MOLIV娱乐公司	11月12日～12月5日	哥伦比亚波哥大，美国迈阿密，墨西哥瓜达拉哈拉、瓜纳华托、克雷塔罗、墨西哥城	大型民族乐剧《又见国乐》、音乐会《印象·又见国乐》
16	广东现代舞团赴哥伦比亚和玻利维亚	哥伦比亚亚洲基金会、玻利维亚当代舞蹈艺术节	10月15～29日	哥伦比亚波哥大，玻利维亚圣克鲁斯和拉巴斯	现代舞
17	“中拉年”闭幕式		11月16～21日	秘鲁利马	中国民乐
18	哈瓦那之夜	古巴文化部	9月18～28日	古巴哈瓦那	歌舞晚会
19	中墨手拉手	墨西哥	8月4～11日	墨西哥城	歌舞晚会

表 6－3　2017 年中演公司项目统计（派出）

序号	项目名称	时间	地点
1	“中华风韵”舞剧《孔子》赴美国纽约、华盛顿巡演	1 月 1～17 日	美国纽约、华盛顿
2	谭利华一行 4 人赴委内瑞拉参加“欢乐春节”系列活动	1 月 23～31 日	委内瑞拉加拉加斯
3	赵聪赴澳大利亚布里斯班参加第二届布里斯班新春音乐会	2 月 8～12 日	澳大利亚布里斯班
4	中阿建交 45 周年——组派中国歌剧舞剧院民乐小组一行 5 人赴阿与阿根廷国家交响乐团合作演出	3 月 17～25 日	阿根廷布宜诺斯艾利斯
5	千年之约——中国服饰的古典与时尚	3 月 28 日～4 月 5 日	南非、毛里求斯
6	中西弦韵	4 月 23 日～5 月 3 日	泰国、澳大利亚、新西兰
7	东方戏韵——中国京剧艺术之美	9 月 8～17 日	哈萨克斯坦、俄罗斯、瑞典
8	中国故事——行走千年的琴韵与画意	9 月 26 日～10 月 5 日	意大利、法国
9	天人相应——中医文化与当代生活	10 月 8～15 日	孟加拉国、尼泊尔
10	筝与诗——中国音乐文化之旅	10 月 8～15 日	美国（旧金山、纽约、波士顿）
11	2017 墨西哥中国文化年王羽佳与墨西哥国家交响乐团合作音乐会	10 月 6 日	墨西哥
12	金佛爵士乐队与 DJ 赴墨西哥塞万提斯国际艺术节	10 月 21～31 日	墨西哥
13	广东现代舞团赴墨西哥塞万提斯国际艺术节	10 月 20～21 日	墨西哥
14	中国歌剧舞剧院舞剧《昭君出塞》赴墨西哥巡演	11 月 17 日～12 月 1 日	墨西哥
15	苏州昆剧院《牡丹亭》赴希腊艺术节	7 月 9～16 日	希腊雅典
16	国家京剧院《杨门女将》赴雅典音乐厅	9 月 13～18 日	希腊雅典
17	北京体育大学武术队赴塞萨洛尼基博览会	9 月 8～14 日	希腊塞萨洛尼基
18	女中音歌唱家杨光赴希腊《大地之歌音乐会》	10 月 2～7 日	希腊雅典
19	中央芭蕾舞团赴希腊举办大师班	10 月 16～31 日	希腊雅典
20	组派中直院团赴美参加美国演艺出品人年会	1 月 5～11 日	美国纽约
21	美国 LDI 拉斯维加斯灯光音响展	11 月 14～21 日	美国拉斯维加斯

四　海内外商演

海外商演也是中演公司实现文化“走出去”的重要方式之一。2015～2017年，其海外商演情况见表6－4。

表6－4　2015～2017年中演公司海外商演项目统计

2015年					
序号	项目名称	演职人数	时间	地点	演出类型
1	太阳马戏团 TOTEM 内蒙古杂技团　高车踢碗	7	2015年1月1日～12月31日	澳大利亚、日本	商演
2	太阳马戏团 OVO 新疆杂技团　软钢丝	1	2015年1月1日～6月7日	日本等	商演
3	太阳马戏团 OVO 山东杂技团　蹬鼓	7	2015年1月1日～6月7日	日本等	商演
4	太阳马戏团 OVO 泰安杂技团　软钢丝	2	2015年1月1日～6月7日	日本等	商演
5	太阳马戏团 La Nouba 北京杂技团　空竹	6	2015年1～8月	美国	商演
6	太阳马戏团 La Nouba 山东杂技团　空竹	6	2015年7月13日～12月31日	美国	商演
7	太阳马戏团 Dralion 山东杂技团	25	2015年1月1～18日	巡演	商演
8	太阳马戏团 Dralion 新疆杂技团　单手顶	1	2015年1月1～19日	巡演	商演
9	太阳马戏团 Amaluna 云南杂技团　蹬人	10	2015年1月1日～3月22日	巡演	商演
10	太阳马戏团 Amaluna 山东杂技团	13	2015年3月9日～12月31日	巡演	商演
11	太阳马戏团 MJ ONE 山东杂技团	9	2015年1月1日～12月31日	美国	商演
12	瑞士克尼　蔡勇	2	2015年3月25日～11月22日	瑞士	商演
13	美国哥伦比亚　济南杂技团	45	2015年9月1日～12月17日	美国	商演
14	荷兰星辰　天津杂技团　蹬人	21	2015年12月～2016年1月8日	荷兰	商演

续表

2015 年					
序号	项目名称	演职人数	时间	地点	演出类型
15	美国环球心　武汉杂技团　大飞人	15	2015 年 1 ~ 11 月	美国	商演
16	荷兰星辰　上海芭蕾舞团	98	2015 年 12 月 ~ 2016 年 1 月	荷兰	商演
17	荷兰星辰　浙江杂技团	12	2015 年 11 月 ~ 2016 年 1 月	荷兰	商演
18	荷兰星辰　蔡勇　倒立技巧	2	2015 年 11 月 ~ 2016 年 1 月 11 日	德国	商演
19	德国体促　云南团　蹦床爬杆	14	2015 年 12 月 26 日 ~ 2016 年 1 月 26 日	德国	商演
20	德国体促　遵义团　高拐	3	2015 年 12 月 26 日 ~ 2016 年 1 月 26 日	德国	商演
21	大苹果　战旗杂技团　三人倒立	5	2015 年 8 月 16 日 ~ 12 月 31 日	美国	商演
22	瑞士小克尼　山东杂技团	13	2015 年 11 月 6 日 ~ 2016 年 1 月 4 日	瑞士	商演
23	Carre Event 北京杂技团　空竹	9	2015 年 11 月 5 日 ~ 12 月 22 日	瑞士	商演
24	45 degrees 泰安杂技团　邱江明	2	2015 年 7 月 4 日 ~ 8 月 1 日	安道尔	商演
25	Miami Interbrand 天津杂技团	11	2015 年 6 月 20 ~ 23 日	阿布扎比	商演
2016 年					
序号	项目名称	演职人数	举行时间	地点	演出类型
26	泰安杂技团赴太阳 OVO	2	2016 年 1 月 4 日 ~ 2017 年 12 月 31 日	美国、加拿大	商演
27	山东杂技团赴太阳 OVO	8	2016 年 3 月 7 日 ~ 2017 年 12 月 31 日	美国、加拿大	商演
28	内蒙古杂技团赴太阳 TOTEM	8	2015 年 9 月 28 日 ~ 2017 年 5 月 21 日	日本	商演
29	山东杂技团赴太阳 La-Nouba	6	2015 年 7 月 13 日 ~ 2017 年 12 月 31 日	美国奥兰多	商演
30	山东杂技团赴太阳 Amaluna	12	2015 年 1 月 20 日 ~ 2016 年 10 月 9 日	英国、荷兰、德国、比利时	商演

续表

2016 年					
序号	项目名称	演职人数	举行时间	地点	演出类型
31	山东杂技团赴太阳 MJ One	8	2016 年 10 月 1 日 ~ 2018 年 9 月 30 日	美国拉斯维加斯	商演
32	CAMI：湖南杂技团赴美国演出	45	2016 年 8 月 29 日 ~ 12 月 15 日	美国	商演
33	泰安杂技团顶碗赴 UniverSoul 马戏团	11	2016 年 1 月 26 日 ~ 11 月 28 日	美国	商演
34	齐齐哈尔大飞人赴 UniverSoul 马戏团	10	2016 年 2 月 ~ 5 月 23 日	美国	商演
35	战旗男子平衡赴大苹果演出	5	2015 年 9 月 17 日 ~ 2016 年 6 月 14 日	美国	商演
36	大连杂技团车技赴 UniverSoul 马戏团	9	2016 年 1 月 21 日 ~ 6 月 14 日	美国	商演
37	玲玲：黑龙江杂技团赴玲玲蓝队演出	24	2016 年 5 月 1 日 ~ 2018 年 5 月 15 日	美国	商演
38	荷兰星辰：新疆生产建设兵团杂技团男子群顶赴德	23	2016 年 11 月 29 日 ~ 2017 年 1 月 14 日	德国	商演
39	康纳利马戏团：江苏射阳团男子头顶赴瑞士	11	2016 年 11 月 12 日 ~ 2017 年 1 月 2 日	瑞士	商演
40	德国体操：天津团赴德	14	2016 年 12 月 26 日 ~ 2017 年 1 月 27 日	德国	商演
41	内蒙古杂技团赴法国、西班牙	7	2016 年 11 月 28 日 ~ 12 月 30 日	法国、西班牙	商演
42	法国 VLC：郑州星光杂技团赴法	13	2016 年 10 月 10 日 ~ 12 月 12 日	法国	商演
2017 年					
序号	项目	演职人数	时间	出访国家	演出类型
45	泰安杂技团赴太阳 OVO	2	2016 年 1 月 4 日 ~ 2017 年 12 月 31 日	美国	商演
46	山东杂技团赴太阳 OVO	8	2016 年 3 月 7 日 ~ 2017 年 12 月 31 日	美国	商演
47	内蒙古杂技团赴太阳 TOTEM	8	2015 年 9 月 28 日 ~ 2017 年 5 月 21 日	日本	商演
48	山东杂技团赴太阳 La-Nouba	6	2015 年 7 月 13 日 ~ 2017 年 12 月 31 日	美国奥兰多	商演

续表

2017 年					
序号	项目	演职人数	时间	出访国家	类型
49	山东杂技团赴太阳 MJ One	8	2016 年 10 月 1 日 ~2017 年 12 月 31 日	美国拉斯维加斯	商演
50	黑龙江杂技团赴玲玲蓝队演出	24	2016 年 5 月 1 日 ~2017 年 12 月 31 日	美国	商演
51	新疆建设兵团杂技团赴瑞士演出	21	2017 年 3 月 12 日 ~11 月 22 日	瑞士	商演
52	天津杂技团赴北美演出	45	2017 年 8 月 23 日 ~12 月 18 日	加拿大、美国	商演
53	新疆建设兵团杂技团赴荷兰	23	2017 年 12 月 12 ~31 日	荷兰	商演
54	河北杂技团赴德	21	2017 年 11 月 30 日 ~12 月 31 日	德国	商演
55	内蒙古杂技团赴瑞士	7	2017 年 11 月 12 日 ~12 月 31 日	瑞士	商演
56	沈阳杂技团赴美国 UniverSoul 马戏团	12	2017 年 1 月 20 日 ~11 月 28 日	美国	商演
57	上海芭蕾舞团“天鹅湖”赴欧洲巡演	98	2017 年 7 月 24 日 ~10 月 9 日	德国、荷兰、比利时	商演
58	“因为爱”爱丁堡艺术节	20	2017 年 8 月 1 ~31 日	英国	商演
60	河北杂技团赴加拿大牛仔节	13	2017 年 6 月 26 日 ~7 月 17 日	加拿大	商演
61	河北杂技团赴西班牙国际马戏节	23	2017 年 2 月 9 ~21 日	西班牙	商演

资料来源：中演公司提供。

与此同时，中外联合制作的驻场演出也获得了高票房。如中演公司和加拿大创作团队合作打造的多媒体舞台剧《时空之旅》自 2005 年 9 月 27 日在上海首演以来，至 2018 年 6 月 30 日共演出了 5003 场，售出了约 500 万张票，接待中外观众近 500 万人次，70% 以上的观众来自国外。

五　其他交流项目

除以上活动外，中演公司还承办了白俄罗斯文化日、格鲁吉亚文化日、阿塞拜疆文化日、亚美尼亚文化日、刚果（金）和津巴布韦艺术团访华等官方文化交流活动。派遣袁慧琴（京剧表演艺术家）、赵聪（琵琶演奏家）、袁莎（古筝演奏家）等30余人赴美国、俄罗斯、法国、意大利、澳大利亚、新西兰等12个国家参加30余场中华文化讲堂活动。

第二节　中演公司重点项目案例

案例一：2016“中拉文化交流年”：多边文化交流典范

2014年7月17日，习近平主席出席在巴西举办的中国—拉美和加勒比国家领导人会晤，并发表题为《努力构建携手共进的命运共同体》的主旨讲话，倡议举办“中拉文化交流年”。为响应和落实习近平主席倡议，由文化部主办，中国对外文化集团公司为主要策划和承办单位的“2016中拉文化交流年”于2016年3月24日~11月21日举办。

作为我国同拉美地区共同举办的最大规模的年度文化盛事，“中拉文化交流年”覆盖了中国和近30个拉美及加勒比国家，举办了演出、展览、论坛讲座、电影展映、美食节、旅游推介等数百场各类文化活动，直接参与观众达千万人次，成为近年来多边文化交流的典范。“中拉文化交流年”以其前所未有的规模和巨大影响力吸引了中外媒体的密切关注和持续报道。新华社、《人民日报》、《光明日报》、中央电视台、中国国际广播电台，墨西哥《千年报》、墨西哥国家电视台，智利《信使报》，哥伦比亚《时代报》《观察者报》《新世纪报》，阿根廷《国家报》《国家通讯社》，西班牙《埃菲社》等数百家中国和拉美国家媒体，对“中拉文化交流年”进行了大篇幅的评论报道。

“中拉文化交流年”实现了官方项目与民间创意、传统文化与现代艺术、双边与多边互动交融的全方位文化交流格局，在更深刻广泛的意义上促进了中拉人民的民心相通，为中国与拉美地区各国的政治、经济、社会广阔领域合作奠定了更加坚实的民心基础。在项目实施过程中，中演公司通过与主流艺术机构、主流剧院、主流媒体的合作，实现了对主流观众的人性化传播，为中华文化“走出去”积淀了弥足珍贵的经验。

一 国事演出获高度评价，彰显过硬实力

中国政府与拉美及加勒比各国政府高度重视“中拉文化交流年”。

2016 年 11 月 21 日，国家主席习近平和夫人彭丽媛与秘鲁总统库琴斯基和夫人兰格共同出席“2016 中拉文化交流年”闭幕式并致辞。习主席在讲话中指出，中国和拉丁美洲丰富多彩的文化艺术宛如色彩绚丽的鲜花绽放在双方广袤的土地上，将中拉文明互鉴推向新高度。

2016“中拉文化交流年”在中国和拉美及加勒比地区近 30 个国家同时举行。总体活动以习近平主席“中拉要加强文明对话和文化交流，不仅要各美其美，而且要美人之美，美美与共，成为不同文明和谐共处、相互促进的典范”和“人类命运共同体”的重要思想为指引，注重顶层设计、内容策划和统筹协调。上半年以将拉美文化项目请进中国交流展示作为工作重点；下半年则以组织实施优秀中国文化艺术项目走进拉美及加勒比地区为工作重点。在整个“中拉文化交流年”活动中，由中演公司负责实施的演出、展览、人文交流等项目共计 37 个，其中来华项目 16 个（含开幕式），20 个拉美及加勒比国家（含未建交国 4 个）派团组来华参加了文化年相关活动；出访项目 21 个（含闭幕式），项目覆盖 14 个拉美及加勒比国家。

“中拉文化交流年”期间，国家领导人三次出访拉美。三台相关国事演出均在国外制作完成，彰显了中国对外文化集团、中演公司的过硬实力。

2016 年 11 月 21 日，习近平主席和秘鲁总统库琴斯基共同出席“中拉文化交流年”闭幕式，参观文物展览等并观看由中国秘鲁两国民族乐团联袂呈现的欢迎演出。

鉴于秘鲁演出技术设备资源不足等现实条件的制约，中演公司执行部门

的业务骨干组成前期工作组，提前 10 天抵达秘鲁利马，对演出场地、舞美、音响等各环节进行逐项落实，确保活动万无一失。

为配合国务院总理李克强对古巴的正式访问，2016 年 9 月 25 日，《中古手拉手·中拉文化交流年哈瓦那之夜》专场文艺演出在哈瓦那大剧院举行。国务院总理李克强，古共中央第二书记、国务委员会副主席马查多，国务委员会第一副主席兼部长会议第一副主席迪亚斯·卡内尔等中古领导人与上千名古巴观众一同观看了演出。中古领导人一致称赞晚会制作精美，艺术家精湛的表演既展示了中华传统文化的精髓，又传递出中古文化携手共进的精神风貌。

2016 年 8 月 9 日，为配合国务院副总理刘延东正式访问墨西哥，中演公司制作了一台融合中墨两国文化精髓的《中墨手拉手——墨西哥之夜专场晚会》。刘延东与墨西哥众议长桑布拉诺与墨西哥观众一同观看了演出。两国领导人高度评价晚会既是两大文明的巡礼，也让当代人重新发现其永恒的魅力。

二　项目思想内涵突出，“走出去”“请进来”并重，体现文明交流互鉴

“中拉文化交流年”在策划时就将内容建设放在第一位。各类“走出去”项目突出思想内涵，表达中华文化的核心价值和当代中国的理念创新。同时，通过“走出去”“请进来”并重，体现出交流互鉴的文明观。

（一）突出传统中国文化艺术形式的当代表达

由中央民族乐团联合著名导演王潮歌创作出品的大型民族乐剧《又见国乐》登上哥伦比亚国家大剧院舞台，该剧以全新的演出形式，立体化、多样化地展现中国民族音乐与中华文明的独特魅力。中央民族乐团以 120 位演职人员的阵容，创“中拉文化交流年”赴拉美单项活动人员之最，且是巡演时间最长、国家最多的出访团组。哥伦比亚国家大剧院项目运营总监玛莉亚表示：“此剧阵容之庞大、装置之复杂，在该剧院前所未有。”连续两天演出，每场上座率都在 95% 以上，且均为购票观众。当地观众表示，如

此创新的音乐表现手法、高水准的演奏、绚丽的多媒体舞台，以及艺术家们恰到好处的表演，让他们深入地了解了中国民族音乐。哥伦比亚首都电视台录制了整场演出并在其频道播出，使演出覆盖更广泛人群。

（二）用世界性艺术语言讲好中国故事

2016 年 8 月 13 日，“中拉文化交流年”形象大使、著名钢琴家郎朗赴拉美巡演，以其世界级的影响力将中国文化带入拉美主流社会，引发强烈反响。从 2016 年 10 月 28 日起，“中拉文化交流年”唯一出访拉美的中国交响乐团——青岛交响乐团以百人强大阵容出访拉美文化大国阿根廷和智利，演出由著名指挥家张国勇执棒。演出曲目精心设计，兼顾中外，如小提琴演奏家吕思清演奏《梁祝》、与阿根廷国家合唱团合作演出著名清唱套曲《布兰诗歌》等，引起观众的强烈共鸣。

（三）中外合作演出促进中拉文化艺术的融合

著名琵琶演奏家赵聪赴墨西哥巡演，既有与阿卡普尔科爱乐乐团的合作演出，也有在墨西哥国家美术宫与墨西哥国家艺术中心的独奏演出，并在中国文化中心“中国文化周”和墨西哥城“第八届友好文化博览会”开幕式上演奏。著名二胡演奏家马晓辉与墨西哥 IPN 交响乐团合作演出并举办多“中华文化讲堂”活动，使中国文化首次走进了墨西哥高校。

（四）借力拉美主流艺术节平台

“中拉文化交流年”创造性地利用中国与拉美的文化平台，将一批优秀的中国文化艺术产品送到拉美，让它们走入主流观众的视野。“中拉文化交流年”携手墨西哥第 44 届塞万提斯国际艺术节，将中国现代音乐和传统手工艺表演送上这一世界著名艺术节的舞台。塞万提斯艺术节特别设置了“中国之夜”，中国的流行乐队表演、DJ、VJ 表演，剪纸、刺绣、泥塑艺术展示以及现场画脸谱等节目吸引了大量墨西哥观众；塞万提斯国际艺术节是拉丁美洲规模最大的艺术节，享有极高声誉。塞万提斯国际艺术节通过吸纳中国精彩的演出和展示项目丰富提升其内容，吸引墨西哥观众。中方则以墨西哥青年观众群体为受众目标精心设计表现内容，将传统与现代相结合，立体化地构建节目，把中国电子音乐送进了墨西哥，对当地观众来说是一次全新的审美感受。如墨西哥塞万提斯国际艺术节国际部主任马尔塞拉女士所言：“中国通过传统与现代结合的方式向墨西哥观众展示自己，让墨西哥青年一代了解了现代中国。”“兵马俑灯展”参加哥伦比亚的第十五届伊比利亚美洲艺术节，70 余尊兵马俑在 93 公园和国家议会大厦中庭阵列展出，气势恢宏，成为艺术节的亮点项目，受到当地观众欢迎。

在“请进来”方面，注重促进中拉文明互鉴，引入多姿多彩的拉美文化艺术产品。2016 年 3 月 24 日“中拉文化交流年”开幕式之后，相继举办了“拉美及加勒比音乐节”“加勒比美食文化节”“加勒比电影节”，从不同角度掀起拉美及加勒比文化的风潮。7 月，“中拉文化交流年”选派墨西哥、智利、巴巴多斯的流行乐队参加在贵阳举办的首届夏日音乐节，为拉美文化搭建了更多交流和展示的平台。这是我国首次大规模集中介绍加勒比国家的活动，使中国观众全面地感受到加勒比地区的文化魅力。

“中拉文化交流年”引入一批重量级的拉美文化展，如“拉美及加勒比艺术节系列展览”、拉美大师系列之《何塞·万徒勒里作品展》等，展览汇集拉美及加勒比近 20 个国家的文化艺术，从视觉角度呈现了拉美及加勒比国家的起源、发展和当代文化生活。博特罗是当代艺术大师之一，《博特罗在中国——费尔南多作品展》在“中拉文化交流年”期间首次来到中国，参加展览的京沪两地观众总数超过 100 万人次，创造了空前的观展纪录。

除了力推高质量项目，面向民众、走近百姓的交流活动也贯穿始终。哥伦比亚“激情加勒比”舞蹈团与北京三里屯街道社区民众共舞，古巴李斯特·阿方索舞蹈团到北京延庆献上精彩表演，拉美和加勒比乐队走进北京外国语大学等高校，让大众得以近距离领略热情奔放的拉美艺术，共享优质文化资源。

联合北京外国语大学共同举办的“全国西班牙语演讲大赛”是“中拉文化交流年”拓宽人文交流领域的一次新尝试。作为国内近 20 年来规模最大的西班牙语专业比赛，吸引了全国各地 50 多所大学派出代表队参加初赛。该赛事于 2016 年 9 月 18 日在北京举行了总决赛。

三　搭建产业合作平台，后续文化贸易合作可期

2016 年，中拉贸易总额达 2166 亿美元，其中文化贸易所占比重尚小，其发展空间还很大。中国是制造业大国，而拉美各国文化产业刚刚起步，对人才、设备、产品有旺盛的需求。举办“中拉文化交流年”的相关单位和机构与拉美重要文化企业、机构建立合作，实现了双向交流。“中拉文化交流年”期间，中国对外文化集团公司、中演公司创造性地利用多年积累的文化交流经验和技巧，尝试创建中拉文化贸易发展平台，推动双方了解彼此的文化产业成果，利用官方和民间两种资源搭建起文化贸易的稳固桥梁。

“中拉文化交流年”期间，适逢举办第二届南美文化产业博览会。南美文化产业博览会是由南美的阿根廷、玻利维亚、巴西、智利、哥伦比亚、厄瓜多尔、巴拉圭、秘鲁、乌拉圭、委内瑞拉十国联合举办的集中展示文化产业成果的洲际博览会，每两年举办一届。此届博览会有 400 家采购商和 700 家供应商进行贸易洽谈。

由中国对外文化集团公司、中演公司组织的代表团以国家代表团身份参加第二届南美文化产业博览会，成为本届博览会唯一拥有固定展位的非南美国家官方参展团，参展团成员有北京、广东、四川、湖南、新疆、浙江等地的艺术节、艺术院团、文化装备企业以及多媒体创意公司代表。在博览会上举办的“中国之夜”主题活动，推介展示中国优秀舞台艺术产品、文化装备及多媒体互动技术，推动中拉文化产能合作，推动中国文化产业走向拉美市场。中国参展团推出的展示内容涵括“相约北京”艺术节、新疆国际民族舞蹈节、成都国际非物质文化遗产节、张家界国际乡村音乐周等中国知名艺术节，宁波市演艺集团、浙江婺剧艺术研究院、青岛交响乐团、广东现代舞团等品类多样、各具特色的中国艺术院团，以及多媒体舞台剧《武林时空》、民族舞剧《十里红妆》等优秀舞台艺术作品。其中，由国内领先的多媒体互动和数字视觉文化创意公司鱼果动画设计的乐画云产品，成为此次中方参展团的亮点展示内容。该产品是基于 AR 交互技术，融教育、科技、艺术为一体，面向少年儿童培养创造能力和拓展社交能力的互动产品，吸引了众

多潜在“买家”前来咨询洽谈。南美文化产业博览会联合主席奥莉娃·迪亚兹·格拉纳多斯在活动结束后发来感谢信称：“我们很荣幸邀请到中国，作为唯一不属于南美的官方代表团参加此次活动，我们确信此次活动会加深中国与南美国家的互相了解，推动亚洲和南美大陆的文化交流和产业发展。”

中国参展团此次亮相的效果显著，带来了丰富多样的后续合作。2016年10月13日，“中南美洲国家文化装备采购商团”来华采购项目，墨西哥FR制作公司、UNO音响租赁公司、瓜达拉哈拉大学艺术中心等演出制作、设备租赁、大型剧场领域的7位采购商参观了广州、深圳、上海、北京的7个文化设备生产厂商；之后，该团还赴中山参加“2016中国（中山）国际游戏游艺博览交易会”和“2016游戏游艺产业国际营销年会”；赴国家对外文化贸易基地（上海）自贸区高科技文化装备产业基地，参观文化装备展厅，与多家文化装备企业进行了洽谈。

四　传播有节奏有力度，掀起中外媒体报道热潮

“中拉文化交流年”从2016年1月23日首次新闻发布开始，正式进入中拉公众视野。近100家中外媒体出席了发布会，中国文化部领导和墨西哥、阿根廷等20余国的驻华大使和文化参赞出席了发布会，阿根廷驻华大使代表拉美使团致辞。据不完全统计，近400家中外媒体报道了新闻发布会。2016年“中拉文化交流年”一开始就抓住了各大媒体的眼球，之后进入宣传传播执行阶段。

中国对外文化集团公司、中演公司高度重视宣传工作，配备了4名项目经理组成宣传工作团队。2016年1月23日~3月24日，是“中拉文化交流年”的宣传预热阶段，这一阶段的工作以整理、撰写宣传资料，建立官网、自媒体账号，策划整体宣传和项目宣传内容，媒体公关为主，充足的准备为接下来近一年的宣传打下了良好的基础。

“中拉文化交流年”使用统一形象标识系统，官网以中、西、英三语发布内容，还建立了中拉年专属的微信公众号、Facebook账号、Twitter账号，总阅读量超过20万次。前期撰写各类宣传稿件近百篇；制作了多部

宣传片；聘请专业纪录片团队为开幕式摄制了《中拉时间》和《全国西班牙语大赛》纪录片。与国内外重要媒体和公关公司保持紧密合作，通过与中央级重点媒体召开新闻通气会、策划专题报道内容等形式，确保重要媒体在重要节点如开闭幕式和重点项目的关键时刻及时发布大版面评论报道。

“中拉文化交流年”进行期间，宣传团队保持常规报道，在注意挖掘新闻事件、把握宣传节奏、避免信息疲劳的同时也注意宣传增量，使“中拉文化交流年”各项目得到了充分、鲜活、生动的即时报道。据不完全统计，中外传统媒体报道中拉年的新闻达5600余条，以传统媒体和新媒体相结合的创新方法，让更多人从不同渠道、不同载体了解、关注文化年，有效扩大了活动的参与面和覆盖面。

“中拉文化交流年”宣传团队高度重视当地主流媒体的报道，与拉美著名公关公司合作，邀请拉美重要媒体记者到中国采访。墨西哥《千年报》，智利《信使报》，哥伦比亚《时代报》《观察者报》，阿根廷《国家报》等一大批拉美国家著名媒体对之进行了多次大篇幅评论报道。

11月21日，习近平主席出席“中拉文化交流年”闭幕式并观看了《天涯若比邻——华夏瑰宝展》，再次引起了中外媒体的高度关注。趁此时机，“中拉文化交流年”宣传团队及时发布了系列重点报道，新华社发表《从各美其美，走向美美与共——写在中拉文化交流年闭幕之际》、《人民日报》发表《友谊越真，门越敞开》、《光明日报》发表《美美与共的命运共同体》和《世界的中拉时间》等总结性综合报道，各媒体从不同角度，深入分析、高度评价“中拉文化交流年”的成功经验及其对中国文化“走出去”卓有成效的推动。

案例二：打造“文化事件”释放代表性艺术家国际影响力

——张火丁京剧北美巡演成功的启示

“中华风韵”是中国对外文化集团公司自2009年打造的中国文化“走出去”系列品牌。在文化体制改革和文化走出去战略背景下诞生的“中华风韵”，通过在海外著名剧院推广中国演出剧目，直接了解欧美主流观众的欣赏需求和意见反馈，以准确、快速的海外市场调研、信息收集、渠道覆盖为我国优秀文化产品的国际推广打下了坚实基础。

作为2015年“中华风韵”演出剧目，9月2日、3日，京剧传统经典剧目《白蛇传》《锁麟囊》在美国纽约林肯艺术中心上演，场场爆满。2015年9月6日，《锁麟囊》又亮相加拿大多伦多。此次“中华风韵”的北美之行如往年一样大获成功，而不同在于，通过这几场演出，“中华风韵”将中国当代负有盛名的京剧表演艺术家之一张火丁推向了海外，并由此提出了中国文化“人格化”走出去的理念，成功展示出中国艺术在世界一流剧院舞台上的文化自信和中国对外演出公司务实高效的国际运营能力。

一 张火丁京剧北美巡演的成功之处

（一）海外反响巨大，成为“文化事件”

在美国，22～178美元的戏票开演前3天售罄，2500人的剧场座无虚席，而且现场大部分是美国本土观众。在加拿大，演出太成功，以至于在闭幕阶段，加拿大的观众们“不依不饶”，幕布“五落五起”，张火丁最后返场演出《春闺梦》，观众才罢休。

对于张火丁的北美之行，国内媒体提及最多的是演出“刷屏”美国当地媒体，《纽约时报》、《华尔街日报》和CNN等美国主流媒体，都对此次演出给予了特别关注和超常规的报道。其中，《纽约时代》先后4次刊登了张火丁的报道。值得注意的是，这些报道大多是从张火丁个人艺术风格写起，进而观照中国京剧艺术，从内容看显然下了很大功夫。

在题为《京剧超级明星将亮相美国》的报道中，曾获普利策奖并亲赴北京观看张火丁排练的记者描述道：“美国观众将会看到一种有着千年传承的珍贵艺术形式，精美戏服装点的道德故事、武打场景、繁复的动作，以及看上去如哑剧般的艺术化动作和手势。那些动作都各具意义和象征性，与鼓点、锣声和高亢的弦乐相呼应。”

（二）国内专家高度评价，被视为“走出去”范例

随团前往美国的中国文艺评论家协会副主席、中国戏曲学院教授傅谨认为，这次“客场”演出让他有了“主场”的感觉，“根本不像是在美国，而像是在北京的长安大戏院”。他将张火丁的这次演出和85年前梅兰芳访美演出，以及前几年“青春版”《牡丹亭》在美国的演出相提并论，认为张火丁此次巡演是戏曲“走出去”的第三个成功范例。

程派名角、著名京剧表演艺术家李世济也表示，虽然她在国内，但是那几天几乎每天接到来自美国的电话，告诉她张火丁在当地如何受欢迎，现场如何火爆。

著名戏剧家马也认为，过去我们的演出更多的是以院团为单位，此次演出难能可贵地在海外树立了张火丁的个人品牌。“人永远是艺术输出的重要载体，当年梅兰芳先生是这样，今天张火丁也是这样。”他认为，一场演出虽然幕后有一个庞大的团队，但明星和观众的黏合度是品牌最重要的核心，个人品牌得到最大彰显，才能使它所代表的艺术得到最好的弘扬。

（三）上演完整剧目，改变京剧在海外的碎片化印象

京剧“走出去”并非新鲜事，但很长一段时间都是以武戏或折子戏展示为主，不少国外观众误以为京剧就是穿上古代服装的杂耍，并不明白什么是唱念做打，什么是虚拟写意。

近年来，京剧“走出去”开始有了文戏和完整剧目，使中国京剧的审美特色能完整呈现在国外观众面前了。作为此次演出的“操盘手”，中演公司和中国戏曲学院从一开始就将此次演出定位为：与美国观众一起分享中国最优秀的传统艺术，让原汁原味的京剧文戏“走出去”。《锁麟囊》和《白蛇传》两部剧目在主题选择上，前者是“知恩图报”的共通价值观的再现，后者是“追求爱情自由”的代表；在呈现方式上，两场演出均以大戏的方式将戏剧性极强的故事完整呈现，因此，即便存在语言不通和审美差异等障碍，却不妨碍国外观众欣赏京剧之美。

此次演出表明，就像中国人能够欣赏交响乐、芭蕾舞一样，外国观众也能够欣赏我们优秀的传统经典。京剧经典剧目中所包含的中国传统文化，以“仁义礼智信”的伦理道德为核心，是人类共同拥有和遵循的价值观念。京剧优秀剧目的情感表达能让所有人沉浸其中，京剧的唱念做打能够吸引不同民族的观众。曾担任国家京剧院院长、现任东方演艺集团董事长的宋官林说，张火丁这次演出可以在京剧史上留下重要的一笔，“因为它完整地体现了京剧艺术的整体魅力，折射出中国文化的价值取向，彰显了中国精神”。

二　来自中演公司的经验

中国表演艺术在世界著名剧院赢得的欢呼和掌声，既是中国国家地位上升的自然结果，也是中国优秀艺术家、国际演出策划人、国际市场运营团队，用智慧、心血、汗水通过一次又一次成功或失败的“走出去”实践换来的。

实际上，自“中华风韵”品牌创立之初，中演公司就把探索海外商演新模式作为既定目标：托举中国优秀演艺作品登陆欧美著名剧院，排进他们的常规音乐季、演出季，让中国表演艺术走入国外主流人群的文化生活和消费视野当中。从操作层面来看，该品牌跳出完全依靠国外演出中介商的传统模式，尝试在项目运作、宣传推广、票务销售等各方面实现异地操作，通过国内运营团队与外国专业团队之间的直接对接、深度合作，实现了在美国的市场化宣传和营销创新。

（一）科学分析美国主流文化市场，以“人格化”走出去展示当代中国文化形象

面向北美主流市场观众，推出代表性艺术家、展示当代中国主流演出产品，构成了本次巡演的主要策略。

在美国特别是在纽约等大都市已经形成了较为鲜明的演出档期概念。除了如圣诞节等传统的节日档期，美国各主要剧场或剧场联盟推出的“艺术节”和“演出季”往往标志着演出旺季的到来。演出项目能够进入美国主流剧场演出季和各类重要艺术节，将会很容易地受到美国媒体和主流社会人群的关注。不过，正因为如此，这些艺术节和演出季对外来节目也有着相对苛刻的要求，节目制作方必须提供水准高、创意性强的文化项目。

《锁麟囊》《白蛇传》是经得起时间考验的中国京剧经典剧目，张火丁又是当代京剧表演艺术代表性人物。这是此次访美演出取得成功的前提。中国戏曲学院院长巴图认为，总结成功的原因，可能最重要的还是有特殊的、体现中国美学精神的艺术家，这对普通民众的影响力是巨大的。从人格化的角度来探讨“张火丁现象”、探讨中国文化“走出去”，是有其价值的。所谓中国文化“人格化走出去”，就是通过代表性的艺术家更加具象、生动地展现中国文化。表演领域的成功，通常会具体到某个人的成就及影响力，从根本上讲，是其代表人物人格化、个性化的成功。

在设计这次演出的主旨时，如同当年梅兰芳访美一样，中演和中国戏曲学院一直强调这是张火丁的赴美演出，而不仅仅是一般意义上的将中国传统艺术、京剧搬上美国舞台的行为，在美国掀起的“张火丁旋风”，为中国传统文化和表演艺术注入了具体的内容。[①]

（二）整合国内国际宣传推广资源，扩大巡演的社会影响力

选择什么样的广告形式，采取什么样的宣传策略直接关系到巡演成败。对于纽约这样旅游业高度发达的城市，面向海外游客的浅阅读宣传和轰炸式宣传变得很重要，立体式广告轰炸往往会直接影响游客的认知和判断。有统计资料显示，百老汇网站排行榜上的音乐剧排位基本与投放在百老汇和时代广场的音乐剧户外广告的尺寸和数量成正比。此外，广告投放还应针对不同节目类型、不同群体选择不同的投放策略。

为迅速有效走近美国主流观众，中国对外文化集团将全球最大的演出经纪公司国际管理集团（IMG）经纪公司作为海外合作伙伴，整合了国内国际宣传资源。包括《华盛顿邮报》等美国主流媒体和国内的新华社、中央电视台参与报道，扩大了巡演的社会影响力。《纽约时报》《华盛顿时报》等大报长期以来位居“严肃报纸”地位，许多剧团和演出代理公司十分看重他们的评论，并将其评论作为对外推广节目的主要论据。另外，《Time Out》

---

① 傅谨：《中国文化走出去的一次创新——谈谈张火丁在美国的演出》，《人民政协报》2015年9月21日。

等文化消费类刊物、免费报纸（非传统周报）的资讯和评论的市场引导作用也逐渐上升，这些本地化媒体有着较强的针对性，能够深入美国不同族裔、社群和地区。

张火丁赴美前，中演公司邀请曾获普利策奖的外国记者赴北京观看张火丁排练。在纽约主流媒体、中国驻纽约总领馆微信号上发布宣传信息，在纽约哥伦布大道、纽约环线观光邮轮做广告，中演公司以各种广告方式告知美国大众：中国顶级京剧艺术家将登上世界级表演艺术殿堂。

为了增进京剧艺术与美国观众的交流互动，中演公司从 2015 年 6 月开始联合纽约著名文化机构，连续举办了 5 场《张火丁京剧艺术赏析》讲座。为了激发观众看戏兴趣，两场演出前的 2 个小时里，又分别邀请哈佛大学教授王德威、密歇根大学教授陆大伟举办了 2 场京剧讲座。演出前所做的大量准备工作，都是为了借助在美国主流社会中有较强公信力的主流媒体和著名大学的优秀学者发出的声音，迅速缩小文化差异。从学术和艺术角度切入的评论和讲座，加上《纽约时报》著名记者的多次采访，在纽约期间举办的各种形式的记者见面会，在各大平面媒体和网络所做的宣传，从多个角度形成合力，产生的实际宣传效果非常直接和明显。

（三）通过美国主流剧院的地标效应和国际影响力，吸引美国主流人群

在巡演路线的选择上，此次巡演抓住了进入美国主流社会的文化制高点。林肯艺术中心这种国际文化艺术地标的影响力和高门槛，更容易引起国际社会关注，形成较大的社会影响力。中演公司已经与林肯艺术中心确立了长期的合作关系，几乎每年都在这座著名剧院推出“中华风韵”系列演出剧目。

张火丁演出所在的大卫·寇克剧场位于林肯艺术中心品字形的核心区，剧场方面为此次张火丁美国演出所做的市场化营销，既是张火丁访美演出成功的标志，同时也是成功的重要原因之一。借助剧场多年经营积累的市场推广经验，坚持不赠票、不打折，按照平时邀请各类高端演出时出售门票的惯例，安排了从 22 美元到 178 美元的多种票价，以满足不同观众的需求。市场化运作的压力，促使剧场经营者调动各种营销手段，寻找和发现京剧和张

火丁潜在的和真正的观众。买票进入剧场的观众，都是最投入和最热情的观众，他们既然愿意花费不菲代价购票进场，就会努力去捕捉与理解舞台上每个瞬间的艺术信息。

实际上，在美国演出行业的各个环节，提供服务最完善的是剧场。美国剧场可以提供租赁也可以承办演出，因而许多演出商更乐意请剧场作为演出承办方。其一，因为长期运作演出，剧场一般都有较好的媒体关系，许多剧场还有丰富的免费媒体资源。其二，邀请剧场作为承办方，更能调动剧场的积极性，使之提供剧场刊物、周边广告资源、剧场配套措施等服务。尤其在解决与剧场协调技术层面的问题时，减去了许多烦琐的中间环节。

（四）高效运营，全产业链支撑起专业化的服务体系

张火丁在表演上的过硬素质以及经典剧目的艺术魅力为演出成功提供了前提，幕后团队对整个运作流程的把握和掌控也很重要。从项目运营、后勤保障、剧场服务、票务到宣传推广，中国对外文化集团、中演公司为“中华风韵”演出项目提供了一套专业化的服务，确保了演出能够顺利圆满地进行。这种一体化服务理念，展示了其独特的全产业链竞争优势，也为海外项目推广提供了有益经验。

美国演出市场的服务链条和市场配套措施条块分割相当严重，许多服务需要演出方自行寻找，签署各式代理协议不下10份。相比之下，“中华风韵”系列演出的一个特色就是掌握主动权，将更多的海外市场权益握在自己手里。通过多次赴美巡演，中国对外文化演出公司整合了从上游到下游的海外演出产业链条上通常需要10多家专业公司才能完成的工作，广告投放、票务推广、媒体宣传都按照商业演出的标准进行操作，体现了在国际文化市场的核心竞争力，也为中华文化“走出去”提供了经验。

附：

2016年“中拉文化交流年”大事记

2014年7月17日，习近平主席出席在巴西举办的中国—拉美和加勒比国家领导人会晤，并发表《努力构建携手共进的命运共同体》的主旨讲话，倡议举办“中拉文化交流年”。

2015 年 1 月 8 日，习近平主席出席在北京举办的中国—拉共体论坛首届部长级会议，再次倡议于 2016 年举办“中拉文化交流年”。

2015 年 11 月 20 日 ~2016 年 5 月 8 日，拉美大师系列之《博特罗在中国》绘画雕塑展在北京、上海举行，观众超过 100 万人次。

2016 年 3 月 24 日，2016 年“中拉文化交流年”开幕式在北京天桥艺术中心隆重举行。

4 月 27 日 ~5 月 8 日，“加勒比音乐节”“加勒比电影节”“加勒比美食节”“拉美专业音乐人论坛”在北京举办。

4 月 27 日，著名指挥家张国勇指挥阿根廷布宜诺斯艾利斯爱乐乐团在科隆剧院演出。

5 月 13 ~22 日，著名琵琶演奏家赵聪赴墨西哥巡演。

7 月 1 日 ~10 月 9 日，拉美大师系列之《何塞·万徒勒里作品展》在北京、上海、南京巡展。

7 月 8 ~10 日，“中拉文化交流年”组织拉美和加勒比各国流行乐队参加贵阳首届夏日音乐节。

8 月 9 日，国务院副总理刘延东和墨西哥众议长桑布拉诺出席在墨西哥城市剧院举办的“中墨手拉手——墨西哥之夜专场晚会”活动。

8 月 9 ~23 日，中国国家京剧院经典京剧《白蛇传》《红娘》赴墨西哥首都墨西哥城巡演。

8 月 10 日 ~11 月 13 日，“色彩共生：2016‘跨越太平洋’中国当代艺术家交流展”在巴拿马、哥斯达黎加举办。

8 月 13 ~15 日，“中拉文化交流年”形象大使、著名钢琴家郎朗赴阿根廷、智利巡演。

8 月 29 日 ~9 月 8 日，著名二胡演奏家马晓辉赴墨西哥与墨西哥 IPN 交响乐团合作演出。

9 月 2 日 ~11 月 27 日，故宫博物院“盛世繁华——紫禁城清代宫廷生活展”在智利总统府文化中心举办。

9月23、24日，全国西班牙语演讲大赛总决赛在北京举行。

9月21日~10月25日，阿根廷欲望探戈舞团《魅夜舞步》在中国巡演。

9月20日~10月2日，上海民乐团赴安提瓜和巴布达、委内瑞拉、特立尼达和多巴哥演出。

9月25日，国务院总理李克强和夫人程虹与古巴领导人出席在哈瓦那大剧院举办的中古“手拉手·中拉文化交流年”哈瓦那之夜专场文艺演出活动。

2016年9月28日~2017年2月19日，中国美术馆“中国写意——来自中国美术馆的艺术”展览在墨西哥城圣伊德方索学院（博物馆）举行。

9月，“中拉思想文化经典互译工程”在北京正式启动。

10月12日~22日，中国流行音乐DJ和非物质文化遗产传承人参加第44届墨西哥塞万提斯艺术节“中国之夜”活动，并赴哥斯达黎加、巴巴多斯巡演。

10月7日~12月8日，“天涯若比邻——华夏瑰宝秘鲁行”在秘鲁国家考古人类学历史博物馆举办。

10月11~12日，中央芭蕾舞团主要演员张尧、方梦颖赴乌拉圭与乌拉圭国家芭蕾舞团联袂演出。

10月17日，由“中拉文化交流年”相关单位组成的中国代表团作为唯一非南美国家的官方代表团参加第二届南美文化产业博览会。

10月28日~11月3日，青岛交响乐团赴阿根廷、智利巡演。

11月17日~12月5日，中央民族乐团大型民族乐剧《又见国乐》赴哥伦比亚、墨西哥、秘鲁、厄瓜多尔、美国巡演。

10月11~18日，广东现代舞团赴玻利维亚、哥伦比亚巡演。

2016年11月20日~2017年2月15日，“志和山海——中国当代陶瓷艺术展”在厄瓜多尔举办。

2016年11月28日~2017年2月，“霓裳之汇——中国少数民族服饰文化展”在哥伦比亚举办。

11月21日，习近平主席和夫人彭丽媛同秘鲁总统库琴斯基和夫人兰格共同出席2016“中拉文化交流年”闭幕式并参观“天涯若比邻——华夏瑰宝展”。

第三节　启示与发现

一　以全产业链支撑文化“走出去”，提高国际竞争力和话语权

中国对外文化集团公司、中演公司一直以来都在打造覆盖演出产品制作、票务营销网络、演出院线等各环节的全产业链模式。目前，其已经成为我国艺术门类最全面、产业链垂直整合最完备的大型国有文化企业。

曾几何时，中国杂技对外商演创汇占中国所有文化产品海外创汇的80%。如今，“走出去”的文化产品、作品几乎涵盖所有艺术门类。就中演公司来说，形成了以杂技、武术为主，芭蕾、交响乐为辅，兼顾其他的全门类“走出去”的格局，在内容、形式上均对中华文化“走出去”形成了有力支撑。

“中演院线”拥有包括北京天桥艺术中心、上海大宁剧院、广州大剧院等在内的12家直营剧院以及来自27个省份的70家成员单位。截至目前，“中演院线”共有座席数120000个，年演出场次超过5000场，年观众总量超过420万人次。同时，于2000年创立的票务系统“中演票务通”也已经成长为全国文体票务市场的一支重要力量。接下来，“中演院线”将启动以“四海一家”为内容引进和生产核心的“配送基地”，以“中演票务通”为技术渠道营销平台，以直营剧院为基础平台，以加盟剧院为拓展平台，以国际剧院联盟为跨越平台，形成一个“国际化、走出去和引进来双向交流”的“大院线平台”。

全产业链模式有利于控制产品品质、降低中间环节交易成本，根据市场需要能及时调整产品。在国际竞争环境中，全产业链不仅构筑了中国对外文化集团公司、中国对外演出公司自身的国际竞争力，提高了所推出文化产品、艺术作品在国际演艺市场上的话语权，而且有助于推动中国文化以更加自信、从容的姿态走出国门。

二　面向主流剧目、主流剧场、主流媒体、主流观众，坚持双效统一，影响最有影响力的人

作为大型国有文化企业，中演公司始终坚持将社会效益放在首位，坚持社会效益与经济效益相统一，无论是在国事演出还是其他各类对外演出的过程中，都首先将“主流剧目、主流剧场、主流媒体、主流观众”纳入考量。

国事活动文艺演出能够直接影响各国的元首和政府首脑这些“最有影响力的人”，而通过其随行嘉宾和各种媒体的“放大效应”，我国优秀的表演艺术在相关国家的影响力呈几何倍数增加。因此，国事活动文艺演出是在特定人群中推广我国优秀表演艺术的重要形式，是我国国家文化软实力在外国元首面前的直观体现，也是推动中国文化“走出去”的重要渠道。

国事活动演出是中演公司的核心业务，是其在演出界排头兵地位的典型体现。每次接到任务，中演公司都精心策划，认真实施，圆满完成，得到了中央和文化部领导的赞许和表扬，切实落实了文化部部长雒树刚将外事活动文艺演出作为重大政治任务来完成的指示要求。在重要国事演出期间，中演公司所表现出的专业素质、职业风貌和敬业精神，不但给文化部、外交部、工信部、商务部、中联部、国家新闻出版广电总局等相关部门留下了深刻的印象，也在中直院团等全国各大院团之间形成了良好的口碑，还吸引了大量海内外的合作伙伴，形成了对外口碑、业务量和利润额良性循环、同时上升的局面。

中演公司的其他对外演出同样将“四个主流”作为营造影响力的抓手。主流剧目本身的艺术水准相对更高、代表性更强，具备给外国观众“解渴”的实力，既让希望一窥中国艺术风采的人大饱眼福，又能在一定程度上纠正部分人对中国艺术所持有的偏见和误读；这些主流剧目登上的舞台是在世界范围内都堪称最高水平的主流艺术殿堂，进入这样的演出场所，特别是被排进常规音乐季、演出季，无论对于艺术作品的再锤炼，还是对于幕后运作团队的成长而言，带来的都是有益经验；利用主流媒体渠道进行立体传播，有利于中国文化在海外影响的持续升温，从而形成持久的品牌效应，保持主流

观众的欣赏热情，使之形成观赏习惯，让中国文化艺术进入海外观众的文化生活和消费视野，为中华文化“走出去”和进军国际市场积累宝贵经验。

“四个主流”充分贯彻在“中华风韵”系列项目演出当中。自 2009 年推出以来，“中华风韵”先后将一大批中国优秀文艺作品输入国际主流文化市场，得到多国主流文化艺术圈的高度认可，每到一地都引发了当地主流社会的热烈反响，实现了经济效益和社会效益的双丰收。

三　主动谋划、主动作为、精准发力，增强国有文化企业在“走出去”过程中的领航、破冰作用，填补空白领域，铸造“走出去”典范

在重大节点、重要地域和关键场合，中演公司践行“文化先行”，发挥了大型国有文化企业补白、破冰、领航的独特作用。

2016“中拉文化交流年”是中国与拉美地区之间首次举办如此大规模的多边文化交流活动。在此之前，两地人民对彼此文化的了解十分有限。“中拉文化交流年”各项活动在策划之初，就以习近平主席指出的“中拉要加强文明对话和文化交流，不仅要各美其美，而且要美人之美，美美与共，成为不同文明和谐共处、相互促进的典范”为指引，将内容建设放在第一位，突出思想内涵，表达中华文化核心理念，承载当代中国价值观念。在多方共同努力下，2016“中拉文化交流年”成为中国和拉美及加勒比地区近 30 个国家同时举行的中拉文化交流盛事，其中包括部分与中国未建交的国家。承办过程中，中演公司创造性地利用多年积累的文化交流经验和技巧，探索中拉文化艺术合作与产业贸易发展平台，推动双方互相了解艺术成就和文化产业创新成果。

与美国演艺出品人年会的对接也是一例。该年会作为全球演出行业的盛会，旨在为表演艺术作品的创作者、场馆的管理者以及演出商提供交流与合作的机会，参展项目涵盖了各大表演艺术门类，包括古典音乐、流行音乐、爵士乐、当代世界音乐、歌剧、音乐剧以及魔术等。2015 年 1 月，受中国文化部委托，中国演出行业协会、中国对外文化集团公司组织全国 10 多个省市的 60 多位文化官员、艺术院团和演出机构负责人，参加在纽约召开的

第58届美国演艺出品人年会，联合举办“舞台上的中国——中美演出市场洽谈会”，在中城希尔顿酒店的演艺产品展销会现场设置展位，洽谈演出合作事宜以及进行艺术领域的文化交流，推介中国演艺产品。

又如林肯艺术中心大卫·寇克剧院，在“中华风韵”系列之舞剧《牡丹亭》与其签约之前，该剧院还从未接受过中国舞蹈艺术。大卫·寇克剧院专门上演轻歌剧和舞蹈艺术，被誉为“纽约文化生命力的象征”。剧院秉持林肯表演艺术中心的一贯原则，从未放弃对完美艺术的不懈追求，只有最杰出的艺术家、最富表现力和感染力的表演艺术，才被允许登上它的舞台。“中华风韵”在大卫·寇克剧院举行多场演出，意味着这座专门上演世界优秀舞蹈艺术的剧院向中国表演艺术敞开了它的艺术之门，填补了中国舞蹈艺术“走出去”的一大空白。同时，得到大卫·寇克剧院的认可，代表着剧目有实力拿到美国其他一流演出院线的“通行证”，进入美国舞蹈界权威人士的视线，接受最挑剔的专业观众的审视。

大型国有文化企业的领航作用更集中地体现在“一带一路”文化交流与合作上。由于对“一带一路”沿线国家的风土习俗、法律法规、文化市场情况了解有限，各企业难免有“试错”“交学费”的行为，这让开展文化活动的成本和风险更高。国有文化企业像一艘大船，推动大规模的演艺作品走向海外，体量较小的民营文化企业则能够借用已经开辟的航路，进入沿线市场，灵活、充分地展示中华文化艺术。2017年5月，“一带一路”高峰合作论坛在北京举行。其间，“相约北京”艺术节以推动“一带一路”文化交流为主题，为来自“一带一路”沿线及相关国家的艺术团体和艺术家搭建起了国际舞台。

四　中国元素、国际制作、中国故事、国际表述，发挥中外联合制作优势，推动中国演艺产业国际化进程

中外联合制作本身就是一种国际传播策略，具备诸多优势。相比完全自主原创制作的剧目，联合制作可以更直接地借助合作方的舞台技术、团队力量、文化习惯，实现资源共享，对接海外观众审美趣味，便利地进入双方文化市场进行有效传播。

以中演公司和加拿大团队联合制作的《ERA 时空之旅》为例，该剧目从2005 年 9 月 27 日开幕至今，演出超过 5000 场，卖出了 500 万张票，70% 以上的观众来自国外。作为一台以杂技为主要元素，融合音乐、舞蹈、武术和舞台多媒体技术为一体的剧目，《ERA 时空之旅》实现了中国元素、国际制作，中国故事、国际表述的成功结合，创造了“出口不出国”的“走出去”新模式。

《ERA 时空之旅》创造了“三个第一”：在演艺界第一次大规模聘用国外创意制作团队；第一次实现国内跨地区、跨行业的深度合作；第一次在战略上把国内外市场连接起来运作。创排时，就邀请了包括总导演、艺术指导、灯光、音乐等在内的国际班底，该团队曾经为太阳马戏团服务，有着充分的制作经验。在国际团队的包装下，中国故事、中国元素都有了更为新奇的国际表述方式。如有别于中国传统杂技晚会的“静”开场，以及相对于其他明亮舞台的暗处理，还有节目中所展现出的幽默感，也是国际表述中为观众津津乐道的部分。

总的来说，中外联合制作、共同创作，使得中方能够参照国外优秀的演出方式和理念，有利于中国演出行业水平和制作能力的提高，是中国演艺产业的国际化进程加快的标志之一。

五　坚定文化自信，重视品牌活动和艺术家的号召力和影响力，推动外国人对中国文化艺术的心理从猎奇走向艺术欣赏，从“看热闹”走向“看门道”

长期以来，猎奇是海外受众体验中国文化产品、观赏中国文艺作品的主要诉求。如何在以外国人喜闻乐见的方式让文化“走出去”的同时又诠释好文化内容？如何将外国受众的猎奇心态变成真正的文化欣赏心态？这是对外文化工作者一直在思索的课题。

以京剧为例，作为中国的传统艺术，其在“走出去”过程中遇到的问题具有代表意义。对京剧艺术完全陌生的西方观众能否欣赏京剧之美？对这一问题的认识，在很大程度上决定着文化交流的策略的选择。在特定历史时期，武戏、折子戏在对外文化交流中发挥了重要作用，让外国观众对京剧艺术的基本轮廓有了初步了解。但随着建设中国特色社会主义文化强国、坚定文化自信等思想理念的提出，对“走出去”内容的要求更高了，武戏“走出去”已经无法适应新时代提升国家文化软实力的需要。近年来，京剧“走出去”开始有了文戏和完整剧目，这使得中国京剧的审美特色能完整呈现在国外观众面前，并逐步登上外国主流艺术舞台，《白蛇传》《锁麟囊》《霸王别姬》的成功演出即是鲜明例证。这是中国京剧“走出去”的一大进步。

京剧是中国的传统艺术，不同国家、民族的观众欣赏京剧时，所需的文化准备是不一样的。文化自信要以对东西方文化的差异与共性的理性认识为基础，要以对外国的社会结构和传播规律的认识为基础。一方面，我们对京剧的艺术魅力要有足够的信心，另一方面，对东西方之间现实存在的文化差异，也要有清醒和深切的认识。

张火丁此次赴美演出的剧目中，《锁麟囊》是久负盛名的程派经典剧目，《白蛇传》则是她自己创作演出的版本，这两部大戏在国内都是家喻户晓的经典。选择这样两部在国内广受欢迎的京剧大戏到纽约演出，并且拒绝为那些对京剧不够了解的观众制作一个更通俗浅显的“入门版”，以满足某些人对异域情调猎奇式的兴趣，完全以原汁原味的方式将大戏呈现在美国的舞台上，体现了张火丁团队对优秀京剧作品跨文化传播的强烈的自信。这样的自信包含了丰厚的多层次的内涵——坚信中国京剧艺术的美也可以被美国观众所接受，坚信这些经典剧目所讲述的中国故事对所有国家的观众都具有强烈的吸引力，坚信其中所包含的中国传统文化中的以“仁义礼智信”为核心的伦理道德是人类共通的美好情操，坚信京剧优秀剧目的情感表达对所有有审美能力的人都富有强烈感染力，坚信京剧的唱念做打尤其是精美的唱腔、优雅的身段和京剧的舞台形态可以吸引与感动不同民族的欣赏者，坚信京剧的魅力不仅可以征服中国的观众也可以征服美国的观众。张火丁美国演出的成功，从根本上说，就源于对中华民族优秀的表演艺术传统从情感和道德内容到形式与表现手法上的充分的自信。[①]

---

① 傅谨：《中国文化走出去的一次创新——谈谈张火丁在美国的演出》，《人民政协报》2015年9月21日。

六　探索“一带一路”国际文化装备产能合作，推动文化演艺装备“走出去”，走一条“软硬结合”的文化“走出去”新路

文化装备“走出去”迎来了时代机遇。《文化部“十三五”时期文化科技创新规划》[①] 关于文化装备系统提升工程提出，要推动一批文化创作生产的技术解决方案与装备系统；改进、完善流动舞台车、文化车等流动文化设施；支持办好“中国国际专业音响灯光乐器及技术展览会”及各类文化装备系统展示、交易活动，培育文化装备民族品牌并支持其“走出去”。与此同时，《中国制造 2025》[②] 启动了我国“工业 4.0”国家战略。“电脑 + 人脑”的智力革命，将信息科技的数字化、网络化、智能化、物联网、云计算、大数据等技术全面应用于我国的制造业。这也为我国文化装备业转型升级、创造新一代舞台设备带来了机会。

在与国内外演艺机构常年合作的过程中，中演公司发现了让文化装备“走出去”的可能性。近年来，中演公司在推动文化装备出口方面小有成效，促成两次文化装备采购商来华洽谈项目，并组织了国内一流灯光、音响和 LED 生产商赴美国拉斯维加斯参加 LDI 灯光音响展，这是文化装备首次以“国家馆”形式出国参展。

加快文化装备“走出去”和推进国际产能合作，是“一带一路”建设的重要内容。目前，许多“一带一路”沿线国家对文化装备存在需求，而中国很多装备和产能质优价廉，综合配套能力强。国内部分演艺装备生产企业具备生产精品的能力，但由于国内市场以低价竞争为主，而这些产品在国际市场上又没有形成品牌效应，只能陷于低端市场的拼杀。如能选择部分优秀企业，扶持其“走出去”，在国际市场上打响品牌，既能获得广阔的国际

---

① 《文化部关于印发〈文化部“十三五”时期文化科技创新规划〉的通知》，文化和旅游部官方网站，http://zwgk.mct.gov.cn/auto255/201705/t20170503_493589.html。

② 《国务院关于印发〈中国制造 2025〉的通知》，中国政府网，http://www.gov.cn/zhengce/content/2015-05/19/content_9784.htm。

市场，又能推动高端精品的开发和生产，有利于企业做大做强，对提升我国演艺装备的水平也有积极意义。

文化装备领域的优势产能“走出去”，有成为文化贸易的新名片的潜力。产能“走出去”，不仅仅涉及装备货物贸易本身，还涉及服务贸易范畴。如今的国际产能合作不同于传统意义上的“走出去”，已经从单纯的产品“走出去”，发展成为带动装备制造“走出去”，带动配套服务“走出去”。可以说，文化装备国际产能合作是对全产业链的一个新考验，也是综合实力的体现。通过推动文化装备“走出去”，探索一条“软硬结合”的文化“走出去”新路，已经被提上了中演公司的日程。

第七章　海外中国文化中心案例研究*

西方主要国家早在20世纪中叶就开始在国外设立文化中心，作为其宣传和推广本国文化、传播思想价值理念、树立良好国家形象的重要手段，以及提升文化软实力、推动文化“走出去”的重要平台。目前，英国已在全球110个国家和地区设立了230个文化中心，德国在92个国家设立了150多个文化中心（歌德学院），法国在91个国家设立了144个文化中心，美国建立了800多个多种形式的文化推广场所，发展中国家印度也设立了37个文化中心。近年来，欧洲国家饱受经济危机冲击，但各国对海外文化中心的支持基本没有受到影响。①

作为我国政府派驻国外的官方文化机构，海外中国文化中心建设自1988年启动以来，已走过了30年历史，至2017年底已建成运营35个。根据国务院批复的《海外中国文化中心发展规划（2012—2020年）》②，到2020年，海外中国文化中心总数将达到50个，形成覆盖全球主要国家和地区的中国文化对外传播推广网络。这一目标也体现在中国文化部（现为中国文化和旅游部）2017年2月23日公布的《文化部“十三五”时期文化发展改革规划》③ 中。在海外中国文化中心进入大发展阶段，同时对外文化工作转型升级面临更高要求的形势下，通过回顾和总结海外中国文化中心发展

---

* 陈璐，中国文化传媒集团中国文化报社主任记者。

① 史育龙、袁祥：《在文化交流互鉴中促进民心相通——“一带一路”建设背景下海外中国文化中心发展调研报告》，《光明日报》2016年10月15日。

② 史育龙、袁祥：《在文化交流互鉴中促进民心相通——“一带一路”建设背景下海外中国文化中心发展调研报告》，《光明日报》2016年10月15日。

③ 《文化部“十三五”时期文化发展改革规划》，中国政府网，http：//www.gov.cn/xinwen/2017－02/23/content_ 5170224.htm。

建设情况，分析落地和传播效果突出的代表性中心的成功经验，有助于进一步推动海外中国文化中心的有效运营、讲好中国故事。

第一节　海外中国文化中心发展建设概况

一　海外中国文化中心的宗旨与职能

海外中国文化中心秉承优质、普及、友好、合作的宗旨，主要承担四大职能。第一，举办文化活动：常态化、不间断地举办演出、展览、艺术节、文体比赛等各类交流活动。第二，教学培训：组织语言、文化艺术、体育健身等各类培训项目以及实施各类短期培训计划，以满足驻在国人民的文化需求，并使其在学习过程中感受中国文化的魅力，加深对中国文化的理解，增进两国人民感情。第三，思想交流：组织学术讲座、研讨会、汉学家交流等活动，邀请国内著名艺术家、思想家、学者到中心与驻在国人士开展交流。第四，信息服务：通过海外中国文化中心图书馆等信息资源的建设和对外开放，向驻在国公众提供涉华信息，使驻在国人民更好地了解中国的历史、文化、艺术、经济社会发展成就及价值观。

二　海外中国文化中心建设发展历程

设立文化中心是两国双边关系进一步深化的重要标志。1988 年，中国启动首批海外中国文化中心建设；但直到 21 世纪初，由于各种原因，仅有毛里求斯和贝宁两个中国文化中心建成运营。随着我国综合国力的提升、对软实力认识的加强及中外文化交流合作的深入，海外中国文化中心自 2002 年起进入快速发展阶段，海外中国文化中心的性质、定位得到进一步明确，建设的步伐也逐渐加快。2002～2012 年，法国巴黎、德国柏林、韩国首尔等地的 10 个中国文化中心相继建成运营。党的十八大后，中华文化“走出去”的步伐更加稳健，2012～2017 年是海外中国文化中心快速发展的一个重要时期，共计 23 个海外中国文化中心陆续建成。

目前，全球共有位于坦桑尼亚、毛里求斯、贝宁、开罗、巴黎、马耳他、首尔、柏林、东京、乌兰巴托、曼谷、莫斯科、马德里、墨西哥、尼日利亚、哥本哈根、斯里兰卡、老挝、悉尼、新加坡、尼泊尔、布鲁塞尔、新西兰、斐济、斯德哥尔摩、金边、雅典、海牙、明斯克、巴基斯坦、特拉维夫、索非亚、仰光、河内的35个中国文化中心（见表7-1），海外中国文化中心已覆盖非洲、欧洲、亚洲、北美洲和大洋洲。

多年来，海外中国文化中心的不断创新机制、优化布局、完善职能、打造品牌，“创新、协调、绿色、开放、共享”成为新的发展理念。各中心面向驻在国主流社会和各阶层开展活动，生动活泼地传播中国声音，讲述真实美好的中国故事，展示和平、开放、文明的中国形象，持续推广和传播中华文化，助力中外文化互鉴和民心相通。

《文化部“十三五”时期文化发展改革规划》指出，要继续加快推进海外中国文化中心的建设与发展。鼓励地方政府、中资机构等参与中国文化中心建设，多模式建设布局科学、功能完善、规模适宜的海外中国文化中心，筹建中国文化中心总部。为中国文化中心提供高质量项目资源，开展国情宣介、思想交流、文化展示、信息服务等活动，使中国文化中心成为中华文化传播的综合服务平台。可以预见，到2020年“数量达50个”的目标达成时，海外中国文化中心的全球布局将更加完善，功能将更加强大。

表7-1　海外中国文化中心一览

序号	成立时间(年)	国家	所在城市
1	1988	毛里求斯	路易港
2	1988	贝宁	科托努
3	2002	埃及	开罗
4	2002	法国	巴黎
5	2003	马耳他	瓦莱塔
6	2004	韩国	首尔
7	2005	德国	柏林
8	2009	日本	东京
9	2010	蒙古国	乌兰巴托
10	2012	俄罗斯	莫斯科
11	2012	西班牙	马德里

续表

序号	成立时间(年)	国家	所在城市
12	2012	泰国	曼谷
13	2013	尼日利亚	阿布贾
14	2013	墨西哥	墨西哥城
15	2014	丹麦	哥本哈根
16	2014	斯里兰卡	科伦坡
17	2014	澳大利亚	悉尼
18	2014	老挝	万象
19	2014	巴基斯坦	伊斯兰堡
20	2015	比利时	布鲁塞尔
21	2015	新加坡	新加坡市
22	2015	尼泊尔	加德满都
23	2015	坦桑尼亚	达累斯萨拉姆
24	2015	斐济	苏瓦
25	2015	新西兰	惠灵顿
26	2016	瑞典	斯德哥尔摩
27	2016	希腊	雅典
28	2016	柬埔寨	金边
29	2016	荷兰	海牙
30	2016	白俄罗斯	明斯克
31	2016	俄罗斯	莫斯科
32	2017	以色列	特拉维夫
33	2017	保加利亚	索菲亚
34	2017	缅甸	仰光
35	2017	越南	河内

资料来源：笔者根据相关资料整理。

三 海外中国文化中心建设原则、程序

海外中国文化中心设立原则为：根据国家对外关系的需要，立足当前，着眼长远，兼顾周边国家、发展中国家、发达国家和国际组织所在地等多个层面，先易后难，合理布局，创造条件，逐步推开。海外文化中心由文化部（现文化和旅游部）直接领导，我国驻外使（领）馆对文化中心予以政治指导。

两国政府以签署政府文件或互换外交照会的方式确认文化中心的设立，根据驻在国的具体情况，机构性质上采取外交机构、慈善机构、非营利组

织、公共公司等多种形式。在调研工作基础上，综合考虑机构性质、功能需求、驻在国法律和税收等实际情况，确定选址，经建设（装修改造）后，及完成业务办公用房的建设工作后，正式对外开展工作。根据《中国驻外文化中心设施建设管理办法》的有关规定，文化中心的选址一般应位于驻在国首都或主要城市的城市中心，选址需充分考虑开展活动的需要，即公共交通便利，靠近文化教育区，环境适宜、公共服务设施和市政配套设施条件良好，便于开展对外文化交流工作。

海外中国文化中心的建设规模一般为 2000～5000 平方米，主体功能包括教学区、公共活动区、办公区和附属用房。主要内容包括多功能厅、展厅、图书馆、电子阅览室、培训教室和办公用房，具体面积则需考虑筹建模式和两国文化交流的情况以合理确定。

海外中国文化中心的设施是文化中心开展活动的基础和平台，但文化中心的活动并不局限于此，各文化中心的活动呈现辐射效应，即在所在城市的其他文化场馆、其他城市甚至邻国开展文化交流活动。

目前，海外中国文化中心建设主要有三种模式。一是置地建房。在已经投入运行的中国文化中心中，毛里求斯、贝宁、开罗、柏林、曼谷、墨西哥、新加坡等中心采取这一模式。优点是可以完全按照文化中心的功能和需求来建设，最大限度地满足中心开展各项活动的需要；缺点是建设周期较长。二是购置现房。巴黎、马耳他、首尔、马德里、莫斯科、哥本哈根等中国文化中心采取这一模式。三是租用现房。东京、乌兰巴托、尼日利亚、悉尼、斯里兰卡、老挝、巴基斯坦、尼泊尔等中国文化中心采取这一模式。在这三种主要模式中，其中，柏林中心采用定制化建设方式，巴黎中心购置后再行扩建，老挝中心租用现房后继续开展新建工作。具体采取何种模式是根据不同国家的特点和海外中国文化中心的需要确定的，总体上把握“因地制宜，实事求是”的原则。

第二节　海外中国文化中心运营分析

数据显示，2015～2017 年，每个海外中国文化中心平均每年举办活动近 100 场，35 个中国文化中心平均每年所办活动的直接受众超过 400 万人次。[①] 海外中国文化中心的四大职能得以有效发挥，工作受到广泛认可：巴黎中国文化中心主任于 2015 年获颁“法兰西共和国艺术与文学骑士勋章”，莫斯科中国文化中心主任于 2017 年获“俄罗斯艺术科学院荣誉院士”称号；巴黎、曼谷、首尔、莫斯科、毛里求斯中国文化中心因在国产电影推广方面的突出贡献，2017 年被国家新闻出版广电总局（现为国家广播电视总局）授予“中国电影国际传播突出贡献奖”；等等。

2015 ~ 2017 年，处于飞速发展阶段的海外中国文化中心，不断探索新的合作与发展模式，丰富和拓展对外文化交流的外延与内涵，持续举办常规文化活动和一系列高品质品牌活动，涌现出不少亮点。新建中国文化中心的揭牌与已有文化中心的壮大，共同构建起新的对外文化交流网络。具体而言，呈现以下特点。

一　配合国家战略和外交大局，抓好重要节点

海外中国文化中心配合国家整体外交战略开展工作安排，在文化部的统筹下，充分利用新年、春节、中秋、国庆日、两国建交纪念日等重大节庆活动和重要时间节点，通过展览、座谈等多种形式介绍中国发展成就，通过文化艺术表演等展示中国优秀传统文化与现当代文化。

2015 年，海外中国文化中心举行了多场次纪念中国人民抗日战争暨世界反法西斯战争胜利 70 周年活动，向世界传递中国人民热爱和平的心声。为庆祝中欧、中泰建交 40 周年，布鲁塞尔中国文化中心、曼谷中国文化中心推出形式多样的文化艺术活动，在营造喜庆氛围的同时，促进双方以欣赏、包容、互鉴的态度看待彼此。

2016 年“七一”建党节前后，海外中国文化中心相继举办庆祝建党 95 周年活动，丰富的活动既让驻在国民众了解到中国共产党的发展历程和执政

① 马逸珂：《海外中国文化中心：布局全球，传播中华文化》，《中国文化报》2018 年 1 月 31 日。

思想，也有效宣介了中国的建设成就和文化成果。尼日利亚中国文化中心等在中秋期间举办相关活动，与驻在国民众及华人华侨共庆佳节。2016年是“中埃文化年”，中方共在埃及举办了89场文化活动，包括舞蹈、音乐、武术等文艺表演和讲座、研讨会等形式，吸引了约8.6万人次直接参加，在社交媒体观看活动视频、留言点赞等间接参与的人数达500万人次，基本上覆盖了埃及当地各个阶层。

2017年10月，中国共产党第十九次全国代表大会召开，各海外中国文化中心认真学习宣传贯彻十九大精神，着重就报告在外交、文化等领域的论述进行讨论，并把学习活动和工作实际紧密结合。马耳他中国文化中心所在的党小组除开展集体学习外，还举办了“通向十九大之路”系列活动，从多个侧面展现中国发生的巨变，唤起马耳他民众的心灵共鸣。悉尼中国文化中心对照十九大报告提出的新要求、新部署梳理各项工作，在“东方·亮”——中国光影与红木家具展、“百年西泠·中国印”——中国篆刻珍品展等活动中，注重体现文化自信和“以我为主、兼收并蓄”的理念。在白俄罗斯，明斯克中国文化中心网络电视全天滚动播放十九大开、闭幕式视频及有关新闻报道，并充分利用新媒体，在中心网络主页及时转载与大会相关的文字、图片、视频资料，方便当地民众更加及时、直观地了解大会情况。

二　积极融入当地生活，不断培育品牌活动

海外中国文化中心结合驻在国国情，主动融入当地文化生活，在办好各项常规活动的同时，积极培育当地民众喜闻乐见的品牌活动，不断扩大活动影响力。由巴黎中国文化中心举办的“法国中国电影节”被中国国家新闻出版广电总局评为“海外最优秀的中国电影节”，得到法国乃至欧洲各界人士的高度关注；两年一届的“法国中国传统戏曲节”、每年举行的“巴黎中国曲艺节”，也成为法国民众多角度了解中国传统艺术的重要平台。截至2017年，开罗中国文化中心“大使杯”汉语歌曲大赛也已举办11届，内容涵盖美声、通俗、歌剧、戏曲，成为备受当地人期待的年度盛会。

各海外中国文化中心主动深入驻在国学校、社区和文化场所开展文化交

流活动，扩大工作半径，受众人群倍增；同时与当地机构、节庆平台展开合作，使海外中国文化中心的知名度越来越高。马耳他中国文化中心连续多年受邀在“瓦莱塔不夜城”活动中开设“中国文化街”；毛里求斯中国文化中心舞蹈队成为该国重大节庆活动的必选艺术团；首尔中国文化中心与首尔市钟路区政府合作开设“中国电影常设电影院”；悉尼中国文化中心与阿德莱德艺术节中心签约；曼谷中国文化中心为泰国记者协会开办汉语培训班。

作为一年一度的海外“欢乐春节”活动的重要舞台，海外中国文化中心在推动这项知名品牌活动方面不遗余力。2015 年“欢乐春节”活动在全球 118 个国家和地区举办，海外中国文化中心充分整合利用驻在国的资源和平台开展活动，积极发展国际合作伙伴，相关合作链条日渐成熟。2016 年，海外中国文化中心在 26 个国家的 57 个城市举办 210 项活动，占“欢乐春节”活动总量的约两成。2017 年，海外中国文化中心全球联动，为进一步提升“欢乐春节”规模与质量、实现全球布局发挥重要作用。

三　常规活动稳中求进，促使职能有效发挥

2015～2017 年，海外中国文化中心举办的常规活动在原有基础上创新形式、拓展内容，在让外国民众感受中华优秀传统文化魅力的同时，推动现当代艺术形式、作品和展现当代中国风采的活动不断登上中心舞台。

通过海外中国文化中心提供的平台，众多极具中国特色的传统文化元素为外国民众熟悉。例如，2017 年，巴黎中国文化中心借法国夏季音乐节推出中国弹拨乐四重奏组合《弦外之音》的演出，中国传统乐器古筝、中阮、琵琶、扬琴所演奏的音乐深受当地观众喜爱；新西兰中国文化中心组织开展东北秧歌教学；毛里求斯中国文化中心举办“看画看马”国画讲座并为为期 6 周的写意花鸟画培训班师生举办结业作品展；悉尼中国文化中心举办题为“我是男旦”的京剧文创艺术讲座。

与此同时，海外中国文化中心着力推出中国当代艺术展演、传统艺术创新成果展示、当代中国风貌展示活动。2017 年，马德里中国文化中心举办“中国杭州传统工艺创新巡展”，以“铜、木、丝、纸、瓷”五种传统材质的设计演

绎为基础，以“工艺研究、作品设计、产品输出”为展示脉络，全方位、立体化呈现了传统工艺的创新成果，彰显中国非遗文化在当代焕发的魅力与生机；曼谷中国文化中心举办的“爱的密码”中国当代女性艺术展，展出的40余件绘画及雕塑作品分别来自20余位不同年龄、不同风格的中国当代女艺术家；斐济中国文化中心推出的“钟灵毓秀——中国当代水墨展”共展出29幅精品，向斐济民众呈现了中国当代水墨在新时代背景下的宽度和维度。

教学培训也是海外中国文化中心的重要工作。2015～2017年，海外中国文化中心注册学员总数不断提升，影响力和辐射力与日俱增，各中心都推出了一大批“接地气、聚人气”的培训项目。

以热门课程汉语为例，海外中国文化中心以多种方式开展教学培训，打造汉语传播的有效平台。其主要措施如下：第一，加强师资力量与管理，不断提升教师水平。贝宁、毛里求斯、巴黎中国文化中心举办多场汉语教学工作研讨会，为中方和本土汉语教师提供汉语教学管理工作研讨和汉语教学方法展示平台，进一步促进教学水平的提高。第二，根据学员的学习特点及实际需求，走出课堂，举办体验课，让学员在实践中学习汉语、了解中国文化和历史。布鲁塞尔中国文化中心2016年首期汉语培训班包括两个初级班、一个中级班。在教授学生听、说、读、写的同时，还在课后不定期地组织学员参观和体验中心举办的各类讲座、展览、论坛、文化体验、影视播放等活动。毛里求斯中国文化中心则尝试以话剧表演艺术培训带动汉语教学，其在2015年举办的为期3周的汉语话剧培训班上，邀请专业老师为当地的话剧爱好者提供正规培训，指导话剧爱好者背诵台词、完善表演细节，同时组织学员话剧队伍参加毛里求斯艺术和文化部每年举办的国家话剧节。乌兰巴托中国文化中心举办的“中国谜语有奖竞猜”活动，吸引了蒙古国5所大学的近百名学汉语学生和老师参与。活动设置了五颜六色的60个谜面，包括汉字、成语、俗语、地名等主题，让学员体验到了汉字文化的知识性、趣味性和娱乐性。第三，打造活动品牌，以比赛拉动学习热情。2016年，贝宁中国文化中心举办了第五届“贝宁中国文化中心杯”暨第十五届“汉语桥”汉语大赛决赛。曼谷中国文化中心的“友谊杯”汉语知识竞赛、开罗中国文化中心的“大使杯”汉语歌曲大赛和“大使杯”说汉语讲故事大赛等，也已经成为当地汉语教学界的品牌活动。

在汉语培训之外，各海外中国文化中心还有武术、书法、绘画、烹饪、中医药、乐器、舞蹈、传统棋类等多种内容的培训。如新加坡中国文化中心与中国儿童艺术剧院合作的“中国儿艺马兰花艺校”少儿艺术班，自2015年开办以来一直受到当地民众追捧。

四　思想交流与信息服务并举，传播好中国声音

近年来，开展深层次的思想文化交流是海外中国文化中心开展工作的一大着力点。2015～2017年，各中国文化中心在将中国文化主题讲座常态化的同时，还推出联合译介、论坛、沙龙等活动，促成中外知名专家、学者进行面对面对话。

由莫斯科中国文化中心倡议发起的“中俄经典及现当代文学互译出版项目”结出硕果，包括《红楼梦》《三国演义》《水浒传》在内的10部中国文学作品已作为首期成果出版。在曼谷中国文化中心策划举办的诗琳通公主译著《哪一种爱不疼》（中国作家川妮作品）新书首发式，贝宁、开罗、老挝中国文化中心举办的《习近平谈治国理政》座谈会，尼日利亚、柏林、马德里、乌兰巴托、新加坡中国文化中心推出的多场论坛、研讨会等活动上，中外文化艺术界人士、中国问题专家、汉学家之间进行了高层次、高质量的思想交流。

信息服务是海外中国文化中心的重要职能之一，2015～2017年，海外中国文化中心通过向海外推介有关中国政治、经济、文化、社会各方面的书籍、读物，有效传播中国声音。在莫斯科，“品读中国”读书周吸引了大批粉丝；在巴黎，诗歌爱好者欢聚《中国诗选》吟诵晚会；在贝宁，中国文化中心携中国图书亮相该国图书沙龙；在尼日利亚，中国文化中心举办的“世界读书日”主题活动扩大了当地民众的阅读视野。

除此之外，门户网站、数字图书馆、社交网络、移动终端应用程序等新媒体、新科技，已成为海外中国文化中心向海外民众提供信息服务的新手段。海外中国文化中心的网站点击量达到数百万次，在“脸书”“推特”等

社交网络上开设的公共账号吸引了大量年轻人。如布鲁塞尔中国文化中心自2015年9月成立以来，根据新媒体时代的传播特点，建立了全媒体宣传平台和重点受众数据库；涵盖中、英、法、荷4种语言的官方网站已上线，其脸书账号和微信公众号也投入使用。

五　助推“一带一路”文明互鉴和民心相通

在“一带一路”重大倡议从愿景迈向行动的过程中，海外中国文化中心发挥了积极的助力作用。一方面，在“一带一路”沿线地区加快布局。已建成的35个海外中国文化中心中，有16个位于“一带一路”沿线国家；到2020年，“一带一路”沿线国家的中国文化中心将会更多。另一方面，各中心举办了一系列相关主题的讲座、展览等活动，成为阐释“一带一路”政策理念的重要平台。2015～2017年，中国与“一带一路”沿线国家在文化交流层面取得优异成绩。

2015年，柏林中国文化中心“一带一路”沿线风情摄影展、马耳他中国文化中心“影像丝绸之路——甘肃风情”摄影作品展、开罗中国文化中心“一带一路”座谈会、乌兰巴托中国文化中心“丝路情”歌舞晚会等活动的举办，加深了驻在国民众对“一带一路”重大倡议和中华文化的了解和认识。

2016年，在俄罗斯莫斯科中国文化中心举办的“丝路明珠，数字永恒——数字敦煌成果展”，运用实体与虚拟互动、动态与静态相结合的新型数字化陈展形式，展示文化创新手段在经典文化遗存保护和传播工作中的应用；在曼谷中国文化中心举办的“相约丝绸之路2016——文化遗产与当代视象”展览，从丝绸之路沿线区域文明中吸纳不同艺术的精华，促进“一带一路”各国文化之间的交融；中国国家旅游局驻新加坡办事处在新加坡中国文化中心举办的“美丽中国2016丝绸之路旅游年”宣讲活动，邀请新加坡旅游专家李良义担任主讲嘉宾，向新加坡民众介绍中国丰富的旅游资源和“一带一路”沿线的风土人情。

2017年，《文化部“一带一路”文化发展行动计划（2016—2020年）》的出炉，为海外中国文化中心的“一带一路”文化建设工作进一步提供了依据。2017年，中国在巴基斯坦、以色列、保加利亚、缅甸、越南五个“一带一路”沿线国家设立中国文化中心；“一带一路”国际合作高峰论坛在北京举办期间，中国还与土耳其、阿根廷、突尼斯三国签署了互设文化中心的协议。作为2017年各中心工作的重点之一，曼谷中国文化中心举办的“与民乐经典近距离”艺境室内乐团专场音乐会、首尔中国文化中心举办的“丝路：文明互鉴的见证——敦煌艺术文献展”、毛里求斯中国文化中心举办的“丝路脉动”海上丝绸之路画展、布鲁塞尔中国文化中心举办的“丝路长·宴四方——中国饮食器物设计文化展”、巴黎中国文化中心举办的《永恒中国——魅力丝路甘肃》纪录片放映活动、新加坡中国文化中心举办的“‘一带一路’国际华人艺术展演”等“一带一路”主题展演活动，受到驻在国民众的欢迎。此外，马耳他中国文化中心举办的“敦煌和丝绸之路的文化融合”讲座，增进了马耳他民众对“一带一路”的理解认同；墨西哥中国文化中心举办的“新丝路”海外专家论坛，探讨“一带一路”框架内两国互通互助、互鉴互补的可能性；莫斯科中国文化中心举办的“汉代新疆与丝绸之路”专题讲座引用文献与考古资料，让中国与沿线国家的学者和民众之间碰撞出更多思想火花。各海外中国文化中心负责人和工作人员，也在不同场合宣传介绍“一带一路”倡议。

六 文化中心全球联动模式从探索走向成熟

随着海外中国文化中心建设发展的不断推进，系统化的统筹和管理方式开始发挥作用。自2016年起，文化部开始统一筹划全球联动的品牌项目。集中策划、全球联动的组织形式不仅让优质资源得到充分利用，也令文化的传播力和影响力实现最大化。

2016年是汤显祖与莎士比亚逝世400周年。文化部以海外中国文化中心为主要平台，于时年9~12月在全球20多个国家协同举办“跨越时空的对话——纪念汤显祖和莎士比亚”主题活动。由国内制作的“跨越时空的对话——纪念汤显祖和莎士比亚”展览，是海外中国文化中心举办该项活动的基本资源配置。展览分为“时代与传奇”“梦与真”“我@汤显祖”三部分，包括通过图片及史料文字介绍汤显祖、莎士比亚的经历及文学成就；通过影像、图片、多媒体及 VR 等方式，介绍汤显祖的代表作尤其是《牡丹亭》，以及向观众展示汤显祖及昆曲的衍生品等。同时，各中心会根据驻在国情况策划举办艺术表演、影视放映、学术讲座、研讨会、朗诵会及多媒体展示等形式多样的活动，上海昆剧团、苏州昆剧院等艺术院团，国内外研究汤显祖的专家学者均参与其中。

“跨越时空的对话——纪念汤显祖和莎士比亚”主题活动以纪念汤显祖和莎士比亚为契机，旨在推动国外各界进一步了解汤显祖及中国戏曲艺术，促进中华优秀传统文化与世界文化交流互鉴，主要呈现以下特点。

（一）时空跨度大，各中心联动

从新加坡国际戏曲节和主题展览的举办开始，到在毛里求斯路易港举办的汤莎主题灯展为止，分布在五大洲的 26 个中国文化中心在 3 个月的时间里轮番开展主题活动，用此起彼伏的高频节奏保证活动效果。这在中国文化中心发展历程中尚属首次。

（二）项目内容丰富，形式多样，立体多维

统筹各方资源，积极发挥各中心自身开拓能力，举办包括展览、演出、论坛、讲座、学术研讨、影视展映、讲习班、比赛等多种形式的文化活动共计 160 场，活动设计既面向高端，也兼顾主流人群，既有深度交流，也照顾到驻在国青少年的特点。

（三）秉承“共享”理念，各文化中心积极与当地文化机构展开合作，在活动中融入当地文化元素

在马德里中国文化中心和墨西哥中国文化中心的主题展览中，除将汤显祖与莎士比亚同时推出，还加入了有关塞万提斯的内容；新西兰中国文化中心组织维多利亚大学戏曲系学生，演出以《牡丹亭》为蓝本改编的毛利版诗剧《米迦亭》选段；巴黎中国文化中心邀请深受汤显祖古典浪漫主义影响的法国著名纪录片导演阿兰·马萨尔，出席他本人于 30 年前赴中国摄制的《牡丹亭》纪录片放映会；等等。

2017 年，以“传承·创新”为主题的“中国非遗文化周”在 29 个海

外中国文化中心同期举办，让中国非遗走向世界，让世界了解中国。非遗文化周框架下，“江西省非物质文化遗产展览”、《东方之声》音乐会、“诗心琴韵——中国古典诗词中的古琴”文学沙龙等活动在巴黎中国文化中心开展；“传承与创新——中国剪纸展”在巴基斯坦中国文化中心举办；“走进中国新疆暨非遗文献展”在开罗中国文化中心展出两周；“甲骨文记忆展”、非遗技艺体验学习活动、“编钟国乐”音乐沙龙等则登上悉尼中国文化中心的舞台。

“欢乐春节”活动也集中呈现了中心品牌活动统一策划、全球联动的成果。2017 年“欢乐春节”在全球 140 多个国家和地区的 500 多个城市举办了 2000 余场活动，海外受众达 2.8 亿人次，海外中国文化中心为“欢乐春节”系列活动的开展提供了重要平台。①

除此之外，“天涯共此时”中秋节品牌活动、“中国故事 2017”图片展在海外中国文化中心陆续举办；“发现中国”系列讲座走进莫斯科、马耳他、柏林、开罗等中国文化中心；“山水·心境”系列展演走上首尔、斯德哥尔摩、布鲁塞尔等文化中心的舞台；“多彩中华”系列展演活动在新加坡、马德里、新西兰等中国文化中心举办，同样取得了良好效果。这些联动性活动进一步构建起海外中国文化中心这一常态化、高质量的对外文化交流合作网络，充分展现其在中华文化展示与体验上的窗口、桥梁和平台作用。

七　为国内“大文化”提供“走出去”平台

近年来，海外中国文化中心在活动形式、资源支持等方面创新工作机制，建设海外中国文化中心项目资源库，探索部省合作共建模式，为国内各省（区、市）提供了一个协调、共享的“走出去”平台。

在对口年度合作框架下，海外中国文化中心与各省（区、市）联手开展的活动收效颇佳，既丰富了中心活动的内容与形式，也极大调动了地方文化“走出去”的积极性。2015 年，青海、山东、贵州、甘肃、重庆、广东、

① 宋佳烜：《2017 年对外和对港澳台文化交流亮点活动回眸》，《中国文化报》2018 年 1 月 18 日。

内蒙古、湖北、宁夏、天津等地丰富多彩的文化艺术展示活动亮相海外中国文化中心，海外民众得以充分接触中国不同地域的特色文化。

海外中国文化中心还进一步为国内文化机构、企业提供服务的平台。2016年，“中国风格”系列展览在巴黎中国文化中心开幕，推动中国设计产品与服务走向海外市场。布鲁塞尔中国文化中心举行的首场媒体交流会，主题为“自贸区建设与中国新一轮开放型经济构建——自贸区与文化贸易发展”，将上海自贸区推上文化贸易前台。

海外中国文化中心也为“大文化”框架下的品牌搭建发挥了积极的作用，为中外新闻出版、体育、旅游等各领域的全方位交流提供平台。2017年，由首尔中国文化中心、江西省黎川县人民政府主办，韩中经济文化友好协会承办的中国黎川文化旅游推介会在首尔中国文化中心举行，向韩国各界推介黎川的人文历史、自然生态、特色经济及旅游规划。柏林中国文化中心举办的柏林“中国杯”围棋大赛到2017年已连续举办8届，每年都吸引百余名棋友来参赛，成为柏林地区知名品牌赛事，近几年又与欧洲围棋大满贯赛同时举办，使得文化、体育发展相得益彰。

八　进一步探索合作共建模式，管理培训工作更加系统

文化部大力推进采取部省（区、市）合作的模式在海外共建中国文化中心的工作，鼓励地方省市积极参与海外中国文化中心建设，加快海外中国文化中心发展，取得积极成效。2015年9月，文化部与上海市政府合作共建的布鲁塞尔中国文化中心揭牌启用。作为首个采取部省（区、市）合作共建模式的海外中国文化中心，布鲁塞尔中国文化中心自成立以来，与比利时和欧盟机构合作举办了大量富有创意的高水平文化活动，在推广共建城市文化方面的优势更是得天独厚。2016年6月，上海在布鲁塞尔中国文化中心举办了为期一个月的“感知中国文化·体验魅力上海”城市形象推广活动，取得了良好效果。2016年11月，由文化部与江苏省共建的海牙中国文化中心在荷兰揭牌，成为部省共建的第二家文化中心。

2016年揭牌的金边中国文化中心，由文化部与云南省委宣传部、昆明

新知集团合作共建，是首家由文化部与企业合作共建的海外中国文化中心，开启了海外中国文化中心建设的新模式。金边中国文化中心前身是“金边中国文化之家”，在文化部、云南省委宣传部的支持和中国驻柬埔寨大使馆的帮助下，新知集团旗下、依托该集团的柬埔寨（金边）华文书局于2014年兴建。“金边中国文化之家”位于柬埔寨首都金边市堆谷区，总面积5000平方米，建成后发挥场地设施优势，通过举办演出、展览、研讨会、比赛等一系列文化活动，吸引了该国政治、文化、教育界重要人士以及众多当地华人华侨参与。后经文化部报请国务院批准，“金边中国文化之家”升格为“金边中国文化中心”。

另外，2016年落成的中共六大会址常设展览馆，作为莫斯科中国文化中心的分部，修复落成一年来已累计接待政府、中资企业、留学生群体200多个团组、7000多人次，成为颇具意义的海外红色旅游基地与爱国主义教育基地。

2017年，海外中国文化中心的管理和培训更加系统、深入。第一期海外中国文化中心工作人员培训班在北京开班，使赴海外中国文化中心工作的人员在较短时间内全面了解了中心的工作内容和环境，快速建立起从事对外文化传播与交流的知识和能力体系，能够基本胜任文化活动策划、教学培训组织、思想交流和信息服务支持等工作。培训班逐步为中心的发展和运营打造了一支政治过硬、业务熟练、外语精通、善于管理、懂文化艺术的职业化复合型人才队伍。海外中国文化中心汉语教师研修班也在2017年开班，来自法国、德国、新西兰、毛里求斯、埃及、韩国、泰国等20个国家的中国文化中心的24名中高级汉语教师参加了培训。

对于在海外中国文化中心学习的学员而言，“奖学之旅”等活动的选拔运作也更加成熟。来自巴黎、莫斯科、海牙、曼谷、马德里、悉尼等地的23个中国文化中心的65名优秀学员参加了由文化部外联局主办的“2017文化中国行——海外中国文化中心优秀学员团访华计划”，分赴20个海外中国文化中心对口合作省（区、市）进行深入的文化交流访问，回国后通过讲座、分享会的形式为其他学员介绍收获，分享第一手的中国资料。

第三节　来自马耳他中国文化中心的可借鉴经验

马耳他中国文化中心位于马耳他首都瓦莱塔，于2003年9月正式落成并对外开放，是中国设在海外的第五个中国文化中心。过去，马耳他与中国的文化交往极为有限，对中国的情况了解少之又少。文化中心的建立，带来了大量中国的信息和文化活动。经过十余年的运作，中心目前在马耳他已经具有较大影响力，马耳他中国文化中心两任主任分别于2009年、2013年获瓦莱塔市“荣誉市民”称号。

2015～2017年，马耳他中国文化中心每年平均举办各类文化艺术活动约百场，与马耳他各界特别是文化艺术界的合作也更加密切，“走出去”活动在这里成为常态，其中约半数活动是在中心以外举办的。中心工作得到了马政府高层及社会各界的广泛赞誉，马耳他总统普雷卡多次出席中心举办的活动并对中心所做工作予以赞扬。马耳他国家电台、马耳他国家电视台、马耳他最大报纸《马耳他时报》及其网站、马耳他国家旅游局网站等主流媒体经常大篇幅报道文化中心开展的活动。作为一个极具代表性的文化中心，马耳他中国文化中心的运营发展状况可以反映很多海外中国文化中心的情况，同时，该中心在多个方面的突出表现也使其经验具有借鉴意义。

一　活动量多质优，打造多项品牌

马耳他中国文化中心举办活动的频率高、效果好，经常有亮点出现。马耳他旅游局首席执行官保罗·布吉亚曾表示，他感到几乎每隔一两周就能看到中国文化中心举办的精彩活动，如此高效令人叹服。与此同时，中心着力打造品牌活动，很多活动连续举办多年，在当地具有较大影响力。

2015年，马耳他中国文化中心在“中国文化进校园”品牌活动框架下，走进马耳他瓦达拉国际学校、马耳他圣玛格丽特男子中学等当地中小学和国际学校举办了6场活动，为学生带去不同类型的中国传统文化体验。2016年11月，由马耳他中国文化中心与北京故宫博物院共同策划举办的“中国文化进校园”之“Explore Culture，Discover China”主题活动在马耳他韦达拉国际学校等地举办，由北京故宫博物院宣教部的工作人员为学校师生带来4次中国文化体验课。中心在“中国文化进校园”活动品牌之下开辟了“Explore Culture，Discover China”和“Finding the I in China”两个子品牌，意在通过开展参与性的趣味活动激发马耳他青年一代对中国文化的兴趣和了解。

2016年，马耳他“世界太极日”在瓦莱塔的圣乔治广场举办。这是该活动第10次在马耳他举办，与以往相比，此次活动无论从规模还是形式上都有很大进步。该活动推动马耳他太极爱好者人数逐年增加。由马耳他中国文化中心、桑塔露琪亚市政府、马耳他中华联合会联合举办的“中国消夏电影节”品牌活动，到2016年也已举办九届，成为当地民众文化生活的重要组成部分。

从2015年开始，每年3月，马耳他中国文化中心都会举办“妇女文化月”活动。这一品牌活动大大促进了中马女性艺术家之间的交流与沟通，增进了马耳他民众对中国女性文化的了解。2017年的“妇女文化月”活动，连续推出中马女画家对话展、丝巾培训班、中国当代女性艺术画展等富有女性文化特色的展览、培训、讲座等。

2016年5月，马耳他中国文化中心举办“中国文化月”，共举办活动10项，包括中马摄影家联合摄影展、古典吉他独奏音乐会、“河南非遗之夜”、儿童绘画比赛、读书月有奖征文、中医保健讲座等。在活动立意上，中国文化中心围绕“传统”“融合”“时尚”的主题对活动进行设计，从多侧面展现中国形象，同时重视马耳他艺术家的介入和在马中资企业的参与，既宣传本土文化，又强调中马互动的文化体验，令这一重要活动品牌更具吸引力。被纳入“中国文化月”框架下的“大师走进马耳他”是中心的一个创新品牌。2015年，中心将重点放在邀请名家上，2016年则更强调中外融合，举办“影像的融合——曾毅与约瑟夫·史密斯联合摄影展”。摄影家曾毅和约瑟夫·史密斯通过3场不同形式的研讨，极大地增强了展览的后续效应。

此外，马耳他中国文化中心身体力行，为推动“一带一路”建设发挥平台作用。中心充分利用外事活动契机，向出席活动的马耳他政要、知名人士和外国驻马使节介绍“一带一路”倡议，阐释丝路精神。2017 年 4 月 9 日，由中国驻马耳他共和国大使馆主办、马耳他中国文化中心承办的《庆祝中马建交 45 周年钢琴音乐会》上，来自中、马的两位艺术家四手联弹，演绎了曲目《丝绸之路》，通过节目编排凸显丝路元素。在举行“一带一路”国际合作高峰论坛期间，中心亦同时举办“中马建交 45 周年图片展”暨“灵感中国”艺术展、“丝路：文明互鉴的见证——敦煌文献艺术展”、著名学者方李莉的“一带一路上的瓷器贸易与世界文明再生产”讲座等主题活动对论坛的举办予以呼应。

二　高层政要助阵，广泛走进主流社会

在马耳他中国文化中心举办的多项活动，总是不乏政要、名人的身影。2015 年，马耳他中国文化中心参加了梅利哈小学组织的多元文化日活动。马耳他总统科略勒·普雷卡出席当日活动并观看了中国文化展台，并对活动给予高度评价。2016 年，马耳他总统科勒略·普雷卡、马耳他前总统博尼奇、马耳他文化局局长塔博尼、地中海会议中心主席斯皮泰利以及澳大利亚、土耳其、加纳等多国驻马耳他大使出席了中国著名小提琴演奏家宁峰在马耳他举办的音乐会。此次演出还是马耳他中国文化中心与总统慈善基金合作的一场慈善演出，收到的捐款悉数捐献给该基金，这增加了活动的美誉度、凝聚了人气。2017 年，中国驻马耳他大使馆首次在位于桑塔露琪亚市、由中国援建的苏州园林风格中国花园——静园举办“庆祝中华人民共和国建国 68 周年招待会”，马耳他总统普雷卡、马耳他议会议长法鲁贾、马耳他司法文化及地方事务部部长鲍尼奇、马耳他环境部长赫雷拉、马耳他前总统博尼奇、马耳他前副总理鲍奇、马耳他前外长维拉、马耳他前外长阿雷克斯等政要纷纷出席。马耳他中国文化中心在静园举办的中秋答谢招待会同样嘉宾满座，地中海会议中心主席肯尼斯·斯皮特里冒雨从迎接英国查尔斯王子的活动中抽身前来出席活动；除了桑塔露琪亚市市长泰伦斯·艾路尔、副市长弗莱德里克·库塔亚，文化中心的老朋友兰迪市市长大卫·史坎博里特意将自己的两位市长朋友——卡尔卡拉市市长斯皮兰查·切考普、姆西达市市长玛格丽特·霞飞带到招待会。两位市长都表示欢迎文化中心来他们的城

市举办活动。名人政要的助阵扩大了活动的影响，彰显了活动的品质，也为中心开展各项工作提供了便利。

马耳他中国文化中心非常重视宣传工作，在事前、事中、事后都做出周密的宣传安排。2016 年，来自河南的少林武术和濮阳杂技艺术团在马耳他首都瓦莱塔市中心总统府前的圣乔治广场举办演出。马耳他青体部副部长秘书乔纳森·巴巴拉在看过演出后表示："从今晚开始，无论你们在什么地方演出，大家都会记得你们，只要见到中国文化中心的名字就会想到品质。"为了保证演出效果，中心早在演出 6 个月前就启动了媒体宣传，并寻求与当地相关机构的广泛合作。马耳他国家电视台 TVM 频道在其 8 点新闻播报时段两次报道了演出实况，当地主流报纸《马耳他时报》9 月 1 日用两版的篇幅预先报道了演出消息，瓦莱塔市政府、桑塔露琪亚市政府、马耳他旅游局亦对演出的筹备工作给予了大力支持和积极配合。此外，中心特意安排的两次夜间公开彩排亦收到理想的宣传效果。

"灵感中国"展览是由马耳他中国文化中心策划主办并着力打造的年度"品牌展览"，参展艺术家是来自每年部省合作框架下访问中国的当地艺术界人士，作品则是中国之行后自由创作的成果。2017 年，"灵感中国——2016 来华创作艺术家作品展"在马耳他多个场地举办，谢幕站安排在马耳他第二大岛戈佐岛的最高政府机构戈佐（岛）部，戈佐（岛）部专门在其办公楼公共区域开辟展览空间并积极参与展览的宣传工作。《马耳他时报》多次大篇幅刊登展览消息及相关艺术评论；马耳他国家电视台在其明星节目 *12 to 3* 中直播 15 分钟的相关电视访谈；《马耳他独立报》出版的杂志 *First Magazine* 刊登著名艺术评论家、地中海会议中心艺术总监托尼·卡萨·达瑞恩的关于"灵感中国 2016"系列巡展的评论文章。

三　加强与各方合作，本地化程度高

马耳他中国文化中心秉承多方合作的观念，不仅与国内省市、院团及相关文化机构合作举办活动，也与同在国外的孔子学院、中资企业等展开深入合作，优化资源的利用，实现文化传播的最大化。

马耳他中国文化中心与孔子学院长期以来一直共同协作，取得丰富成果。2017 年，马耳他中国文化中心举办“开放日”活动。为已经对汉语有了一定接触的圣爱德华兹学校和圣阿洛伊修斯学校的中学生们打造更有针对性、更具特色的中国文化活动，文化中心特别与孔子学院联袂合作开展活动，并邀请孔院大学生与大家分享汉语学习中的经验与故事。在马耳他中国文化中心举办的第八届“读书月”活动上，签署《马耳他大学孔子学院与马耳他中国文化中心关于开展文化推广合作的协议》。由马耳他中国文化中心、中外文化交流中心、浙江省文化馆共同主办的“丝绸瓷韵茶花香——江南文化体验工作坊”活动，也分别在马耳他中国文化中心、马耳他大学孔子学院举办。

2016 年 5 月 6 日，为感谢中国驻马耳他大使馆、马耳他各级机构、地方政府、在马中资机构对 2016 年“欢乐春节”活动的赞助和支持，马耳他中国文化中心在 Excelsior 酒店举办答谢招待会。2016 年的“欢乐春节”活动增加了春节音乐会、庙会等新的内容，并得到上海电力（马耳他）控股有限公司、中石油马耳他 FOCUS 子公司、重庆国际马耳他莱悉服装有限公司等所有在马中资企业的赞助，为“欢乐春节”活动带来更多活力。

2017 年，签署首个海外中国文化中心与中资企业的战略合作协议——《马耳他中国文化中心和上海电力马耳他控股有限公司 2017～2018 年战略合作框架协议》。根据协议，马耳他中国文化中心与上海电力（马耳他）控股有限公司将在 2017 年和 2018 年利用马耳他作为欧盟轮值委员会主席国和举办“瓦莱塔 2018 欧洲文化之都”活动以及中马两国友好关系不断发展的有利时机，加强合作，共同推动中华文化的传播以及中资企业对外企业文化和企业形象的打造。协议特别强调，马耳他中国文化中心将充分利用自身优势，为上海电力（马耳他）控股有限公司的品牌建设和当地社会公益活动的开展提供服务和支持。上海电力（马耳他）控股有限公司则为马耳他中国文化中心的重点品牌项目提供支持。此前两年间，马耳他中国文化中心与上海电力上海电力（马耳他）控股有限公司已经开展了多项合作。这一协议的签署，也为海外中国文化中心与中资企业的合作提供了一种新模式。

除此之外，马耳他中国文化中心与马耳他地方政府、马耳他旅游局、欧洲文化发展基金等当地政府和机构广泛展开合作，这使得中心举办的活动更加本土化、开展更有保障，更易于为主流社会所接纳。2017 年，马耳他中国文化中心首次与马教育部旗下的教育服务基金会合作，分别为来自首都瓦莱塔市及弗洛里亚纳市的 32 名师生带来“趣味文化暑期班”活动。马耳他一年一度的“瓦莱塔不夜城”活动更少不了马耳他中国文化中心的身影。应主办方瓦莱塔市政府邀请，马耳他中国文化中心第七次参加该活动，在梅丽塔街开辟了“中国文化街”，设立了中国美食、中国书法、礼品馈赠、手工制作、创意商品、中华医术 6 个主题展位。据组委会官方统计，当晚参加不夜城活动的人数超过 7 万人，得益于中国文化街的趣味活动和有利位置，参与“中国文化街”的人数近 2 万人次。

四　商业化经营取得较大突破

（一）“欢乐春节”的市场化运作

马耳他中国文化中心坚持并稳步推进马耳他“欢乐春节”的市场化发展，并不断做出有效尝试。2016 年，由马耳他中国文化中心打造的“欢乐春节”子品牌——“中国新年音乐会”在马耳他大学泰米扎米特大厅举办。来自济南歌舞剧院民乐团的 7 位演员的演奏，既有中国传统的民乐，又加入现代音乐的元素，让在场的观众听得津津有味。他们演奏的由马耳他知名音乐家保尔·阿贝拉作曲的大家耳熟能详的两首乐曲，尤其受到观众欢迎。此次音乐会是马耳他中国文化中心继 2015 年“欢乐春节”品牌市场化操作成功之后，在当地进行商业化演出的再次尝试。文化中心克服运作周期短、筹备时间不足等不利因素，保证了演出取得成功。作为 2017 年“欢乐春节”的组成部分，马耳他中国文化中心推动河南文化艺术团在地中海会议中心举办大型商演。由于前期宣传得当，会议中心拥有 1400 多个座位的共和国剧院的标价 15～30 欧元的门票提前 5 天售罄，临近演出前出现一票难求的状况。

（二）尝试拓展儿童演出市场

2016 年，中国儿童艺术剧院首次亮相马耳他国家圣詹姆斯艺术中心，举办第六届 Ziguzajg 国际儿童艺术节，并在瓦莱塔城市剧场为马耳他小朋友及家长连续奉献了 6 场动漫剧《三个和尚》的演出，累计观众达 1500 人次。此次中国儿艺进入马耳他国际艺术节是马耳他中国文化中心年度重点项目，也是中心年内推荐国家级院团来马演出的又一次成功尝试。中国儿艺此次访演，与马耳他国家圣詹姆斯艺术中心达成今后在剧目、人员、运营管理等多方面开展交流合作的共识，为今后进一步拓展演出市场，增进交流与合作打下基础。

（三）中医讲座试行售票

马耳他中国文化中心常年坚持举办中医推广工作，从 2016 年开始尝试此工作的市场化运作，通过举办售票讲座，提升中医讲座的品质和形象，收到了良好效果。2016 年，由马耳他中国文化中心与地中海传统中医中心倾力打造的“弘扬中医文化系列讲座——中医在肩周炎治疗中的作用”在马耳他中国文化中心举办，此次讲座首次试行售票模式，为中心品牌项目的市场运作提供了经验。2017 年，马耳他中国文化中心邀请旅居马耳他的中医专家马荣连博士举办“腰椎间盘突出症预防和治疗”的传统中医讲座。此次讲座延续市场化售票运作方式，吸引马耳他中医爱好者参加，也是打造中国特色的传统文化品牌的有益尝试。

第四节　启示与建议

海外中国文化中心在建设和运营的过程中，积累了很多有效的经验和启示，也面临不少问题和制约，与一些发展强势、具有丰富传播经验的发达国家的文化中心相比，中国文化中心在运行机制、传播方式和内容建设等方面还有较大提升空间。面对新的历史机遇，海外中国文化中心建设与发展的创新升级尤为重要。

一　加强各方合作，有效统筹资源

海外中国文化中心不是孤立的存在，其平台作用的发挥会与多方发生关系。因此，合作各方既包括国内国外相关机构，也涵盖职能相近领域和“大文化”框架下的不同领域。

（一）加强合作需要高效沟通

海外中国文化中心隶属于中国文化和旅游部，目前，其在与国内省（区、市）开展“部省合作”、与国内文化艺术机构合作举办活动方面已形成相对成熟的模式。但现行的管理规定在一定程度上影响了文化交流活动的深化发展，比如一些大型活动的举办和艺术团组的引入准备时间比较仓促，或是前期沟通工作没有做到位，造成演出、展览场地不尽如人意，或是展演效果和宣传方式不能达到中心预期等，这些方面还需进一步设法改善。

（二）加强合作需要打破藩篱

由于主管部门不同、分管领域差异等原因，中心在有些方面的合作频次和效能可能还有一定差距。例如，海外中国文化中心在图书供应、影视放映方面的不少工作，就需要与新闻出版和广播电视部门达成顺畅沟通；海外中国文化中心承担汉语教学职能，这与教育部和国家汉办主管的孔子学院和孔子课堂的工作有所交叉，如果能够通过合作分工形成合力，将大大推进文化的有效传播。此外，由于各国面临实际情况不一，一些新建文化中心还没有在当地切实扎根，与驻在国相关部门的合作渠道不够畅通，相关工作还需要大力推进。

（三）加强合作需要有效统筹

国内外、多部门、跨领域的合作不是简单的“1+1”，而应是在通盘考虑资源分布后的有机统筹。这首先需要海外中国文化中心主管部门做好顶层设计与规划，通过前、中、后阶段切入，制订长、中、短期计划；其次需要海外中国文化中心加强主动性，将与不同部门、机构的合作列入工作规划，促成建立更加完备的合作机制。

（四）加强合作需要有的放矢

海外中国文化中心不可避免地要和驻在国当地的有关机构和团体建立合作，由于文化差异和文化认知程度不同，大家在合作时的需求和关注点可能有所差异，这就需要海外中国文化中心针对不同区域和地缘政治、文化，有的放矢地推荐、安排项目，减少文化项目的临时性和盲目性。

二　创新传播内容和手段，因地制宜开展特色活动

（一）创新传播内容

海外中国文化中心的目的之一是传播推介中华文化。中华文化包括优秀传统文化和现当代文化。弘扬传统文化不是要故步自封，也不是简单地推出几项民俗展演元素，而应以效果为导向，首先要梳理清楚中华文化的根基和脉络，挖掘和利用传统文化中的精髓，积极寻找传统文化与新时代的结合点；尽量避免把那些文化含量不高的内容带到国外，而应宣扬那些最能体现中国人文精神、最具思想性、最有价值的内容。同时将传统文化与中国现当代文化的传播相结合，更多地呈现当代中国人的思想和理想诉求，引发国外受众共鸣。

（二）创新传播手段

介绍方式和传播手段也需要与时俱进，除了在演出、展览、培训等常规项目中增加科技元素，使其形式更灵活、生动，还应探索更多互动性强的传播方式并广泛应用。要强化现代网络及新传媒的渠道和内容建设，将其纳入海外中国文化中心日常工作中，真正占领互联网时代高地，全方位地传播中华文化。

（三）因地制宜开展活动

在传播中华文化过程中，提取和呈现其易于被不同文化背景的人所理解和接受的共通部分是有效方式。不过，各驻在国本身的情况不同，政治制度、经济状况、文化背景、气候条件千差万别，从而也造成资源配置和受众的不均衡。这就需要海外中国中心找准自身定位和特点，克服困难，寻找适合当地社会的文化形式并不断探索完善，同时在内容传播上针对不同区域、国家和人群，寻找我国文化中最能引起其呼应和共鸣的内容。

三　发挥资源优势，增强品牌竞争力

海外中国文化中心具有自身独特的文化艺术资源优势，在运营和建设过程中一定要强调这一优势，把活动做多、做精、做细，形成其海外中国文化

展示、联络、交流标志性机构的不可替代的形象。

海外中国文化中心本身就是一个大的品牌，其形象和核心传播内容必须经过广泛调研、思考并在实践中根据实际情况不断调整。在举办各类型活动时，如能通过整体的传播设计，融入易于识别、记忆的风格和元素，将之落实到人们可视、可触、可感知的细节中，将对其整体形象的塑造大有裨益。

海外中国文化中心活动品牌竞争力还体现在其受众范围，也就是它的影响力上。为争取话语权、营造有利的国际形势，一方面海外中国文化中心活动受众要扩展到最广大的普通民众；另一方面要持续影响高层和主流社会。为此，海外中国文化中心应在面向大众的基础上，着重做好针对以下几类人的工作：驻在国政治家和高官、汉学家和著名人士、驻在国主流媒体从业者以及青少年。因为他们是当今世界对思想价值观的传播和塑造最有影响力和承担着文化交流未来的一群人。海外中国文化中心应与他们保持经常性的联络，邀请其参加活动包括国内组织的活动，倾听他们的见解，参考他们的意见，了解他们的需求。此外，也要善于借力和运势，充分运用当地已有的品牌和平台，巧妙推广中华文化。

四　加强经营管理和人才建设，让商业化运营成为有益补充

海外中国文化中心的运营管理是一项重要工作，其人才队伍建设更关乎直接性的文化传播的效果。这需要建立起全面的成果总结、互动反馈、考量评估、监管调整机制，加强制度建设，让海外中国文化中心各方面建设有据可依、有文可考，有序运行。同时加强各中心之间的经验交流和互联互通，促进中心的健康发展。在人才选拔上，要对被选拔人的文化修养和造诣、语言能力、交际能力等方面进行综合考量并不断加强培训考核。此外，在运营过程中，海外中国文化中心可考虑通过探寻与国内外商业机构的合作，拓展资金来源与渠道。

第八章　国家艺术基金资助“走出去”项目研究*

国家艺术基金是由国家设立，资助艺术创作、传播和人才培养的公益性基金。国家艺术基金设立传播交流推广项目资助文化“走出去”，是贯彻落实中共十八大提出的扎实推进公共外交和人文交流的一项具体举措。

国家艺术基金自 2014 年开展项目资助。国家艺术基金资助的“走出去”项目开展情况从一个特定的角度反映了中共十八大以来中国文化外交的现状与成就。3 年来，国家艺术基金共资助在国（境）外开展的“传播交流推广”和“艺术人才培养”项目 74 项，资助总额约 1.33 亿元，展演、展览总计 400 余场，覆盖亚洲、欧洲、美洲、大洋洲等的 46 个国家和地区，参与观众 60 多万人次。这些资助项目用艺术的语言传播中国价值、弘扬中国精神、讲述中国故事，表现中国的审美追求，展示中国艺术发展新成果。

第一节　配合外交大局，展示中华艺术实力

国家艺术基金资助的“走出去”项目，积极配合国家外交大局，推动落实“一带一路”倡议，积极参与中外文化交流年、文化节、艺术节，在推动文明互鉴、促进文化共享、构建“人类命运共同体”等方面发挥了积极作用。

* 本文由国家艺术基金管理中心提供。

2015年6月，中美人文交流高层磋商会议期间，“中国故事·大地之歌——叶小纲交响音乐会”被纳为第六轮中美人文交流高层磋商联合成果（文化领域）重点项目，国务院副总理刘延东、美国国务院助理国务卿伊文·瑞恩等出席；2015年11月，中国歌剧舞剧院的舞剧《孔子》赴希腊、马其顿、塞尔维亚演出并作为“中国—中东欧国家文化合作论坛”开幕演出节目，在保加利亚索菲亚歌剧芭蕾舞剧院上演，文化部部长雒树刚与出席“16+1”中东欧国家文化合作论坛的各国文化部长一同观看了演出。2016年春节期间，中国对外演出有限公司的舞剧《天鹅湖》、中央美术学院的“艺术中国汇”分别参加荷兰和美国的“欢乐春节”活动。2016年9月，故宫博物院的“盛世繁华——紫禁城清代宫廷生活艺术展”作为“中拉文化交流年”的重头戏在智利总统府文化中心举办，国家艺术基金理事会理事长蔡武出席开幕式。另外，上海芭蕾舞团的芭蕾舞剧《葛蓓莉亚》《梁山伯与祝英台》、北京蔡国强艺术工作室的“艺术怎么样——来自中国的当代艺术”分别亮相“中加文化年”“中卡文化年”等。2015~2016年，国家艺术基金配合国家总体外交、参与中外国家文化年（节）的项目情况如表8-1所示。

国家艺术基金积极响应“一带一路”倡议，连续三年将“一带一路”沿线国家和地区作为艺术的传播交流推广地域空间列入申报指南，开展项目资助，促进与“一带一路”沿线国家和地区的民心相通。三年来，国家艺术基金共资助与“一带一路”有关的“走出去”项目13项（见表8-2），资助资金2346万元，覆盖22个国家和地区。其中，甘肃省歌舞剧院有限责任公司的民族舞剧《丝路花雨》作为2016年“春城洋溢华夏情暨欢乐春节”文化艺术旅游展专场演出之一，在新加坡滨海艺术中心剧院上演；新疆艺术剧院的歌舞剧《丝路上的中国梦——永远的麦西热甫》赴吉尔吉斯斯坦、哈萨克斯坦巡演，回国后又受邀为“哈萨克斯坦阿斯塔纳经济论坛”献演；内蒙古民族艺术剧院的无伴奏合唱《美丽的草原我的家》赴亚欧7国12个城市巡演；广西戏剧院的“《刘三姐》走进东盟”以彩调歌舞剧《刘三姐》为载体，发挥文缘、地缘相通相近的优势，邀请泰、柬两国演员与中国演员同台演出，扩大中国与东盟各国的文化交流与合作。

表 8－1 配合国家总体外交、参与中外国家文化年（节）的项目

	项目名称	主体名称	高访、艺术节、文化年
1	中国故事·大地之歌——叶小纲交响音乐会	北京演艺集团有限责任公司	2015 中美人文交流高层会议开幕音乐会
2	舞剧《徽班》	安徽省歌舞剧院	2015 美国"跨越太平洋——中国艺术节"
3	舞剧《孔子》	中国歌剧舞剧院	2015 中国—中东欧国家文化合作论坛
4	中国民族音乐世界推广及数字化整理	中国国际文化艺术有限公司	2015 美国圣荷西国际世界音乐节、中美人文交流高层磋商联合成果（文化领域重点项目）
5	歌舞剧《丝路上的中国梦——永远的麦西热甫》	新疆艺术剧院歌舞团	哈萨克斯坦阿斯塔纳经济论坛
6	芭蕾舞剧《葛蓓莉亚》《梁山伯与祝英台》	上海芭蕾舞团	2016 中加文化年、加拿大"欢乐春节"活动
7	《天鹅湖》赴荷兰巡演	中国对外演出有限公司	2016 年荷兰"欢乐春节"活动
8	中国梦·我的梦——中国残疾人艺术团德国巡演	北京华韵尚德国际文化传播有限公司	2016 德国杜塞尔多夫中国节
9	2016 年"欢乐春节：艺术中国汇"纽约系列活动	中央美术学院	2016 美国"欢乐春节"活动
10	中国风格——中国国家画院美术精品国际巡展	中国国家画院	2016 第二届中国—欧盟文化艺术节
11	艺术怎么样？来自中国的当代艺术	北京蔡国强艺术工作室	2016 中卡文化年（重点项目）
12	盛世繁华——紫禁城清代宫廷生活艺术展	故宫博物院	2016 中拉文化交流年

资料来源：国家艺术基金。

表 8－2 支持"一带一路"建设的"走出去"项目

	项目名称	主体名称	国家、地区	资助年度（年）
1	舞剧《丝路花雨》	甘肃省歌舞剧院有限责任公司	新加坡、我国台湾	2015
2	歌舞剧《丝路上的中国梦——永远的麦西热甫》	新疆艺术剧院歌舞团	哈萨克斯坦、吉尔吉斯斯坦	2015
3	《刘三姐》走进东盟	广西壮族自治区戏剧院	马来西亚、新加坡、印度尼西亚	2015

续表

	项目名称	主体名称	国家、地区	资助年度(年)
4	舞剧《千手观音》	太原舞蹈团	泰国、新加坡、马来西亚	2015
5	伊斯兰风情文化国际摄影优秀作品巡展	宁夏伊斯兰国际经济文化友好促进会	阿曼、阿联酋、沙特、哈萨克斯坦、巴基斯坦	2015
6	美丽的草原我的家——蒙古族无伴奏合唱	内蒙古民族艺术剧院	蒙古国、哈萨克斯坦	2015
7	艺术怎么样？来自中国的当代艺术	北京蔡国强艺术工作室	卡塔尔	2015
8	中欧海丝文化巡展——复制“圆明园四十景图咏”工程	福建省清源丝绸艺术研究院	法国、意大利、西班牙	2015
9	丝路国际艺术策展培训	西安建筑科技大学	中国、德国	2016
10	舞剧《遇见大运河》	杭州歌剧舞剧院有限公司	埃及、法国、德国	2016
11	舞剧《大梦敦煌》	兰州歌舞剧院	德国	2016
12	丝路长·宴四方——中国饮食器物设计文化展	四川美术学院	比利时、土耳其	2016
13	2016新丝路中国当代瓷画艺术英国巡展	北京天和丰展览有限公司	英国	2016

资料来源：国家艺术基金。

第二节　从“走出去”到“走进去”

国家艺术基金资助的“走出去”项目，尊重海外艺术传播规律，力求从“走出去”到“走进去”，注意与国外有资质、有实力的专业机构和有渠道、有平台的展演展览单位合作，走进主流场所，面对主流观众和主流媒体推广中国艺术。国家艺术基金2014年度资助在国（境）外开展的传播交流推广项目18项，其中舞台艺术作品展演13项，美术作品展览5项；2015年度共资助23项，其中舞台艺术作品展演14项，美术作品展览9项；2016年度共资助25项，其中舞台艺术作品展演11项，美术作品展览14项。在已经实施完成的资助项目中，有近半数进入国际展演展览平台，获得国际主流社会和艺术行业的关注和好评（见表8－3、8－4、8－5）。

表8－3　2014～2016年度国（境）外传播交流推广项目数量及资助金额

年度	舞台艺术作品展演		美术作品展览		合计	
	项目数	资助金额（万元）	项目数	资助金额（万元）	项目数	资助金额（万元）
2014	13	2487	5	1320	18	3807
2015	14	2234	9	1684	23	3918
2016	11	2326	14	1428	25	3754

资料来源：国家艺术基金。

表8－4　2014～2016年舞台艺术类资助项目进入国际展演平台情况

	项目名称	场馆	资助年度(年)
1	中国故事·大地之歌——叶小纲交响音乐会	美国纽约林肯艺术中心	2014
2	《印象·国乐》	美国华盛顿肯尼迪艺术中心 美国纽约林肯艺术中心 美国卡内基音乐厅	2014
3	话剧《茶馆》赴欧洲巡演	德国德意志戏剧院	2014
4	舞剧《孔子》	保加利亚索菲亚歌剧芭蕾舞剧院 希腊塞萨洛尼基音乐厅 塞尔维亚贝尔格莱德萨瓦中心 马其顿国家大剧院 三个国家电视台全场录播	2014
5	《天鹅湖》赴荷兰巡演	荷兰布雷达市沙塞剧院 海牙世界论坛剧院	2014
6	大型民族管弦乐音乐会《巴渝风》西班牙巡演	西班牙 Palau Firal i de Congressos 剧院	2015
7	中国音乐海外行——中央音乐学院青年民族乐团巡演	新西兰奥克兰市政厅	2015
8	古典乐舞《编钟乐舞》	澳大利亚堪培拉大剧院	2015

续表

	项目名称	场馆	资助年度(年)
9	美丽的草原我的家——蒙古族无伴奏合唱	俄罗斯乌兰乌德国家歌剧舞剧院 俄罗斯圣彼得堡歌剧院 哈萨克斯坦江波尔国家音乐厅 奥地利莫扎特基金会音乐厅 捷克德沃夏克音乐厅 德国法兰克福老歌剧院	2015
10	京剧《三寸金莲》	美国纽约大学史克博拉艺术中心 美国旧金山卡斯楚谷表演艺术中心	2015
11	舞剧《丝路花雨》	新加坡滨海艺术中心	2015

资料来源：国家艺术基金。

表 8－5　2014～2016 年美术作品展览类资助项目进入国际展演平台情况

	项目名称	场馆	资助年度(年)
1	中华意蕴——中国油画艺术国际巡展	法国巴黎布隆尼亚宫	2014
2	第十二届全国美术作品展览国际巡展	美国纽约邦瀚斯展览中心 意大利佛罗伦萨美第奇—里卡迪宫 新西兰奥克兰会展中心	2014
3	2016 年“欢乐春节:艺术中国汇”纽约系列活动	美国纽约林肯艺术中心 美国帝国大厦 美国哈德逊河 84 号码头 美国贾维茨国际会展中心	2015
4	中国风格——中国国家画院美术精品国际巡展	比利时布鲁塞尔欧盟委员会总部	2015
5	生活的史诗——一个乡村女人的剪花史	卢森堡欧洲议会	2015
6	艺术怎么样？来自中国的当代艺术	卡塔尔多哈阿尔里瓦克展览馆	2015
7	盛世繁华——紫禁城清代宫廷生活艺术展	智利圣地亚哥总统府文化中心	2015
8	百年名社　千秋印学——西泠印社“世界非遗——中国篆刻艺术”海外交流推广	日本东京日中友好会馆美术馆	2015

资料来源：国家艺术基金。

国家艺术基金对于传播交流推广项目的资助是匹配资助，对在国（境）外开展的展演展览项目，资助资金主要用于补助国际交通运输和工作人员国际差旅等费用，资助项目落地后的食宿行及场所、宣传费用由海外合作方负担。其目的就是将一厢情愿的“走出去”变为对方欢迎并有实质性支持的“走进去”。资助资金的保障到位，使项目实施单位的代表性作品，得以以一流阵容完整地呈现作品的原貌与质量水平，改变过去小分队、零散化、局部性呈现的状态。2014 年，中国对外演出有限公司的舞剧《天鹅湖》赴荷兰巡演，出访人数为 100 人，巡演 5 座城市，“天鹅”数量由天鹅湖普通版的 24 人增加到 48 人，编排成迄今为止世界最大版本的《天鹅湖》；2015 年，中国美术家协会“第十二届全国美术作品展览国际巡展”向海外推出足以代表中国美术的鲜活面貌、主流形态和国家形象的美术精品，这是中国美展第一次走向三大洲重要国家，使得全国美展作品在巡展国家上实现历史性突破。2016 年 7 月，中国国家画院的“中华意蕴——中国油画艺术国际巡展”亮相法国巴黎布隆尼亚宫，整体、全面地展示当代中国油画所取得的艺术成就，受到法国观众的欢迎和好评。作为 2016“中拉文化交流年”下半年重头戏的“盛世繁华——紫禁城清代宫廷生活艺术展”在智利首都圣地亚哥开幕，这是以清代宫廷“前政后寝”为线索的大型展览，从故宫博物院馆藏的 180 多万件珍贵藏品中挑选了 275 件作为展品，包括绘画、金银器、玉器、漆器、青铜器、陶瓷、织绣等多个门类。展品丰富多彩，美轮美奂，凝聚着中国古代先民非凡的聪明才智和创造才能，其中一些重要展品是首次走出国门。

第三节　美美与共，彰显“中国故事”的丰富性

国家艺术基金资助的在国（境）外开展的传播交流推广项目，在主题和题材以及内容和形式上兼收并蓄、丰富多样，既有传统艺术的展演交流，也有当代艺术的新成果，既有汉民族的艺术创造，也有少数民族艺术的特色呈现，既有阳春白雪的经典再现，也有杰出的民间创造，这些项目立体地、

多侧面地展示中华艺术源远流长、绚丽多姿的光彩魅力。表 8－6 列出的是 2014～2016 年度“走出去”项目中少数民族和具有地域特色的项目。

表 8－6　2014～2016 年度“走出去”项目中少数民族和具有地域特色的项目

	项目名称	主体名称	资助年度（年）
1	塔尔寺“藏艺三绝”	青海湟中县塔尔寺管委会	2014
2	高甲戏《妈祖》	福建泉州市高甲戏传承中心	2014
3	红妆文化海外推广	浙江宁波市演艺集团有限公司	2014
4	舞剧《徽班》	安徽省歌舞剧院	2014
5	中国福建木偶戏在亚太地区的传播、交流与推广	中国艺术研究院	2014
6	大型民族管弦乐音乐会《巴渝风》西班牙巡演	重庆演出有限责任公司	2015
7	美丽的草原我的家——蒙古族无伴奏合唱	内蒙古民族艺术剧院	2015
8	《刘三姐》走进东盟	广西壮族自治区戏剧院	2015
9	黑龙江流域少数民族手工艺品赴俄罗斯远东地区交流巡展	黑龙江牡丹江师范学院	2016
10	21 度母唐卡礼赞——2017 年西藏艺术海外交流展	中国文物交流中心	2016
11	舞剧《大梦敦煌》	甘肃兰州歌舞剧院	2016
12	600 年·回眸——烟台剪纸艺术韩国行	山东省烟台市文化馆	2016
13	丝路长·宴四方——中国饮食器物设计文化展	四川美术学院	2016

资料来源：国家艺术基金。

2015 年，由国家艺术基金资助，中国艺术研究院与联合国教科文组织在柬埔寨、印度尼西亚和澳大利亚等国家合作开展中国福建木偶戏在亚太地区的传播交流推广活动，促进非物质文化遗产保护领域的国际交流与合作；2016 年 1 月，国家艺术基金资助的青海“塔尔寺‘藏艺三绝’展示周”在法国、德国举办，这是塔尔寺艺僧首次走出国门，以唐卡、酥油花、彩沙坛城、堆绣等藏艺现场演示的方式展示藏传佛教和塔尔寺的艺术魅力，吸引了众多欧洲观众的观赏；2016 年 7 月，石家庄美术馆的“生活的史诗——一个乡村女人的剪花史”在欧洲议会中心展出，以一个艺术典型实证了民间文化土壤里长久以来积蓄的情感表达与创造力，从而拓宽并打通传统与时尚的当代视野，使古老的中国民间剪纸有了与世界对话的可能；2016 年 10 月，国家艺术基金资助的“中国梦·我的梦——中国残疾人艺术团德国巡演”，以独特表演方式展示人类特殊艺术，向世界展现了自强不息、勇于进取的中国精神。这些项目通过理念创新、内容创新和手段创新，增强了艺术表现力和文化传播力，用国外观众能够理解、易于接受的艺术语言，多角度展现中国文化的独特魅力和创新思考。

第四节　用好两种资源、两个市场

由国家艺术基金资助，在国（境）外开展传播交流推广项目的实施主体既包括国家艺术院团、省市艺术机构，也包括艺术院校、研究机构、非公和民营机构等；推广项目既包括配合政府官方活动的文化艺术交流，也有深入民间的文化艺术互动。国家艺术基金资助的“走出去”项目，要求与海外机构深度合作，鼓励商演，项目主体积极探索海外运作推广规律，变“走出去”为“卖出去”。图 8－1 为 2014～2016 年国（境）外项目实施主体机构类型、数量及占比。

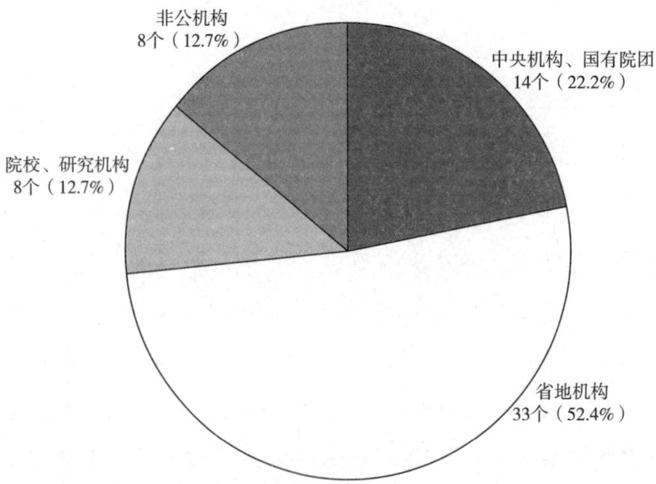

图 8－1　2014～2016 年国（境）外项目实施主体机构类型、数量及占比

资料来源：国家艺术基金。

三年来，在38项舞台艺术作品“走出去”的传播交流推广过程中，中央民族乐团的民族交响乐《印象·国乐》、北京人民艺术剧院的话剧《茶馆》、中国对外演出有限公司的舞剧《天鹅湖》、北京中演环球艺术制作有限责任公司的综艺舞台剧《武林时空》、上海芭蕾舞团的芭蕾舞剧《葛蓓莉亚》和《梁山伯与祝英台》、重庆演出有限责任公司的管弦乐音乐会《巴渝风》、湖北省歌剧舞剧院有限责任公司的古典乐舞《编钟乐舞》等23个项目进入美国、德国、荷兰、西班牙、澳大利亚、加拿大海外演出市场，商业运营占比超过60%。其中，北京人民艺术剧院的话剧《茶馆》进入德意志戏剧院演出季和全年宣传销售系统，剧院破例开放站票以满足观众需求；重庆演出有限责任公司的管弦乐音乐会《巴渝风》在西班牙与奥地利进行10场商业演出，根据区域特点和目标观众群体设定演出票价、制作音乐会光盘等衍生品进行现场销售，取得良好效果。

第五节　开展海外实训，培养国际化人才

国家艺术基金成立三年来，资助走出国门在海外开展的艺术人才培养项目6项（见表8－7），资助资金1466万元。这6个项目，面向全国精选优秀艺术专业与管理人才，支持他们进入国外艺术机构学习实践，深入了解国际先进的管理经验和成熟的运作模式。中国对外文化交流协会的“艺术专业与管理人才国际交流”项目以培养高端复合型文化艺术和管理人才为目标，先后派出40多名文化艺术专业和管理人才赴美国、奥地利、澳大利亚等国家的12个重要艺术机构实习，分别在美国纽约林肯艺术中心、纽约艺术基金会、肯尼迪表演艺术中心、奥地利国家美术馆、人民歌剧院、澳大利亚艺术理事会和悉尼歌剧院等机构，参与包括艺术品策展、收藏、文物保护与修复、舞台艺术制作、舞美设计、演出运营、筹融资管理与艺术教育等岗位工作的实践锻炼。海外艺术人才培养项目不仅为国家文化战略发展储备高级人才，同时通过人员交流建立联系，更有利于增进对所在机构的了解、对接资源、搭建国际合作平台。

表 8－7　海外艺术人才培养项目

	项目名称	主体名称	交流国家
1	艺术专业与管理人才国际交流项目	中国对外文化交流协会	美国、澳大利亚、俄罗斯、新西兰等
2	中青年视觉艺术策展人工作坊	中国文联文艺研修院	美国
3	博物馆教育与策划海外研修培训班	中央美术学院	美国
4	剧院艺术营销人才国际培养	中演演出院线发展有限责任公司	英国、美国
5	陶瓷古彩与现代陶艺创作人才培养	景德镇学院	韩国
6	丝路国际艺术策展培训	西安建筑科技大学	德国

资料来源：国家艺术基金。

在国（境）外开展项目所面临的体制机制、国情环境、资源条件各不相同、差异较大，资助项目实施的复杂程度高、难度大、周期长，需要资助项目本身具有代表性和较高的艺术水准，同时也需要项目主体具有国（境）外传播交流推广的能力和经验。对这类资助项目，国家艺术基金在指南申报条件、项目审核和评审立项上，更为审慎、严格，做到了宁缺毋滥。为方便项目主体早策划、早协调、早准备，国家艺术基金 2016 年修订后的“传播交流推广”资助项目申报指南中把在国（境）外开展的项目周期从一年变为两年，符合提前安排场馆、线路、展演展览开幕条件和办理相关手续的要求，便于实现推广主流内容、安排主流场所、吸引主流观众的目标。同时，国家艺术基金积极主动建立对外交流的新渠道、新平台。三年来，国家艺术基金代表团赴亚欧拉美等国和港澳台地区，拜会美国国家艺术基金会、美国史密森尼学会、纽约艺术基金会、英格兰艺术委员会、英国文化协会、澳大利亚艺术理事会、智利国家文化艺术发展基金、阿根廷国家艺术基金、香港艺术发展局、澳门基金会、台湾文化艺术基金会等 30 余个文化艺术机构，探索交流合作渠道，为“走出去”项目搭建平台。

第九章　中国舞蹈“走出去”研究*

中国舞蹈承载着鲜明的民族精神和审美风范，在世界舞蹈艺术宝库中独具特色。近年来，我国舞蹈领域深入学习贯彻习近平总书记在文艺工作座谈会、十次文代会上的重要讲话精神，积极贯彻《中共中央关于繁荣发展社会主义文艺的意见》①，同时紧密结合国家外交政策和工作部署，尤其是配合“一带一路”倡议，坚定文化自信，坚守中华文化立场，坚持创造性转化、创新性发展，创作更多思想精深、艺术精湛、制作精良的舞蹈作品，跳出体现鲜明的中国精神、中国风格、中国气派的时代舞步，谱写我国舞蹈“走出去”的新篇章。

第一节　中国舞蹈“走出去”主体情况

近两年，中国舞蹈“走出去”的主体更加多元，既有中国歌剧舞剧院等国有文艺院团，也有中国舞蹈家协会等社会性组织；既有中国演艺集团等国有企业，也有赵梁工作室等民营舞蹈工作室；既有北京舞蹈学院等高等院校，也有四川音乐学院等地方院校。各类文艺院团、院校和企业、机构充分利用多种平台，大力促进了中国舞蹈作品“走出去”，进一步增强了中国舞蹈作品的竞争力和影响力。

---

*　张婷，中国文化传媒集团中国文化报社记者。

①　《〈中共中央关于繁荣发展社会主义文艺的意见〉全文公布》，新华网，http：//www.xinhuanet.com/2015－10/19/c_ 1116870179.htm。

一　国有文艺院团拓展国际朋友圈

近几年，国有文艺院团“走出去”的脚步从未停歇，不仅“走出去”的频率增加了，“走出去”的舞台也升级了。通过拓展国际朋友圈，国有文艺院团在持续深入的国际合作中提升着专业能力和国际化水平，艺术家们在世界舞台上用舞蹈语言讲述着精彩的中国故事。

中国歌剧舞剧院在2016年春节期间多路出动，把中华文化送到世界各地，进行了29场演出，取得了显著的社会效益和世界影响。随国务院侨务办公室“文化中国·四海同春”艺术团赴法国、爱尔兰、西班牙演出5场，为当地侨胞送去祖国的问候。受文化部委派，派出20余人的团队赴格林纳达、巴巴多斯等地参加“欢乐春节”庆祝活动并演出7场，为进一步加强中国与拉美及加勒比地区国家的文化交流又增加了一份力量。在由美国华人联合总会主办、中国歌剧舞剧院参与承办的2016美国南加州华人华侨新春文艺晚会上，中国歌剧舞剧院进行了两场南加州艺术舞台上难得一见的精彩表演。2017年，中国歌剧舞剧院赴澳大利亚与新西兰参演“四海同春”慰侨访演，演出汉唐舞蹈《采薇》。

2016年11月29日～12月3日，中央芭蕾舞团舞剧《牡丹亭》在英国巡演13场，演出地点包括伦敦赛德勒斯·威尔斯剧院、曼彻斯特劳瑞艺术中心Lyric剧场等。同年，中央芭蕾舞团赴菲律宾演出由张艺谋电影改编的芭蕾舞剧《大红灯笼高高挂》。2017年7月5～17日，为庆祝中德建交45周年，中央芭蕾舞团应邀赴德国萨尔布吕肯、汉堡两地进行商业演出，并受汉堡芭蕾舞团艺术总监、世界芭蕾编导大师约翰·诺伊梅尔之邀，参加一年一度的世界芭蕾盛会“尼金斯基GALA”。此次访德为“今日中国——合作·友谊·共赢”框架下的重点项目，在为期近两周的德国巡演中，中芭以不同风格、不同流派的作品展现了中国芭蕾的强劲实力，并以意蕴深远的系列中国原创作品，向古典艺术之乡的人们讲述中国故事。

中国东方演艺集团成为2015年米兰世博会金牌合作商及米兰世博会中国馆唯一指定文化活动运营机构，承担并负责中国馆文化活动的运营。同时，该集团推出精品舞蹈专场《中国的脚步》作为世博会中国馆的主演出节目献给全球观众。《中国的脚步》中8个风格迥异的歌舞作品充分展现了汉、藏、蒙古、朝鲜、维吾尔等民族的音乐舞蹈精髓。

中央民族歌舞团于2015年春节期间到英国进行访问演出。艺术家表演的《新春花鼓》《打歌打舞》《山谷回响》《千手观音》等舞蹈受到当地观众的热烈欢迎。同一时间，作为2015年“文化中国·四海同春”大洋洲艺术团的演出团体，中央民族歌舞团赴澳大利亚悉尼、墨尔本、珀斯、布里斯班及新西兰奥克兰等5个城市进行了慰侨访演。同年，作为“多彩中华——中国民族文化教育‘丝绸之路’沿线展演交流活动”内容之一，中央民族歌舞团艺术家到哈萨克斯坦首都阿斯塔纳、乌兹别克斯坦首都塔什干进行演出。2017年，中央民族歌舞团带着歌舞剧《传奇》来到美国纽约、旧金山、洛杉矶和加拿大卡尔加里演出，展示了多姿多彩的中国少数民族歌舞艺术。

中国残疾人艺术团是世界上唯一的专业残疾人艺术团，代表中国出访亚洲、欧洲、美洲、非洲和大洋洲等近百个国家，向世界展示了灿烂的中华文化以及特殊艺术与人性之美，被国际社会誉为“美与友谊的使者”和“人类特殊艺术的火炬”，并被联合国机构指定为“联合国科教文化组织和平艺术家”。2017年，中国残疾人艺术团带着《千手观音》等多个高水准舞蹈节目访问哥伦比亚、加拿大、德国。

值得一提的是，丝绸之路国际剧院联盟于2016年成立。作为由中国对外文化集团公司倡议发起的大型多边性国际化演艺产业平台，在全球已拥有来自32个国家和地区以及两个国际组织的86家成员单位。作为丝绸之路国际剧院联盟首部巡演剧目，中国东方演艺集团有限公司推出了舞剧《兰花花》。2016年4月9日，中国东方歌舞团带着经典舞蹈诗画作品《国色》，访问了美国和加拿大的15个城市。

上海芭蕾舞团在2016年完成了豪华版《天鹅湖》在荷兰的26场巡演、《葛蓓莉娅》在加拿大蒙特利尔的5场演出、《简·爱》在波兰彼得哥什的2场演出、《长恨歌》在英国伦敦的5场演出以及古典芭蕾舞剧《吉赛尔》与四幕原创芭蕾舞剧《梁山伯与祝英台》在加拿大渥太华的演出。2017年8月，上海芭蕾舞团带着豪华版《天鹅湖》赴荷兰和比利时开启近两个月的巡演。

2017 年 10 月 30 日 ~11 月 30 日，苏州芭蕾舞团带着具有浓厚中国韵味的原创芭蕾舞剧《罗密欧与朱丽叶》，先后在法国巴黎，德国腓特烈港，荷兰阿培尔顿、恩斯赫德、布雷达、阿姆斯特丹、海牙以及比利时哈瑟尔特、根特四国九城进行共计十场演出。这是苏州芭蕾舞团建团十年来历时最久的一次海外巡演，尽管观众对芭蕾舞剧《罗密欧与朱丽叶》已非常熟悉，但经苏州芭蕾舞团的创新编排，仍以震撼人心的艺术魅力使欧洲观众领略到不一样的艺术风格。

二　社会组织积极“走出去”

社会性舞蹈组织也是“走出去”的重要主体。

中国舞蹈家协会顺应对外文化交流的需要，组织演出团体或考察小组走出国门，宣传中华舞蹈文化。同时，邀请国外一些舞蹈家、经纪人来华访问、交流，这些对外交流项目广泛开辟了与国际民间组织的友好往来新渠道。中国舞蹈家协会出访日本、美国、爱尔兰、英国、俄罗斯、法国、西班牙、古巴、土耳其、突尼斯、埃及、叙利亚、荷兰、比利时、韩国、越南、加拿大等 20 余个国家和地区。

近年来，中国舞蹈家协会将对外交流纳入工作重点。在对外交流活动中，无论是组织历届“荷花奖”精品剧目海外巡演，还是率团赴俄罗斯、南欧多国参加舞蹈节，或是组队赴英德参加舞蹈展会，均突出中国风格，向世界展现中国舞者的优美舞姿。

2017 年，由中国舞蹈家协会主办，中国文学艺术基金会、ShriRam 表演艺术中心、Serendipity 艺术基金、SRF 联合制作的中印联合编创当代舞剧《贝玛·莲》赴印度巡演。中国舞蹈家协会主席冯双白携北京城市当代舞蹈团一行 10 人赴印度果阿、艾哈迈德巴德、新德里进行专场演出。中国舞蹈家协会分党组书记、驻会副主席兼秘书长罗斌携广东现代舞团及赵梁 ART 两个团队参加爱丁堡艺术节之中华文化艺术节。

作为中国舞蹈家协会下属协会，中国国际标准舞总会（CBDF）在世界国标舞领域连创佳绩。2015 年 10 月，中国国际标准舞总会副主席兼秘书长王永刚、副秘书长曹晓明带领 CBDF 国家队、CBDF 国家青年队百余对队员赴英国参加第六十三届国际标准舞锦标赛。2017 年 8 月 29 日 ~9 月 7 日，应美国国家舞蹈理事会之邀，CBDF 代表团再度踏访美国西海岸的洛杉矶，参加于当地举行的“2017 大使杯国标舞锦标赛暨世界师生组国标舞锦标赛”。该比赛是美国最为著名的赛事之一，每年吸引着来自世界各地 30 多个国家的优秀选手参与。在本次比赛中，CBDF 国家队队员搭档彭佳楠和钟佳慈表现突出，斩获甲 A 组摩登舞冠军。2017 年，在英国黑池舞蹈节中，CBDF 国家队队员何艟和单菁获得业余组摩登舞冠军，创造了 90 多年来在黑池舞蹈节最高水平的四大组别上，首次有中国选手夺冠的历史纪录。至此，两位舞者已经拿到黑池、UK、International 三大国标舞赛事业余组摩登舞冠军，用“三连冠”向世界展示了中国国标舞舞者的风采。

2017 年 11 月，中国舞蹈家协会街舞委员会代表受邀参加在俄罗斯索契举行的第十九届世界青年学生联欢节。来自全球 180 多个国家的近 3 万名优秀青年代表应邀参加了联欢和交流活动。中国为此次活动派出了 200 余人的代表团。中国舞蹈家协会街舞委员会秘书长夏锐是此次中国青年代表团艺术演出的总导演，代表团所带去的街舞与古筝等民族乐器合作表演的舞蹈节目深受观众喜爱。

国内各地舞蹈家协会也积极“走出去”，开展文化交流活动。2015 年 7 月 31 日 ~8 月 1 日，“一带一路”文化行暨第九届中国—东盟青少年舞蹈交流展演在印尼廖省北干巴鲁市金色大厅举办。福建省舞蹈家协会应组委会邀请，首次率领省舞协少儿艺术团晋江少儿艺术团分团参加此次交流展演。该艺术团参演的少儿舞蹈节目《呛呛滚来好年冬》荣获金奖，福建省舞协和晋江少儿艺术团荣获最佳组织奖。

2017 年 5 月 8 日，上海歌舞团团长陈飞华率领 35 名演职人员飞赴捷克首都布拉格，参加正在这里举办的“第 72 届布拉格之春国际音乐节”。上海市文学艺术界联合会携手上海歌舞团策划了此次赴布拉格的演出活动。一台汇集了民族舞、古典舞、先当代舞等多种舞蹈形式的舞蹈专场——“新编中国传统舞蹈演出”受邀成为本届“布拉格之春国际音乐节”唯一的舞蹈类节目。

2017 年 9 月 29 日晚，“深圳—多伦多国际创新文化节”文艺演出在加拿大多伦多费尔蒙特皇家约克酒店举行。深圳市文联艺术团的街舞《我们是未来》以活力四射的舞姿展现深圳年轻人的拼搏精神，傣族双人舞《孔雀飞来》则向当地观众呈现出深圳开放和包容的文化特性。

三 舞蹈艺术院校国际交流活跃

近两年，国内专业舞蹈院校加强国际交流合作，海外交流艺术实践活动空前活跃。

作为国内首屈一指的专业舞蹈院校，北京舞蹈学院频频走出国门，展现中国舞蹈风采。2016 年 5 月，伯努瓦奖国际芭蕾艺术节在莫斯科大剧院举办，伯努瓦奖素有“舞蹈界奥斯卡奖”之称。北京舞蹈学院 2015 年艺术创作实践项目 BDA 创意学院编导系——舞剧《宴》参与评选，北京舞蹈学院张云峰和任冬生分别荣获最佳编导提名奖和最佳舞台设计奖。2016 年 7 月 22 日 ~8 月 4 日，在原文化部外联局、北京市教育委员会、北京学生活动管理中心的大力支持下，北京舞蹈学院中国民族民间舞系 2014 级表演专业 20 名同学与北京科技大学师生一起组成了北京大学生艺术团出访希腊参加“第 12 届世界民俗舞蹈艺术节”活动。在 14 天时间里，大学生们在帕特雷、沃洛斯、艾依翁 3 个会场，与俄罗斯、乌克兰、格鲁吉亚等十几个国家的专业民间舞团体一起同台竞技，献上了 10 场民族特色鲜明、舞种样式丰富、表演水平高超的中国民族民间舞蹈演出。这是希腊帕特雷市“世界民俗舞蹈艺术节”第一次邀请中国艺术团参加。2017 年 2 月 7 ~ 12 日，北舞学院师生出访新加坡参加“妆艺 CHINGAY 2017”庆典系列演出活动。北舞学院青年舞团，北舞学院中国古典舞系 2013 级、国际标准舞系 2016 级、创意学院 2014 级、2015 级师生共 63 人组成强大的演出阵容。青年舞团带来《舞韵华章》《扇舞丹青》《梁祝》《相和歌》《风调雨顺》等经典剧目；中国古典舞系学生带来《霓裳羽衣舞》《金刚》；国际标准舞系学生演出的《凌云》《伦巴双人舞》与《What Is Love》。

中国人民大学学生艺术团舞蹈团成立于 1991 年，团员均为来自学校各院系的非艺术类专业本科生和研究生，该团自成立以来始终活跃在校内外文化舞台上，并多次代表学校出访美国、哥斯达黎加、墨西哥、印度等国家进行交流演出。2016 年 10 月，该校学生艺术团赴美国马萨诸塞大学波士顿分校、密歇根大学、韦恩州立大学演出。《步步高》《玄墨》《年年有余》《姑苏行》《锦绣中华》等节目轮番上演，展示了中国传统文化与现代艺术的完美融合。

中国人民大学附属中学学生艺术团主动承担了多项文化交流任务。2015 年春节期间，中国人民大学附属中学学生艺术团赴波士顿、新泽西、纽约、华盛顿、芝加哥、明尼苏达等美国多地举行 9 场演出活动。当地时间 2 月 11 日，“欢乐春节”文艺演出活动在美国首都华盛顿的乔治城中学举行。这一文艺演出属于华盛顿周边地区“欢乐春节”系列文化活动之一，演出当晚，人大附中艺术团 50 多名学生带来了舞蹈、武术、健美操以及弦乐四重奏等十余个节目，与美国观众一道共庆新春佳节，精彩的节目赢得了现场美国观众的阵阵掌声。2017 年 2 月 8 日，中国人民大学附属中学艺术团赴纽约，在皇后区的寇顿剧场为当地观众奉献了一场既青春洋溢又颇具专业水平的“欢乐春节”演出，其中舞蹈节目颇为精彩。

《粉墨春秋》是山西艺术职业学院华晋舞剧团出品的原创民族舞剧，作为“中华风韵”项目代表赴欧洲巡演，布鲁塞尔是第一站，连演两场之后前往瑞士和德国。该剧出品以来，先后在首尔、大邱、新加坡、曼谷、普吉、悉尼、塞舌尔、毛里求斯、莫斯科、喀山、圣彼得堡、契博克萨雷、巴林、阿斯塔纳、阿拉木图等地演出，成为“中国文化走出去”的一个“使者”。

四　民营舞蹈团、舞蹈工作室和个人舞蹈家成为“走出去”新生力量

以陶身体剧场、北京现代舞团为代表的民营现代舞团海外商业演出市场表现良好。

陶身体剧场是一个全职的现代舞团。2008 年成立以来，该舞团走进了世界 40 多个国家、百余个不同艺术节。2015～2017 年，陶身体剧场一半以上时间在海外巡演，平均每年参加十多个海外艺术节。如 2015 年 2 月受邀

到印度班加罗尔参加印度舞蹈双年展，5 月受邀赴立陶宛维尔纽斯参加新波罗的海艺术节，6 月受邀赴法国巴黎参加巴黎时装周 Y－3“2016 春夏时装发布会”，7 月受邀赴荷兰阿姆斯特丹参加荷兰 7 月舞蹈节，8 月受邀参加澳大利亚墨尔本艺术中心、爱沙尼亚塔林 Saal 双年展，瑞士日内瓦“内置”日内瓦艺术节，苏格兰爱丁堡国际艺术节，同月受邀赴芬兰参加赫尔辛基艺术节，受邀赴德国柏林参加八月舞蹈节。10 月在斯洛伐克布拉迪斯拉发演出，同月受邀赴美国佛罗里达州参加国际艺术节，11 月赴法国巴黎城市剧院、瑞士韦尔涅 Salle des Fetes du Lignon 剧院、法国香槟沙隆演出。

北京现代舞团国际演出邀约不断，在欧美主流剧院上演过百场专场演出。在法国巴黎国家歌剧院、纽约乔依斯剧院、洛杉矶的 MUSIC CENTRE、柏林世界文化中心、威尼斯马可波罗剧院的专场演出，更标志着北京现代舞团已经成为国际一流舞团，在美洲及欧洲形成了非常好的信誉、口碑以及固定的剧院网络。近年来，北京现代舞团参与了不少国际文化交流活动：2016 年 1 月，赴克罗地亚交流演出；2016 年 5 月，受邀赴斯里兰卡访问演出；2016 年 11 月，受邀出访埃及参加中埃两国文化年交流活动，出演舞剧《三更雨·愿》两场，并与开罗歌剧院舞蹈团成功举办形式多元、内容丰富的工作坊等艺术交流活动。

北京 9 当代舞团是朝阳区文化馆于 2010 年为扶植社会文艺青年而搭建的就业、创业平台。2017 年 4 月 17 日 ~5 月 2 日，舞团携作品《梦境之窥》赴马其顿、斯洛文尼亚、荷兰进行文化交流巡演。此后还受邀参与马其顿斯科普里国际舞蹈节、斯洛文尼亚卢布尔雅那 Exodos 艺术节、海牙舞蹈中心等艺术节及场馆演出。

此外，国内独立艺术名家携其优秀作品载誉国际。著名舞蹈家杨丽萍创作及主演的舞蹈作品《云南映象》《十面埋伏》《春之祭》等受到海外观众喜爱。2016 年 4 月，杨丽萍策划、编导兼主演的大型歌舞集《云南映像》（日本公演名称为《寻找香格里拉》）在日本东京涩谷的东急文化村果园剧场连演十场。据介绍，在演出团抵达日本之前，演出门票就已经售空；4 月 9 日，一至三楼的 2000 余个座位座无虚席，日本观众甚至购买站票观看演出。

青年舞蹈家王亚彬成为英国国家芭蕾舞团历史上邀请的首位中国编舞。2016 年 2～4 月，王亚彬受英国国家芭蕾舞团艺术总监塔玛拉·罗霍邀请赴伦敦为该团新作《She Said》进行编舞。《She Said》于 2016 年 4 月 13～16 日在伦敦萨德勒之井剧院举行世界首演。2017 年 4 月，英国国家芭蕾舞团因其制作《She Said》和《新版吉赛尔》获得世界著名舞台艺术奥利弗奖中的“舞蹈杰出成就奖”，王亚彬是该团作品《She Said》中三位来自全球不同国度的主创编舞之一。2016 年 4 月，王亚彬与贾樟柯、崔健、隋建国等艺术家担任第十二届“中法文化之春”推广大使。2015～2017 年，王亚彬编演的中国现代舞剧《青衣》走出国门，应邀参加匈牙利布达佩斯之春艺术节，并在以色列最大的剧场——歌剧院表演中心亮相。

青年舞蹈家谢欣多次斩获国内外现代舞比赛金奖殊荣。2015 年 6 月，她创作的现代舞作品《+》摘得第 14 届意大利罗马国际舞蹈比赛金奖、第 29 届德国汉诺威国际编舞比赛银奖；创作的《一撇一捺》成为 2017 年第 48 届库奥皮奥艺术节（北欧国家最负盛名的舞蹈节）邀约作品。

青年编导赵梁曾赴美国、加拿大、德国、荷兰、日本等国家访演。他的现代舞代表作品《幻茶谜经》2012 年在德国柏林举行世界首演，2015 年又再次代表中国出访韩国首尔，连续打破现代舞的票房纪录，被列为国家艺术基金 2015 年度资助项目。

第二节 中国舞蹈“走出去”的方式路径

一 平台与窗口

（一）搭乘知名文化品牌活动

1. 海外“欢乐春节”活动

自 2010 年春节开始，文化部会同国家相关部委、各地文化团体和驻外机构在海外共同推出这项大型文化交流活动，目的是与各国人民共度农历春节、共享中华文化、共建和谐世界。活动自开办以来，受到了国内外群众的广泛欢迎和积极参与，规模越来越大，反响越来越热烈，已逐步成为具有世界影响的中国文化品牌。

在“欢乐春节”活动推动下，越来越多的中国演艺团体和优秀文艺作品走出国门，让海外观众有机会在家门口就能欣赏中国的文化和艺术。其中，舞蹈团体和舞蹈作品是主要内容之一。如2015年2月2日晚，由中国驻孟加拉国大使馆、孟中友谊中心、孟加拉国国家艺术院联合举办的2015年“欢乐春节”之“敦煌韵·丝路情”首场大型文艺演出在孟加拉国首都达卡举行。演出期间，中国甘肃艺术团为孟加拉国观众献上的舞蹈作品《千手观音》艳惊全场。2016年2月15～16日，驻安提瓜和巴布达使馆邀请中国歌剧舞剧院代表团在安巴举办两场2016“欢乐春节”歌舞晚会。安巴当地主流媒体对此次歌舞晚会做了重点报道。《加勒比时报》用头版头条介绍演出盛况，并在报纸中页整版刊登演出现场照片；《观察家报》选用晚会中国古典舞蹈照片作为头版图片新闻。2017年1月27日，北京舞蹈学院中国民族舞蹈晚会登上匈牙利布达佩斯艺术宫的舞台，获得观众交口称赞。

2. “中华风韵”品牌

作为我国唯一拥有全球演出、展览业务的文化央企，中国对外文化集团公司已初步建成覆盖全国主要消费区域的市场渠道网络，在全国主要城市和欧美等地设有分支机构，发挥着国家对外文化工作主力军、主渠道的重要作用。中国对外文化集团公司打造的文化“走出去”高端品牌“中华风韵”，旨在把中国优秀的舞台艺术带进欧美、大洋洲的著名剧院，通过市场化运作，吸引西方主流观众。“中华风韵”成为中国首个实现本土演出直接在异国商业运作的系列品牌，开创了中国文化“走出去”的新模式。

在“中华风韵”的平台上，许多国内优秀演出团队和作品走出国门。2015年农历大年初二，近70位广西南宁艺术剧院的艺术家，从伦敦、巴黎、法兰克福行至日内瓦、布鲁塞尔，用歌声与舞姿讲述壮族文化孕育的动人传说和美好情感。14场演出和多场互动交流，让欧洲观众为之惊喜、为之动容；2016年1月20日晚大型民族舞剧《碧海丝路》在德国法兰克福世纪剧院隆重上演。舞剧吸引了当地及周边城市近千名德国观众前来观赏；

2017 年 5 月下旬至 6 月上旬，“中华风韵”品牌将山西艺术职业学院华晋舞剧团的舞剧《粉墨春秋》送到了比利时的布鲁塞尔、瑞士的日内瓦、德国的法兰克福。其时恰逢国务院总理李克强访问欧洲，演出因此赢得了更多的关注。《粉墨春秋》赴欧首演在布鲁塞尔国家剧院举行，能容纳近千名观众的剧场座无虚席，过道上还站了一些观众。精彩的舞美设计，动感的武术表演，励志的故事情节，让近两个小时的演出赢得现场观众一阵接一阵热烈的掌声。演出结束后，很多观众激动地跑上舞台，争相和演员合影留念。华晋舞剧团并非第一次结缘“中华风韵”，其知名剧目《一把酸枣》就曾承担过“中华风韵”品牌的出访任务。2018 年 1 月 5 ~ 7 日，“中华风韵”在林肯中心大卫·寇克剧院推出上海歌舞团的大型原创舞剧《朱鹮》。一只只灵动飘逸的“神鸟”在唯美浪漫的舞台上翩翩起舞，而朱鹮羽翼上的一抹橙红更为遭遇暴风雪袭击的纽约带来别样的温馨。在每场约 2000 多名热情观众的掌声中，舞剧《朱鹮》在纽约的 3 场演出取得了圆满成功。

3. “文化中国·四海同春”活动

“文化中国·四海同春”活动是国侨办自 2009 年起推出的侨务文化品牌活动。每年春节期间国侨办组派高水平的文化团组分赴海外华侨华人聚居的国家和地区开展慰侨访问活动，代表中国政府向侨胞们带去祖（籍）国的新春问候，并与各地各族裔的民众共贺新春。自 2009 年成立至 2017 年，国侨办已累计向 120 多个国家和地区派出 62 个艺术团组，在五大洲 265 个城市演出 373 场，广场和剧场观众超过 520 万人次，受到海外侨胞的热烈欢迎。[①]

“文化中国·四海同春”2015 年春节慰侨访演艺术团 9 个艺术团组分赴欧洲、亚洲、大洋洲、北美和南美的 13 个国家及港、澳地区共计 29 个城市慰侨访演，预计演出 36 场。2015 年 3 月 10 日，国侨办 2015 年“文化中国·四海同春”艺术团慰侨演出在米兰 Teatro Arcimboldi 剧院成功举办。美轮美奂的《千手观音》、独具特色的少数民族舞蹈，将现场演出气氛推向高潮。由中国国务院侨办主办、河南省侨务办公室承办的 2015 年“文化中国·四海同春”南美艺术

① 数据来自 2017 年 1 月 10 日国务院侨办副主任谭天星在新闻发布会上公布的情况。

团于2015年3月在里约热内卢艺术之城剧场举办慰侨演出，与当地侨胞共度元宵佳节。演出中，少林功夫表演以及融太极元素与舞蹈元素为一体的群舞《太极印象》等深具河南地域特色的节目更是成为此次演出的亮点之一。同年，为了展示到访地缅甸、柬埔寨等国家的地域特点，亚洲艺术团在节目设置中特意加入了中国边境地区及东南亚地区的民族舞蹈，如哈尼族舞蹈《田棚细语》、彝族舞蹈《踩云彩》、缅甸舞蹈《敏阿拉巴》等。

2016年“文化中国·四海同春”春节慰侨访演组织9个艺术团，分赴欧洲、亚洲、非洲、大洋洲、北美洲和南美洲的22个国家和地区的42个城市，演出53场。2016年2月16日晚，国务院侨务办公室和里昂侨界共同主办的“文化中国·四海同春”2016春节大型慰侨演出在法国里昂国际城会议中心礼堂举行。当晚的演出以舞蹈《张灯结彩》拉开帷幕，中国歌剧舞剧院舞剧团的青年艺术家们倾情表演了《彩陶俑》《水之灵》《黄河》等节目。

2017年“文化中国·四海同春”春节慰侨访演组织了7个艺术团组，分赴欧洲、亚洲、大洋洲和北美洲的17个国家和地区的38个城市。其中，中国歌剧舞剧院赴澳大利亚与新西兰进行“四海同春”慰侨访演。这是中国歌剧舞剧院第四次加盟“四海同春”，演员们合乐为歌，踏歌而舞，展现《诗经》里的《小雅·采薇》中蕴含的历史情怀。这支舞蹈曾在中非合作论坛约翰内斯堡峰会闭幕式上向中非各国首脑及嘉宾进行展示。

4. 丝绸之路国际剧院联盟

为响应国家“一带一路”倡议，2016年10月，中国对外文化集团公司发起组建了“丝绸之路国际剧院联盟”。国内多家舞蹈剧团入盟，由此走向国际舞台。中国东方演艺集团（中国东方歌舞团）首部中国舞剧《兰花花》作为丝绸之路国际剧院联盟首部巡演项目，2017年在国内、国际剧院上演。作为东北地区入盟的舞团，辽宁芭蕾舞团于2017年1月应邀赴“一带一路”沿线国家以色列演出芭蕾舞剧《海盗》。辽宁芭蕾舞团正在创作中的舞剧《花木兰》以及获得“文华大奖”的舞剧《八女投江》也将在丝绸之路沿线国家陆续上演。

5. 中东欧舞蹈夏令营

2014年12月，中国国务院总理李克强在塞尔维亚与中东欧国家领导人共同签署了《中国—中东欧国家合作贝尔格莱德纲要》。该纲要大力支持中国与中东欧国家深化人文交流和地方合作，并明确列出数条文化交流项目，“中国—中东欧国家舞蹈夏令营”榜上有名。

由文化部外联局与陕西省文化厅共同主办的首届中国—中东欧国家舞蹈夏令营活动于2015年7月15日~8月4日在陕西关中民俗博物院正式开营。来自斯洛文尼亚、马其顿、拉脱维亚、阿尔巴尼亚、爱沙尼亚、保加利亚、波兰、捷克等中东欧国家的22名师生和45名中国舞蹈专业师生参与该活动。夏令营包括三个阶段，分别在陕西关中、陕南、陕北三地走访历史人文遗迹，参加茶文化交流活动。其间还穿插有形式多样的文化艺术创作采风、专业研习、交流互动、体验演出活动。陕西深厚的文化资源和历史背景为夏令营活动提供了极佳的环境，也成为中欧舞者宝贵的精神财富和创作养分。来自斯洛文尼亚的格雷高尔表示，陕西风光美不胜收，太极功夫、泥塑制作、皮影剪纸、安塞腰鼓等也给他留下了深刻印象。

第二届中国—中东欧国家舞蹈夏令营由文化部主办，文化部外联局与云南省红河州委宣传部、德宏州文体广电（新闻出版）局和贵州省黔西南州委宣传部共同承办，2016年7月分别在德宏、红河开营。本届夏令营共有来自中国14个省（区、市）和斯洛文尼亚、马其顿、拉脱维亚、爱沙尼亚、捷克、斯洛伐克、波兰、匈牙利等10个国家的近百名舞蹈爱好者参与，他们兵分两路，在德宏和红河采风、学习，并与当地民间艺人开展交流，随后在贵州汇合进行集体创作。本届夏令营以“探索、学习、分享、表演”为主题，参与夏令营的中外舞者通过田野考察、民间采风等方式感知体验中国民间艺术，并以此为基础，共同编创具有中国风格的现当代舞。

第三届中国—中东欧国家舞蹈夏令营由文化部主办，文化部外联局与四川省文化厅、成都市文化广电新闻出版局共同承办。来自中国19个省（区、市）以及匈牙利、捷克等9个中东欧国家的100余名舞蹈专业师生，在四川成都、乐山等地进行了为期20余天的艺术学习、交流与采风。学习中，100多名学员被分为舞蹈、音乐、研究3个小组，在36位中外导师的带领下，在巴蜀传统文化中寻找灵感，希冀在文化、思想、语言、情感上有深度交流。来自波兰的舞蹈老师亚采克·鲁明斯基表示，自己来四川学到了中国功夫，并发现舞蹈与功夫两者之间相通之处很多，受益匪浅。

（二）以海外中国文化中心为窗口

中国自20世纪80年代开始在海外设立文化中心，近10年发展较快，迄今为止，已在非洲、欧洲、亚洲和北美洲、大洋洲建成坦桑尼亚、毛里求斯、贝宁、开罗、巴黎、马耳他、首尔、柏林、东京、乌兰巴托、曼谷、莫斯科、马德里、墨西哥、尼日利亚、哥本哈根、斯里兰卡、老挝、悉尼、新加坡、尼泊尔、布鲁塞尔、新西兰、斐济、斯德哥尔摩、金边、雅典、海牙、明斯克、巴基斯坦、特拉维夫、索非亚、仰光、河内共35个中国文化中心。海外中国文化中心常态化、不间断地举办演出、展览、艺术节、文体比赛等各类交流活动，成为中国舞蹈“走出去”的有效平台。如2015年12月19日由斯里兰卡中国文化中心和天津市文化广播影视局共同主办、天津歌舞剧院芭蕾舞团承办的“美丽天津——芭蕾精品兰卡行”大型文化演出活动在科伦坡莲花剧院举行。演出当晚，天津芭蕾舞演员们表演了富有代表性的《巴赫塔》《天鹅湖》《艾斯米拉达》等古典芭蕾舞剧经典片段和中国现代民族芭蕾舞剧《红色娘子军》的精彩片段。2016年10月10~11日，宁夏银川艺术剧院大型原创民族舞剧《月上贺兰》在韩国首尔中国文化中心的组织下展现给韩国观众；10月14日晚，由悉尼中国文化中心联手浙江歌舞剧院共同呈现的大型舞蹈——《生命舞迹·素写》在悉尼州立剧院上演。

除了演出，舞蹈培训也是海外中国文化的交流活动的常设项目。如新西兰中国文化中心推出的舞蹈培训。2016年5月31日，新西兰中国文化中心中国舞培训班开课。来自惠灵顿多个文艺社团的舞蹈演员和舞蹈爱好者近40人接受了中心舞蹈教师、辽宁芭蕾舞团编导李海宁的培训。舞蹈班学员中不乏舞蹈功底深厚的专业舞蹈演员，也有热爱中国舞蹈、闻讯从远郊赶来的当地舞蹈爱好者，还有年仅十多岁的学生习舞者。2016年7月18日，由尼泊尔中国文化中心与西藏自治区文化厅共同举办的“中国西藏　扎西德勒”文化艺术培训班开班典礼在尼泊尔中国文化中心举行。在开班典礼上，来自西藏的培训老师为现场观众奉献了精彩的歌舞表演。尼泊尔学生也跳起了藏族舞蹈《卓玛》。培训老师现场介绍了藏族舞蹈要点，并亲自示范动作，所有来宾一起跳起欢快热烈的集体舞《那曲锅庄》，气氛热烈。

（三）亮相国际知名舞蹈节、艺术节

国内外知名节庆活动一直是包括舞蹈艺术在内的中国艺术亮相海外的重要舞台。

1. 上海国际艺术节

上海国际艺术节是由文化部主办，上海市人民政府承办的国家级国际艺术节，是我国最高规格的对外文化交流节庆活动之一。

自 2015 年开始，上海国际艺术节将“一带一路”沿线国家和地区的文化艺术交流合作列为重点推进的工作。如中国上海国际艺术节中心与英国爱丁堡节庆协会成功开展了一系列项目合作与人员交流活动。作为第 17 届中国上海国际艺术节委约作品，杨丽萍原创现代舞剧《十面埋伏》在该艺术节上大放异彩，英国萨德勒之井剧院在演出结束后立即通过艺术节演出交易会与杨丽萍团队敲定演出意向。这一意向已在 2016 年成为现实。之后，杨丽萍的作品《春之祭》再次引发了英国文化演出市场对中国原创文艺作品的青睐。2016 年上海国际艺术节推出青年编舞家古佳妮创作的《插销》和唐诗逸创作的《唐诗逸舞》两部舞蹈作品，得到了法国普瓦捷艺术节、德国卡塞尔国家剧院、英国南岸艺术中心、美国纽约亚洲协会等国际艺术机构的一致好评。

2016 年 10 月，中国上海国际艺术节中心与印度文化关系委员会签署中印文化交流合作备忘录、与乌兹别克斯坦东方旋律国际音乐节签署关于五年文化艺术合作备忘录。数部艺术节委约作品签署海外演出意向。杨丽萍的现代舞剧《十面埋伏》、青年编导王亚彬的现代舞剧《青衣》等由此得以“走出去”。

2. 中国新疆国际舞蹈节

中国新疆国际民族舞蹈节由文化部、国务院新闻办公室和新疆维吾尔自治区人民政府共同主办，两年一届。该舞蹈节是文化部实施“文化援疆”计划的重点项目之一。

2015 年 7 月 20 日，第四届中国新疆国际民族舞蹈节在新疆维吾尔自治区举办。在历时 17 天的舞蹈节期间，有 25 支中外艺术团队为新疆各族观众

带来 78 场演出。既有享誉国际艺术舞台的经典芭蕾舞剧《吉赛尔》《一千零一夜》，也有通过现代舞蹈艺术表现中华传统文化的精品《孔子》《千手观音》，还有新疆本土创作的《阿拉木汗传说》《戈壁青春》等。

2017 年第五届中国新疆国际民族舞蹈节开幕式在乌鲁木齐市举行。本届舞蹈节以“中国梦想　多彩丝路”为主题，荟萃国内外舞蹈创作精品，来自中国、俄罗斯、乌克兰、波兰、格鲁吉亚、塔吉克斯坦、乌兹别克斯坦、缅甸、刚果（金）等国家的近 2000 名舞者进行了 60 余场演出。

3. 爱丁堡艺术节·中华文化艺术节

2015 年 8 月，首届爱丁堡艺术节·中华文化艺术节由苏格兰中国国际发展商会、爱丁堡市政府、苏格兰旅游局以及爱丁堡艺术节联合主办，旨在打造一个关于中华文化与艺术的广泛交流平台。资料显示，至 2017 年，超过 1000 位中国艺术家和领导参与该艺术节。[①] 中华文化艺术节分艺术表演和工艺美术展览两大板块，艺术表演包括歌剧、舞台剧、民族文艺表演、民俗杂技表演等；工艺美术展览包括传统手工艺、书法绘画、画展、民族特色如茶艺等。2017 年，广东现代舞团的《临池舞墨》、舞蹈家赵梁的《幻茶谜经》登上爱丁堡艺术节·中华文化艺术节的舞台。

二　方法与手段

（一）“本地化”运营

实现“本地化”运营是防止中国舞蹈落地“水土不服”的重要保障。以 2015 年中国民族舞剧《逐梦天涯》在英国伦敦的 3 场演出为例，其成功的背后是 13 家机构的通力合作，其中的 11 家媒体、公关、票务等领域的合作伙伴都来自伦敦本地。剧场的选择也是塑造品牌的重要部分。对于戏剧观众而言，成立于 1683 年的英国萨德勒斯·威尔斯剧院本身便是艺术质量的保障。包括我国台湾《云门舞集》在内的众多舞剧都曾通过这个舞台获得了艺术盛名。在宣传方式上，除在地铁、商业区、交通枢纽投放广告等传统方式之外，还运用脸书、

① 数据来自《2017 年爱丁堡中华文化艺术节总结报告》，http：//cacf. uk/article/139。

推特等网络社交媒体等吸引青年关注的重要渠道来扩大宣传。据统计，《逐梦天涯》在巴黎演出的脸书、推特等专页，观众留言超过了1万条。

在伦敦首场演出上，最让人惊喜的要数两位特别演员在第三幕登场，他们来自面向伦敦本地舞者的选秀活动。活动经过预选、初赛和决赛，21岁的希腊女孩埃莱尼和意大利男孩乔最终从800多位应征者中胜出，获得了参与《逐梦天涯》欧洲首场演出的机会。谈到这次体验，扮演壮族姑娘的埃莱尼十分兴奋：“我非常开心能被选中，尽管小时候学过一些中文，也看过不少中国舞蹈的录像，但这种亲身参与的体验实在太棒了！”

（二）实景演出海外驻演

近年来，国内不少演出公司将目光投向国外，谋求中国实景演出“走出去”。自2004年山水实景演出《印象·刘三姐》在旅游市场崭露头角后，实景演出作为一种新型的演出形式走入了大众视野。10余年间，山水盛典文化产业有限公司作为中国山水实景演出的创始团队，已在全国10多个旅游城市打造了《印象·刘三姐》《禅宗少林·音乐大典》《文成公主》等16部实景演出作品。2016年，山水盛典文化产业有限公司与越南文化管理演出公司签署了越南岘港、下龙湾等5个城市的实景演出合作协议，使得越南成为东南亚国家中抢先引进中国山水实景演出形式的国家。此次双方合作的第一个项目为《玄珍公主》，这段取自越南陈朝玄珍公主出嫁占城和亲的故事，将以自然山水为舞台背景，借助高科技声光电手段，将这段历史重新进行诠释和表演，带给游客全新的艺术享受。

大型舞蹈史诗剧《吴哥的微笑》在柬埔寨吴哥窟日常驻演。该剧由云南文投集团投资，以云南省歌舞剧院为主创团队打造。这台富含“柬埔寨元素，中国化创意”的舞剧将柬埔寨历史文化鲜活地展现在世人面前。截至2016年12月15日，舞剧共计演出2343场，吸引了近118万名游客观看，销售产值达2.3亿元，被柬埔寨政府授予“柬埔寨国家旅游服务贡献奖”，连续6年被中国文化部、商务部等六部委评为“全国文化出口重点项目”。[①]

① 张勇、任维东：《云南：花香南丝路　舞乐传海外》，《光明日报》2017年1月8日。

（三）中外联合排演

如今，中国一流的舞蹈团体的编导创作水平和舞台表现能力已经与世界水平看齐，中外联合排演、合作创作为中国舞团建立国际视野、打开国际渠道带来了机遇。例如，辽宁芭蕾舞团近三年来先后与南非约翰内斯堡芭蕾舞团合作排演舞剧《天鹅湖》，与法国莱茵芭蕾舞团艺术总监伊万合作现代芭蕾《足迹》，与瑞典艺术家马克合作现代芭蕾《悬崖边缘》，与俄罗斯芭蕾名家格里格洛维奇合作排演《斯巴达克》《罗密欧与朱丽叶》等。

上海芭蕾舞团近年来践行“双轨制”，一方面把国外优秀人才请进门担当驻团编导、教员、客席演员，打造上芭出品的优质剧目；另一方面，积极将本团明星舞者送到国际一流芭蕾舞团进行交流，让他们在与国外同行的互相交流切磋中锤炼、成长。有了好的人才、好的作品，便可以更自信地亮相国际舞台，艺术水平才能经得起观众的检验。

到中央芭蕾舞团排演剧目的外国艺术家越来越多。如 2017 年，值中德建交 45 周年，著名芭蕾编导、德国汉堡芭蕾舞团艺术总监约翰·诺伊梅尔应邀携两部新作《大地之歌》和《春与秋》来到中国，与中央芭蕾舞团艺术家携手在北京天桥剧场上演一场题为《大地的咏叹与起舞》的现代芭蕾佳作。

首部中美联合制作的百老汇原创多媒体舞台剧《春江花月夜：赛珍珠》于 2015 年 8 月在美国纽约林肯中心大卫·寇克剧院首演。《春江花月夜：赛珍珠》改编自第一位获得诺贝尔文学奖和普利策奖两个奖项的女作家赛珍珠的生平事迹。剧中 30 位舞蹈演员均来自不同国家，通过各具特色的舞蹈来展现中西文化碰撞与交融。制作班底实力雄厚，多人拥有 20 年以上的百老汇剧目制作经验。该剧由北京华江亿动文化传媒和镇江市文化广电产业集团共同出品，在美国进行彩排、技术合成及首演。

（四）输出原创品牌

在海外建立舞蹈品牌是推广中国舞蹈的直接窗口。

如海外“桃李杯”国际舞蹈大赛，就是在中国“桃李杯”舞蹈比赛基础上发展而来，由中国舞蹈教育家潘志涛与众多舞蹈艺术家精心打造，泛美中国舞蹈联盟等单位主办，参赛舞蹈类别包括中国古典舞、民族舞、现代舞、芭蕾舞、国际标准舞、拉丁舞等，旨在促进国内外舞蹈创作、表演、教学的学习与交流，挖掘、推出舞蹈新人新作，为海内外舞蹈爱好者提供专业的展示平台，在世界范围内传播、传承中华舞蹈文化与精神。2016～2017年的赛季汇聚了在华盛顿特区、芝加哥、洛杉矶、温哥华、圣何塞、波士顿美国六大赛区预赛中获得铂金奖、金奖的选手，以及来自中国各地的选手等数百人。其中，中国古典舞蹈比赛部分格外精彩，最终，《中国结》《且看行云》《爱莲说》等作品获大赛铂金奖。多位美国选手在赛后表示非常喜欢中国舞蹈，通过学习与比赛，对中国文化有了更加深入的了解。

作为休斯敦唯一的横跨中美两地的舞蹈学校，周洁晓慧舞蹈学校在全美可谓家喻户晓的华人舞蹈学校，该校由著名舞蹈表演艺术家、教育家周洁1997年创办。该校也是休斯敦唯一的北京舞蹈学院考级基地，每年在中美两地举行中国舞考级活动，至今已有几万名学员顺利通过考级。近几年来，该校连续举办了4届中美国际舞蹈大赛。2015年成功在休斯敦首创“全球青少年艺术大赛”。至2017年，该校已在休斯敦举办了20届大型舞展，中美两地共37届数万名学生从这里走上舞台。300多位学生在中美两地舞蹈大赛中获奖。许多学生更是以舞蹈特长考入哈佛大学、茱莉亚音乐学院、莱斯大学等世界名校。周洁晓慧舞蹈学校被国务院侨办授予“海外华文教育基地”、“寻根之旅——华裔青少年夏令营”和“华梦计划”基地称号。

第三节　中国舞蹈“走出去”案例

案例一：民族舞剧《丝路花雨》海外演出

伴随着中国国际影响力的迅速扩大，中国国家形象在文艺作品中的不断凝聚提升，文化“走出去”日益成为展示国家形象的重要手段，并与快速发展的中国社会相映生辉。如甘肃省歌舞剧院舞剧《丝路花雨》在海外的成功演出和市场运作，为中国文化“走出去”提供了可资借鉴的样本。由此，也引发了中国文化当以何种内容、何种方式“走出去”，出去之后能走多远的话题。

黄沙大漠与莫高窟壁画，英娘父女与波斯商人，绝地环境中透出的人间真情，邪恶当道处诉不尽的曲折命运，都在“琵琶弦上急，唢呐指间忙”的舞姿和旋律中得到精美呈现，琵琶舞、飞天舞、盘上舞曼妙如花行云流水般开放。中国民族舞剧《丝路花雨》动人的故事，华丽的音乐，令人惊艳的敦煌风韵，闪烁其间的鲜活的艺术灵性，令人由衷赞叹。1979 年，舞剧《丝路花雨》的问世，震惊了沉寂已久的艺坛。该舞剧被誉为“二十世纪华人舞蹈经典作品”“中国舞剧史上里程碑”“中国舞剧之最”“中国民族舞剧的典范”“东方的《天鹅湖》”，并被作为 20 世纪中国舞蹈经典剧作，载入中华民族艺术史册，在中国舞蹈史上产生了深远影响。这部从莫高窟壁画中走下来的舞剧，向人们展示了前所未有的灵动飘逸之美。

至 2018 年 10 月，该剧演出达 2800 场，观众达 400 万人次，先后出访过 40 多个国家和地区。① 如 2017 年 11 月 17 日晚，为庆祝 2017 哈萨克斯坦“中国旅游年”活动圆满闭幕，甘肃省歌舞剧院受原中国国家旅游局邀请，派中国经典舞剧《丝路花雨》剧组一行 80 人，赴“一带一路”沿线要地、友好邻邦哈萨克斯坦，在其首都阿斯塔纳“和平和谐宫”为中哈两国政府官员、相关企业代表及对华友好人士等千余名观众献上了一场精彩绝伦的演出，受到当地观众的热烈欢迎。舞剧每演到精彩之处，观众都报以热烈的掌声，特别是全剧结束时，全场起立，带有节奏的掌声、欢呼声一浪高过一浪，谢幕长达十次之多。《丝路花雨》在海外获得巨大反响，为“走出去”带来了不少启示。

一　共通主题引发共鸣，实现“民心相通”

《丝路花雨》“爱与死”的主题感人至深。这种主题具有共通性，能够感染不同国家的观众，使观众心心相印，心相通就是文化的相通。本剧突出刻画了画工“神笔张”和女儿“英娘”的艺术形象，描述了他们的悲欢离合以及与波斯商人伊努斯之间的纯洁友谊，再现了中国唐代对外经贸、文化

① 刘天亮：《大型民族舞剧〈丝路花雨〉首登澳大利亚舞台》，人民网，http：//world. people. com. cn/n1/2018/1006/c1002 - 30326113. html。

交往频繁的情景，深刻表现和歌颂了美好爱情、和谐、真善美等全人类公认的价值理念。剧中“神笔张”虽然死去了，但他所体现的唐代文化的大开放大格局，以及他和自然搏斗、和人间邪恶搏斗的精神却留了下来。剧末他举着笔，仰首向天，敦煌壁画还没画完，这寓意着丝绸之路还在延续，人类对美好理想的追求还在延续。整个故事既美好又传奇，音乐、舞蹈都非常出彩，具备了国际观赏普遍需要的元素。

二　借力“一带一路”倡议，突破文化壁垒

《丝路花雨》让沉默千年的敦煌“复活”了，也开启了一条推动中国舞蹈艺术“远渡海外”、走向世界的道路。该剧演绎了丝绸之路上一个美丽的传说，一个动人的故事，它带着“古丝绸之路”这一历史文化符号，有着重要的象征意义。习近平主席指出，古丝绸之路积淀了以和平合作、开放包容、互学互鉴、互利共赢为核心的丝路精神，是人类文明的宝贵遗产。《丝路花雨》的创作，正是通过舞台艺术形式对古丝绸之路丰厚的历史人文资源的创造性转化、创新性发展，是讲好丝路故事，弘扬以“和平合作、开放包容、互学互鉴、互利共赢”为核心的丝路精神，以古丝路文化交流辉映“以文明交流超越文明隔阂、文明互鉴超越文明冲突、文明共存超越文明优越”的习近平文明互鉴观的体现，为构建人类命运共同体提供人文艺术支撑，并向世界人民诠释这项倡议的内涵和现实意义。

随着“一带一路”倡议在全球的广泛传播，海外对丝绸之路也不再陌生。同时，中国已与“一带一路”沿线绝大部分国家签订了政府间文化合作协议，为国家之间文化关系的发展奠定基础，指明发展的主要方向。这种合作对外国观众接受《丝路花雨》起了重要作用。

三　与时俱进，找到讲好中国故事的有效方式

改革开放初期，《丝路花雨》以崭新的艺术呈现，开创了艺坛新生面。一个敦煌引出一个新舞派，一幅壁画唤出一个千姿百态的“英娘”。几十年来，《丝路花雨》虽成为经典，却没有成为标本。其间经过 4 次复排，几次

“手术”，融入充满激情的时代精神和洋溢时代气息的时尚元素，因此始终光彩不减，青春常在。这种不断创新的自我生长能力表明，必须与时俱进，不断适应观众欣赏水平的变化，始终保持新鲜强劲的生命活力，反映当代中国的艺术进步和万千气象。

为了与世界审美接轨，《丝路花雨》数次改版升级，在舞蹈、音乐、舞美等方面都进行了重新编排。新版舞剧尝试改变故事的讲述方式，从原有故事中通过变换舞蹈演员的动作，寻找新的言语和表达，部分舞段的节奏加快，满足现代观众的欣赏习惯。舞蹈语汇在凸显敦煌舞蹈为主基调的同时，融入多民族与多国文化的多彩舞蹈文化为一体的结构元素，还融合印度、波斯、俄罗斯等传统民族舞蹈。舞剧故事坚持立足于经典原著，原剧剧情不变，保留其故事与故事情节、人物与人物关系结构不变。在舞美方面，主要从置景和服装追求新的突破。置景的设计与制作强化数字视频制景和硬、软景制作与道具的拼装组合，使其便携拆装、适应巡演运转之需的设计制作，尤其突出舞台立体展示的三维感、意境化等多视角色彩之效果。如将丝绸之路上商贾往来的繁华、莫高窟内精美的壁画以及黄沙漫天的大漠戈壁等“逼真”景象通过现代数字化技术“搬上舞台”，让观众仿佛置身于古丝路情境之中。服装设计既民族风又国际化，既古色典雅又时尚绚丽与洁美统一，以当代国际审美观念，再现敦煌壁画服饰的时代创新需求。几次成功的升级，让《丝路花雨》重塑经典，并根据时代的发展变化，愈发经典化。

四　树立品牌，加强市场运作

文化剧目能成功“走出去”，一流的剧目、一流的剧场、一流的运作，缺一不可。中国舞蹈“走出去”，应作为市场主体“走出去”，而不是被政府“抱”出去。这尤其需要方式手段的突破创新。《丝路花雨》在海外的票房令人欣喜，内容过硬是其成功的基础，而主动掌握市场权益也是成功的关键。

市场运作是《丝路花雨》成功“走出去”的重要依靠。以前很多中国舞蹈“走出去”都是只送内容，不参与后期的推广销售，较为保守被动，无法掌握市场。而依托中国对外文化集团公司直接介入终端销售环节，面对消费者实现产、供、销一条龙的模式产生了不俗效果。如每到一地即对接当地的公关公司和市场营销公司，一起制定适销对路的公关方案和营销方案，然后由当地公司实操。

中国舞蹈作品经过“包装”，能由特殊产品变成通用产品，由短销变长销，从而形成独立品牌。30 多年来，《丝路花雨》创造并积累了难以估算的艺术价值和品牌价值，以《丝路花雨》人物造型为内容的四扇屏、泥塑、挂历、刺绣品等工艺品，以“丝路花雨”为商标的琴行、服装、饮食等行销世界各地，形成一个独特的“丝路花雨”文化现象和文化品牌，市场开发的潜力巨大。

可以说，在优秀民族艺术的传播与文化市场路径的探索上，《丝路花雨》开辟了一个足够大的延伸空间。

案例二：广场舞海外走红

近些年走出国门的中国舞蹈不在少数，但如何在西方观众心中扎根、成为当地人文化生活和文化消费的选择，成为舞蹈“走出去”必须直面的挑战。遵循文化传播规律、尊重当地文化生活习惯非常重要。文化艺术仅仅走进海外的艺术殿堂是不够的，还应该走进当地人的生活。

这几年，广场舞的热潮席卷了中国，在清晨和黄昏，主要由退休“大妈”组成的非正式团体，在任何广场、公园的空旷地带跳舞。伴随着甜美的流行歌曲或激昂的红色歌曲，她们步调一致地起舞。这种在中国曾经备受争议的文化娱乐方式，一度在国外大行其道。

早在 2013 年 8 月，美国纽约布鲁克林的日落公园就已成为华人妇女展示风采的舞台，休闲方式包括跳广场舞、交际舞等。不过，这些活动的进行并不顺利，因为音乐伴奏的声音过大，常遭到周边居民的抗议，引来了警察。2014 年 6 月 14 日，一组“中国大妈”在俄罗斯莫斯科红场跳广场舞的照片在网上热传。这次跳广场舞的行为同样引来了当地警察，而大妈们称，警察只是提醒她们“小声点”而已。

近两年，中国广场舞日渐释放影响力，“中国大妈”们的舞姿已跨境进入国际知名场所。2016年12月，第七届中俄文化大集在俄罗斯阿穆尔州首府布拉戈维申斯克市拉开帷幕。当晚在布市中心的列宁广场上，“中俄大妈”们上演了一出精彩的广场斗舞，近千人规模的广场舞引得布市市民竞相驻足观看，不少市民和游人加入了舞蹈队伍中。

“中国大妈”们还受到加拿大渥太华旅游局方面邀请，于2016年在加拿大国庆日到渥太华表演广场舞《小苹果》《最炫民族风》。罗马尼亚首都布加勒斯特有一支女子健身队，每次跳广场舞时间仅为一个半小时，却引得站在旁边观望的当地人禁不住跟着节奏舞动，或加入舞蹈队伍。附近住户基本是在罗经商华人，十分支持此类活动。2018年新年前夕，一位中国“广场舞大妈”凭借中国风舞蹈造型，“跳”上了美国纽约时代广场纳斯达克巨屏。在大屏前，许多人为这位具有中国特色的舞者驻足，为中国风舞蹈造型点赞。这位舞者是来自河南商丘的一位妇女。

广场舞在国外的热传不仅依靠海外华人的助力，也有外国人自发行为的支持。英国小伙肖恩·吉普森酷爱中国广场舞，他先是加入“中国大妈”队伍跟随她们一起跳，而后自己录制了英国版的《小苹果》广场舞，在利物浦著名购物广场跳了一场《小苹果》快闪舞，吸引一众英国当地人也跳起广场舞。肖恩·吉普森认为像利物浦这样的大城市，人们都局限在自己的小朋友圈里，需要像跳广场舞这样的日常大社交活动。

2015年3月25日傍晚，170位不同肤色的外国友人出现在海湾公园星光大道，同厦门阿姨切磋舞艺，还一同跳起了广场舞《江南Style》。这些来自世界各地的外国友人受邀到中国开会，并在回国前慕名前来体验一下广场舞文化。

中国广场舞引起了海外文化机构的重视。2017年2月，近百名身穿红衣的“中国大妈”在墨尔本博物馆一起跳起了广场舞。队伍里喊口号的竟是位外国妇女，嘴里喊着中文“一二三……”边喊边跳。这场舞蹈是墨尔本博物馆特意组织的活动。为了广泛宣传中国广场舞，墨尔本博物馆还把这项活动的内容刊登在官方网站上：“由于广场舞参与度高、帮助社交、强身健体的功效，至今在全球已经拥有超过1亿的舞者了。并且，每天都有广场舞舞者在我们馆前排练。这是一种适合各个年龄层的活动，快来参加这次中国广场舞舞者的互动团体课吧!”

广场舞在海外的快速传播已引起关注。由国家汉办主办的“2015 汉语桥美国高中生夏令营”的其中一项活动，就是让美国学生去江苏的弘扬广场跟“大妈们”学习跳广场舞。由国务院侨务办公室、中国海外交流协会主办，华侨大学、中华才艺（音乐·舞蹈）培训基地承办的“文化中国·海外华人文化社团第 50 期中华才艺（广场舞）培训班”于 2016 年 7 月 24 日在华侨大学开班。来自美国、法国、英国、德国、丹麦、澳大利亚等 12 个国家的 40 余名华人文化社团骨干齐聚华侨大学，进行为期半个月的培训学习。培训班邀请校内外知名专家进行专业培训指导，培训内容以广场舞、秧歌舞、民族舞课程为主，辅以花伞舞、旱船舞、长绸伞舞、腰鼓舞等课程，配合中国民俗文化、民族民间舞蹈鉴赏、户外舞蹈活动组织与策划等讲座，并将组织厦门本地文化艺术观光、福建省内旅游文化考察和户外广场舞巡演、汇报表演等。

值得注意的是，广场舞还成了一门生意。在“广场舞界”，有“广场舞小王子”之称的王广成很出名。几年前的一段视频让王广成在社交网络火了。伴随着《最炫民族风》的歌声，王广成带领几百名外国人欢快起舞。走红后，王广成又一连改编了 10 余首歌。他把广场舞带到了美国、新加坡、马来西亚、泰国、英国、法国等国。在此过程中，王广成看到了广场舞的商机，开始涉足舞蹈培训、商业演出等为主的商业投资。2017 年年底，王广成所在的天团健身旗下的“舞动天团”App 和自媒体服务平台已经上线。

简单易学、能实现社交化健身，这是很多外国人参与广场舞的原因。美国《佩斯特杂志》网站 2017 年 2 月 20 日发表了一篇有关跳中国广场舞对人的身体大有益处的文章。文章提出，在美国，健身者孤独地在健身房玩命。但是却失去了健身的乐趣、友谊和伴随终身的习惯，而这在跳广场舞的过程中得以保留。该文认为，在中国，健身是集体性活动，广场甚至街头一角都可以成为交际舞或者广场舞的场地。似乎没有人在乎跳舞场地的旁边就是拥堵的交通，别人看不看似乎都与他们无关。这些群体让健身社交化，参加者对彼此负责，遵守时间表。这些特点可以克服无聊，让人们把健身当成习惯。

当然，也应该注意到，随着广场舞而来的也有麻烦，如噪音扰民、偶尔发生斗殴行为等。为改善这一状况，国家体育总局在其网站上发布了规范广场舞健身活动的有关通知，指出应严格规范广场舞健身活动行为，体育部门要及时化解在广场舞健身活动中产生的矛盾冲突，要多措并举增加广场舞健身活动场地供给、扩大增量、盘活存量，鼓励适合广场舞健身的体育场地在发挥原有体育功能的前提下，合理划分不同健身项目开放时段，采用分时段办法向广场舞健身爱好者开放场地，有效提高体育场地利用率。

广场舞在海外落地生根的过程中，也会遇到类似问题。因此，多家外媒对此通知给予关注。如法新社的文章指出，在新发布的一系列指导规定中，中国国家体育主管部门为广场舞者制定了严格规范。相关新规要求广场舞舞者不得在烈士陵园等庄严场所开展广场舞健身活动，不得通过广场舞健身活动非法敛财、传播封建迷信思想等。相反，这些精力充沛的表演者应该“成为家庭和睦、社区和美、社会和谐的积极力量”。

总的来说，跳海外广场舞目前多为华人自发行为。要扩大其影响力，还需激发当地舞蹈爱好者的积极性，加强相关机构的引导，同时也应注意提醒走出国门的广场舞团体遵守当地法律法规，尊重当地社会风俗习惯。

第四节　思考与建议

一　注重“走出去”剧目的打造和甄选，加强中国民族芭蕾舞剧“走出去”

中国舞蹈“走出去”，应考虑到信息接收方对于中国文化特别是舞蹈艺术的认知程度和理解水平，要充分利用人类共同审美情感引发“文化共鸣”。一些中国民族舞蹈作品在国内演出上百场，海外演出却无人问津，原因很简单：外国人看不懂。

要凸显中国特色，无形中便会诉诸传统，这恰恰带来了欣赏门槛。一些民族舞蹈由于历史性的原因，比较难引起不同文化背景的人的共鸣，变成“深奥难懂”，或是与观众的现实生活情境脱节，容易使中国形象显得“老化”。讲好中国故事，要求创作者在坚定文化自信的同时，掌握国际理念和现代表达方式，将中国文化内涵清晰地传达给海外观众。

推动舞蹈“走出去”的过程中，要挑选具有国际化视野的题材，创造具有中国符号特色的文化内容和表现形式，提高表达共同情感的能力仍是关键。如中央芭蕾舞团创作的《红色娘子军》、苏州芭蕾舞团创作的《卡门》能够满足不同国家观众的审美需求，多次走出国门，受到普遍欢迎。芭蕾舞在跨文化艺术交流中具有天然的优势，这种来自西方的世界性艺术，本就具有各国观众均熟悉的国际通用的语言体系和审美标准。因而，不妨加强推动中国民族芭蕾舞剧“走出去”。

二　融合创新，探索舞蹈与电影等艺术门类之间的产品转换

中国电影近年来在国际上的传播取得了一定进展，尤其是动作片相对讨喜，《卧虎藏龙》《英雄》《红海行动》等一系列电影赢得了一些西方观众和影评人的认可。在中国舞蹈等舞台艺术“走出去”的过程中，与其费力拉观众，不如利用被电影培养起来的现成观众——既然这些影视作品已经成为海外观众的文化关注热点，何不趁热打铁将其搬上舞台？

国外舞台艺术市场不乏成功案例。比如，据外媒报道，美国百老汇音乐剧《狮子王》在2013年吸引观众人数近75万，就连许多风靡全球的好莱坞大片都不是它的对手。其实，对于“狮子王”这个品牌来说，音乐剧就是电影的延伸。1994年，电影《狮子王》一上映，便以其生动的故事和不凡的品质吸引了美国各年龄层观众的追捧。作为该电影的出品方，迪士尼公司用一贯的产业链思路，围绕“狮子王”开发出书籍、玩偶、家居用品等系列衍生产品。这些产品从各个层面广泛融入人们的日常生活，持续加强“狮子王”给观众带来的印象与好感，也为更多周边产品的开发打下了坚实的“群众基础”。因而，当音乐剧《狮子王》登上舞台时，人们毫不犹豫地释放出他们的观剧热情。音乐剧版《狮子王》自1997年在百老汇上演后，经久不衰，其票房收

入更是超越电影版《狮子王》和该主题的各种消费品的收入。

同时，国外根据舞蹈改编的影视作品也不少，如芭蕾舞、街舞都曾被搬上银幕，《舞出我人生》《黑天鹅》等影片叫好又叫座。中国舞台艺术与影视艺术之间形成良性互动、融合发展，将有利于中国文化艺术整体“走出去”。不同艺术形式之间的相互改编，在让海外观众领略中国影视作品风采的同时，也催生着更多观众产生了解中国舞台艺术作品的兴趣。舞台作品与影视作品的相互转换有着很大的空间，前景可期。

三　搭上“一带一路”顺风车，开展丝路沿线舞蹈艺术交流

“一带一路”建设的日渐推进，为中国舞蹈“走出去”提供了时代机遇。

“一带一路”区域跨越欧亚非大陆，所涉国家的地理、文化、经济等各方面都存在很大差异。由于不涉及语言的障碍，舞蹈艺术在人类彼此的沟通上更直接、便利、快捷有效，是不同种族之间较为便捷的交流工具。通过没有障碍和壁垒的交流与沟通，人们在尽情宣泄自我情感的同时，也让彼此获得心灵上的相互感染及感动，产生最有价值的交流结果和成效。通过舞蹈艺术的展示和交流，“一带一路”沿线国家的民心会进一步相连。

“一带一路”舞蹈文化是多元的，任何一个国度的舞蹈文化都有其独特而成熟的成长经验。“一带一路”倡议的视野，为我们观照世界各民族舞蹈文化带来了积极的促进和影响。应搭上“一带一路”顺风车，加大丝路主题艺术创作力度，深入开展与“一带一路”沿线国家的艺术交流活动，切实推动与沿线各国舞蹈界的对话和互动。

四　重视发挥市场作用，提升我国舞蹈产品的国际竞争力

基于现状，文化“走出去”尚需依靠政府主导，但市场的作用不可低估。部分舞蹈作品也不妨探索更多市场，科学选择目标市场，降低文化折扣。可借鉴国外文化输出经验，政府负责管理和扶持，鼓励自由经营、公平竞争，由市场去评判“走出去”的产品优劣，积极探索用产业、商业的形式推动舞蹈“走出去”。

这就要求业界深入分析舞蹈消费市场趋势及特点，充分考虑国外受众的欣赏习惯、审美情趣和消费心理。深入研究世界各国，特别是近年来与我国文化关系密切的国家和地区的市场情况，努力打造既彰显文化自信又符合当地受众口味的舞蹈作品和产品。

我国舞蹈作品缺乏品牌化优势和国际营销能力。要积极参与国外知名艺术节，引导中国舞蹈企业直接与国际主流演艺市场接轨，与国际伙伴拓展战略合作关系。除了进一步培育舞蹈领域的专业性人才，还应培养和引进懂得国际市场营销、擅长涉外项目策划与演艺经纪、擅长媒介市场运作的外向型经营人才，为这类人才在舞蹈领域的发展提供保障。

五　加强理论研究，为中国舞蹈“走出去”提供智力支持

目前，中国舞蹈“走出去”相关研究寥寥无几，还处于起步阶段，不能为实践提供足够的智力支持。中国舞蹈文化资源虽很丰富，但其影响力和软实力不足。如果各种舞蹈交流活动没有中华文化的思想启迪或核心价值观作为支撑，这些交流活动在某种程度上也就沦为国际舞台上的“娱乐活动”，无法在对象国民众当中产生长久影响。

推动中国舞蹈“走出去”向更高层次发展，迫切需要深入研究中国舞蹈“走出去”规律。应加强中国舞蹈“走出去”理论研究，做好顶层设计，深入研究舞蹈“走出去”的要素选择及有关模式，制定舞蹈“走出去”的基本策略，根据不断变化的国际演艺市场的需求和环境，不断研究新情况，解决新问题，并及时、准确地发布国际演艺市场对舞蹈文化产品和服务的最新需求，以指导我国舞蹈团体和机构有针对性地“走出去”。

附　录

一　近年来文化“走出去”相关政策文件目录

1. 中共中央办公厅、国务院办公厅发布《关于进一步加强和改进文化产品和服务出口工作的意见》（2005 年，中共中央办公厅、国务院办公厅发布）

2.《关于鼓励和支持文化产品和服务出口的若干政策》（2006 年，国务院办公厅转发财政部等部门）

3.《关于金融支持文化出口的指导意见》（2009 年 4 月，商务部、文化部、国家广电总局、新闻出版总署、中国进出口银行联合发布）

4.《关于进一步推进国家文化出口重点企业和项目目录相关工作的指导意见》（2010 年，商务部、中宣部、财政部、文化部、中国人民银行、海关总署等十部门联合发布）

5.《关于加快发展对外文化贸易的意见》（2014 年，国务院发布）

6.《开拓海外文化市场行动计划（2016—2020 年）》（2016 年，商务部、文化部等联合印发）

7.《关于进一步加强和改进中华文化走出去工作的指导意见》（2016 年 11 月，中央全面深化改革领导小组会议 2017 年 7 月审议通过）

8.《关于加强“一带一路”软力量建设的指导意见》（2016 年 12 月，中央全面深化改革领导小组会议审议通过）

9.《文化部“一带一路”文化发展行动计划（2016—2020 年）》（2016

年 12 月，文化部印发）

10.《关于实施中华优秀传统文化传承发展工程的意见》（2017 年 1 月，中共中央办公厅、国务院办公厅印发）

11.《文化部“十三五”时期文化发展改革规划》（2017 年 2 月，文化部印发）

12.《关于加强和改进中外人文交流工作的若干意见》（2017 年 7 月，中央全面深化改革领导小组会议审议通过）

二　《关于实施中华优秀传统文化传承发展工程的意见》

文化是民族的血脉，是人民的精神家园。文化自信是更基本、更深层、更持久的力量。中华文化独一无二的理念、智慧、气度、神韵，增添了中国人民和中华民族内心深处的自信和自豪。为建设社会主义文化强国，增强国家文化软实力，实现中华民族伟大复兴的中国梦，现就实施中华优秀传统文化传承发展工程提出如下意见。

（一）重要意义和总体要求

1. 重要意义

中华文化源远流长、灿烂辉煌。在 5000 多年文明发展中孕育的中华优秀传统文化，积淀着中华民族最深沉的精神追求，代表着中华民族独特的精神标识，是中华民族生生不息、发展壮大的丰厚滋养，是中国特色社会主义植根的文化沃土，是当代中国发展的突出优势，对延续和发展中华文明、促进人类文明进步，发挥着重要作用。

中国共产党在领导人民进行革命、建设、改革伟大实践中，自觉肩负起传承发展中华优秀传统文化的历史责任，是中华优秀传统文化的忠实继承者、弘扬者和建设者。党的十八大以来，在以习近平同志为核心的党中央领导下，各级党委和政府更加自觉、更加主动推动中华优秀传统文化的传承与发展，开展了一系列富有创新、富有成效的工作，有力增强了中华优秀传统文化的凝聚力、影响力、创造力。同时要看到，随着我国经济社会深刻变革、对外开放日益扩大、互联网技术和新媒体快速发展，各种思想文化交流交融交锋更加频繁，迫切需要深化对中华优秀传统文化重要性的认识，进一步增强文化自觉和文化自信；迫切需要深入挖掘中华优秀传统文化价值内涵，进一步激发中华优秀传统文化的生机与活力；迫切需要加强政策支持，着力构建中华优秀传统文化传承发展体系。实施中华优秀传统文化传承发展工程，是建设社会主义文化强国的重大战略任务，对于传承中华文脉、全面提升人民群众文化素养、维护国家文化安全、增强国家文化软实力、推进国家治理体系和治理能力现代化，具有重要意义。

2. 指导思想

高举中国特色社会主义伟大旗帜，全面贯彻党的十八大和十八届三中、四中、五中、六中全会精神，坚持以马克思列宁主义、毛泽东思想、邓小平理论、“三个代表”重要思想、科学发展观为指导，深入贯彻习近平总书记系列重要讲话精神和治国理政新理念新思想新战略，紧紧围绕实现中华民族伟大复兴的中国梦，深入贯彻新发展理念，坚持以人民为中心的工作导向，坚持以社会主义核心价值观为引领，坚持创造性转化、创新性发展，坚守中华文化立场、传承中华文化基因，不忘本来、吸收外来、面向未来，汲取中国智慧、弘扬中国精神、传播中国价值，不断增强中华优秀传统文化的生命力和影响力，创造中华文化新辉煌。

3. 基本原则

——牢牢把握社会主义先进文化前进方向。坚持中国特色社会主义文化发展道路，立足于巩固马克思主义在意识形态领域的指导地位、巩固全党全国人民团结奋斗的共同思想基础，弘扬社会主义核心价值观，培育民族精神和时代精神，解决现实问题、助推社会发展。

——坚持以人民为中心的工作导向。坚持为了人民、依靠人民、共建共享，注重文化熏陶和实践养成，把跨越时空的思想理念、价值标准、审美风范转化为人们的精神追求和行为习惯，不断增强人民群众的文化参与感、获得感和认同感，形成向上向善的社会风尚。

——坚持创造性转化和创新性发展。坚持辩证唯物主义和历史唯物主义，秉持客观、科学、礼敬的态度，取其精华、去其糟粕，扬弃继承、转化创新，不复古泥古，不简单否定，不断赋予新的时代内涵和现代表达形式，不断补充、拓展、完善，使中华民族最基本的文化基因与当代文化相适应、与现代社会相协调。

——坚持交流互鉴、开放包容。以我为主、为我所用，取长补短、择善而从，既不简单拿来，也不盲目排外，吸收借鉴国外优秀文明成果，积极参与世界文化的对话交流，不断丰富和发展中华文化。

——坚持统筹协调、形成合力。加强党的领导，充分发挥政府主导作用和市场积极作用，鼓励和引导社会力量广泛参与，推动形成有利于传承发展中华优秀传统文化的体制机制和社会环境。

4. 总体目标

到 2025 年，中华优秀传统文化传承发展体系基本形成，研究阐发、教育普及、保护传承、创新发展、传播交流等方面协同推进并取得重要成果，具有中国特色、中国风格、中国气派的文化产品更加丰富，文化自觉和文化自信显著增强，国家文化软实力的根基更为坚实，中华文化的国际影响力明显提升。

（二）主要内容

1. 核心思想理念

中华民族和中国人民在修齐治平、尊时守位、知常达变、开物成务、建功立业过程中培育和形成的基本思想理念，如革故鼎新、与时俱进的思想，脚踏实地、实事求是的思想，惠民利民、安民富民的思想，道法自然、天人合一的思想等，可以为人们认识和改造世界提供有益启迪，可以为治国理政提供有益借鉴。传承发展中华优秀传统文化，就要大力弘扬讲仁爱、重民本、守诚信、崇正义、尚和合、求大同等核心思想理念。

2. 中华传统美德

中华优秀传统文化蕴含着丰富的道德理念和规范，如天下兴亡、匹夫有责的担当意识，精忠报国、振兴中华的爱国情怀，崇德向善、见贤思齐的社会风尚，孝悌忠信、礼义廉耻的荣辱观念，体现着评判是非曲直的价值标准，潜移默化地影响着中国人的行为方式。传承发展中华优秀传统文化，就要大力弘扬自强不息、敬业乐群、扶危济困、见义勇为、孝老爱亲等中华传统美德。

3. 中华人文精神

中华优秀传统文化积淀着多样、珍贵的精神财富，如求同存异、和而不同的处世方法，文以载道、以文化人的教化思想，形神兼备、情景交融的美学追求，俭约自守、中和泰和的生活理念等，是中国人民思想观念、风俗习惯、生活方式、情感样式的集中表达，滋养了独特丰富的文学艺术、科学技术、人文学术，至今仍然具有深刻影响。传承发展中华优秀传统文化，就要大力弘扬有利于促进社会和谐、鼓励人们向上向善的思想文化内容。

（三）重点任务

1. 深入阐发文化精髓

加强中华文化研究阐释工作，深入研究阐释中华文化的历史渊源、发展脉络、基本走向，深刻阐明中华优秀传统文化是发展当代中国马克思主义的丰厚滋养，深刻阐明传承发展中华优秀传统文化是建设中国特色社会主义事业的实践之需，深刻阐明丰富多彩的多民族文化是中华文化的基本构成，深刻阐明中华文明是在与其他文明不断交流互鉴中丰富发展的，着力构建有中国底蕴、中国特色的思想体系、学术体系和话语体系。加强党史国史及相关档案编修，做好地方史志编纂工作，巩固中华文明探源成果，正确反映中华民族文明史，推出一批研究成果。实施中华文化资源普查工程，构建准确权威、开放共享的中华文化资源公共数据平台。建立国家文物登录制度。建设国家文献战略储备库、革命文物资源目录和大数据库。实施国家古籍保护工程，完善国家珍贵古籍名录和全国古籍重点保护单位评定制度，加强中华文化典籍整理编纂出版工作。完善非物质文化遗产、馆藏革命文物普查建档制度。

2. 贯穿国民教育始终

围绕立德树人根本任务，遵循学生认知规律和教育教学规律，按照一体化、分学段、有序推进的原则，把中华优秀传统文化全方位融入思想道德教育、文化知识教育、艺术体育教育、社会实践教育各环节，贯穿于启蒙教育、基础教育、职业教育、高等教育、继续教育各领域。以幼儿、小学、中学教材为重点，构建中华文化课程和教材体系。编写中华文化幼儿读物，开展“少年传承中华传统美德”系列教育活动，创作系列绘本、童谣、儿歌、动画等。修订中小学道德与法治、语文、历史等课程教材。推动高校开设中华优秀传统文化必修课，在哲学社会科学及相关学科专业和课程中增加中华优秀传统文化的内容。加强中华优秀传统文化相关学科建设，重视保护和发展具有重要文化价值和传承意义的“绝学”、冷门学科。推进职业院校民族文化传承与创新示范专业点建设。丰富拓展校园文化，推进戏曲、书法、高雅艺术、传统体育等进校园，实施中华经典诵读工程，开设中华文化公开课，抓好传统文化教育成果展示活动。研究制定国民语言教育大纲，开展好国民语言教育。加强面向全体教师的中华文化教育培训，全面提升师资队伍水平。

3. 保护传承文化遗产

坚持保护为主、抢救第一、合理利用、加强管理的方针，做好文物保护工作，抢救保护濒危文物，实施馆藏文物修复计划，加强新型城镇化和新农村建设中的文物保护。加强历史文化名城名镇名村、历史文化街区、名人故居保护和城市特色风貌管理，实施中国传统村落保护工程，做好传统民居、历史建筑、革命文化纪念地、农业遗产、工业遗产保护工作。规划建设一批国家文化公园，成为中华文化重要标识。推进地名文化遗产保护。实施非物质文化遗产传承发展工程，进一步完善非物质文化遗产保护制度。实施传统工艺振兴计划。大力推广和规范使用国家通用语言文字，保护传承方言文化。开展少数民族特色文化保护工作，加强少数民族语言文字和经典文献的保护和传播，做好少数民族经典文献和汉族经典文献互译出版工作。实施中华民族音乐传承出版工程、中国民间文学大系出版工程。推动民族传统体育项目的整理研究和保护传承。

4. 滋养文艺创作

善于从中华文化资源宝库中提炼题材、获取灵感、汲取养分，把中华优秀传统文化的有益思想、艺术价值与时代特点和要求相结合，运用丰富多样的艺术形式进行当代表达，推出一大批底蕴深厚、涵育人心的优秀文艺作品。科学编制重大革命和历史题材、现实题材、爱国主义题材、青少年题材等专项创作规划，提高创作生产组织化程度，彰显中华文化的精神内涵和审美风范。加强对中华诗词、音乐舞蹈、书法绘画、曲艺杂技和历史文化纪录片、动画片、出版物等的扶持。实施戏曲振兴工程，做好戏曲“像音像”工作，挖掘整理优秀传统剧目，推进数字化保存和传播。实施网络文艺创作传播计划，推动网络文学、网络音乐、网络剧、微电影等传承发展中华优秀传统文化。实施中国经典民间故事动漫创作工程、中华文化电视传播工程，组织创作生产一批传承中华文化基因、具有大众亲和力的动画片、纪录片和节目栏目。大力加强文艺评论，改革完善文艺评奖，建立有中国特色的文艺研究评论体系，倡导中华美学精神，推动美学、美德、美文相结合。

5. 融入生产生活

注重实践与养成、需求与供给、形式与内容相结合，把中华优秀传统文化内涵更好更多地融入生产生活各方面。深入挖掘城市历史文化价值，提炼精选一批凸显文化特色的经典性元素和标志性符号，纳入城镇化建设、城市规划设计，合理应用于城市雕塑、广场园林等公共空间，避免千篇一律、千城一面。挖掘整理传统建筑文化，鼓励建筑设计继承创新，推进城市修补、生态修复工作，延续城市文脉。加强“美丽乡村”文化建设，发掘和保护一批处处有历史、步步有文化的小镇和村庄。用中华优秀传统文化的精髓涵养企业精神，培育现代企业文化。实施中华老字号保护发展工程，支持一批文化特色浓、品牌信誉高、有市场竞争力的中华老字号做精做强。深入开展“我们的节日”主题活动，实施中国传统节日振兴工程，丰富春节、元宵、清明、端午、七夕、中秋、重阳等传统节日文化内涵，形成新的节日习俗。

加强对传统历法、节气、生肖和饮食、医药等的研究阐释、活态利用，使其有益的文化价值深度嵌入百姓生活。实施中华节庆礼仪服装服饰计划，设计制作展现中华民族独特文化魅力的系列服装服饰。大力发展文化旅游，充分利用历史文化资源优势，规划设计推出一批专题研学旅游线路，引导游客在文化旅游中感知中华文化。推动休闲生活与传统文化融合发展，培育符合现代人需求的传统休闲文化。发展传统体育，抢救濒危传统体育项目，把传统体育项目纳入全民健身工程。

6. 加大宣传教育力度

综合运用报纸、书刊、电台、电视台、互联网站等各类载体，融通多媒体资源，统筹宣传、文化、文物等各方力量，创新表达方式，大力彰显中华文化魅力。实施中华文化新媒体传播工程。充分发挥图书馆、文化馆、博物馆、群艺馆、美术馆等公共文化机构在传承发展中华优秀传统文化中的作用。编纂出版系列文化经典。加强革命文物工作，实施革命文物保护利用工程，做好革命遗址、遗迹、烈士纪念设施的保护和利用。推动红色旅游持续健康发展。深入开展“爱我中华”主题教育活动，充分利用重大历史事件和中华历史名人纪念活动、国家公祭仪式、烈士纪念日，充分利用各类爱国主义教育基地、历史遗迹等，展示爱国主义深刻内涵，培育爱国主义精神。加强国民礼仪教育。加大对国家重要礼仪的普及教育与宣传力度，在国家重大节庆活动中体现仪式感、庄重感、荣誉感，彰显中华传统礼仪文化的时代价值，树立文明古国、礼仪之邦的良好形象。研究提出承接传统习俗、符合现代文明要求的社会礼仪、服装服饰、文明用语规范，建立健全各类公共场所和网络公共空间的礼仪、礼节、礼貌规范，推动形成良好的言行举止和礼让宽容的社会风尚。把优秀传统文化思想理念体现在社会规范中，与制定市民公约、乡规民约、学生守则、行业规章、团体章程相结合。弘扬孝敬文化、慈善文化、诚信文化等，开展节俭养德全民行动和学雷锋志愿服务。广泛开展文明家庭创建活动，挖掘和整理家训、家书文化，用优良的家风家教培育青少年。挖掘和保护乡土文化资源，建设新乡贤文化，培育和扶持乡村文化骨干，提升乡土文化内涵，形成良性乡村文化生态，让子孙后代记得住乡愁。加强港澳台中华文化普及和交流，积极举办以中华文化为主题的青少年夏令营、冬令营以及诵读和书写中华经典等交流活动，鼓励港澳台艺术家参与国家在海外举办的感知中国、中国文化年（节）、欢乐春节等品牌活动，增强国家认同、民族认同、文化认同。

7. 推动中外文化交流互鉴

加强对外文化交流合作，创新人文交流方式，丰富文化交流内容，不断提高文化交流水平。充分运用海外中国文化中心、孔子学院，文化节展、文物展览、博览会、书展、电影节、体育活动、旅游推介和各类品牌活动，助推中华优秀传统文化的国际传播。支持中华医药、中华烹饪、中华武术、中华典籍、中国文物、中国园林、中国节日等中华传统文化代表性项目走出去。积极宣传推介戏曲、民乐、书法、国画等我国优秀传统文化艺术，让国外民众在审美过程中获得愉悦、感受魅力。加强"一带一路"沿线国家文化交流合作。鼓励发展对外文化贸易，让更多体现中华文化特色、具有较强竞争力的文化产品走向国际市场。探索中华文化国际传播与交流新模式，综合运用大众传播、群体传播、人际传播等方式，构建全方位、多层次、宽领域的中华文化传播格局。推进国际汉学交流和中外智库合作，加强中国出版物国际推广与传播，扶持汉学家和海外出版机构翻译出版中国图书，通过华侨华人、文化体育名人、各方面出境人员，依托我国驻外机构、中资企业、与我友好合作机构和世界各地的中餐馆等，讲好中国故事、传播好中国声音、阐释好中国特色、展示好中国形象。

（四）组织实施和保障措施

1. 加强组织领导

各级党委和政府要从坚定文化自信、坚持和发展中国特色社会主义、实现中华民族伟大复兴的高度，切实把中华优秀传统文化传承发展工作摆上重要日程，加强宏观指导，提高组织化程度，纳入经济社会发展总体规划，纳入考核评价体系，纳入各级党校、行政学院教学的重要内容。各级党委宣传部门要发挥综合协调作用，整合各类资源，调动各方力量，推动形成党委统一领导、党政群协同推进、有关部门各负其责、全社会共同参与的中华优秀传统文化传承发展工作新格局。各有关部门和群团组织要按照责任分工，制定实施方案，完善工作机制，把各项任务落到实处。

2. 加强政策保障

加强中华优秀传统文化传承发展相关扶持政策的制定与实施，注重政策措施的系统性协同性操作性。加大中央和地方各级财政支持力度，同时统筹整合现有相关资金，支持中华优秀传统文化传承发展重点项目。制定和完善惠及中华优秀传统文化传承发展工程项目的金融支持政策。加大对国家重要文化和自然遗产、国家级非物质文化遗产等珍贵遗产资源保护利用设施建设的支持力度。建立中华优秀传统文化传承发展相关领域和部门合作共建机制。制定文物保护和非物质文化遗产保护专项规划。制定和完善历史文化名城名镇名村和历史文化街区保护的相关政策。完善相关奖励、补贴政策，落实税收优惠政策，引导和鼓励企业、社会组织及个人捐赠或共建相关文化项目。建立健全中华优秀传统文化传承发展重大项目首席专家制度，培养造就一批人民喜爱、有国际影响的中华文化代表人物。完善中华优秀传统文化传承发展的激励表彰制度，对为中华优秀传统文化传承发展和传播交流做出贡献、建立功勋、享有盛誉的杰出海内外人士按规定授予功勋荣誉或进行表彰奖励。有关部门要研究出台入学、住房保障等方面的倾斜政策和措施，用以倡导和鼓励自强不息、敬业乐群、扶正扬善、扶危济困、见义勇为、孝老爱亲等传统美德。

3. 加强文化法治环境建设

修订文物保护法。制定文化产业促进法、公共图书馆法等相关法律，对中华优秀传统文化传承发展有关工作作出制度性安排。在教育、科技、卫生、体育、城乡建设、互联网、交通、旅游、语言文字等领域相关法律法规的制定修订中，增加中华优秀传统文化传承发展内容。加大涉及保护传承弘扬中华优秀传统文化法律法规施行力度，加强对法律法规实施情况的监督检查。充分发挥各行政主管部门在传承发展中华优秀传统文化中的重要作用，建立完善联动机制，严厉打击违法经营行为。加强法治宣传教育，增强全社会依法传承发展中华优秀传统文化的自觉意识，形成礼敬守护和传承发展中华优秀传统文化的良好法治环境。各地要根据本地传统文化传承保护的现状，制定完善地方性法规和政府规章。

4. 充分调动全社会积极性创造性

传承发展中华优秀传统文化是全体中华儿女的共同责任。坚持全党动手、全社会参与，把中华优秀传统文化传承发展的各项任务落实到农村、企业、社区、机关、学校等城乡基层。各类文化单位机构、各级文化阵地平台，都要担负起守护、传播和弘扬中华优秀传统文化的职责。各类企业和社会组织要积极参与文化资源的开发、保护与利用，生产丰富多样、社会价值和市场价值相统一、人民喜闻乐见的优质文化产品，扩大中高端文化产品和服务的供给。充分尊重工人、农民、知识分子的主体地位，发挥领导干部的带头作用，发挥公众人物的示范作用，发挥青少年的生力军作用，发挥先进模范的表率作用，发挥非公有制经济组织和社会组织从业人员的积极作用，发挥文化志愿者、文化辅导员、文艺骨干、文化经营者的重要作用，形成人人传承发展中华优秀传统文化的生动局面。

三 《文化部“一带一路”文化发展行动计划（2016—2020年）》

为深入贯彻十八大和十八届三中、四中、五中、六中全会精神，深入贯彻习近平总书记系列重要讲话精神，落实经国务院授权，由国家发展改革委、外交部、商务部联合发布的《推动共建丝绸之路经济带和21世纪海上丝绸之路的愿景与行动》（以下简称《愿景与行动》），加强与“一带一路”沿线国家和地区的文明互鉴与民心相通，切实推动文化交流、文化传播、文化贸易创新发展，特制定本行动计划。

（一）指导思想与基本原则

1. 指导思想

高举中国特色社会主义伟大旗帜，以邓小平理论、“三个代表”重要思想和科学发展观为指导，深入贯彻落实习近平总书记系列重要讲话精神，坚持社会主义先进文化前进方向，认真贯彻落实《愿景与行动》的整体部署，助推“一带一路”沿线国家和地区积极参与文化交流与合作，传承丝路精神，促进文明互鉴，实现亲诚惠容、民心相通，推动中华文化“走出去”，扩大中华文化的国际影响力，为实现《愿景与行动》总体目标和全面推进“一带一路”建设，夯实民意基础。

2. 基本原则

政府主导，开放包容。坚持文化对外开放战略布局，发挥政府引领统筹作用，加强与“一带一路”沿线国家和地区政府间文化交流，着力建立长效合作机制，充分发挥国内各省区市优势，鼓励社会力量积极参与、共同建设。

交融互鉴，创新发展。秉承和而不同、互鉴互惠的理念，尊重“一带一路”沿线国家和地区人民的精神创造和文化传统，以创新为动力，充分运用互联网思维和新科技手段，推动“一带一路”多元文化深度融合。

市场引导，互利共赢。兼顾各方利益和关切，遵循国际规则和市场规律，充分发挥市场在资源配置中的重要作用，调动各方积极性，将文化与外交、经贸密切结合，形成文化交流、文化传播、文化贸易协调发展态势，实现互利共赢。

（二）发展目标

准确把握“一带一路”倡议精神，全方位提升我国文化领域开放水平，秉承立足周边、辐射“一带一路”、面向全球的合作理念，构建文化交融的命运共同体。着力实现以下目标：

——文化交流合作机制逐步完善。与“一带一路”沿线国家和地区政府、民间文化交流合作机制进一步健全，部际、部省等工作机制进一步完善。形成政府统筹、社会参与、市场运作的整体发展机制和跨地区、跨部门、跨行业的文化交流合作协调发展态势。

——文化交流合作平台基本形成。加快在“一带一路”沿线国家和地区设立中国文化中心，形成布局合理、功能完备的设施网络。以“一带一路”为主题的各类艺术节、博览会、交易会、论坛、公共信息服务等平台建设逐步实现规范化和常态化。

——文化交流合作品牌效应充分显现。打造文化交流合作知名品牌，继续扩大“欢乐春节”品牌在沿线国家的影响，充分发挥“丝绸之路文化之旅”、“丝绸之路文化使者”等重大文化交流品牌活动的载体作用。

——文化产业及对外文化贸易渐成规模。面向“一带一路”国际文化市场的文化产业发展格局初步形成，文化企业规模不断壮大，文化贸易渠道持续拓展，服务体系建设初见成效。

（三）重点任务

1. 健全“一带一路”文化交流合作机制

积极与“一带一路”沿线国家和地区签署政府间文件，深化人文合作委员会、文化联委会等合作机制，为“一带一路”文化发展提供有效保障。加强上海合作组织成员国文化部长会晤、中国—中东欧国家文化部长会议、中阿文化部长论坛、中国与东盟“10 + 1”文化部长会议等高级别文化磋商。推动与沿线国家和地区建立非物质文化遗产交流与合作机制。与沿线国家和地区建立文化遗产保护和世界遗产申报等方面的长效合作机制。支持国家艺术基金与沿线国家和地区的同类机构建立合作机制。

完善部省合作机制，鼓励各省区市在文化交流、遗产保护、文艺创作、文化旅游等领域开展区域性合作。发挥海外侨胞以及港澳台地区的独特优势，积极搭建港澳台与“一带一路”沿线国家和地区文化交流平台。充分考虑和包含以妈祖文化为代表的海洋文化，构建21世纪海上丝绸之路文化纽带。引导和扶持社会力量参与“一带一路”文化交流与合作。

专栏1 “一带一路”文化交流合作机制建设

1.“一带一路”国际交流机制建设计划

积极贯彻落实我国与“一带一路”沿线国家和地区签订的文化合作（含文化遗产保护）协定、年度执行计划、谅解备忘录等政府间文件，加强我国与“一带一路”沿线国家和地区文化交流与合作机制化发展，推动成立“丝绸之路国际剧院联盟”、“丝绸之路国际图书馆联盟”、“丝绸之路国际博物馆联盟”、“丝绸之路国际美术馆联盟”、“丝绸之路国际艺术节联盟”、“丝绸之路国际艺术院校联盟”等，与“一带一路”沿线地区组织和重点国家逐步建立城际文化交流合作机制。

2.“一带一路”国内合作机制建设计划

建立“一带一路”部省对口合作机制，共同研究制定中长期合作规划，在项目审批、资金、人才、技术等方面予以支持，建立对口项目合作机制和目标任务考核机制，研究提出绩效评估办法。

2. 完善“一带一路”文化交流合作平台

优先推动“一带一路”沿线国家和地区的中国文化中心建设，完善沿线国家和地区的中心布局。着力打造以“一带一路”为主题的国际艺术节、博览会、艺术公园等国际交流合作平台。鼓励和支持各类综合性国际论坛、交易会等设立“一带一路”文化交流板块。逐步建立“丝绸之路”文化数据库，打造公共数字文化支撑平台。

专栏2 “一带一路”文化交流合作平台建设

1.“一带一路”沿线国家中国文化中心建设计划

落实《海外中国文化中心发展规划（2012—2020年）》，优先在缅甸、马来西亚、印度尼西亚、越南、匈牙利、罗马尼亚、保加利亚、哈萨克斯坦、白俄罗斯、塞尔维亚、拉脱维亚、土库曼斯坦、以色列等“一带一路”沿线国家设立中国文化中心。

2.“一带一路”文化交流合作平台建设计划

将“中国新疆国际民族舞蹈节”、“丝绸之路国际艺术节”、“海上丝绸之路国际艺术节”、“丝绸之路（敦煌）国际文化博览会”、“厦门国际海洋周”、“中国海洋文化节”等活动打造成国际交流合作平台，建设“海上丝绸之路（泉州）艺术公园”和“中阿友谊雕塑园”等重点项目平台。

鼓励中国—亚欧博览会、中国—阿拉伯国家博览会、中国—东盟博览会、中国西部国际博览会、中国（深圳）国际文化产业博览交易会、中国西部文化产业博览会等综合性平台设立“一带一路”文化交流板块。

3. 打造“一带一路”文化交流品牌

在“一带一路”沿线国家和地区打造“欢乐春节”、“丝绸之路文化之旅”等重点交流品牌以及互办文化节（年、季、周、日）等活动，扩大文化交流规模。

与“一带一路”沿线国家和地区共同遴选“丝绸之路文化使者”，通过智库学者、汉学家、翻译家交流对话和青年人才培养，促进思想文化交流。推动中外文化经典作品互译和推广。

积极探索与“一带一路”沿线国家和地区开展同源共享的非物质文化遗产的联合保护、研究、人员培训、项目交流和联合申报。加大“一带一路”文化遗产保护力度，促进与沿线国家和地区在考古研究、文物修复、文物展览、人员培训、博物馆交流、世界遗产申报与管理等方面开展国际合作。鼓励地方和社会力量参与文化遗产领域的对外交流与合作。

繁荣“一带一路”主题文化艺术生产，倡导与沿线国家和地区的艺术人才和文化机构联合创作、共同推介，搭建展示平台，提升艺术人才的专业水准和综合素质，为丝路主题艺术创作储备人才资源。

专栏3 “一带一路”文化交流品牌建设

1.“丝绸之路文化之旅”计划

打造“丝绸之路文化之旅”品牌，到2020年，实现与“一带一路”沿线国家和地区文化交流规模达30000人次、1000家中外文化机构、200名专家和100项大型文化年（节、季、周、日）活动。联合沿线国家和地区共同开发“丝绸之路”文化旅游精品线路及相关文创产品。邀请“一带一路”沿线国家和地区知名艺术家来华举行“意会中国”采风创作活动，推动沿线国家的国家级艺术院团及代表性舞台艺术作品开展交流互访，形成品牌活动。

2.“丝绸之路文化使者”计划

开展与“一带一路”沿线国家和地区的智库交流与合作，举办青年汉学家、翻译家研修活动，邀请800名著名智库学者、汉学家、翻译家来华交流、研修。实施“一带一路”中国文化译介人才发展计划。与周边国家举办文化论坛。与沿线国家和地区合办代表国家水准和民族特色的优秀艺术家互访、文化艺术人才培训和青少年交流活动。培养150名国际青年文物修复和博物馆管理人才。

3.“一带一路”艺术创作扶持计划

支持与“一带一路”沿线国家和地区文化机构在戏剧、音乐、舞蹈、美术等领域开展联合创作，在国内“一带一路”沿线区域实施“中华优秀传统艺术传承发展计划”，通过国家艺术基金对“一带一路”主题艺术创作优秀项目予以支持。

4.“一带一路”文化遗产长廊建设计划

与“一带一路”沿线国家和地区共同实施考古合作、文物科技保护与修复、人员培训等项目，实施文物保护援助工程。举办以“丝绸之路文化遗产”为主题的研讨交流活动。推进海上丝绸之路申遗以及世界文化遗产“丝绸之路：长安—天山廊道的路网”扩展项目。

4. 推动“一带一路”文化产业繁荣发展

建立和完善文化产业国际合作机制，加快国内“丝绸之路文化产业带”建设。以文化旅游、演艺娱乐、工艺美术、创意设计、数字文化为重点领域，支持“一带一路”沿线地区根据地域特色和民族特点实施特色文化产业项目，加强与“一带一路”国家在文化资源数字化保护与开发中的合作，积极利用“一带一路”文化交流合作平台推介文化创意产品，推动动漫游戏产业面向“一带一路”国家发展。顺应“互联网 +”发展趋势，推进互联网与文化产业融合发展，鼓励和引导社会资本投入“丝绸之路文化产业带”建设。持续推进藏羌彝文化产业走廊建设。

专栏4　“一带一路”文化产业发展

1. “丝绸之路文化产业带”建设计划

鼓励国内“一带一路”沿线文化企业跨区域经营，实现文化旅游互为目的地和客源地，建设具有代表性的特色文化产品生产和销售基地。运用文化产业项目服务平台，加强对丝绸之路文化产业重点项目征集发布、宣传推介、融资洽谈、对接落地等全方位服务。将国内“一带一路”沿线区域符合条件的城市纳入扩大文化消费试点范围，逐步建立促进文化消费的长效机制。

2. 动漫游戏产业“一带一路”国际合作行动计划

发挥动漫游戏产业在文化产业国际合作中的先导作用，面向“一带一路”各国，聚焦重点，广泛开展。搭建交流合作平台、开展交流推广活动，促进互联互通，构建产业生态体系。发挥中国动漫游戏产业创新能力强、产业规模大的优势，培育重点企业，实施重点项目，开展国际产能合作，实现中国动漫游戏产业与沿线国家合作规模显著扩展、水平显著提升，为青少年民心相通发挥独特作用。

3. “一带一路”文博产业繁荣计划

推进“互联网＋中华文明”及“文物带你看中国”项目，提高“一带一路”文化遗产与旅游、影视、出版、动漫、游戏、建筑、设计等产业结合度，促进文物资源、新技术和创意人才等产业要素的国际流通。

5. 促进“一带一路”文化贸易合作

围绕演艺、电影、电视、广播、音乐、动漫、游戏、游艺、数字文化、创意设计、文化科技装备、艺术品及授权产品等领域，开拓完善国际合作渠道。推广民族文化品牌，鼓励文化企业在“一带一路”沿线国家和地区投资。鼓励国有企业及社会资本参与“一带一路”文化贸易，依托国家对外文化贸易基地，推动骨干和中小文化企业的联动整合、融合创新，带动文化生产与消费良性互动。

专栏5 “一带一路”文化贸易合作

1. “一带一路”文化贸易拓展计划

扶持外向型骨干文化企业与“一带一路”沿线国家和地区文化企业围绕重点领域开展项目合作。开展1000人次文化贸易职业经理人、创意策划人和经营管理人才的交流互访。在国内举办的国际文化会展推出“一带一路”专馆或专区，支持国内文化企业到“一带一路”沿线国家和地区参加知名文化会展。

（四）保障措施

1. 组织保障

运用好对外文化工作部际联席会议机制，在文化部“一带一路”工作领导小组指导下，根据本规划明确职责分工，制定实施方案，强化督促检查，形成工作合力。

2. 政策法规保障

签署和落实国际政府文化合作协定，全面落实国家文化、外交和贸易政策，加强文化领域知识产权保护。建立和完善文化事业、文化产业和对外文化贸易的相关法律法规体系，引导企业自觉遵守国际法律和贸易规则。

3. 资金保障

完善财政投入机制，设立文化部“一带一路”文化交流专项资金。鼓励社会力量参与，引导社会资本投入“一带一路”文化发展建设。鼓励政策性、商业性金融机构发挥优势探索支持“一带一路”文化发展建设的有效模式，为“一带一路”文化项目提供多元化金融服务。

4. 人才保障

培养一支政治坚定、业务精通、外语娴熟、纪律严明、作风过硬的文化外交人才队伍。加大非通用语人才储备，引导文化艺术专业技术人才和复合型经营管理人才投身于“一带一路”文化工作。有针对性地开展“一带一路”文化交流培训工作，加强“一带一路”文化人才队伍建设，提升人才队伍的素质和能力。

5. 评估落实

建立“一带一路”文化发展重点项目库，定期对落实情况进行检查、评估、总结，宣传推广先进经验和有效做法。

四　中国文化“走出去”研究论文存目

备注：本存目分为两部分，第一部分为 2015～2017 年在国内学术期刊上发表的与中国文化“走出去”直接相关的研究论文，第二部分为国内高校 2015～2017 年完成的以中国文化“走出去”为选题的硕士学位论文、博士学位论文。限于篇幅，未列入发表在报纸和网络上的相关新闻报道和文章。

（一）2015～2017年在国内期刊上发表的中国文化“走出去”研究论文

1. 魏清光：《中国文学“走出去”：现状、问题及对策》，《当代文坛》2015 年第 1 期。

2. 庞彦杰：《中国文化传播与西方译介受众地位的考量》，《郑州航空工业管理学院学报》（社会科学版）2015 年第 2 期。

3. 苟德培：《中国文化“走出去”的话语表达与路径选择》，《对外传播》2015 年第 2 期。

4. 曾景婷：《中国文学“走出去”译介模式探究——以葛浩文英译莫言作品为例》，《翻译论坛》2015 年第 2 期。

5. 乔洁：《改写中的忠实：不忠而忠——中国现当代文学英译探索》，《复旦外国语言文学论丛》2015 年第 2 期。

6. 丁谦：《中国传媒文化“走出去”的内外置环境与要务》，《鸭绿江》（下半月版）2015 年第 2 期。

7. 彭萍：《多系统论与中国文化“走出去”》，《河南社会科学》2015 年第 2 期。

8. 段珂：《中国特色词语的英语翻译策略方法探究》，《校园英语》2015 年第 3 期。

9. 汪庆华：《传播学视域下中国文化走出去与翻译策略选择——以〈红楼梦〉英译为例》，《外语教学》2015 年第 3 期。

10. 谢柯、李艺：《传播学视域下中国文化“走出去”之译介模式研究——以〈孙子兵法〉在英语世界的译介为例》，《外文研究》2015 年第 3 期。

11. 李伟荣：《中国文化“走出去”的外部路径研究——兼论中国文化国际影响力》，《中国文化研究》2015 年第 3 期。

12. 韩震、陈海燕：《协同创新、推动中国文化走出去》，《国家教育行政学院学报》2015 年第 3 期。

13. 彭熠：《“中国文化走出去”战略下大学英语文化教学研究——基于

大学英语四六级新翻译题型的分析研究》，《云梦学刊》2015 年第 4 期。

14. 吴攸、张玲：《中国文化“走出去”之翻译思考——以毕飞宇作品在英法世界的译介与接受为例》，《外国语文》2015 年第 4 期。

15. 刘云虹：《中国文学对外译介与翻译历史观》，《外语教学理论与实践》2015 年第 4 期。

16. 杨文艺：《全球竞争的文化转向与孔子学院的转型发展——孔子学院十周年回眸与展望》，《中国高教研究》2015 年第 4 期。

17. 李永村：《中国文化走出去背景下小语种人才素质及素质培养措施——以德语专业人例》，《教育教学论坛》2015 年第 4 期。

18. 张律、胡东平：《论中国文化“走出去”战略对翻译实业的伦理诉求》，《湖南科技大学学报》（社会科学版）2015 年第 5 期。

19. 袁晓军：《中国文化“走出去”：现状、原因与对策》，《长春教育学院学报》2015 年第 5 期。

20. 鲍晓英：《译介学视野下的中国文化外译观——谢天振教授中国文化外译观研究》，《外语研究》2015 年第 5 期。

21. 周新凯、许钧：《中国文化价值观与中华文化典籍外译》，《外语与外语教学》2015 年第 5 期。

22. 冯丽君：《贾平凹作品“走出去”策略研究》，《商洛学院学报》2015 年第 5 期。

23. 张朝意、冯刚：《高校在中国文化走出去战略实施中的作用分析》，《对外传播》2015 年第 5 期。

24. 卢加伟：《基于文化开放视域的中国外语教育》，《中国成人教育》2015 年第 5 期。

25. 陈东、杨泽林、罗岭梅：《利益相关者视角下孔子文化走出去的动力机制研究》，《海南大学学报》（人文社会科学版）2015 年第 6 期。

26. 花亮：《传播学视阈下中国文学“走出去”译介模式研究》，《南通大学学报》（社会科学版）2015 年第 6 期。

27. 柴冬冬：《文化科技驱动文化生产的新常态：当下数字技术推动中

国文化产业“走出去”的进展述要》,《中华文化论坛》2015 年第 7 期。

28. 郭景红:《中国文化走出去新态势考察——基于〈中国文化走出去年度研究报告(2015 卷)〉的分析》,《对外传播》2015 年第 7 期。

29. 周敏、浮琪琪:《数字化出版助力中国文化“走出去”的现状及问题探析》,《科技与出版》2015 年第 7 期。

30. 李莹莹:《东南亚华文教育传承中华传统文化的必要性研究》,《剑南文学》(下半月)2015 年第 8 期。

31. 张元:《余华〈兄弟〉的翻译文学研究——以泉京鹿日译本为例》,《芒种》2015 年第 10 期。

32. 杨威、关恒:《当代中国文化“走出去”路径探究——唐宋文化对外传播方式的考察》,《学术论坛》2015 年第 10 期。

33. 陈丽:《文化自学与文化自信——浅析对外汉语教学中文化观的建构》,《新校园》(上旬)2015 年第 11 期。

34. 肖东发:《中国文化“走出去”要解决的三个问题》,《出版广角》2015 年第 11 期。

35. 王志宏:《文化的认同与创新:中国对外文化贸易发展的必然选择》,《北方经济》2015 年第 11 期。

36. 冯安华:《翻译源文本的选择》,《语文学刊(外语教育教学)》2015 年第 12 期。

37. 张成文:《中国文化“走出去”:华裔作家可担重任》,《出版广角》2015 年 15 期。

38. 陈晓远:《无用和有用——对大学英语教学实践的反思》,《校园英语》2015 年第 17 期。

39. 徐华梅:《“文化走出去”背景下的汉英合作翻译研究》,《海外英语》2015 年第 19 期。

40. 刘志毅:《文化经典的误译对中国文化软实力的影响》,《文教资料》2015 年第 30 期。

41. 罗立彬:《对外开放对中国电影产业发展的作用:兼论进一步扩大

开放的战略》，《文化产业研究》2016 年第 1 期。

42. 徐贺兵：《走出去背景下基于译入语读者的典籍翻译策略模型构建》，《齐齐哈尔大学学报》（哲学社会科学版）2016 年第 1 期。

43. 尹京子、杨柳青：《韩国文化外交对中华文化走出去的启示》，《沈阳工程学院学报》（社会科学版）2016 年第 1 期。

44. 魏泓：《传记文学外译——中国文化走出去之“先锋”文学》，《沈阳大学学报》（社会科学版）2016 年第 2 期。

45. 尹京子、张梅、杨柳青：《论公共外交与中华文化“走出去”途径》，《沈阳农业大学学报》（社会科学版）2016 年第 2 期。

46. 夏聪：《中国文学“走出去”的汉学家模式之反思》，《重庆第二师范学院学报》2016 年第 2 期。

47. 姚君伟：《赛珍珠助推中国文化“走出去”的方法论启示》，《英美文学研究论丛》2016 年第 2 期。

48. 郑德虎：《中国文化走出去与文化负载词的翻译》，《上海翻译》2016 年第 2 期。

49. 李艺：《我国文化“走出去”中翻译的功能与路径》，《信阳农林学院学报》2016 年第 2 期。

50. 赵晨辉：《对接文化“走出去”战略，加强英语教材建设》，《外文研究》2016 年第 2 期。

51. 朱宏斌：《中国文化软实力与文化外交——以中国当代艺术国际化为例的研究》，《上海文化》2016 年第 2 期。

52. 席明月：《融合国际新媒体平台　推动国内视频“走出去”——东方嘉禾的创新实践与发展战略》，《中国广播电视学刊》2016 年第 2 期。

53. 李松睿：《异域的眼光》，《艺术评论》2016 年第 3 期。

54. 刘杰辉、张祝祥、成昭伟：《汉语典籍外译翻译环境研究》，《语文学刊》2016 年第 3 期。

55. 曹东波：《文化生态视域下中国英语与中国文化“走出去”对策思考》，《新课程》（下）2016 年第 3 期。

56. 刘杰辉：《汉语典籍外译生态和谐观视角解读》，《文教资料》2016年第3期。

57. 徐贺兵：《典籍文化的变译策略探讨——基于中国文化走出去背景》，《重庆科技学院学报》（社会科学版）2016年第3期。

58. 谢天振：《从文化外译的视角看翻译的重新定义——兼谈围绕中国文化“走出去”的几个认识误区》，《东方翻译》2016年第4期。

59. 来有为、张晓路：《全球化条件下引导和支持中国文化产业“走出去”》，《中国发展观察》2016年第4期。

60. 闵俊：《中国文学经典中外译本研读对中国文化英语表达能力的培养》，《太原城市职业技术学院学报》2016年第4期。

61. 殷斯琦：《古汉语疑问语气的英译——以〈论语〉为例》，《外语艺术教育研究》2016年第4期。

62. 华翔：《文化转型期中国典籍翻译该何去何从——以〈三国演义〉英译本为例》，《英语教师》2016年第5期。

63. 朱林：《印度文化发展对中国文化走出去的启示》，《边疆经济与文化》2016年第5期。

64. 王颖：《英美文化对我国影视作品走出去的影响》，《青年文学家》2016年第5期。

65. 胡乃麟：《借华裔美国文学窗口助中国传统文化走出去》，《新闻传播》2016年第6期。

66. 高彬：《“炼语”翻译：中国文化走出去的又一路径——兼评〈中国谚语与格言英译辞典〉》，《江西社会科学》2016年第6期。

67. 王鸽：《全球化时代背景下中国文化走出去的路径探析》，《知与行》2016年第2期。

68. 曹东波：《培养优秀外语人才，推动文化走出去战略的思考》，《辽宁教育行政学院学报》2016年第2期。

69. 李艺：《文化翻译与文化走出去的相关问题》，《湖南科技学院学报》2016年第6期。

70. 郭景红：《中国文化“走出去”的几点思考和建议》，《对外传播》2016 年第 6 期。

71. 张国祚：《文化走出去要善打主动战》，《前线》2016 年第 7 期。

72. 唐媛：《文化走出去战略下的汉英口译异化策略》，《文史博览（理论）》2016 年第 7 期。

73. 李强：《故事驱动——中华文化“走出去”的一种探讨》，《现代视听》2016 年第 7 期。

74. 和亚楠：《文化“软实力”视角下的中国哲学典籍英译史研究——以〈英国的中国哲学典籍英译史〉撰写为例》，《语文学刊》2016 年第 9 期。

75. 但雅琼：《“中国文化走出去”战略下的外语文化教学反思》，《新丝路》（下旬）2016 年第 9 期。

76. 陈念庄：《中国当代名企 MBA 教材：乘风破浪走出去》，《出版参考》2016 年第 10 期。

77. 高宁：《豆腐的“西游记”——关于“中国文化走出去”之辩》，《山东社会科学》2016 年第 10 期。

78. 王振伟：《如何传承与弘扬中国古代屏风艺术》，《知音励志》2016 年第 10 期。

79. 杨君君、申晓蕾：《中国文化“走出去”战略背景下的邯郸成语典故英译研究》，《湖南科技学院学报》2016 年第 10 期。

80. 刘萍萍：《受众理论下中国文学“走出去”翻译策略研究——以诗歌〈鹿柴〉的英译为例》，《唐山文学》2016 年第 10 期。

81. 李景源：《略论中国文化走出去》，《江汉论坛》2016 年第 11 期。

82. 甄晓英：《甘肃文化走出去战略选择》，《新西部（理论版）》2016 年第 11 期。

83. 陈树平：《中国文化“走出去”战略下的中西方翻译理论反思》，《齐齐哈尔大学学报》（哲学社会科学版）2016 年第 12 期。

84. 吴蒙：《文化“走出去”背景下中国文化类纪录片解说词的英译策

略——以纪录片〈舌尖上的中国〉为例》,《兰州教育学院学报》2016 年第 12 期。

85. 廖翔慧:《中国宗教“走出去”的多角度解读》,《兰州教育学院学报》2016 年第 12 期。

86. 刘文、郑大俊:《近代中国文化主体性迷失因由与重塑策略》,《求索》2016 年第 12 期。

87. 瞿蓉:《“十三五”时期英语专业学生的民族文化传播使命》,《海外英语》2016 年第 12 期。

88. 温晔:《浅析文化适应》,《山西青年》2016 年第 13 期。

89. 陈万明:《基于“一带一路”战略的文学翻译对等研究》,《校园英语》2016 年第 17 期。

90. 冉玲:《关于中华文化走出去的战略思考》,《科学中国人》2016 年第 17 期。

91. 李伟荣:《20 世纪以来中国典籍出版走出去的回顾与思考》,《中国出版》2016 年第 23 期。

92. 唐燕:《浅谈中国外宣翻译人才必备的素质》,《文教资料》2016 年第 24 期。

93. 谷峰:《文化走出去背景下我国翻译出版产业可持续发展的问题及对策》,《中国出版》2017 年第 1 期。

94. 闵俊:《中国文化“走出去”战略下的文学翻译——基于译介学视角》,《郑州航空工业管理学院学报》(社会科学版)2017 年第 1 期。

95. 杨悦、肖羽婧:《十八大以来的中国文化外交——以国家艺术基金“走出去”项目为例》,《公共外交季刊》2017 年第 1 期。

96. 黄彧盈:《传播学视域下的格雷厄姆·格林汉译作品研究——以〈布赖顿硬糖〉两个汉译本为例》,《江苏外语教学研究》2017 年第 1 期。

97. 钱学伟:《蔡廷干翻译〈唐诗英韵〉的读者意识研究》,《翻译论坛》2017 年第 1 期。

98. 周雪婷、何庆庆:《传播学观照下中国文化走出去与翻译策略选择——

以〈西洲曲〉和〈木兰辞〉英译为例》，《牡丹江大学学报》2017 年第 1 期。

99. 顾辰琳：《中国文化走出去多种维度》，《智库时代》2017 年第 1 期。

100. 管永前：《推进中华文化与世界文化交流互鉴——北京外国语大学“比较文明与人文交流高等研究院成立大会暨中华文化‘走出去’高层论坛”会议综述》，《对外传播》2017 年第 1 期。

101. 陈小法：《中国文化走出去之东亚经验与教训》，《绍兴文理学院学报》（哲学社会科学）2017 年第 1 期。

102. 高彬、杨丽：《跨域书写：中国文化“走出去”之译介模式探索》，《江苏科技大学学报》（社会科学版）2017 年第 1 期。

103. 马坚：《中国影视剧“走出去”战略的经验与思考》，《中国广播电视学刊》2017 年第 1 期。

104. 杨悦、肖羽婧：《十八大以来的中国文化外交——以国家艺术基金“走出去”项目为例》，《公共外交季刊（春季号）》2017 年第 1 期。

105. 赵迎芳：《中国文化走出去的路径选择》，《中国文化论衡》2017 年第 2 期。

106. 李敦东：《大学生中国文化传播能力：概念界定、时代内涵与体系构建》，《哈尔滨师范大学社会科学学报》2017 年第 2 期。

107. 李小华、王辉：《试论跨文化互动翻译观》，《潍坊高等职业教育》2017 年第 2 期。

108. 滕梅、王萌萌：《从蓝诗玲英译〈鲁迅小说全集〉看中国文学“走出去”的国家政策考量》，《翻译界》2017 年第 2 期。

109. 彭龙：《新形势下的北外翻译学科建设》，《翻译界》2017 年第 2 期。

110. 马晓代：《中国文化“走出去”的战略思考》，《人民论坛》2017 年第 2 期。

111. 文宏武：《增强文化自信　加快推进中华文化走出去》，《理论视野》2017 年第 3 期。

112. 赵永湘、张冬梅：《传播学视域下中国文化“走出去”译介模式探索——以〈浮生六记〉英译为例》，《湖南工业大学学报》（社会科学版）2017 年第 3 期。

113. 石家麒：《从 Wuxiaworld 看中国文化“走出去”新思路》，《安徽文学》（下半月）2017 年第 3 期。

114. 丁传伟、李臣：《“一带一路”战略下中国武术文化“走出去”的思考》，《北京体育大学学报》2017 年第 3 期。

115. 焦鹏帅、颜海峰：《内涵·误区·路径——中国文化“走出去”再思考》，《山东外语教学》2017 年第 3 期。

116. 马晶晶：《文化翻译观下的中国英语和中国文化走出去》，《成都理工大学学报》（社会科学版）2017 年第 3 期。

117. 刘红华：《中国文学外译模式考》，《湖南工业大学学报》（社会科学版）2017 年第 3 期。

118. 杨学义、刘雪卉：《文化“走出去”战略下的高端翻译人才培养思考》，《对外传播》2017 年第 3 期。

119. 陈雯：《中国文化品牌走出国门》，《今日中国》2017 年第 3 期。

120. 尹博：《从融合视角谈中国出版“走出去”》，《科学家》2017 年第 3 期。

123. 程波、陈彦均：《从〈长城〉看“中国故事”的“原力觉醒”与中国电影的产业升级》，《戏剧与影视评论》2017 年第 3 期。

124. 李孝敏：《我国文化产业“走出去”的思考》，《全国流通经济》2017 年第 4 期。

125. 吕世生：《〈红楼梦〉跨出中国文化边界之后——以林语堂英译本为例》，《外语与外语教学》2017 年第 4 期。

126. 王坤平、任俊帆：《“一带一路”背景下中国文化“走出去”面临的挑战》，《长沙大学学报》2017 年第 4 期。

127. 王玉玲：《中华文化“走出去”的双重挑战》，《理论学习》2017 年第 4 期。

128. 戎佩珏、赵惠珠、戎林海：《汉英成语对比及汉译英过程中若干问题探析》，《江苏外语教学研究》2017 年第 4 期。

129. 李玉良：《儒家经典英译中的训诂问题》，《山东外语教学》2017 年第 4 期。

130. 丁航、缪海涛：《基于玄奘“五不翻”原则的中国菜名翻译探析》，《翻译论坛》2017 年第 4 期。

131. 余燔、张顺生：《欧洲翻译质量标准译员能力要求对汉语文化负载词英译的启示》，《江苏外语教学研究》2017 年第 4 期。

132. 杜恒波、朱千林：《我国图书出版产业“走出去”研究现状及发展态势》，《出版发行研究》2017 年第 5 期。

133. 李金梅：《中国文化“走出去”与翻译专业中译外人才培养》，《安庆师范大学学报》（社会科学版）2017 年第 5 期。

134. 李小霞：《文化“走出去”语境下英语专业教学中存在的问题及解决途径》，《高教学刊》2017 年第 5 期。

135. 王春林：《构建中国文化多途径协同走出去的大格局》，《桂海论丛》2017 年第 5 期。

136. 罗立彬：《中国文化贸易进口与中国文化走出去：以电影产业为例》，《东岳论丛》2017 年第 5 期。

137. 贾洪伟：《有关中国文化走出去视角下民间力量的几点思考?》，《外语研究》2017 年第 5 期。

138. 程文华：《中国文化“走出去”战略下的大学英语教学研究》，《新课程研究》（中旬刊）2017 年第 5 期。

139. 吕世生：《中国“走出去”翻译的困境与忠实概念的历史局限性》，《外语教学》2017 年第 5 期。

140. 庞彦杰：《基于“议程设置”理论的中国文化典籍对外传播内容模式》，《华北水利水电大学学报》（社会科学版）2017 年第 5 期。

141. 李姗姗：《习近平“文化走出去”战略思想研究》，《中华文化论坛》2017 年第 6 期。

142. 王广生：《关于中华文化“走出去”评估体系建设的几点建议——基于北外实践的思考》，《对外传播》2017 年第 6 期。

143. 聂娜：《中国文化开放体制的研究脉络与进展》，《山西农业大学学报》（社会科学版）2017 年第 8 期。

144. 凌来芳：《中国戏曲“走出去”译介模式探析——以“百部中国京剧经典剧目外译工程”丛书译介为例》，《戏剧文学》2017 年第 8 期。

145. 孙静雨：《从文化间性看豫剧唱词的英译与对外传播》，《芒种》2017 年第 8 期。

146. 庹继光：《我国“文化走出去”中网络文学担当与路径探析》，《广州大学学报》（社会科学版）2017 年第 9 期。

147. 藤依舒、杨越明、袁媛、李晗：《“一带一路”相关国家青年对中国文化的认知调查与中国文化传播策略研究》，《中国青年研究》2017 年第 10 期。

148. 曹文刚：《汉译外人才培养与中国文化“走出去”》，《齐齐哈尔大学学报》（哲学社会科学版）2017 年第 10 期。

149. 魏鹏举、戴俊骋、魏西笑：《中国文化贸易的结构、问题与建议》，《山东社会科学》2017 年第 10 期。

150. 李晨：《中国文化“走出去”战略下图书版权输出发展分析》，《出版广角》2017 年第 11 期。

151. 曾媛、刘良亮：《大学英语教学中国文教育的反思》，《校园英语》2017 年第 12 期。

152. 谢伦灿、杨勇：《“一带一路”背景下中国文化走出去对策研究》，《现代传播》2017 年第 12 期。

153. 王亮：《跨文化传播视野中的中国电影海外发展策略》，《边疆经济与文化》2017 年第 12 期。

154. 王君慧：《浅议中国典籍英译走出去的必要性和现状》，《校园英语》2017 年第 12 期。

155. 王艳云：《浅谈中国菜单英文翻译的策略研究》，《明日风尚》

2017 年第 12 期。

156. 李丽：《文化产业化背景下陕北民歌民俗文化的英译研究》，《时代教育》2017 年第 13 期。

157. 张红梅、赵自强：《马克思主义社会科学方法论指导下的中国文化“走出去”翻译问题研究——以〈尘埃落定〉英译本为例》，《大众文艺》2017 年第 15 期。

158. 蔺志渊：《“一带一路”倡议下中国文化如何“走出去”》，《人民论坛》2017 年第 18 期。

159. 洪容：《浅谈中国文化“走出去”国家战略下的公示语英文译写》，《校园英语》2017 年第 18 期。

160. 张锦辉：《动态翻译观与中国文化走出去》，《长江丛刊》2017 年第 18 期。

161. 马秀平：《用好“归化”和“异化”翻译策略，促进中国传统文化“走出去”——从〈功夫熊猫〉对中国元素的英译得到的启示》，《海外英语》2017 年第 18 期。

162. 胡炜：《基于文化安全的文化产业对外开放战略探析》，《山西青年》2017 年第 18 期。

163. 张晓红、赵文薇、臧庆：《典籍英译中比喻形象的取舍问题——以〈三国演义〉英译为例》，《文教资料》2017 年第 18 期。

164. 王勇华：《“一带一路”倡议背景下中国文化产业走出去的障碍与对策》，《新闻研究导刊》2017 年第 20 期。

165. 赵迎芳：《讲好中国故事、推动齐鲁文化“走出去”》，《人文天下》2017 年第 23 期。

166. 王丽莉、刘婧姝：《中医院校来华留学生意识形态教育途径研究》，《长江丛刊》2017 年第 24 期。

167. 周桂芳：《全球化对大学英语教学的挑战与颠覆》，《校园英语》2017 年第 25 期。

168. 岳喜华：《中国文化如何借“一带一路”走出去》，《人民论坛》

2017 年第 29 期。

169. 刘蕾：《中国文学文化走出去：问题以及反思》，《高考》2017 年第 30 期。

170. 杨庆山、石斐菲、杨玲：《“一带一路”背景下湖南有色职院海外现代学徒制的探索与实践》，《现代职业教育》2017 年第 30 期。

171. 王婧：《“中国文化走出去”战略下传统文化在大学英语教学中的融入》，《校园英语》2017 年第 39 期。

172. 蒙璐、李茹：《民族地区中学英语课程本土文化输出的困境及对策——以黔南州为例》，《校园英语》2017 年第 43 期。

173. 颜页：《〈孙子兵法〉英译及其在英语世界的传播》，《校园英语》2017 年第 44 期。

174. 吴佳潞：《汉语典籍文化专有项英译研究——以李约瑟〈中国科学技术史·航海卷〉为例》，《校园英语》2017 年第 47 期。

（二）2015~2017年中国文化“走出去”研究学位论文

1. 张诗情：《美国电影在对外文化传播中的作用》，博士学位论文，北京外国语大学，2015。

2. 徐婷婷：《孔子学院的欧洲形象研究》，博士学位论文，北京外国语大学，2015。

3. 赵梦：《中国演艺作品“走出去”若干问题研究》，博士学位论文，北京舞蹈学院，2015。

4. 论海柱：《中国特色社会主义文化走出去面临的文化折扣问题及其对策研究》，博士学位论文，河北师范大学，2015。

5. 阮青进：《邦交正常化以来中越两国文化交流研究》，硕士学位论文，湖南师范大学，2015。

6. 张安华：《中国传统造型艺术的对外传播研究》，硕士学位论文，东南大学，2015。

7. 唐凡钦：《中国特色文化外交的新路径探析》，博士学位论文，北京外国语大学，2015。

8. 阮耀华：《海外中国文化中心运行模式、困境与发展对策研究》，博士学位论文，对外经济贸易大学，2015。

9. 周璐铭：《中国对外文化战略研究》，硕士学位论文，中共中央党校，2015。

10. 李菡静：《走向国际市场的云南演艺产业》，硕士学位论文，云南大学，2015。

11. 郭琦：《中华文化走出去战略研究》，博士学位论文，大连理工大学，2015。

12. 张诗情：《美国电影在对外文化传播中的作用》，博士学位论文，北京外国语大学，2015。

13. 张泗考：《跨文化传播视域下中华文化走向世界战略研究》，硕士学位论文，河北师范大学，2016。

14. 张长念：《武术国际传播人才素质需求研究》，硕士学位论文，苏州大学，2015。

15. 邓海霞：《扩大红色文化国际影响力研究》，博士学位论文，江西理工大学，2016。

16. 蔺兴：《全球化背景下我国文化安全研究》，博士学位论文，西北民族大学，2016。

17. 娇雅楠：《作为媒介的孔子学院》，硕士学位论文，山东大学，2016。

18. 邓海霞：《扩大红色文化国际影响力研究》，博士学位论文，江西理工大学，2016。

19. 季红琴：《基于读者接受的〈孟子〉英译与传播研究》，博士学位论文，湖南师范大学，2016。

20. 施旻：《云南民族文化产业“走出去”的对策建议》，博士学位论文，云南大学，2016。

21. 袁佳：《文化“走出去”背景下图书版权输出策略研究——浙江探

索》，博士学位论文，浙江工业大学，2016。

22. 安然：《云南少数民族题材纪录片“走出去”研究》，博士学位论文，昆明理工大学，2016。

23. 张虹：《中国文化对外贸易的地位分析与政策建议》，博士学位论文，安徽大学，2016。

24. 卢巧丹：《跨越文化边界：论中国现当代小说在英语世界的译介与接受》，硕士学位论文，浙江大学，2016。

25. 王晶：《文化距离对文化创意产业“走出去”的影响》，博士学位论文，辽宁大学，2016。

26. 李晗佶：《中国当代小说英译中的“异”“归”之辩》，博士学位论文，沈阳师范大学，2016。

27. 廖婉毓：《中国文化对外传播过程中艺术管理国际化人才队伍的构建研究》，博士学位论文，中国音乐学院，2016。

28. 王珏：《林语堂英文译创研究》，硕士学位论文，华东师范大学，2016。

29. 余上：《中国传统文化网络游戏“走出去”发展策略研究》，博士学位论文，华中科技大学，2016。

30. 甘露：《〈红高粱家族〉的译介与传播研究》，博士学位论文，湖北民族学院，2016。

31. 邱玲玲：《新时期中华文化国际影响力提升研究》，博士学位论文，中国科学技术大学，2016。

32. 季红琴：《基于读者接受的〈孟子〉英译与传播研究》，硕士学位论文，湖南师范大学，2016。

33. 廖紫微：《刘慈欣〈三体〉系列在英语世界的译介研究》，博士学位论文，东华理工大学，2017。

34. 贾鹏敏：《新时期中国文化外交策略研究》，博士学位论文，重庆理工大学，2017。

35. 朱婷婷：《习近平文化强国战略思想研究》，博士学位论文，兰州理工大学，2017。

36. 江运东：《中国特色社会主义文化自信研究》，硕士学位论文，电子科技大学，2017。

37. 宋伟：《大学参与重建中国文化自信的路径选择》，硕士学位论文，大连理工大学，2017。

38. 白苹：《The Bridge of Heaven 对中国文化的译写》，博士学位论文，上海外国语大学，2017。

39. 孙宇：《文化转向视域下的莫言小说英译研究》，硕士学位论文，吉林大学，2017。

40. 马宇佳：《翻译适应选择论视角下〈青衣〉在西方世界的旅行研究》，博士学位论文，沈阳师范大学，2017。

41. 胡薇：《中华文化走出去的路径研究》，博士学位论文，安庆师范大学，2017。

42. 黄贤义：《中国地方政府参与文化外交运作研究》，博士学位论文，上海外国语大学，2017。

致　谢

编者在北京外国语大学比较文明与人文交流高等研究院院长、中国文化走出去协同创新中心主任张西平教授的指导下，参与《中国文化走出去年度研究报告》和相关系列丛书的编撰工作，已有7年时间。

2012年，由北京外国语大学牵头，联合政府部门、企事业单位和国内外高校等共建的中国文化走出去协同创新中心正式成立。西平老师将心力从海外汉学研究转移到文化“走出去”，发起编撰《中国文化走出去年度研究报告》。报告的编撰难度很大，需要跨部门、跨学科、跨领域，要求以国家立场、全球视野，对中国哲学和社会科学、文化演艺、国际汉语教育、广播电影电视、新闻、文学、动漫游戏等行业或板块的基础数据进行统计，并通过数据对比研究，梳理、总结、发现文化“走出去”的成果、经验、问题，探索、反映文化“走出去”的规律，从而提出对策、建议，更好地服务文化“走出去”，为国家文化软实力的提升提供学术支持和智力支撑。从最早的1卷本《中国文化走出去年度研究报告（2012卷）》，到2016年8卷本的“中国文化‘走出去’研究丛书”，再到此次9卷本的“中国文化‘走出去’研究报告”的盛大推出，一个个成果的背后凝聚着西平老师的大量心血。

编者是西平老师的弟子，自北京外国语大学毕业后一直在中国文化报社工作。作为中华人民共和国文化和旅游部主管的权威性文化综合类报纸，中国文化报社拥有专门的海外文化信息编译团队和对外文化交流新闻采编队伍。身为其中一员，编者有幸较为全面深入地见证了近年来中国文化“走出去”的历程。能够在西平老师的指点下，将新闻采编工作中积累的思索转化为一部部报告，又是一大幸事。

此报告编撰过程中，除了西平老师的亲自提点，众多领导、师友也给予了关怀和指点，特在此致谢。

感谢北京外国语大学科研处处长张朝意、北京外国语大学国际中国文化研究院院长助理管永前、中国文化走出去协同创新中心主任助理郭景红等北外团队的诸位老师为报告撰写工作提供的各种便利。丛书其他各卷主编在“大文化”领域所做的大量研究工作，大大开阔了本书的视野。

各细分领域和各省（区、市）数据的获取是编撰过程中遇到的一大难题。这方面的工作，要特别感谢文化和旅游部国际交流与合作局多个处室和中外文化交流中心、各海外中国文化中心、地方文化厅局外事部门的支持和帮助。

感谢中国文化传媒集团中国文化报社副总编辑赵忱女士对编者业务工作的全面指导和支持。

感谢中央文史研究馆馆员、著名音乐学家、非物质文化遗产保护专家田青，中国舞蹈家协会主席冯双白，中国舞蹈家协会分党组书记、驻会副主席兼秘书长罗斌，北京戏曲评论学会会长、丝绸之路城市联盟副主席靳飞对本报告编写工作的指导。

感谢国务院发展研究中心研究员、国声智库名誉主任李国强，中国文字著作权协会总干事张洪波，联合国教科文组织非遗公约国际教官、中国艺术研究院舞蹈研究所副所长江东，国际民间艺术组织全球副主席、国务院侨办海外咨询委员会委员、暨南大学文化遗产创意产业研究院院长陈平，中央文化管理干部学院博士戴有山，北京歌华文化发展研究中心执行主任刘晨从多个角度提出修改建议和意见。

感谢中国对外演出公司总经理王修芹在海外演出方面的数据上提供的大力支持。

感谢北京第二外国语学院国家文化发展国际战略研究院常务副院长李嘉珊在文化贸易方面的编写上提供的学术指导。

感谢北京智慧旅居文化发展中心副主任周辉在产业链研究方面分享洞见。

感谢中国音乐家协会理论研究室主任董大汗，中国文联国内联络部评奖处干部刘金山，中国文联基金会大型公益活动部干部唐鹤鸣，中国曲艺家协会国际交流部干部管宁，中国曲艺家协会研究部副主任张鑫，中国曲艺家协会办公室干部张小卫，中国音乐学院教授郝维亚，中央戏剧学院教授、《戏剧》杂志社副主编胡薇，《舞蹈杂志》执行副主编张萍，中国艺术研究院戏曲研究所研究员毛小雨，中国艺术研究院音乐研究所研究员张振涛，国家图书馆中国记忆项目中心副主任田苗，从各自领域提供的信息支持。

感谢中国文联舞蹈艺术中心综合处处长雷娟、中国国际标准舞总会副主席兼秘书长王永刚、中国国际标准舞总会副秘书长曹晓明、中国舞协街舞委员会常务副主任兼秘书长夏锐、中国舞协干部胡耀华，在编写舞蹈“走出去”方面的报告上给予专业支持。

感谢中国文化传媒集团原董事长外事助理张小兰博士多年来的关心和厚爱。编者的同事宋佳烜、程佳、张素珍在资料搜集整理方面做了许多工作，在此一并致谢。

期待这部报告能够为对外文化工作者带来一点启发，提供一些借鉴经验，吸引更多人关注、投身文化艺术“走出去”的学术研究和实践工作。编写《中国文化艺术国际影响力年度报告》是一次全新的尝试，编者水平有限，不足之处在所难免，请有关方面的实际工作者、专家学者和广大读者不吝赐教。

编 者

2018 年 8 月 8 日

图书在版编目（CIP）数据

中国文化艺术国际影响力年度报告. 2018 / 叶飞主编. --北京：社会科学文献出版社，2018. 12
（中国文化“走出去”研究报告）
ISBN 978-7-5201-3946-5

Ⅰ. ①中… Ⅱ. ①叶… Ⅲ. ①文化事业-研究报告-中国-2018 ②艺术事业-研究报告-中国-2018 Ⅳ. ①G12 ②J12

中国版本图书馆 CIP 数据核字（2018）第 265030 号

中国文化“走出去”研究报告
中国文化艺术国际影响力年度报告（2018）

主　　编 / 叶　飞
副 主 编 / 徐蕴峰

出 版 人 / 谢寿光
项目统筹 / 张晓莉　叶　娟
责任编辑 / 叶　娟　韩欣楠

出　　版 / 社会科学文献出版社 · 国别区域与全球治理出版中心（010）59367200
地址：北京市北三环中路甲 29 号院华龙大厦　邮编：100029
网址：www. ssap. com. cn
发　　行 / 市场营销中心（010）59367081　59367083
印　　装 / 天津千鹤文化传播有限公司

规　　格 / 开 本：787mm × 1092mm　1/16
印 张：22　字 数：334 千字
版　　次 / 2018 年 12 月第 1 版　2018 年 12 月第 1 次印刷
书　　号 / ISBN 978-7-5201-3946-5
定　　价 / 98.00 元